复旦卓越 · 普通高等教育公共课系列

U0730674

MENTAL HEALTH EDUCATION OF
COLLEGE STUDENTS

# 大学生
# 心理健康教育

总顾问 吴 捷

主 编 杨秀红 林 琳 杜召辉
副主编 周立群 李 颖 姜 琨

復旦大學 出版社

  目前,心理育人已经被教育部于 2017 年 12 月发布的《高校思想政治工作质量提升工程实施纲要》列为十大育人体系之一,心理健康教育指导工作更加受到国家和社会的广泛重视。在青少年的成长发展过程中,会遇到很多引起心理问题的现实问题,如果能够正确认识和恰当调理,就会健康顺利地向前发展;否则,就会演变成各种心理问题,甚至产生心理障碍和心理疾病,轻则损害个人健康成长,重则还可能对周围人乃至社会发生侵害。当今大学生已然成为青年的主体人群,在大学对其进行正确的教育引导以及必要的咨询疏导,是保证大学生健康成才的重要助力,也是加强和改进大学生思想政治工作的一个重要方面,因为心理问题与思想问题有时联系紧密甚至交杂在一起。鉴于诸多的需要和必要,加强和改进大学生的心理健康教育指导工作就成为全面提升教育质量水平的一项重要内容。其中,给学生和教师提供一本紧密结合实际、内容简明实用的教材,则是首当其冲的一项关键工作。杨秀红所带领的天津农学院心理教育团队,多年来不断耕耘,辛勤探索,力图在广博复杂的心理学理论知识和众多的大学生心理咨询案例基础上,编写出一本既符合大学生学习生活和心理实际,又容易被大学生理解和掌握的实用教材。当下这本教材,几经修订,益臻完善,越来越接近于大学生成长的需要和编写者的初衷。当此新版付梓之际,特此为序,愿将其推荐给广大学子和青少年朋友,希望这本书能为大家的健康成长提供非常有益的帮助。同时,也希望编写者能够继续积累,不断提升,将简明实用的大学生心理健康教育教材推向新的更高水平,为加强改进育人工作作出更加突出的贡献。

吴　捷

2022 年 5 月 14 日

# FOREWORD | 前言

　　随着我国教育改革的不断深化,高等教育的国际化也在不断加强,"培养什么样的人"显得更为突出,大学生的专业素养、思想品德、心理素质等各方面能力也越来越受到全社会的重视。《中共中央关于进一步加强和改进学校德育工作的若干意见》中第一次明确提出：应通过各种方式对大学生进行心理健康教育和指导,帮助大学生提高心理素质,健全人格,增强承受挫折、适应环境的能力。《高等学校学生心理健康教育指导纲要》指出：心理健康教育是提高大学生心理素质、促进其身心健康和谐发展的教育,是高校人才培养体系的重要组成部分,也是高校思想政治工作的重要内容。

　　本书正是根据中共中央的要求和国家发展的需要,在心理健康教育中融入思想政治教育,详细介绍大学生心理健康知识,并结合大学生的实际情况,对他们在日常生活和学习过程中常见的心理健康问题以及如何调适进行了详细阐述。本书的特点是理论联系实际,并列举了我们在咨询过程中遇到的专业心理咨询案例和思政教育案例,从而使同学们学起来感觉到亲切、自然,贴近生活,实用性强。

　　本书第一版在 2012 年 8 月第一次印刷,通过两年的应用,我们在教学过程中发现学生们在人际交往、学习心理、情绪控制等方面还有一些实际需求,为此,我们增加了这三部分内容,于 2014 年 4 月进行再版。又经过三年的实际应用,我们根据形势的发展、学生心理的变化,于 2018 年对该书所有章节进行了修改,删除了第二章"心理过程",增加了"择业与心理健康""生命教育与心理健康",并对拓展阅读进行了修订,对案例进行了更新。2022 年,我们对该书的部分章节再次进行修订,每个章节增加一个思想政治教育案例。大部分案例是编委老师们亲自做过的案例,非常真实,更贴近学生。

　　本书在编写的过程中,得到了天津市学生心理健康教育发展中心主任、教育部人文社会科学重点研究基地天津师范大学心理与行为研究院副院长、天津师范大学老年心理研究所副所长吴捷教授的支持,也得到了天津农学院党委书记王延文同志、副书记宋涛同志的大力支持,同时,天津农学院教务处、复旦大学出版社也给予了大力支持,在此表示衷心的感谢。各位编委通力合作,得以成就此书,在此一并感谢,同时感谢对我们此项工作给予大力支持的各个部门和各级领导。

本书主编:杨秀红　林　琳　杜召辉
副　主　编:周立群　李　颖　姜　琨
参　　　编:张丽瑞　王　荔　于丽丽　崔楚雯

编　者
2022 年 4 月 10 日

# CONTENTS | 目录

## 第三章　人格与心理健康

## 第四章　新生心理困扰和调适

# 第一章　心理健康概论

　　现代人常说健康是"1"，其他所有的财富、地位、家庭、事业、美丽等不过是其后面的"0"，只要有"1"在，后面的"0"越多，人的成就越大；如果没有了"1"，赢得再多又如何呢?! 健康是每个人的渴求，但遗憾的是，并非人人对健康都有正确的认识。长期以来，人们认为身体健壮、没有疾病就是健康。不难发现，这种诠释更多的是从生物学的角度出发，仅仅停留在躯体健康的层面。现代医学的研究证明，心理、社会、文化和道德等因素与人的健康和疾病有着非常密切的关系。

## 第一节　心理健康的概念

### 一、健康的概念

　　健康的含义是什么? 长期以来"没有疾病和不适就是健康"的传统观念一直为人们所接收，并影响了人们的保健以及国家的医疗保健政策。然而，随着社会的发展，人们的观念也在不断地发生变化，对健康的理解也越来越深入。

　　世界卫生组织（WHO）关于健康的概念也进行了不断的探究。20 世纪，随着科学文化和社会的不断发展，传统的生物医学模式开始向生物—心理—社会医学模式转变。1948 年制定的《世界卫生组织宪章》指出："健康不仅是没有疾病、缺陷，而且是一种良好的生理、心理状态和社会适应能力。"1978 年，世界卫生组织在世界初级卫生保健大会上发表的《阿拉木图宣言》中重申："健康不仅是疾病或体虚的匿迹，而是身心健康、社会幸福的总体状态，是基本人权，达到尽可能高的健康水平是世界范围的一项最重要的社会性目标。"1995 年，世界卫生组织提出了健康的三个主题：生命的准备、生命的保护、晚年的生活质量。

　　现在，世界卫生组织对健康的概念有了新的发展，指出：所谓健康就是在身体上、精神上、社会适应上完全处于良好的状态，而不是单纯地指疾病或病弱。也就是说，它不仅涉及人的心理，而且涉及社会、道德等方面的问题，生理健康、心理健康、道德健康构成健康的整体概念。

生理健康是指人的身体能够抵抗一般性感冒和传染病,体重适中,体形匀称,眼睛明亮,头发有光泽,肌肉和皮肤有弹性,睡眠良好等。生理健康是人们正常生活和工作的基本保障,达不到这一点,就谈不上健康,更谈不上长寿。

心理健康是指人的精神、情绪和意识方面的良好状态,包括智力发育正常,情绪稳定乐观,意志坚强,行为规范协调,精力充沛,应变能力较强,能适应环境,能从容不迫地应付日常生活和工作压力,经常保持充沛的精力,乐于承担责任,人际关系协调,心理年龄与生理年龄相一致,能面向未来。心理健康同生理健康同样重要。良好的心态能促进人体分泌出更多有益的激素,能增强机体的抗病能力,促进人健康长寿。

道德健康也是健康新概念中的一项内容。"道"既是指人在自然界及社会生活中待人处事应当遵循一定的规律、规则、规范等,也是指社会政治生活和做人的最高准则。"德"是指个人的品德和思想情操。道德健康主要指能够按照社会道德行为规范约束自己,并支配自己的思想和行为,有辨别真与伪、善与恶、美与丑、荣与辱的观念和能力。把道德纳入健康范畴是有科学依据的。巴西著名医学家马丁斯研究发现,屡犯贪污受贿的人易患癌症、脑出血、心脏病和精神过敏症。品行善良,心态淡泊,为人正直,心地善良,心胸坦荡,则会心理平衡,有助于身心健康。相反,有违于社会道德准则,胡作非为,则会导致心情紧张、恐惧等不良心态,有损健康。试想,一个食不香、睡不安、惶惶不可终日者,何以能谈健康?!据测定,这类人很容易发生神经中枢、内分泌系统功能失调,其免疫系统的防御能力也会减弱,最终会在恶劣心态的重压和各种身心疾病的折磨下早衰或者早亡。

## 二、心理健康的概念

1946 年召开的第三届国际心理卫生大会将心理健康定义为:"所谓心理健康是指在身体、智能以及情感上与他人的心理健康不相矛盾的范围内,将个体心境发展成最佳的状态。"2001 年,世界卫生组织将心理健康定义为:"心理健康是一种健康或幸福状态,在这种情况下,个体得以实现自我,能够应对正常的生活压力,工作富有成效和成果,以及有能力对所在社会作出贡献。"

在心理学的众多理论中,特别是在人格心理学和临床心理学中,美国心理学家杰哈塔(M. Jahoda)对心理健康的界定最为著名,他提倡一种积极的精神健康,对于现代社会中的人们来说很有教益。主要包括六个方面。

① 自我认知的态度。心理健康的人,能对自我作出客观的分析,对自己的体验、感情、能力和欲求等作出正确的判断和认知。

② 自我成长、发展和自我实现的能力。心理健康的人的心态绝对不会是消极的、厌世的或万念俱灰的,他会努力去实现自己的潜能,自强不息,即使遇到挫折,

也会成长起来,去追求人生真正的价值。

③ 统一、安定的人格。心理健康的人能有效地处理内心的各种能量,使之不产生矛盾和对立,保持均衡心态。他对于人生有一种统一的认知态度,当产生心理压力和欲求不满时,有较高的抗压力及坚韧的忍耐力。

④ 自我调控能力。对于环境的压力和刺激,能保持自我相对的稳定,并具有自我判断和决定的能力。不依附或盲从于他人,善于调节自我的情绪,果断地决定自己的发展方向。

⑤ 对现实的感知能力。心理健康的人在现实生活中不会迷失方向,他能正确地认知现实世界,判断现实。

⑥ 积极地改善环境的能力。心理健康的人不会受环境的支配、控制,而是顺应环境,适应环境,并积极地变革环境,使之更适应人的生存。在这样的环境中,他热爱人类,适恰地工作和游戏,保持良好的人际关系,并有效率地处理、解决问题。

由此可见,心理健康是指人的内心世界与客观环境的一种平衡关系,是自我与他人之间的一种良好的人际关系的维持,即不仅能获得确保自我安定感和安心感,还能自我实现,具有为他人的健康贡献、服务的能力。

我国学者对"心理健康"也作了一个概括性的界定:

① 有幸福感和安定感;

② 身心的各种机能健康;

③ 符合社会生活的规范,自我的行为和情绪适应;

④ 具有自我实现的理想和能力;

⑤ 人格统一和调和;

⑥ 对环境能积极地适应,具有现实志向;

⑦ 有处理、调节人际关系的能力;

⑧ 具有应变、应急及从疾病或危机中恢复的能力。

以上的心理健康定义,是与心理障碍和疾患相对而言的。随着社会的飞速发展,人们对心理健康的概念也有一个不断修正、完善的过程。

心理健康有广义和狭义之分。从广义上讲,心理健康主要是指一种高效而满意的、持续的心理状态;从狭义上讲,心理健康指的是人的基本心理活动的过程和内容完整、协调一致,即知、情、意、行和谐统一。

### 三、心理健康的标准

心理健康的标准是心理健康概念的具体化,但是心理健康的标准并不像生理健康那样具体、明确。心理健康与否、正常与否的界限是相对的,正常与异常是一个连续体的两端,它们之间没有绝对的分界线,所以国内外学者提出的心理健康的标准不尽相同。

1. 世界卫生组织关于健康的标准(1989 年)

除了众所周知的没有病理改变和机能障碍外,还应该具有:

① 充沛的精力,能从容不迫地担负日常工作和生活,而不感到疲劳和紧张;

② 积极乐观,勇于承担责任,心胸开阔;

③ 精神饱满,情绪稳定,善于休息,睡眠良好;

④ 自我控制能力强,善于排除干扰;

⑤ 应变能力强,能适应外界环境的各种变化;

⑥ 体重得当,身材匀称;

⑦ 眼睛炯炯有神,善于观察;

⑧ 牙齿清洁,无空洞,无痛感,无出血现象;

⑨ 头发有光泽,无头屑;

⑩ 肌肉和皮肤富有弹性,步态轻松自如。

2. 美国心理学家马斯洛和密特尔曼提出 10 条经典标准

① 有充分的自我安全感;

② 能充分地了解自己,并能恰当地估计自己的能力;

③ 生活理想切合实际;

④ 不脱离周围现实环境;

⑤ 能保持人格的完整与和谐;

⑥ 善于从经验中学习;

⑦ 能保持良好的人际关系;

⑧ 能适度地宣泄情绪和控制情绪;

⑨ 在符合团体要求的前提下,有限度地发挥个性;

⑩ 在不违反社会规范的前提下,能适当地满足个人的基本需求。

3. 大学生心理健康标准

根据国内外专家学者的观点,结合我国当代大学生的年龄特征、心理特点和社会角色特征,一般认为大学生心理健康的基本标准如下:

(1) 智力正常。

智力是指一个人认识能力与活动能力所达到的水平,是人的观察力、注意力、记忆力、想象力、思维力、创造力和实践活动能力等的综合,包括在经验中学习或理解的能力、获得和保持知识的能力、迅速而又成功地对新情境作出反应的能力、运用推理有效地解决问题的能力等。

智力正常是大学生学习、生活、工作的最基本的心理条件,是大学生胜任学习任务、适应周围环境变化需要的心理保证,因此,智力是衡量大学生心理健康的基本标准。一般来说,大学生的智力是正常的,相对于同龄人,其智力水平总体较高,衡量大学生的智力,关键在于看大学生的智力是否正常地、充分地发挥了效能。

大学生智力正常且充分发挥的标准是：有强烈的求知欲和浓厚的探索兴趣；智力结构中各要素在其认识活动和实践活动中都能积极协调地参与，并能正常地发挥作用；乐于学习。

（2）情绪健康。

情绪健康的主要标志是情绪稳定和心情愉快。这是大学生心理健康的一个重要指标，因为情绪在心身健康中起着核心的作用，情绪异常往往是心理疾病的先兆。大学生的情绪健康应包括以下内容：

第一，愉快情绪多于不愉快情绪，一般表现为：乐观开朗，充满热情，富有朝气，善于自得其乐，对生活充满希望。

第二，情绪稳定性好，善于控制和调节自己的情绪，既能克制约束又能适度宣泄，不过分压抑，使情绪的表达既符合社会的要求也符合自身的需要，在不同的时间和场合能恰如其分地表达自己的情绪。

第三，情绪反应是由适当的原因引起的，反应的强度和引起这种情绪的情境相符合。

（3）意志健全。

意志是人在完成一种有目标的活动时所进行的选择、决定与执行的心理过程。意志健全者在行动的自觉性、果断性、顽强性和自制力等方面都表现出较高的水平。

意志健全的大学生在各种活动中都有自觉的目的性、能适时地作出决定并运用切实有效的方法解决所遇到的各种问题，在困难和挫折面前，能采取合理的反应方式，能在行动中控制情绪和言行，而不是盲目行动、优柔寡断、轻率鲁莽、害怕困难、意志薄弱、顽固执拗、言行冲动。

（4）人格完整。

人格是指个体比较稳定的心理特征的总和。人格完整是指有健全统一的人格，即个人的所思、所想、所说、所做都是协调一致的。大学生人格完整的主要标志：一是人格结构的各要素完整统一；二是具有正确的自我意识，不产生自我同一性混乱；三是以积极进取的人生观作为人格的核心，并以此为中心把自己的需要、愿望、目标和行为统一起来。

（5）自我评价适当。

适当的自我评价是大学生心理健康的重要条件。大学生是在与现实环境和他人的相互关系中，以及在自己的实践活动中认识自己的。

一个心理健康的大学生对自己的认识，应比较接近现实，有"自知之明"。对自己的优点感到欣慰，但又不至于狂妄自大；对自己的弱点既不回避和否认，也不自暴自弃，而是善于正确地"自我接受"。

（6）人际关系和谐。

人总是处在一定的社会关系中，大学生同样离不开与人打交道。和谐的人际关系既是大学生心理健康不可缺少的条件，也是大学生获得心理健康的重要途径。大学生的人际关系和谐表现为：

① 乐于与人交往，既有稳定而广泛的人际关系，又有知心朋友；

② 在交往中保持独立而完整的人格，有自知之明，不卑不亢；

③ 能客观评价别人和自己，善取人之长补己之短；

④ 宽以待人，乐于助人；

⑤ 积极的交往态度多于消极态度；

⑥ 交往动机端正。

（7）适应能力强。

较强的适应能力是心理健康的重要特征，不能有效处理与周围现实环境的关系是导致心理障碍的重要原因。

心理健康的大学生，应能和社会保持良好的接触，对社会现状有较清晰正确的认识，思想和行动都能跟得上时代的发展步伐，与社会要求相符合。当发现自己的需要和愿望与社会需要发生矛盾时，能迅速进行自我调节，以求和社会协调一致，而不是逃避现实，更不是妄自尊大，一意孤行，与社会需要背道而驰。

（8）心理行为符合大学生的年龄特征。

大学生应具有与年龄和角色相适应的心理行为特征。若严重地偏离这些心理行为特征，则有可能是心理异常的表现。

在理解和运用心理健康的标准时要注意：心理健康的标准是相对的，无论哪一种的表述都是理想的状态。实际上，人的心理健康状态是一个动态变化的过程，判断一个人是否心理健康，并不能凭一时一事就下结论，从健康到不健康有一个较长时间的积累过程，并且通过环境的改变和自我的调节，健康与不健康又可以互相转化。因此，心理健康与否只能反映一个人某一时段内的相对状态，并不是他一生的状态。如果正常的工作、学习和生活难以维持和保证，就应该引起注意，及时调整自己。

# 第二节　大学生心理健康教育的主要理论观点

心理健康教育的理论观点很多，应用较多的理论观点主要有以下四种。

## 一、精神分析的观点

精神分析理论是弗洛伊德创立的独特的理论。该理论是建立在对病人进行分析的基础之上的，因此，它强调更多的是异常和不适应的特点，而不是正常和适应的特点。精神分析理论认为，人生之旅犹如穿过湍急的河流，如适应不良则会产生心理问题,幸运的人则能健康地度过这些关卡。因此,心理健康就是没有严重异常症状的人。

弗洛伊德把人的心理分为三部分:意识,即当前注意所及的心理活动领域;前意识,即当前未被注意,但一经提及可以想到的心理活动领域;无意识,即受到压抑,隐藏很深的心理活动领域。其中,无意识最为重要,弗洛伊德认为无意识包含着各种本能及与本能有关的欲望,是人类活动的原动力。

弗洛伊德把人格结构也分为三部分:本我,是人格结构的最底层,反映了人的生物本能,最原始的本我与生俱来,其追求本能的快乐和满足,按"快乐原则"行事,是"原始的人";自我,是人格结构的中间层次,从本我分化出来,是通过后天学习和对外界的环境适应发展的结果,按"现实原则"行事,是"现实的人";超我,是人格结构的最高层,代表良心和道德力量,对自我起监察作用,指导自我去限制本我的冲动,不让其有越轨行为,否则就给予惩罚,按"道德原则"行事,是"道德的人"。个体人格要得到正常和健康发展,本我、自我、超我这三者就要处于平衡与协调的状态,如果三者失衡,则可能导致心理疾病。

## 二、行为主义的观点

行为主义心理学由美国的华生创立。在其发展过程中又有早期行为主义和新行为主义之分。早期行为主义心理学主张以客观的方法研究人类的行为,从而预测和控制有机体的行为,其理论模型的基本概念就是学习。由于人类大多数行为都是习得的,因此行为主义理论家关心的是行为(正常的或异常的)的表现或矫正的过程,并没有清楚地界定心理健康,但认为心理健康是适应环境的一种能力。

经典条件反射是指在未经学习之前,某种特殊的刺激会引发一种特殊的反应。例如,食物可以引发唾液分泌。在这个例子里,食物是"无条件刺激",唾液分泌是"无条件反应"。在条件反射中,按照巴普洛夫的条件反射程序,很多刺激(条件刺激)都可以引发相同的反应(条件反应)。而在操作条件反射中,有机体对特定刺激作出反应后的强化可以改变此前有机体特定反应的频率,个体学习的是如何获得所希望的目标。随着个体的成长,操作条件反射成为个体区分行为后果的一种重要机制,并逐渐获得达到自己的目标以及应付外界事物的能力。

由于并不能保证我们所学习的都是准确的和有用的,因此我们可能学会看上去有吸引力但实际上对我们有害的东西;我们也可能学不会所需的应付能力,或学会了一些类似无助、逃避等不负责任、不适应的应付方式。这就造成了心理健康方面的问题。行为主义心理学的实质正是运用"刺激-反应"原理,通过强化来达到某种行为的目的。而强化又有正强化和负强化之分。正强化是给予愉快的刺激,使反应行为增加;负强化是撤销厌恶刺激,使反应行为增加。以班杜拉为代表的新行为主义心理学家提出的社会学习理论进一步认为,人的行为不一定通过强化才能习得,通过社会学习-模仿即可获得,行为的异常既然是通过学习得到的,就可以通过学习新的适宜的反应,矫正非适应性的行为反应,并且强调了榜样在人的社会化过程中的重要作用。

### 三、认知论的观点

认知理论以艾利斯和贝克为主要代表。主要研究日常生活的典型时间以及精神疾病的心理机制,并未明确界定什么是心理健康。

贝克的认知学说认为,认知是情绪及行为的中介和决定因素,即情感障碍与行为障碍和歪曲的认知有关。当一个人处于应激状态时,他自己的认知结构决定了他的情绪是焦虑还是愤怒,是抑郁还是愉快,以及采取的行为是逃避还是攻击。个体的人格特点决定了他的认知特征,人们的早年经验也决定着他们对事物的评价,贝克称之为"功能失调性认知假设",它会产生大量的"负性自动思维",这些想法会导致情绪抑郁、焦虑和行为障碍。情绪和行为障碍反过来又会强化这种自动思维,形成恶性循环。因而,要克服情绪与行为障碍,就要识别这些负性自动思维,并进一步挖掘出潜在的功能失调性认知假设,以帮助人们对各种观念加以重新评价,以更现实、更为适应的认知原则代替那些僵化、歪曲、适应不良的认知原则,从而达到消除情绪与行为障碍的目的。

### 四、人本主义的观点

人本主义心理学是 20 世纪 50 年代在美国产生的一个新的心理学学派。它的主要代表人物是马斯洛(A. Maslow)。马斯洛作为人本主义运动的领袖,提出了自己的人本主义观点,这些观点也是人本主义的主要观点。

马斯洛把自己的研究对象确定为健康的人格或者完满的人性,其任务是加强研究人的成长,自我实现和为健康而努力。

另一代表人物是罗杰斯(C. R. Rogers)。其主要观点是在心理治疗实践和心理学理论研究中发展出人格的"自我理论",并倡导"患者中心疗法"的心理治疗方法。人类有一种天生的"自我实现"的动机,即一个人发展、扩充和成熟的趋力,它是一个人最大限度地实现自身各种潜能的趋向。

人本主义心理学从正面界定心理健康及自我实现的人。表现为具有清晰的洞察力,具有区别他人虚假不真的能力;能够接纳自己和别人,也能够享受独处;对生命保持不断更新和投入的态度,可以达到较高层次的适应水平。

根据人本主义观点,心理健康方面的问题根本上说是个人成长和朝向健康的自然倾向的中断或歪曲。引起这种中断或歪曲的因素包括以下一种或几种:自我防御机制的过分使用,使得个体逐渐脱离现实;不利的社会条件以及学习中的失误;过分的紧张应激。

与精神分析和行为主义不同的是，人本主义理论家对人性和人类潜力的看法是积极、乐观的。他们认为，在适当的条件下，人类都倾向于友好、合作、建设性的行为，自私、攻击性以及残忍则是由于对人的本性的否认或歪曲。

上述四个基本理论在学校心理健康教育中得到广泛的应用。例如，精神分析学说在分析学生心理问题的成因时被广泛应用，在控制学生行为时使用行为主义，在调整学生的认知偏差时使用认知理论，而建立师生的亲密关系，在心理教育中尤为重要，这体现了人本主义思想。

# 第三节 大学生心理健康教育的主要内容及作用

## 一、心理健康教育的概念

心理健康教育是指，教育者根据人的心理活动规律，有目的、有计划、有组织地采取各种方法和措施，促进人的身心健康和发展。

大学生心理健康教育工作是适应社会发展的需要，是新形势下全面贯彻党的教育方针、实施素质教育的重要举措，是促进大学生全面发展的重要途径和手段。

## 二、大学生心理健康教育的主要任务和内容

### （一）主要任务

《高等学校学生心理健康教育指导纲要》指出：心理健康教育是提高大学生心理素质、促进其身心健康和谐发展的教育，是高校人才培养体系的重要组成部分，也是高校思想政治工作的重要内容。

大学生心理健康教育的指导思想是：深入学习贯彻习近平新时代中国特色社会主义思想，全面贯彻党的教育方针，把立德树人的成效作为检验学校一切工作的根本标准，着力培养德智体美全面发展的社会主义建设者和接班人。坚持育心与育德相统一，加强人文关怀和心理疏导，规范发展心理健康教育与咨询服务，更好地适应和满足学生心理健康教育服务需求，引导学生正确认识义和利、群和己、成和败、得和失，培育学生自尊自信、理性平和、积极向上的健康心态，促进学生心理健康素质与思想道德素质、科学文化素质协调发展。

《高等学校学生心理健康教育指导纲要》明确指出心理健康教育的主要任务是：

#### 1. 推进知识教育

健全心理健康教育课程体系，结合实际，把心理健康教育课程纳入学校整体教学计划，规范课程设置，对新生开设心理健康教育公共必修课，大力倡导面向全体

学生开设心理健康教育选修和辅修课程,实现大学生心理健康教育全覆盖。公共必修课程原则上应设置 2 个学分、32—36 个学时。完善心理健康教育教材体系,组织编写大学生心理健康教育示范教材,科学规范教学内容。开发建设"大学生心理健康"等在线课程,丰富教育教学形式。创新心理健康教育教学手段,有效改进教学方法,通过线下线上、案例教学、体验活动、行为训练、心理情景剧等多种形式,激发大学生学习兴趣,提高课堂教学效果,不断提升教学质量。

2. 开展宣传活动

加强宣传普及,通过举办心理健康教育月、"5·25"大学生心理健康节等形式多样的主题教育活动,组织开展各种有益于大学生身心健康的文体娱乐活动和心理素质拓展活动,不断增强心理健康教育吸引力和感染力。拓展传播渠道,充分利用广播、电视、书刊、影视、动漫等传播形式,组织创作、展示心理健康宣传教育精品和公益广告,传播自尊自信、乐观向上的现代文明理念和心理健康意识。创新宣传方式,主动占领网络心理健康教育新阵地,建设好融思想性、知识性、趣味性、服务性于一体的心理健康教育网站、网页和新媒体平台,广泛运用门户网站、微信、微博、手机客户端等媒介,宣传心理健康知识,倡导健康生活方式,提高心理保健能力。发挥学生主体作用,支持学生成立心理健康教育社团,组织开展心理健康教育活动,增长心理健康知识,提升心理调适能力,积极进行心理健康自助互助。强化家校育人合力,引导家长树立正确教育观念,以健康和谐的家庭环境影响学生,有效提升心理健康教育实效。

3. 强化咨询服务

优化心理咨询服务平台,加强硬件设施建设,设立心理发展辅导室、心理测评室、积极心理体验中心、团体活动室、综合素质训练室等,积极构建教育与指导、咨询与自助、自助与他助紧密结合的心理健康教育与咨询服务体系。完善体制机制,健全心理健康教育与咨询的值班、预约、转介、重点反馈等制度,通过个体咨询、团体辅导、电话咨询、网络咨询等多种形式,向学生提供经常、及时、有效的心理健康指导与咨询服务。实施分类引导,针对不同学段、不同专业学生,精准施策,因材施教,把解决思想问题、心理问题与解决实际问题结合起来,在关心呵护和暖心帮扶中开展教育引导。遵循保密原则,建立心理健康数据安全保护机制,保护学生隐私,杜绝信息泄露。

4. 加强预防干预

完善心理测评方式,优化量表选用,禁止使用可能损害学生心理健康的方法和仪器。科学分析经济社会快速发展、互联网新媒体应用快速推进、个人成长历程、家庭环境等因素对学生心理健康的深刻影响,准确把握学生心理健康状况及变化规律,不断提高心理健康素质测评覆盖面和科学性。健全心理危机预防和快速反应机制,建立学校、院系、班级、宿舍四级预警防控体系,完善心理危机干预工作预案,作好对心理危机学生的跟踪服务,注重作好特殊时期、不同季节的心理危机预防与干预工作,定期开展案例督导和个案研讨,不断提高心理危机预防干预专业水平。建立心理危机转介诊疗机制,畅通从学校心理健康教育与咨询机构到校医院、精神卫生专业机构的心理危机转介绿色通道,及时转介疑似患有严重心理或精神疾病的学生到专业机构接受诊断和治疗。

### (二) 主要内容

《教育部关于加强普通高等学校大学生心理健康教育工作的意见》明确指出,大学生心理健康教育的主要内容包括:

① 宣传普及心理科学基础知识,使学生认识自身的心理活动与个性特点;宣传普及心理健康知识,使大学生认识到心理健康的重要作用,特别是心理健康对成才的重要意义,树立心理健康意识。

② 培训心理调适的技能,提供维护心理健康和提高心理素质的方法。

③ 识别心理异常现象,使大学生了解常见心理问题的表现、类型及其成因,初步掌握心理保健常识,以科学的态度对待各种心理问题。

④ 根据大学生活不同阶段以及各层次、各学科门类学生、特殊群体学生的心理特点,有针对性地实施心理健康教育。

## 三、心理健康教育对大学生个体成长的作用

心理健康教育不仅是社会历史发展对学校教育提出的客观要求,而且是大学生个体成长的内在要求。

### (一) 心理健康教育可以预防心理疾病

前文已谈及,大学生中心理疾病的范围较广,且心理健康与不健康是相对的。大学生在日常生活中因某种原因出现的暂时的心理失常,如恐惧、烦恼、胆怯、孤独、敏感、多疑、焦虑等,一般不需要特殊处理,学生如果了解心理学的基本知识和对自我有正确的认识后一般都能通过自我调节而消减,不会产生持续的影响。如果表现为意识障碍、智力障碍、情感障碍、意志障碍和人格障碍等,就会使学生不能接受正确的学校思想政治教育、不能学习科学文化知识,以及师生、同学的关系紧张,就需要心理教育工作者的干预和帮助,如进行心理咨询及各种治疗,才可能消除。如果进一步恶化,就会导致严重的心理变态和精神疾病,如以神经衰弱、癔病等为主要表现的各种神经官能症,一般需专门的精神卫生机构进行治疗。

### (二) 心理健康教育可以减少心身疾病

心身疾病是一种主要由心理因素引起的躯体上的疾病,这种疾病的症状是生理性的,但其产生却没有直接的生理病因。心身疾病患者往往经历过情绪上的某种压力,如长期的紧张或焦虑,尤其是气愤和恼怒,其他还有挫折感、忧虑无望、焦虑等。大学生正处在人体发育的高峰阶段,在生理发育的作用下,情绪很不稳定,个体心理机制若不健全,意志控制力就比较差。在这一阶段如不能对不良情绪加

以有效控制,就容易造成心身疾病。

大量医学临床实践和科学研究证明,积极的心理对身心健康的良好作用是任何药物所不能代替的。成功的心理健康教育措施完全可以减少和减轻大学生心身疾病的发生。

**（三）心理健康教育有助于大学生健康人格的培养**

人格是现实的、有特色的个人经由社会化获得的,具有内在统一性和相对稳定性的个人特质结构,是人的思想和行为的综合。大学生的学习活动是一个高层次的思维活动,需要学生有健康的心理机制及健全的人格,以确保学生有明确的学习目的、坚定的意志、浓厚的兴趣、高度的注意力、良好的品德。青年学生心理发展水平的不平衡性,会影响健康人格的形成。

**（四）心理健康教育有助于大学生树立正确的人生观、价值观和世界观**

当代大学生承担着完成民族复兴与中国梦的历史重任,大学生"三观"是否正确与民族未来发展紧密相关,心理健康教育作为素质教育体系的核心,可以优化学生个性、提高成就动机、加强德育素质。心理健康教育和思想政治教育的融合可以帮助学生群体形成正确、积极的"三观",让学生们不但可以在头脑中对于基本国情与社会主义制度形成正确认知,坚定自身理想信念,还可以使学生在心理层面真正认可并追求社会主义事业的发展,将其转化为内在动力,把家国情怀切实内化于心。

## 四、影响大学生心理健康的主要因素

### （一）个体特点对大学生心理健康的影响

#### 1. 遗传因素

遗传因素决定了个体的生物学性状。一个人的心理活动特点和心理健康水平与遗传因素有十分密切的关系,尤其是气质、神经结构的活动特点、能力与性格的某些成分都受到遗传因素的明显影响。

#### 2. 人格的缺陷

性格过于内向的人,心胸狭窄、过于斤斤计较的人,孤僻封闭的人,自卑忧郁的人,急躁冲动的人,固执多疑的人,爱慕虚荣的人,娇生惯养而感情脆弱的人,都比个性开朗大度、乐观的人更易患心理疾病。

#### 3. 意志品质差

相当一部分大学生自制能力差,对挫折缺乏必要的承受能力,惧怕失败。一遇到矛盾就自责自怨或一味埋怨社会和他人,灰心失望,精神不振,由此造成恶性循环,进而陷入消极的心理状态。久而久之,就形成了心理疾病。

#### 4. 情绪发展的不稳定性

大学生的情绪处在最动荡和最复杂的时期,鲜明的特征是情绪的两极性。情绪起伏过大,左右不定,而缺乏对事物的客观判断;强烈的情感需求与内心的闭锁并存,情绪激荡而缺乏冷静的思考,极易走向极端,使他们常常体验着人生各种苦恼。由此易产生内心矛盾冲突而诱发各种心理障碍。

5.性的生物性与社会性的冲突

大学阶段,人的生理发育基本成熟,由于性机能的发展产生了性的欲望与冲动,但由于社会道德习俗、法律和理智的约束,这种欲望常被限制和压抑。大多数学生可以通过学习、娱乐、社交等途径使生理能量得到正当释放、升华或补偿。但有一部分学生不能正确处理调节,性压抑而出现焦虑不安感,甚至以某种变态的形式表现出来。

**（二）大学特殊环境和任务对心理健康的影响**

大学生的主要任务是学习,在有限的时间内要完成繁重的学习任务,心理压力很大。如果他们所处的生活环境即校园条件并不理想,也会影响他们的心理健康。因此,近年来校园文化建设这一课题受到多方重视。

1.学习负担过重

相当一部分学生每天学习时间达 10 个小时以上,而睡眠时间严重不足。学习是一项艰苦的脑力劳动,长期学习负担过重使大脑过度疲劳,大脑皮层活动机能减弱,注意力、记忆力、思维力、想象力受到限制而影响学习效率。学习负担过重与课程设置不合理、学生学习贪多求全、自我期望过高、家长及外界压力过大、学校引导不力等因素有关。

2.专业选择不适

因对大学专业设置不太了解,学生在选择专业时具有一定的盲目性,每年都有一些学生由于各种原因对所学专业不满意,不符合个人的兴趣和爱好,从而产生调换专业的要求。一旦解决不了,就闹情绪,表现出情绪低落、消极悲观、学习无兴趣、随意缺课,长此以往,会使心理矛盾强化,导致神经衰弱等心理疾病。其实,专业兴趣是可以培养的,即使现在所学专业确实不能使自己很好地发挥优势,今后还可以进行辅修或进修第二学历、双学位进行弥补。

3.不适应大学生活

从中学到大学,学习环境、生活环境改变很大,包括人际关系等都需要重新适应。在学习方面,中学老师讲的内容少而细,而大学老师讲的内容多而快,主要培养自学能力;在生活方面,中学时父母照顾多,而大学要培养自理能力。从心理适应讲,中学时学习成绩优秀,周围充满着赞扬声,优越感很强;但到大学,同学们都很优秀,自己原有的优势不再存在,学习上遇到一点挫折就会产生消极的自我评价而导致情绪低落。

4.业余生活单调

大学生活可以用"三点一线"来概括,学生的生活环境主要是课堂、食堂、宿舍,生活相对比较单调,缺少足够的娱乐生活。而青年人处在长知识、长身体的阶段,好奇心强,精力充沛,对业余生活的多样化要求迫切,但常常不能满足,因而缺乏生活的乐趣。

**（三）家庭环境对大学生心理健康的影响**

家庭不仅是每个人接受教育的第一所学校，而且是一个人成长过程中不可缺少的重要环境。大学生的心理健康状况与成长轨迹关系密切，在家庭中成长的大学生，不会因为离开家庭环境到大学校园生活而弱化家庭的影响力。

不适当的家庭教育方法和教养方式容易使子女产生严重的心理问题。大学生心理健康水平与家长的教育观念、家庭教育方式之间存在着密切关系。例如，在高考指挥棒的引导作用下，很多学生家长只重视学生的考试成绩，却忽视学生的心理健康。这种消极的教育方式容易使学生形成敏感多疑、自卑易怒、抑郁焦虑、人际交往欠缺等不健康的品质。

当子女考入大学后，家长又将更多的精力转移到提供经济支持上，而对子女的心理成长问题关注不够，与子女的沟通、交流欠缺，形成比较明显的"代沟"。这就要求家长要不断学习新的教育观念，了解大学生的心理特点，做好其心理压力的调节和疏导工作。

**（四）社会环境对大学生心理健康的影响**

1. 社会文化背景

当前我国处在社会文化的转型时期，这种转型会给人们带来新的思想意识和价值观念，对成长中的青年学生心理也会产生一定影响。这种影响主要表现在两个方面：一是社会环境的多元性；二是就业渠道的多样化。

随着世界经济一体化进程的加快，微观层面呈现日趋多元化的趋势。当今大学生思想开放，容易接受新的观念，性格开朗、独立，更富有挑战意识，不再为单一的价值观所束缚。同时，当今大学生与以往同龄人相比更注重人际关系的交往。但是，也不能忽视社会环境变迁对大学生产生的某些负面影响。当代大学生处在中西文化交汇、多种价值观冲突的年代，面对不同以往的文化背景和多种价值选择，大学生们常常感到茫然和疑虑。同时，求新求异的心理使不少青年学生盲目追求西方文化，而这些文化与中国的社会现实难以融合，常常使学生们在成长的道路上处于两难或者多难的境地。

随着我国高等教育体制的改革，高校毕业生由长期以来的国家统分转向自主择业。在这种自谋职业和多种渠道就业的形势下，面对激烈竞争的人才市场，部分学生感到难以适应。另外，在当前分配制度转轨的过程中，由于学校未能及时采取相应的对策和措施，再加上社会上和就业市场中存在的各种不正之风，引发出为数不少的与就业有关的心理和社会问题，并不同程度地干扰和影响了高校的教学秩序以及在校学生的正常学习。

2. 大众传播媒介的影响

随着西方思想渗透和传播媒介增多，一些格调低下、观念错误的书籍、报刊充斥于市场。这些都对求知欲强但辨别力弱,崇尚科学但欠缺辩证思维的大学生带来一定的负面影响,并在不同程度上妨碍了他们的健康成长。同时,随着信息时代的到来,现代传播技术日新月异,以新兴媒体为代表的大众传媒在人们日常生活和社会发展中的作用日益突出,以互联网为代表的新媒体以其多元化、娱乐性、互动性和虚拟性等特性令大学生群体着迷,并且深深地影响着他们的心理、行为习惯和思想意识,尤其是给大学生的思想政治素质带来巨大影响和严峻挑战。

3. 多元文化和青年亚文化的影响

由于中国正处于社会转型的重要阶段,并且受到经济全球化的影响,其文化格局产生了翻天覆地的变化。各区域的文化交织,现代文化与传统文化交融,中方文化与西方文化交汇,现实文化与虚拟文化交错,使得文化出现了空前的多变、复杂与融合,这是之前所没有的。这种文化格局的产生使得大学生的心理健康受到深刻且多面的影响。文化的复杂性是部分国家高校学生心理健康事件发生的重要原因,大学生心理健康受到多元性的文化影响越来越多、越来越大,特别是对新生的影响最为明显。区域性亚文化的差异是复杂文化的重要体现,比如异乡的同学对新校园文化的不适应与排斥,使得他们的人际关系薄弱,显得较为无助。多元文化并存,不同文化间既存在交流、交融,也存在交锋,扰乱了青年人价值观的形成。

青年亚文化是反映青年群体独特认知的文化形态,这一独特的文化形态大多由居于边缘地位的青年人创造出来,表达青年人的利益诉求,与成年人的文化观念存在某种程度的冲突,甚至试图抗拒成年人对其施加的约束力。青年亚文化具有特定的传播机制和现实表达,按性质划分可以分为积极亚文化、中性亚文化和消极亚文化。其中,志愿服务文化、创新创业文化属于积极亚文化;而当下流行的以恶搞文化为代表的抵抗型亚文化,以丧文化、无用主义为代表的虚无型亚文化,都属于消极亚文化,对我国的传统文化、主流文化的权威地位构成一定的威胁和挑战。按存在形式划分可以分为显性亚文化和隐性亚文化。在互联网的帮助下亚文化的常见发展模式是粉丝文化、网络游戏文化、弹幕文化、恶搞文化、自拍文化、角色扮演文化、嘻哈文化等青年亚文化的并行式发展。不同风格和内容的青年亚文化形式相互竞争,在形式上、内容上都呈现出前所未有的混合性与流变性,呈现出繁杂多变的景象,形成各种类型。其一,集体的情感宣泄。以 UP 主、"字幕组"为代表的分享型亚文化,表达自身的生活方式和情感状态,体现青年大学生的创造力和独特性,以自娱自乐的方式实现文化对抗和分享。其二,神奇的媒介制造。以黑客、极客为代表的技术型亚文化,通过技术接触最新信息,以此获得自我认同和自我满足。其三,另类的文化表征。以"佛系"文化为代表的解困型亚文化等,以自嘲的态度、戏谑的语言开展别开生面的文化解围。其四,张扬的青春独白。以 Cosplay、御宅族为代表的二次元文化,用别致新颖的方式来纾解压力、表达个性。其五,疯狂的偶像崇拜。以粉丝文化为代表,近年来由于各类选秀节目的热播,新生代偶像崛起,粉丝对于符号价值的追求空前兴盛,更加沉迷于收集明星的相关周边产品,在"饭圈文化"中,常有粉丝将个人情感强烈投射到偶像身上,在投射中实现自我认同。青年人最富活力、最具创造性,虽然青年亚文化影响的群体有限,但对社会主义文化的冲击力却是很大的。大学生作为青年群体中的最活跃分子,自然对青年亚文化极力热捧,因此,引导他们增强文化辨别力极为必要。

总之,大学生心理问题与心理障碍产生的原因是多方面的,生物因素、心理因素、社会因素常常交织在一起,互相联系、互相作用、互相制约,某些先天因素的不健全,加上不良社会文化环境影响,造成心理发展中出现异常状态,容易导致心理疾患。因此,保持和维护心理健康应该从多种渠道入手。

## 五、增进大学生心理健康的主要途径

增进大学生心理健康的途径包括大学生自身、学校、家庭和社会的努力四方面。

### (一) 大学生自身层面

第一,要掌握一定的心理健康知识。心理健康知识是大学生增进自我了解并进而达到自我调节的理论武器。大学生可通过听心理健康课或讲座、阅读心理健康书刊等途径接受心理健康教育,并注意把知识运用于自己的生活中。

第二,要积极参加各类实践活动。人的心理是在社会文化交往、社会实践中形成和发展的,因而多参加人际交往、多参加社会劳动和各种社会活动,有利于锻炼心理、增强意志、丰富体验、发展才智,从而促进心理的健康和发展。

第三,要培养良好的生活习惯。世界卫生组织认为有害健康的不良生活习惯主要有:① 吸烟;② 过量饮酒;③ 不恰当服药;④ 体育运动不够或突然运动量过大;⑤ 饮食热量过高和多盐及饮食没有节制;⑥ 不接受合理的医疗处理,信巫不信医;⑦ 对社会压力产生适应不良的反应;⑧ 破坏身体生物节奏和精神节奏的生活。

第四,要大力加强自我心理调节。这是自我心理保健中最核心的一部分,离开了自我调节,心理保健就无从谈起。大学生自我心理调节包括调整认识结构、完善自我意识、学会情绪调节、锻炼意志品质、丰富人际交往、提高适应能力、塑造健全人格等。

第五,要及时寻求心理咨询帮助。在维护和促进心理健康中,大学生除了重视个体自我调节外,还应积极取得家庭、学校和社会的支持,争取亲朋好友的帮助,尤其是当心理负荷比较重且自己又不易调节时,及时寻求心理咨询机构的帮助是明智的选择。

### (二) 学校层面

第一,加强学校心理健康教育。面向大学生开设心理健康教育课程公共必修课、相关心理健康选修课等课程,规范课程设置,丰富教学形式,提高任课教师专业水平;在教学中要结合实际,将知识转化为学生的思想观点、人生价值和良好的心理素质,从而提高大学生的综合素质。

第二,营造校园文化氛围。在校园内宣传心理健康知识,倡导健康的生活方式,提高心理保健能力。积极发挥学生主体作用,依托心理社团组织开展各级各类心理健康教育活动,增长心理健康知识,提升心理调适能力,积极进行心理健康自助互助。

第三,优化心理咨询服务,完善咨询体制机制。学校心理咨询是增进大学生心理健康、优化心理素质的重要途径,通过个体咨询、团体辅导、网络咨询等多种形式,指导学生减轻内心矛盾和冲突,开发身心潜能,把解决思想问题、心理问题与解决实际问题结合起来,注重考虑学生需求。

**(三) 家庭层面**

第一,营造良好的家庭氛围。家庭在个人发展中具有根源性和基础性的影响,良好的家庭氛围是大学生心理健康的基础和保障,在一个充满爱、温暖的、积极的家庭里,有利于大学生人格、情绪、自我意识等方面的发展。

第二,尝试有效沟通。父母与子女之间的矛盾和冲突的产生往往由于沟通不畅,日渐成熟的大学生渴望父母的尊重和平等对待,家庭关系中的沟通要强调情感关注。有效的沟通不仅能事半功倍,也会改善彼此关系,增进感情,有助于大学生培养理性平和的心态。

**(四) 社会层面**

第一,建立和健全心理健康服务机构。完善社区、医院心理健康服务体系,在干部、医务人员中普及心理卫生知识,提高专业人员心理服务水平,做好突发危机事件的应急管理预案,建立人、财、物、组织、制度的保障体系。

第二,构建网络环境下的心理健康教育新路径。运用网络加大对心理健康知识的宣传和普及力度,加强教育工作,从而帮助大学生更好地预防和应对心理问题的出现。加强网络舆论引导,避免对大学生产生消极暗示和影响。理直气壮地唱响网上主旋律,巩固壮大主流思想舆论,是掌握互联网主动权的重中之重。

第三,积极践行社会主义核心价值观。社会主义核心价值观是文化最深层的内核,决定着文化的性质与方向,体现着国家、民族的文化理想和精神高度,具有规范价值秩序与行为准则的功能。社会主义核心价值观的形成可以从根源上杜绝不良文化传播,如一些不良网站、不良娱乐场所,以防消极文化对大学生的心理和思想侵蚀。社会主义核心价值观不仅解决大学生价值困惑与意志脆弱问题,还进一步引导大学生道德人格的完善、理想信仰的确立、文化制度的自觉自信。

第四,合理引导青年亚文化,使之与社会主流文化走向统一。大多数学生不再追求大众趋同,而是将注意力逐渐转向小众和自我。在他们眼中,大众文化是被动地接受商业信息所带来的风格与价值,亚文化则是用户积极地去追求自己所喜爱的小众风格。因此,合理引导青年亚文化就显得尤为重要。青年亚文化的发展伴随着青年大学生的成长而不断改变形式,是大学生的心理投射,而且时常对社会发挥"警报器"的作用。对于青年亚文化中的积极因素要进行积极吸收,对消极部分要合理引导,使之与社会主流文化走向统一,构建主流文化引领下的多元文化体系。拥有健康有序的文化大环境也有利于青年亚文化的有序发展,能够为青年大学生群体提供优质的文化产品,更好地做到以文化人、以文育人,引导大学生接受优秀文化成果的积极影响。

**拓展阅读**

**心理测验** ▸▸▸▸

## 心理健康自评量表(SCL—90)

心理健康自评量表(SCL—90)常用以评定心理健康状况。

以下列出了有些人可能会有的问题,请仔细阅读每一条,然后根据最近一星期以来自己的实际感觉,选择最符合您的一种情况,填在测验答卷纸中相应题号的评分栏中。

其中,"没有"记1分,"较轻"记2分,"中等"记3分,"较重"记4分,"严重"记5分。

1. 头痛。
2. 神经过敏,心中不踏实。
3. 头脑中有不必要的想法或字句盘旋。
4. 头昏或昏倒。
5. 对异性的兴趣减退。
6. 对旁人求全责备。
7. 感到别人能控制您的思想。
8. 责怪别人制造麻烦。
9. 忘记性大。
10. 担心自己的衣饰整齐及仪态的端正。
11. 容易烦恼和激动。
12. 胸痛。
13. 害怕空旷的场所或街道。
14. 感到自己的精力下降,活动减慢。
15. 想结束自己的生命。
16. 听到旁人听不到的声音。
17. 发抖。
18. 感到大多数人都不可信任。
19. 胃口不好。
20. 容易哭泣。

21. 同异性相处时感到害羞和不自在。

22. 感到受骗,中了圈套或有人想抓住您。

23. 无缘无故地突然感到害怕。

24. 自己不能控制地大发脾气。

25. 怕单独出门。

26. 经常责怪自己。

27. 腰痛。

28. 感到难以完成任务。

29. 感到孤独。

30. 感到苦闷。

31. 过分担忧。

32. 对事物不感兴趣。

33. 感到害怕。

34. 您的感情容易受到伤害。

35. 旁人能知道您的私下想法。

36. 感到别人不理解您,不同情您。

37. 感到人们对您不友好,不喜欢您。

38. 做事必须做得很慢以保证做得正确。

39. 心跳得很厉害。

40. 恶心或胃部不舒服。

41. 感到比不上他人。

42. 肌肉酸痛。

43. 感到有人在监视您,谈论您。

44. 难以入睡。

45. 做事必须反复检查。

46. 难以作出决定。

47. 怕乘电车、公共汽车、地铁或火车之类的。

48. 呼吸有困难。

49. 一阵阵发冷或发热。

50. 因为感到害怕而避开某些东西、场合或活动。

51. 脑子变空了。

52. 身体发麻或刺痛。

53. 喉咙有梗塞感。

54. 感到前途没有希望。

55. 不能集中注意力。

56. 感到身体某一部分软弱无力。

57. 感到紧张或容易紧张。

58. 感到手或脚发重。

59. 想到死亡的事。

60. 吃得太多。

61. 当别人看着您或谈论您时就感到不自在。

62. 有些不属于您自己的想法。

63. 有想打人或伤害他人的冲动。

64. 醒得太早。

65. 必须反复洗手、点数目或触摸某些东西。

66. 睡得不稳不深。

67. 有想摔坏或破坏东西的冲动。

68. 有一些别人没有的想法或念头。

69. 感到对别人神经过敏。

70. 在商店或电影院等人多的地方感到不自在。

71. 感到做任何事情都很困难。

72. 一阵阵恐惧和惊慌。

73. 感到在公共场合吃东西很不舒服。

74. 经常与人争论。

75. 单独一人时神经很紧张。

76. 感到别人对您的成绩没有作出恰当的评价。

77. 即使和别人在一起也感到孤单。

78. 感到坐立不安,心神不定。

79. 感到自己没有什么价值。

80. 感到熟悉的东西变成陌生或不像是真的了。

81. 大叫或摔东西。

82. 害怕会在公共场合昏倒。

83. 感到别人想占您的便宜。

84. 为一些有关"性"的想法而苦恼。

85. 您认为应该因为自己的过错而受到惩罚。

86. 感到要赶快把事情做完。

87. 感到自己的身体有严重问题。

88. 从未感到和其他人很亲近。

89. 感到自己有罪。

90. 感到自己的脑子有毛病。

**测验答卷：**

| F1 | | F2 | | F3 | | F4 | | F5 | | F6 | |
|---|---|---|---|---|---|---|---|---|---|---|---|
| 项目 | 评分 | 项目 | 评分 | 项目 | 评分 | 项目 | 评分 | 项目 | 评分 | 项目 | 评分 |
| 1 | | 3 | | 6 | | 5 | | 2 | | 11 | |
| 4 | | 9 | | 21 | | 14 | | 17 | | 24 | |
| 12 | | 10 | | 34 | | 15 | | 23 | | 63 | |
| 27 | | 28 | | 36 | | 20 | | 33 | | 67 | |
| 40 | | 38 | | 37 | | 22 | | 39 | | 74 | |
| 42 | | 45 | | 41 | | 26 | | 57 | | 81 | |
| 48 | | 46 | | 61 | | 29 | | 72 | | 合计 | |
| 49 | | 51 | | 69 | | 30 | | 78 | | | |
| 52 | | 55 | | 73 | | 31 | | 80 | | | |
| 53 | | 65 | | 合计 | | 32 | | 86 | | | |
| 56 | | 合计 | | | | 54 | | 合计 | | | |
| 58 | | | | | | 71 | | | | | |
| 合计 | | | | | | 79 | | | | | |
| | | | | | | 合计 | | | | | |

| F7 | | F8 | | F9 | | F10 | | 结 果 处 理 | | |
|---|---|---|---|---|---|---|---|---|---|---|
| 项目 | 评分 | 项目 | 评分 | 项目 | 评分 | 项目 | 评分 | 因子 | 合计/项目数 | T 分 |
| 13 | | 8 | | 7 | | 19 | | F1 | /12 | |
| 25 | | 18 | | 16 | | 44 | | F2 | /10 | |
| 47 | | 43 | | 35 | | 59 | | F3 | /9 | |
| 50 | | 68 | | 62 | | 60 | | F4 | /13 | |
| 70 | | 76 | | 77 | | 64 | | F5 | /10 | |
| 75 | | 83 | | 84 | | 66 | | F6 | /6 | |
| 82 | | 合计 | | 85 | | 89 | | F7 | /7 | |
| 合计 | | | | 87 | | 合计 | | F8 | /6 | |
| | | | | 88 | | | | F9 | /10 | |
| | | | | 90 | | | | F10 | /7 | |
| | | | | 合计 | | | | | | |

**结果解释：**

其中,测验答卷的 F1、F2……F10 分别代表各因子,即 F1(躯体化)、F2(强迫)、F3(人际敏感)、F4(抑郁)、F5(焦虑)、F6(敌对)、F7(恐怖)、F8(偏执)、F9(精神病性)、F10(其他)。

T 分为因子分,为某因子的合计分除以该因子的项目数所得。分析时主要看各因子 T 分。

正常成人 SCL-90 各因子合计分正常值范围见表 1-1。

**表 1-1 正常成人 SCL-90 各因子合计分的正常值范围**

| 项　　　目 | 合计分 | 项　　　目 | 合计分 |
|---|---|---|---|
| F1 躯体化 | <28 | F6 敌对 | <16 |
| F2 强迫 | <28 | F7 恐怖 | <15 |
| F3 人际敏感 | <26 | F8 偏执 | <16 |
| F4 抑郁 | <35 | F9 精神病性 | <22 |
| F5 焦虑 | <23 | | |

因子 T 分分值的意义：

1—2　提示心理健康;

2—3　提示亚健康心理状态;

3—4　提示有心理健康问题;

4—5　提示有严重心理健康问题;

下面是 10 个因子的定义：

(1)躯体化:该因子主要反映主观的身体不适感,包括心血管、胃肠道、呼吸道系统主诉不适和头痛、背痛、肌肉酸痛及焦虑的其他躯体表现。

(2)强迫症状:该因子主要指那种明知没有必要,但又无法摆脱的无意义的思想、冲动、行为等表现,还有一些比较一般的感知障碍(如脑子变空了,"记忆力不行"等)也在这一因子中反映。

(3)人际关系敏感:该因子主要反映某些个人不自在感与自卑感,尤其是在与其他人相比较时更为突出。自卑感、懊丧以及在人事关系中明显不好相处的人,往往这一因子得分高。

(4)抑郁:反映的是临床上与抑郁症状群相联系的广泛的概念。抑郁苦闷的感情和心境是代表性症状,它还以对生活的兴趣减退、缺乏活动的愿望、丧失活动力等为特征,并包括失望、悲叹以及与抑郁相联系的其他感知及躯体方面的问题。

（5）焦虑：包括一些通常临床上明显与焦虑症状相联系的症状和体验。一般指那些无法静息、神经过敏、紧张以及由此产生躯体征象(如震颤)。那种游离不定的焦虑及惊恐发作是本因子的主要内容,它还包括有一个反映"解体"的项目。

（6）敌对：主要以三方面来反映病人的敌对表现、思想、感情及行为。包括从厌烦、争论、摔物直至争斗和不可抑制的冲动爆发等方面。

（7）恐惧：与传统的恐惧状态所反映的内容基本一致,恐惧的对象包括出门旅行,空旷场地、人群、公共场合及交通工具。此外还有反映社交恐惧的项目。

（8）偏执：偏执是一个十分复杂的概念,本因子只是包括了它的一些基本内容,主要是指思维方面,如投射性思维、敌对、猜疑、关系妄想、被动体验和夸大等。

（9）精神病性：其中有幻想、思维播散、被控制感、思维被插入等反映精神分裂症状的项目。

（10）其他：该因子反映睡眠及饮食情况。

## 案例分析

**心理咨询案例：**

### 不当家庭教育方式引发的心理问题

小王,女,21岁,大学一年级学生,独生子女。找异性替考被监考老师发现,在被教育的过程中无任何悔改意识,态度极为冷淡,表现出心理问题。

该生来自城市家庭,独生子女,从小母亲的家庭教育很严格,对孩子一贯采取命令式的教育,认为孩子小不懂事,其任何想法都是幼稚且不合理的,故所有的事情从小都是母亲包办代替的。孩子年龄小的时候能一贯服从母亲的管教和安排。随着年龄的增长,尤其是青春期的来临,孩子在很多方面越来越叛逆,矛盾集中表现在进入初三时面临交友问题。当时,小王第一次完全"违背"母亲的意愿,与同班男生交往,但是学习成绩没有受到多大影响。进入高中后,小王与男友的感情愈加深厚,父母也更加反对他们交往。在高考临近时,考虑到今后的前途和发展,小王决定听取父母的意见与男友中断交往。这招来了男友的极度不满而采取极端措施,他将小王诱骗外出,绑架两天,劝说小王与自己私奔,小王没有答应男友的要求,在小王母亲报警后,其男友被判处有期徒刑一年,此事对小王造成了很大打击。由于内心的打击和学校、周围人的议论,使得小王高考前的学习都是迫于父母的压力在家里完成的。其经历了恋情的突变、绑架的惊吓以及对男友的感情由爱情转变为对其入狱这一后果的愧疚感等打击,由此萌发了对生活、对感情、对亲情的失望以至绝望,没有了生活支柱,从而产生了自暴自弃的生活态度。上大学后对学业的态度便是其生活态度的一种体现。

**【分析与评估】**

小王生性忧郁、内向,情感丰富但又因母亲的命令式教育而无从交流沟通。幼年时期一贯听从母亲的安排,是其叛逆性格形成的主要原因;成长过程中无法与父母沟通交流,自身的想法因母亲的强制教育而无法得到认可和支持,从而形成其外在内向实则叛逆的性格表象。其一旦有了与母亲的教育抗衡的勇气,就会出现一系列叛逆行为,交友就是其叛逆性格的集中表现。其对母亲教育的不满通过早恋的方式发泄出来,而结果又不是自己想象和决定的,男友的入狱给了她一个沉痛的教训,面临这样的教训,在没有及时得到心理疏通的情况下极易形成其漠然、叛逆的性格,从而为其求学过程中的种种表现埋下了隐患。

**【调节对策】**

针对小王的情况,咨询师为其制定了以心理宣泄和共感、尊重为前提的技术条件,并融合精神分析、认知调整和交互分析、理性情绪疗法等方法的咨询方案。目标是通过缓解小王的漠然情绪,纠正其对男友的愧疚以及不合理的处世观念,最终缓解小王人生态度的消极感;增加交往分析和情绪分析,使其对自身所面临的问题能够得到正确分析和看待,从调整心理状态的角度进入良好的学习状态;提升其处世态度的积极性,正确看待所遇到的问题,促进其健康成长、乐观面对生活。

(案例资料来源:天津市委教育工委思想政治教育处和天津市教育委员会德育处.天津市高校大学生心理咨询案例选编[M].天津人民出版社,2012.)

**思政案例:**

## 空心的我,无法投入现实的生活

小郭,男,21岁,大三学生。

小郭进入大学后,没有了中学时期的学习压力,感觉大学课程不多,也没有考试压力,整个人放松下来,认为上了大学就完成了人生的奋斗目标。渐渐地,小郭变得对身边的任何事情都提不起兴趣,整日无所事事,课上注意力不集中,学业也落下很多。

小郭开始审视自己。他发现自己想问题会脱离现实,看什么都觉得没有意思,情绪低落,感觉人生没有意义。跟人交流时,也很难感受到别人的真诚和开心快乐。通过了解发现,小时候,因为父亲在外地工作,小郭跟父亲相处时间少,母亲对小郭情感和思想上的关心也比较少,只要求他要考好成绩,还总拿他和别人比,很少鼓励自己。中学时,小郭看了一部美国影片《黑客帝国》,从此觉得世界变得不真实,开始脱离实际空想,变得自命不凡,不爱跟人交往,爱钻牛角尖,还迷恋上游戏。

现在小郭希望自己想清楚目前困扰他的各种问题,情绪不再低落,能安下心来学习,对未来不再迷茫。

**【分析与评估】**

(1) 对心理健康不够重视,缺乏心理健康保健和及时寻求帮助的意识。小郭出现人际退缩、厌学等症状,但无论是家长还是小郭本人都没有意识到自己的心理健康出现了问题,没有及时求助并调整自己。

(2) 外来文化的负面影响。在小郭的自我意识发展和价值观、人生观形成的关键期,西方的英雄主义文化产品无孔不入,对他产生了消极影响,导致他脱离现实,陷在自己的世界中无力自救。

(3) 父母功能的缺失导致自我认同得不到满足,影响自我意识发展,缺乏意义感。父母的忽视导致小郭的心灵缺少情感滋养,缺少与周围人的情感联结,成长困惑得不到及时的解答和引导。因为自我认同得不到满足,内心充满矛盾冲突,个性发展不稳定,价值观容易受到冲击。对我是谁、我想成为什么人这样的问题得不到支持和引导,不知道自己该何去何从,导致情绪迷茫、抑郁。

(4) 学习动力存在偏颇。因为缺乏引导和教育,母亲总是拿小郭与别人比较,使他没有产生内在的学习动力,到了大学没有了这种比较后,小郭动力缺失,导致学习行为受阻,成绩下降。同时,由于对专业不认同,对学习的意义也缺乏深度思考,没有将个人发展和社会需要、自我价值实现结合起来,导致学习动力不足。

**【调节对策】**

(1) 充分重视自身心理健康,及时寻求帮助。家长不仅要关注孩子的学习,更要关心孩子的心理健康和思想发展。同学们也要培养心理健康的意识,对自己的状态要保持觉察,遇到心理问题要及时求助。

(2) 家校合作,共同讨论家庭教育。增进父母对孩子的了解和理解,与父母进行家庭教育的讨论。小郭的成长中缺少亲密、真实和信任的人际关系,帮助小郭面对真实的世界和真实的自己。

(3) 探索自我。和小郭一起发现自己身上的优点。善良、责任感、聪颖都是他的积极资源。同时帮助小郭客观地评价自己和他人,形成稳定、肯定的自我认知。探索在成长过程中体验到的各种情绪及其背后的意义,学会理解并接纳情绪,减轻痛苦。

(4) 建立积极的、持续的自我价值感。引导小郭思考他想成为一个什么样的人,自己前进的动力和奋斗的落脚点在哪里。让他认识到人的命运从来都是与时代紧密相连,要将小我融入大我之中。对大学生活和人生进行规划,设立总目标和阶段目标。同时,帮助小郭与自己达成和解,不再逃避问题,接受现实,增强意义感和价值感。

# 第二章 自我意识与心理健康

　　2 000多年前,我国哲学家老子提出一句至理名言:"知人者智,自知者明。"在同时代的西方,古希腊的哲学家苏格拉底也提出一句箴言:"认识你自己。""人是什么?"这是一个古老而又永恒的话题,也是每一个人毕生都在探讨和不断获得不同答案的问题。鉴于"人"的复杂性,我们在探寻"人是什么"这一命题时会不时感慨知人不易,要将自己作为研究的对象、深入了解自己则更加困难。尽管关于自我的探究过程困难重重,但是如何发掘真实的自我,对于我们每一个人,特别是处于青春期向成年期过渡阶段的大学生而言尤为重要。

## 第一节 自我意识概述

### 一、自我意识的内涵

#### (一) 自我意识的含义

　　当我们在生命中第一次开始叩问自己"我是谁?"的时候,我们便不可阻挡地进入自我意识的神秘花园。人类真正开始对自我意识进行研究可以追溯到文艺复兴时期,人文主义者尖锐地批判了中世纪神学对人性的扼杀与对自我的否定,提倡人性解放。随后,法国哲学家笛卡尔率先提出"自我意识"这一概念,提出了"用心灵的眼睛去注意自身"的精辟论断。自此以后,关于自我的研究遍地开花,发展空前。在心理学领域中,自我一直是一个热门话题,特别是当精神分析学派的创始人弗洛伊德提出"自我的三结构说"(即本我、自我、超我)后,"自我"由此成为心理学研究的一个核心概念。意识是人脑对客观世界的主观反映,是心理学研究的重点问题,也是难点问题。

　　自我意识(又称自我认知,self-cognition)是意识发展到高级阶段的产物,是人在社会实践中形成和发展的对自己、对自己与他人的关系的社会认知系统,是人格的核心部分,对人的心理和行为起着调控作用。自我意识不是人生而有之的,而是在社会实践的基础上逐渐产生、发展和走向成熟的,从而使得人从自觉走向自主,从被动走向主动,由感性走向理性,它是推动人类实现自我超越和开拓创新的根本力量之源。

**(二) 自我意识的内容**

自我意识不是与生俱来的,它是个体在机体生长发育,特别是脑机能的成熟过程中通过个体的社会化而逐步形成与发展起来的。有研究表明,自我意识的形成与发展经历三个阶段:一是生理的自我;二是社会的自我;三是心理的自我。

1. 生理的自我

生理的自我又称为物质的自我,它是一个人对自己身躯的认识,包括个体对自己的身体、性别、年龄、容貌、仪表、健康状况以及所有物等方面的认识。心理学家奥尔波特等人认为,婴儿刚出生时多处于自我封闭状态,尚无法区别外界与自己,对于自己的手、脚和周围的玩具,都视为同样性质的东西加以摆弄。3 个月大的婴儿能对人发出微笑,这表示婴儿对外界的刺激发生了反应。8 个月大的婴儿开始注意自己在镜子里的形象,但 10 个月的时候依然会混淆镜中我和真实的我。一般认为,婴儿要到 2 岁零 2 个月以后才会认识自己在镜子里的自我形象,大约与此同时,开始学会使用"你"这个人称代词。心理学家大都认为儿童要到 3 岁的时候,自我意识中的生理自我才能形成,同时也开始更多地使用人称代词"我"字。这时候儿童所表现出来的行为,大都是以我为中心的,所以有些心理学家称这一时期为"自我中心期"。

2. 社会的自我

随着个体社会化程度的加深,个体获得了一定的社会经验,逐步意识到自己在社会中要担任一定的角色,在组织中要有自己的地位和作用,这就产生了社会自我。简而言之,社会自我就是个体对自己在一定的社会关系和人际关系中的角色、权利、责任、地位、名望、名誉等方面的认识。这个时期又称为个体客观化时期,这个阶段大约是从 3 岁到青春期之前,即到 13—14 岁的时候。这期间,儿童的游戏往往是成人社会生活的缩影,儿童在游戏中扮演某种社会角色也是他们学习角色行为的一种方式,在游戏中儿童揣摩着角色的心理状态,体验着角色与角色间的相互关系。特别是儿童通过学校中的社会化生活,更加速了他们社会的自我的形成过程。个体尤其是独生子女在自己所属的家庭中是集万千宠爱于一身,故而行为处事往往以自我为中心,学校的教师面向全体学生,关心每一个学生而不偏爱任何学生,使个体逐渐认识到自己是班级的一员,在学校里需要遵守校规、班规,需要按时完成作业等,个体开始觉知自己的身份、角色、地位以及人与人之间的关系发生了变化,从而表现出社会自我。

3. 心理的自我

心理的自我又称为精神的自我,是个体对自己的心理活动、个性特点、心理品质的认识、体验和愿望,是同个体的生理、情绪、思维(包括性成熟、想象力丰富、逻辑思维能力)的发展相联系的,包括对自己的感知、记忆、思维、能力、智力、气质、性格、兴趣、爱好等的认识和体验。心理的自我发展从青春期到成年期大约持续十年时间,也是自我意识趋向成熟的阶段。这个阶段也被称为"主观化时期"。

刚入校的大学生,年龄一般在 18—20 岁,处于自我意识渐趋成熟的阶段。青年大学生会高度关注自己的生理体征,如女大学生会较为注重自己容貌是否漂亮、体型是否苗条、是否具有吸引力等,继而产生自信或者自卑的体验,这些都表现为大学生对生理自我的认识和体验。在大学阶段,由于大学教育的准社会性,大学生接触社会、进行社会实践的机会增多,对自己的角色、地位、责任、权利等有了更为明晰的认知,成人感更加强烈,他们渴望给予社会更多的帮助,故而大学生一直是社会救助残疾和困难群体等公益事业的积极倡议者和参与者,这是大学生社会自我全面发展的体现。在心理自我方面,大学生开始对自己的内心进行自省,他们开始反思自己的观察力强不强、记忆力好不好、是否够聪明、性格是外向还是内向、自己的人生理想是什么,并开始注重自己的情绪体验和自我的行为方式,这些都是心理自我发展的重要体现。心理自我是自我意识发展的最后阶段,标志着一个人的自我意识在功能上趋向成熟。

**(三) 自我意识的结构**

自我意识是一种多维度、多层次的复杂心理现象,包括自我认识、自我体验和自我控制三个心理成分,分别属于心理过程的认知、情感和意志这三个方面。它们之间相互联系、相互制约,统一于个体的自我意识之中。自我认识是基础,决定着自我体验的主导心境和自我控制的内容与方向;自我体验是对自我认识的强化,对自我控制的行动力度起着决定性的作用;自我控制是实现自我完善的现实途径,对自我认识和自我体验有着调节作用。自我意识这三个方面整合一致,便形成了自我意识的完整体系。

1. 自我认识

自我认识属于心理过程的认识部分,主要指主观自我(I)对客观自我(me)的认知和评价,包含自我认知和自我评价两方面,主要回答"我是一个什么样的人"的问题。自我认知是个体对自身各种状况的了解,比如有人认为自己身体肥胖,有人认为自己热情开朗,也有人认为自己脾气暴躁、容易冲动。自我评价是在自我认知的基础上对自身各方面进行的评估。在进行自我认识这一心理过程时,由于认识的主体和客体都是我们自身,这种特殊性可能造成我们的自我认知和评价出现偏差。特别是青年大学生,他们的自我认识层面包含着理想自我和现实自我的强烈冲突。大学生大都理想满腹、渴望成功、实现梦想,但当他们的理想无法照进现实时,就极容易形成消极悲观、自卑自弃等不良心理。比如,有的大学生原本是学习尖子,由于高考发挥失常与名牌大学失之交臂,只好退而求其次就读一般院校,他们的理想与现实自我的冲突较为强烈,可能形成"我怎么如此失败""我的人生毫无希望"等消极的自我评价,继而极容易出现自暴自弃等不良的心理与行为。

根据客观的自我认知进而作出正确合理的自我评价,对于健全个人的心理、行为表现及协调个人在社会群体中人际关系都具有重大的影响作用。如果一个人在社会生活中总是自视较低,认为自己没有什么价值,他就会产生自卑感,做事缺乏胜利的信心,影响积极性和主动性。相反,如果一个人只看到自己的优点,认为"老子天下第一",那么他就会产生盲目乐观的情绪,孤芳欣赏,自以为是,其结果往往人际关系较差,与人合作困难,或被他人排挤、被群体所孤立。因此,从某种意义上讲,一个人认为自己是怎样的一个人,比他真正是怎样一个人更重要,因为每个人都是按照他认为自己是怎样一个人而行动的。

2. 自我体验

自我体验属于心理过程的情绪、情感部分,是个体在自我认知基础上所产生的一种情绪体验,即主观自我对客观自我所持有的一种态度。自我体验主要回答"是否满意自己"、"能否悦纳自己"这类问题,比如有人因为长得不够漂亮而感到自卑,对自己不满,甚至不愿接受这个丑陋的自我。自我体验涵盖的内容十分宽泛,主要包括自尊、自信、自卑、自负、自责、自豪感等方面内容,如我对自己的学习成绩很满意,我对自己的社交能力弱而感到失望等,都反映了个体的情绪体验。

自我体验是在自我认知和自我评价的基础上形成的,它反映了主观自我的需要与客观自我的现实之间的关系。主观自我的需要得到了满足,自我体验就是积极肯定的,即产生自我满足,感到信心十足;反之,主观自我的需要没有得到满足,自我体验就是消极否定的,即出现自我责备,感到悲观失望。

3. 自我控制

自我控制属于心理过程的意志成分,它是个体对自己的行为、思想和言语等方面的控制。它体现了人的能动性方面,即对自己的行为和活动的调节,从而了解自己是如何克服各种困难以达到心中理想的自我的目标。其内容包括自我暗示、自我激励、自强自律等。自我控制要解决"怎样有效地调控自己""怎样通过改变现状,使自己成为一个理想的人"之类的问题。一方面,自我控制有启动行为、形成毅力、克服各种困难、达到理想自我的作用,如学生为了取得好成绩,克服懒惰习惯,坚持每天晚上上自习;另一方面,自我控制起着抑制不良行为的作用,即我们平常所说的自制力。例如,不违反纪律、不随地吐痰等。自我控制是自我意识的关键环节,"知"与"行"之间有很长的路,前面两种成分属于认知和情绪体验,还没有体现在行动上,如何磨炼意志、实现知行统一从而实现理想的自我离不开自我控制。能否有效地进行自我控制也是大学生自我意识成熟的重要表现。

## 二、自我意识的形成与发展

美国新精神分析派代表人物、著名精神病医师埃里克森,将自我意识的发展过程按顺序分成八个阶段,这就是人生发展八阶段理论。

**(一)婴儿期(0—1.5 岁):基本信任对基本不信任**

这个阶段的新生儿最为孤弱,因而对成人依赖性最大,如果父母能以慈爱和惯常的方式来满足儿童的需要,他们就会形成基本信任感。如果父母拒绝他们的需要或以非惯常的方式来满足他们的需要,新生儿就会形成不信任感。当新生儿形成的信任感超过不信任感时,基本信任对基本不信任的危机才能得到解决。

一旦某一阶段的特征危机得到积极的解决,这个人的人格中就形成一种美德。美德是某些能够为一个人的自我增添力量的东西。在这个阶段中,如果新生儿具有的基本信任超过基本不信任,就形成希望的美德。希望是对热烈愿望的实现怀有持久的信念。

**(二)儿童期(1.5—3 岁):自主性对羞怯和疑虑**

在这个阶段中,儿童迅速掌握大量的技能。他们学会了走、爬、交谈等技能,学会了如何抓握和放开,开始有意识地进行活动,能"随心所欲"地决定做还是不做某些事情。在此阶段,儿童出现了第一个自我意识的高潮期,从这时起就进入自己与父母的意愿相互冲突的矛盾之中。

这个时期,如果儿童遭到父母过分溺爱和不公正地使用体罚,或是自主活动遭受过多的干涉,就会产生羞怯和疑虑;相反,如果儿童形成的自主性超过羞怯和疑虑,就会形成意志的美德,即进行自由决策和自我约束的不屈不挠的决心。

**(三)学龄初期(3—5 岁):主动性对内疚**

在这一时期,儿童能更多地进行各种具体的运动神经活动,更精确地运用语言和更生动地运用想象力。这些技能使儿童萌发出各种思想、行为和幻想,以及规划未来的前景。在这个阶段,儿童检验了各种各样的限制,以便找到哪些属于许可的范围,哪些是不被许可的。

如果父母鼓励儿童的独创性行为和想象力,那么儿童就会以一种健康的独创性意识离开这一阶段;如果父母讥笑儿童的独创性行为和想象力,儿童就会缺乏自信心地离开这一阶段。由于缺乏自主性,儿童在考虑种种行为时总是易于产生内疚感,所以,他们倾向于生活在别人为他们安排好的狭隘的圈子里。

如果儿童在这个阶段获得的自主性胜过内疚,就会形成"目的"的美德,即具有正视和追求有价值的目的的勇气。

**(四)学龄期(6—12 岁):勤奋对自卑**

在这一时期,大多数儿童都是在学校度过的。学校是培养儿童将来就业及顺应社会文化的场所。在大多数文化中,包括我国的文化中,为了生存,要求我们具备与他人合作的能力,所以社交技巧是学校传授的重要课程之一。

儿童在这一阶段所学的最重要的课程是体验以稳定的注意和孜孜不倦的勤奋来完成工作的乐趣。如果儿童没有形成这种勤奋感,就可能形成一种引起他们对成为社会有用成员的能力丧失信心的自卑感。

如果儿童获得的勤奋感胜过自卑感,他们就会以能力的美德离开这个阶段。能力是由于爱的关注与鼓励而形成的,自卑感是由儿童生活中十分重要的人物对他们的嘲笑或漠不关心造成的。

**(五)青春期(12—18岁):同一性对角色混乱**

埃里克森认为,这个阶段是童年期向青年期发展的过渡阶段。这个阶段应当看作是寻找同一性的时期,而不是具有同一性的时期。埃里克森把这个时期称为心理社会的合法延缓期,他用这一术语表示青年人和成年期的间隔。同一性是一种熟悉自身的感觉,是一种知道个人未来目标的感觉,一种从他信赖的人们中获得所期待的认可的内在自信。

在前四个阶段中,儿童懂得了他是什么、能干什么,也就是说,懂得了所能担任的各种角色。在这个阶段中,儿童必须仔细思考全部积累的有关他们自己及社会的知识,最后效力于某一生活策略。一旦他们这样做,就获得了一种同一性并长大成人。获得个人的同一性就标志着这个发展阶段取得满意的结局。

如果年轻人没有获得同一性,就会以角色混乱或者消极的同一性离开这个阶段。角色混乱是以不能选择生活角色为特征的,这样就无限制地延长了心理的合法延续期。消极同一性是指个体形成与社会要求相背离的同一性,形成了社会不予承认的、反社会的或社会不能接纳的危险角色。

如果青年人在这个阶段中获得积极的同一性而不是角色混乱或消极的同一性,他们就会形成忠诚的美德,即永远忠于目标的能力。

**(六)成年早期(18—25岁):亲密对孤立**

埃里克森认为,具备牢固同一性的人才可能敢于涉足爱河。具有牢固同一性的青年人具有与他人建立亲密关系的能力;没有形成有效工作与亲密能力的人会离群索居,回避与别人亲密交往,因而就形成了孤立感。如果个人在这个阶段形成的亲密能力胜过孤立能力,他就会形成爱的美德。

**(七)成年期(25—65岁):繁殖对停滞**

如果一个人能很幸运地形成积极的同一性,过上富有成效的幸福生活,那么他就会力图把产生这些东西的环境条件传递给下一代。繁殖对建立和指导下一代是头等要事,这个概念包含生产能力和创造能力。

没有产生繁殖感的人是以"停滞和人际贫乏"为特征的,一旦一个人的繁殖比率比停滞高,那么这个人就会以关心的美德离开这个阶段。

### (八) 成熟期(65 岁以上)：自我完整对失望

这个阶段发生在 65 岁到死亡这段时间里,称为成年晚期。按照埃里克森的理论,只有回顾一生时感到所度过的是丰足的、有创建和幸福的人生的人才会不惧怕死亡。这种人具有一种圆满感和满足感。而那种回顾遭受失败人生的人则体验到失望。这八个阶段不但依次相互关联,而且第八个阶段还直接与第一个阶段相联系。如果个人获得的自我完整胜过失望,那么个体就以智慧的美德为一生的特征。

在埃里克森看来,美德是一种社会正能量,是积极的应对方式。信任-希望,这是第一个阶段形成的美德;自主-意志,这是第二个阶段形成的美德;主动-目的,这是第三个阶段形成的美德;勤奋-能力,这是第四个阶段形成的美德;同一性-忠诚,这是第五个阶段形成的美德;亲密-爱,这是第六个阶段形成的美德;繁殖-关心,这是第七个阶段形成的美德;自我完整-智慧,这是第八个阶段形成的美德。

## 三、自我意识的功能

自我意识是人类所特有的一种心理现象。是否具有自我意识(即有无自知力)是正常人与异常人最显著的差异,也成为心理正常与心理异常最重要的鉴别标准。在正常的人群中,由于自我意识发展水平高低不同,个体的行为效果也表现出显著的差异。培养积极的自我意识对个体的成长和发展具有重要的作用。

### (一) 积极的自我意识是大学生成功成才的基础

自我意识与个人行为的关系极为密切,意识决定行为,行为反映意识,自我意识对个人行为具有极大的推动作用。每个人的心中都有一幅自我画像——"我属于哪种人",你把自己想象成什么人,你就会按照那种人的行为行事。例如,有的同学把自己想象成不公正的牺牲品,认为自己注定是一个失败者,就会不断地寻找各种环境来证实自己的观点。自我意识客观的人自我形象健康,对自己有合理的期望,自我评价正确,处事积极,善于利用每一个成长的机会来改进自己;与人交往能真情流露,展示自己的内心世界,容易与人建立深厚的情谊;对自己充满信心,能独立地处事,也能作出恰当的自我表达。即使遭遇到挫折,自我意识积极的人也会在认知、情感、意志行为等方面主动地进行自我反省,找到目标受挫的主客观原因,并重新调整认识,促进行为向成功的方向发展。

在营销学上有一个经典的案例——"卖鞋的故事",至今仍然被人们津津乐道。有两位推销员接到同一个任务:到某个荒岛去卖鞋。他们到了那个荒岛后,推销员甲极度失望,因为看到那里由于天气炎热,没有人穿鞋,推销员甲想,如果让这里的人们穿上鞋那简直就是天方夜谭,于是心灰意冷地绝望而归。推销员乙则大为惊喜,兴奋地喊道:"感谢上苍的赐予,这简直就是一片未开发的处女地,多么广阔的市场啊!"他竭尽所能,终于把鞋都卖了出去,超额完成了任务,抱着荣誉和财富胜利而归。从这个故事中我们也能够看到自我意识积极与否对行为效果的影响。

推销员甲的自我意识比较消极,产生了消极的自我评价,认为自己在那个荒岛卖鞋肯定不行,继而出现悲观的情绪体验;而推销员乙的自我意识则比较积极,面对同样不利的情景能够迅速地调整自己的认知,对不利的环境赋予积极的意义,继而产生正面的自我评价,自信地完成销售任务。由此可见,树立积极的自我意识是我们个体成长、成才的重要的心理基础。

**（二）积极的自我意识是大学生心理健康的重要标志**

自我意识在个性结构中处于核心的地位,决定着个人的发展,对人们的心理活动和行为方式都起着制约作用。积极的自我意识会增进心理健康,而消极的自我意识会诱发心理疾病。若一个人拥有积极的自我意识,对自己有客观认识,能够接纳自我,则意味着不仅能积极评价和接纳自我,而且在适应社会过程中,当面对困难和挫折时能以积极的态度去面对它,可以保持一种积极的心理状态,因而心理就越健康。反之,一个人若形成消极的自我意识,对自己认识片面偏激,则会导致自我评价消极,总是认为自己"失败""一无是处",对待挫折困难时就会抱有一种消极的心理期待和应对方式,这样个体就会处于不良的情绪状态中,容易出现心理健康问题。

**（三）积极的自我意识是大学生品德内化的重要基础**

自我意识是指个体对自己各种身心状态的认识、体验和调控,具有目的性和能动性,对品德形成、发展起着调节、监控和矫正的作用。自我意识不仅是人脑对自身的意识与反映,还可以反映人与现实环境之间的关系。在品德的形成过程中,外因是条件,内因是根本,要提高学生的品德修养,需要着力于使学生从精神层面发自内心地认可高尚的道德理念,主动将其内化为自有品格,以自律为主、以他律为辅,在行为层面积极践行高尚的道德理念。

"内化"是心理学领域的概念,是指主体把现实的或想象中的个体与所处环境有规则地相互联系,将现实的或想象的环境特性转化为内在的规则和特性的过程。品德内化即在后天的生活和实践中,个体经过社会学习、模仿等方式,顺应并习得社会中的道德原则、道德规范和行为要求,形成其自身的道德需要,塑造稳定的道德人格特质和道德行为反应模式。大学生品德培养的过程,就是将社会主义核心价值观等优秀的价值思想、高尚的道德理念等通过一定的方法、渠道、手段,传递、灌输到学生的头脑中,逐步转化为观察分析问题的基本立场和方法,"内化"为其自身品格的过程。在内化过程中,最核心的部分即为"自我意识"。积极的自我意识可以使大学生充分了解自身的品德水平,并对社会赋予大学生群体的品德要求有清晰、正确的认识,社会主义核心价值观等主流价值体系就是社会需要当代大学生深入了解并践行的品德要求。积极的自我意识还对品德信念的形成、践行过程进行监控,个体可以及时觉察自身思想、行为是否在道德规则范畴内,更好地帮助大学生形成"躬身自省""见贤思齐"的良好习惯,促使个体不断提升道德水平,确保个体用道德的标准约束自身言行,坚持有所为有所不为。大学生要正确看待自身需要,有理有节地寻求满足,在满足需要的过程中,端正行为动机,培养健康向上的兴趣爱好;在实践中形成正确的世界观、人生观、价值观;树立崇高的理想信念,将自身发展与国家命运联系在一起,在奉献社会的过程中找到乐趣并实现自我价值。

# 第二节 大学生自我意识发展的特点和规律

## 一、大学生自我意识发展的特点

进入大学后,随着生理和心理的逐渐成熟以及社会化活动增多,大学生的自我意识也得到迅速的发展,出现了许多不同的特点,处于趋向成熟但尚未成熟的过渡阶段。大学生自我意识发展的基本特点主要有以下三个方面。

### (一)自我认识方面的特点

#### 1. 自我认识的广度和深度大大提高

大学这一特殊的学习、生活环境,为大学生提供了一个博览群书、自由发展、自我实现的新天地,从而为他们的自我认识向广度和深度发展提供了有利条件。从广度上看,大学生入校后,新的环境、新的认识、新的目标激发他们对自我本身以及自身与现实的社会关系进行探究和思考,并表现出浓厚的兴趣和紧迫感,这就使得大学生的视野更开阔了,关心的社会问题也多了,社会对他们的期望也比较高。这时,他们的自我认识不只包括自我的气质、风度和性格等一般问题,而且包括自己的社会地位、社会责任、自我价值等问题。尤其在目前社会深化改革时期,人才的竞争更为激烈,青年学生对自我的认识和要求显得比以往更为广泛和提高。

从深度上看,大学生的自我意识较之于其他青年更具有理性。同时,由于时代的特殊性,当今大学生与以往在校大学生相比在信息获取方面更具有全面性和深刻性。大学生经过教育和训练,特别是专业知识的学习,接受能力得到充分的发展,智力水平得到极大的提高,观察能力、记忆能力、想象能力和注意能力的发展都进入最佳期,抽象思维与辩证思维逐渐处于主导地位,分析问题更具有深刻性和辩证性。校内外社交活动范围的扩大,使大学生对现实社会的认识越来越深入。大学时期是大学生对自我进行全面的由表及里、由浅入深的自我探究时期,是他们成长的关键时期。一般而言,大一新生面临着环境的变化,急需发展社会交往和人际关系技能,调整自身的学习方法。二年级学生更多关注自身的社会适应能力和竞争力,对自我和社会本质的认识上升到主要地位。三、四年级学生围绕着未来就业和前途产生的对个人生活价值的认识处于重要地位。总的说来,大学生从明确自己的角色、地位开始到探究自我和社会的关系,以及世界观、人生观、价值观的确立,对自我的认识越来越深刻。

2. 自我认识的自觉性和主动性明显增强

大学时代开始了自我发现的新时期。大学生对认识自我充满浓厚的兴趣,他们开始主动地思考、反省关于自我的一系列问题,如"我将来做个什么样的人?""我的人生目标是什么?""我能为社会做些什么贡献?"等。求知欲正值强烈的大学生,总是十分感兴趣而又急切地思考着这些问题,强烈地期待着满意的答案。这种思考比少年时期更主动、更自觉,具有较高水平。

3. 自我评价趋向全面肯定

自我评价是自我意识的重要组成部分,随着知识的不断增加和社会生活经验的不断积累,大多数学生对自己的分析和评价逐渐趋于客观全面,感性的色彩越来越淡,理性的色彩越来越浓,既能够注意到自己的优点和长处,也能够意识到自己的缺点和不足,这使得自我意识能够在动态的平衡中实现成熟并不断完善。

**(二) 自我体验方面的特点**

1. 自我体验的丰富性和波动性

丰富多彩的学习生活为大学生发展自我体验的丰富性提供了有利条件。例如,由于意识到自己生理的成熟就产生了成人感;由于意识到自己的能力和品德的高低而产生了自豪、自尊或自卑、自惭等体验;由于意识到自己的社会角色和社会地位而产生了对社会的责任感和义务感。大学生的自我情感体验既有积极肯定的体验,也有消极否定的体验。在一项关于大学生自我体验基调的调查中,心理学家列举了20对具有相反意义的描述自我情感体验的词汇(如热情—冷漠、憧憬—悔恨、自信—自卑等),要求被试者从中选出10个能表达自己近半年以来心情的词语,结果表明大学生自我体验的基调为:热情、憧憬、自信、舒畅、紧张、急躁等。由此可见,大学生的自我体验丰富,且基本基调是趋向积极的、健康的。另一方面,由于大学生对自我的认识还在不断进行中,个性还不够成熟和稳定,意志上也缺乏驾驭情感的力量,因此他们的情感体验表现出明显的波动性:他们可能因为一时的成功而产生积极的、愉快的情绪体验,甚至骄傲自满、忘乎所以;也可能因一时的失败或挫折而低估自我或丧失信心,甚至沮丧失望,情绪的两极化比较明显。到了高年级,当大学生的自我认识和自我控制比较成熟后,这种波动性就会逐渐减少。

2. 自我体验的敏感性和情境性

大学生是一群正在成长的青年,也是一个极其敏感的群体,其内心的体验极其微妙。他们对与自身有关的事物往往体察得细致入微,特别关注自己在别人心目中的形象与地位,特别在意别人对自己的意见或看法。在心理咨询过程中我们曾接待过一位大学生来访者,她自诉自己很苦恼,不知道该怎么跟同学搞好关系。她总觉得室友们对她有意见,因为有一次当她走到宿舍门口时听到寝室里热火朝天的嬉笑声,但当她出现时大家就不再谈论了,她说她们肯定是在说自己的坏话,她开始责问自己到底做错了什么会遭到室友们的非议,她竭尽思虑却不得其解,每晚辗转反侧难以入眠,情绪沮丧。从这个个案上我们可以看出大学生由于处于情绪情感的活跃期,故而对于外部世界及自己内心世界的诸多方面的自我体验都异常敏感,只要跟自己相关联的事件都会被他们敏锐地觉知,并开始在自己身上进行一系列的演绎。当然,适度的敏感性是自我意识发展的体现,有利于我们迅速地觉知自我以及自我与外界环境的变化,但是过度的敏感会耗费我们大量的心理能量,过分关注细枝末节会给我们徒增情绪困扰,损害心理健康。

大学生的自我体验还会受情境的影响,具有一定的情绪性,表现为在一定刺激作用下会对自我产生一种想象式、灵感式、非逻辑的体验,顿时便可能陷入一种不可名状的激动中,情绪的两极化体验较明显。例如,有时候会感觉喜悦、自豪、满足、充实、幸福、责任重大,有时又会感到悲伤、气馁、不满、空虚、颓废、无所事事等。

3. 自我体验的深刻性

随着大学生自我认识的广度和深度逐渐加深,由此而产生的自我体验也具有深刻性。大学生的文化层次不断提高,生活空间日益扩大,思维的空间也得以拓展延伸,他们的高级社会情感的体验(如国际主义情感、爱国主义情感、集体主义情感、友谊感、荣誉感、责任感、义务感等)越来越深刻。另外,伴随着自我认识的逐渐深入,大学生开始从自身外部特点转向对内在品质的关注,他们的自我体验更多与自己的生活信念和深层次的人格倾向相联系。当自我的生活信念和人格倾向为别人所悦纳,或客观事物符合自己的生活信念和人格倾向时,他们就产生愉快的情感体验,否则就产生消极的、不愉快的体验。

4. 自尊感与自卑感相互交织

自尊感和自卑感是两种完全相反的情感体验。自尊感是一种内驱力,是指由内部或外部刺激所唤起的,并使个体指向于实现一定目标的某种内在倾向,它激励着自我不断奋发努力、创造佳绩,尽可能使自己的言行得到别人的尊重,以维护自己的荣誉和社会地位。大学生是同龄人中的佼佼者,是国家未来建设的栋梁,在这种优越感和荣誉感的作用下自尊感特别强烈。首先,他们把自尊感看得非常重要,将其置于其他情感之上,当自尊感与其他情感发生冲突时,他们会毫不犹豫地把维护自尊放在首位。其次,大学生自尊的情感体验深刻、反应强烈,尤其是当社会评价没有满足其自尊需要而使自尊感受到伤害时,强烈的自我保护意识会使他们表现出极大的愤怒、恼羞,容易导致激情行为的出现。最后,大学生对有关自尊的问题较为敏感。部分大学生由于对自我缺乏全面的认识,对什么是真正的自尊、什么事才关系到自尊又难以把握,当发生了一些微不足道的小事时就觉得难以承受,觉得很伤自尊。

自卑感也称自卑,是一种消极的自我体验,主要是指一个人自己看轻自己,对自己的能力和品质评价过低,对自己持否定态度的情感体验。当代大学生的自尊感是很强烈的。但是,也有少数大学生具有较强的自卑感,究其原因,除与他们的生理特征、知识能力、家庭经济条件、以往的挫折经历等因素有关外,更主要的是由于他们的自我评价出现了偏差以及不能接受自我导致的。轻微的自卑是可以超越的,过度的自卑则可导致精力不集中、意志消沉、自信心极低,甚至自暴自弃,严重的可导致自杀。所以,大学生一定要及时克服这种过度自卑感,恢复自信,提高自尊,以便顺利完成学业,早日成才。

5. 孤独感与抑郁感日益凸显

孤独感是由于得不到他人思想上的理解和情感上的共鸣而产生的一种自我体验。当代大学生都不同程度地存在着孤独感,特别是对于刚入校的大学生来说,陌生环境带来人际关系的急剧变化、缺少心灵上的朋友和情感上的伴侣,使他们的孤独感更为强烈。研究表明,大学生产生孤独感的最主要原因是青年期的闭锁性心理。大学生自尊心强,独立欲望强烈,但内心世界一般又不轻易向外人袒露,他们渴望深层次的精神交流,却无奈“高山流水,知音难觅”,这就造成了一定时期的心理闭锁性,从而产生了缺少知音的孤独感。大学生孤独感的产生具有一定的积极意义,在一定程度上来说是大学生心理成长中阵痛的表现,表明大学生在人际交往方面的自我意识逐渐深入,开始转向高层次的精神世界。这种孤独感只要维持在一定范围和一定强度内,是有助于大学生的心理健康成长的。但是过度的孤独感不利于大学生心理平衡,会影响正常友谊关系的建立。

与孤独感相伴而生的是抑郁感。抑郁感是由于个人的思想、愿望受到压抑,未能得到充分表达或实现而产生的一种消极的自我体验。大学生产生抑郁感的原因很多,如理想自我与现实自我的冲突、人际关系矛盾、缺少知心朋友、怀才不遇等。

抑郁感是处于自我意识敏感期的大学生惯常出现的一种消极体验,但是如果这种抑郁感显著而且持久,并且严重影响个体的情绪、思维、自我的感觉和人际交往,就需要警惕抑郁性精神障碍的出现。

### (三) 自我控制方面的特点

1. 自我控制能力明显提高

自我控制的确立是大学生自我意识成熟的重要标志。同中学生“心理上断乳”时期的冲动、不能控制自己、做了错事后又感到后悔相比,大学生特别是高年级大学生,随着知识的积累、生活阅历的增加,其自我认识和自我评价水平增强,他们能够根据别人的评价和自己的行动结果进行反省,及时调整自己的行为以适应实现目标的要求,行为的自觉性和自我控制能力明显增强,而盲目性和冲动性则逐渐减少。

大学生自我控制能力的明显提高,还表现在他们的行为和目标能以社会期望和社会要求为转移。例如,在我国社会迅速发展的今天,社会对大学生的要求越来越高,不单看文凭,更看重大学生的真才实学和竞争意识。面对社会的期望和要求,大学生能对自己的目标进行及时的调整,在掌握专业知识的同时,注重外语水平和计算机水平的提高,注重各种能力的培养,以便能更好地适应社会。当然,大学生自我控制水平还缺乏一定的稳定性,需要进一步发展和完善。

2. 自我设计、自我完善的愿望强烈

大学生有设计自我、完善自我的强烈愿望。他们根据"理想自我"的要求而不断地充实自己的知识,培养自己的能力,形成自己良好的个性与品德。大学生的成就动机是最强的,他们不愿做一个庸庸碌碌的人,都想干出一番事业,能对社会、对祖国有所贡献,以实现自己人生的价值。但是大学生的自我设计常会产生与社会要求不一致的矛盾。主要表现在:一方面,大学生都支持改革开放,希望有一个公平、民主、自由的社会,强烈地反对腐败行为;另一方面,在涉及自己的利益时,有少部分大学生又难以抗拒利己主义、享乐主义、拜金主义的诱惑,甚至有人为了所谓的自我实现而损人利己。

3. 强烈的独立意识和反抗倾向

随着生理、心理、社会性成熟水平的提高,大学生意识到自己是独立的个体,在心目中逐步确定了一个新的自我——成人式的自我。强烈的成人感使他们期望摆脱依赖性和幼稚性,充分发展和满足自己的独立性,不愿受父母的约束和老师的训诫,希望做自己的主人,走自己的路。伴随这种强烈的独立意识而来的是反叛倾向。由于身心发展的不平衡和生活经历、时代背景、社会环境的不同,大学生与他们的长辈在处世态度、生活追求、价值观念上都会有很大的差异,常常会有意识地做一些成人或社会所不期望的事情,表现出对现实的不满。

## 二、大学生自我意识发展的规律

大学阶段是自我意识发展的关键时期,大学生的自我意识经历了一个自我认识、自我体验、自我控制逐渐协调一致的过程。研究表明,大学生自我意识发展的基本规律表现为:分化—冲突—整合。

### (一) 自我意识的分化

当意识转向以自身的心理活动为对象时,自我意识便一分为二:理想自我和现实自我。理想自我是根据主观的自我和社会现实所希望自己未来成为什么样的人而达成的自我状态,它处于观察者的地位,也就是主体我。现实自我是当前实际所达到的自我状态,也就是我现在是什么样的人。现实自我处于被观察者的地位,是理想自我观察的对象,也就是"客体我"。自我意识的分化使得大学生更频繁地进行自我观察、自我分析、自我评价和自我监督。相比高中时,他们花更多的时间来揣摩自己是什么样的人、有什么特点,更关心自己在别人心目中的地位,渴望有非常知心的朋友,能相互诉说心事,探讨如何待人处世。他们对未来有了更详细、更具体的设计,学会了在困境中激励自己。自我意识的分化使大学生开始注意到自己那些从来没有被注意的"我"的许多细节。

**（二）自我意识的冲突**

在自我意识的发展过程中，自我意识的分化造成的矛盾冲突不断加剧，具体表现在以下六个方面。

1. 理想自我与现实自我的冲突

大学生自我意识冲突中表现最突出、最集中的便是理想自我与现实自我的矛盾冲突。大学生群体对未来充满了希望，抱负水平高，渴望成功和赢得他人的尊重，具有强烈的自主意识和自我价值感。但是由于大学生人生经验不足，缺乏深邃的理性思考，对自我认识的参照点较少，对价值的选择和判断还缺乏稳定的标准，故而在面对市场经济条件下多元化价值观及复杂思想观念的冲击时，便会感到困惑、茫然，以至于在多次遭受挫折后便会产生一种失落的自我体验，认为自己的现实状态和理想相去甚远，似乎理想永远照不进现实，对现实的自我感到非常苦恼和不满。例如，有的大学生的理想自我是想成为成熟自信、富有成就感的人，但是现实中的自己却总是诸事不顺，学习、交友、求职屡屡受挫，理想自我与现实自我之间的落差会导致他们处于矛盾、冲突、怀疑之中。如果这种矛盾冲突过于强烈，不能有机地协调统一，就会带来一系列心理问题，如自卑、焦虑、抑郁等。

2. 独立意识与依附心理的冲突

大学生迈入大学以后，便开始了自己准社会的生活。随着生理和心理的不断成熟，他们的成人感迅速增强，希望自己能在经济、生活、学习乃至思想上独立起来。但是由于各种主客观因素的限制，大学生往往有要求独立的想法而没有真正独立的行动。经验的缺乏使他们在面对复杂的生活和许多实际问题时缺乏独立解决问题的能力，十几年依赖思维的惯性、朦胧的自我认识以及应对困难的脆性反应使得他们在磕磕绊绊地实现独立的过程中体验了极大的痛苦，存在对家庭、家长、教师、学校等的心理依赖。同时，我国的家庭文化传统也习惯给予尚未工作的大学生们以周全的呵护，如就学期间经济上基本靠家庭供给。所以，大学生一方面有着强烈的独立需求，但是在现实中又不可避免地在心理上依附成人。

3. 交往需要与心灵封闭的冲突

随着自我意识的逐渐发展，大学生对友谊的需要更为迫切，渴望被尊重、被理解，寻求归属和爱。他们渴求与他人交往，能向知心朋友倾吐对人生和生活的看法，盼望有人能分担其痛苦、分享其欢乐。然而，大学生渴望自我表露却又受着心灵闭锁的影响，他们总是不经意地把自己的心灵深藏起来，刻意地与同学保持一定的距离，存在着一定的戒备心理，不愿意敞开心扉与他人进行交流和沟通。这种对交往需要的渴求与自我闭锁之间的矛盾冲突使大学生备受孤独的煎熬。

4. 自信心与自卑感的冲突

自信心是对自己力量的充分估计，它是自我意识的重要组成部分。大学生刚刚考上大学时，大都顶着昔日的光环，优越感和自尊心较强，对自己的才华、能力、未来充满自信。但是当他们进入大学之后,部分学生在群英荟萃的新集体中相形见绌,甚至在竞争中逐渐落伍,他们就可能会陷入自我怀疑、自我否定的不良情绪中,进而产生自卑心理。在这些大学生的内心深处,自信与自卑交织出现,使个体常常处于一种冲突状态。

**5. 情感与理智的冲突**

情绪的两极化特点在大学生自我意识发展中体现得非常明显。大学生的情绪不稳定,波动较大,容易冲动且自控能力较差。但随着身心发展的逐渐成熟和认知能力的不断提升,大学生在理智上认为自己应该对自己的行为负责,向着理想自我的方向前进。情感的冲动性和理智的自我抑制性使大学生不可避免地陷入冲突中,在遇到现实问题时,一方面想率性而为,以满足自己的情绪情感需求;另一方面在理智上又认为应该服从社会的需求,特别是在遭遇失恋、求职失败等人生挫折时,尽管理智上认为自己应该振作,但是在情绪情感上却是难以接受,想发泄自己的愤懑、沮丧等情绪却在理智上进行自我抑制。

**6. 积极上进与消极逃避的冲突**

大学生普遍具有较强的进取心,渴望通过自身的努力来实现自我价值。然而在追求上进的同时,困难挫折相伴而行。由于部分大学生缺乏良好的自控能力,他们在困难面前望而生畏,以逃避的方式应对挫折。但大多数的学生在选择暂时退缩后,又不甘放弃,心中仍然渴望进取。所以,在大学生身上经常可以看到精神状态的波动:他们时而斗志昂扬,时而颓废消沉;既有积极进取、追求成功之心,在现实面前又容易出现退缩性行为,这使得他们的内心极为矛盾。

**(三) 自我意识的整合**

寻求平衡状态是任何生物的本能,当大学生们备受各种自我矛盾冲突的折磨时,他们尝试着各种方式来摆脱这种痛苦,这实际上就是自我意识在谋求统一整合,包括主观"我"与客观"我"的统一,理想"我"与现实"我"的统一,生理"我"、社会"我"与心理"我"的统一,以及自我与客观环境的统一。由于大学生的成长环境、生活经历、智力水平和追求目标的不同,他们的自我意识整合的结果与类型也不同。从自我意识的性质看,大学生自我意识的整合结果表现在三个方面。

**1. 自我肯定**

这是自我意识统一最好的结果,属于积极的统一。能形成自我肯定的人,一般都能很好地处理不同类型的自我矛盾。他们的理想"我"较为现实,通过努力最终得以实现。他们执着但不固执,不畏惧困难,知难而上,同时又善于根据实际情况来调整自己的行为方式。自我肯定型的人在大学生中占大多数。

**2. 自我贬低和自我夸大**

自我贬低和自我夸大属于消极的自我统一。自我贬低型的人在理想"我"与现实"我"的交锋中,理想"我"向现实"我"全面妥协,就形成了对自我的完全否定。自我贬低型的人对现实的自我评价过低,理想"我"与现实"我"差距很大;消极情绪体验过多,缺乏自信和自尊感,甚至自我憎恨,处处与自己为敌。这类人比较容易出现心理问题,由于遇事总是看到其消极的一面,给自己太多的消极暗示,最终导致对现实"我"的评价越来越低,理想"我"就成了遥不可及的梦幻,每次努力只会强化"我很差"的观念,渐渐郁积的挫败感使他们以放弃理想"我"而告终。自我贬损型的人自我效能感很差,由于缺乏自信又容易导致行为的失败,失败的体验又会强化其消极的自我认知和评价,进而陷入一种恶性循环,难以自拔。

自我夸大型的人则与自我贬低型的人恰恰相反,其理想"我"与现实"我"虚假地统一形成了夸大的自我意识。自我夸大型的人对现实"我"评价过高,以至于形成虚妄的判定,虚幻的理想"我"占了优势;缺乏理智、盲目的自尊以及超常的虚荣心使他们喜欢自吹自擂;他们善于伪造一个能使他人满意并自我陶醉于其中的典型形象,来充当真实的自我,因此其自我带有表演性和白日梦的色彩。自我夸大型的人对自己缺乏正确的认知和合理的定位,过高估计自己的能力。大学生中只有极少数人属于典型的自我贬低型和自我夸张型的人。

3. 自我冲突

自我冲突是自我意识难以达到整合的状态,表现为自我评价缺乏真实性和客观性,自我认知或高或低,自我体验时好时坏,自我控制时强时弱,心理发展缺乏平衡性。自我冲突的人表现为两种类型:自我矛盾型和自我萎缩型。自我矛盾型的人的内心时常陷入激烈的冲突状态,持续时间比较长,自我认识、自我体验、自我控制缺乏稳定性,难以形成新的、统一协调的自我。例如,有的大学生既有诚实又有虚伪的一面,既有自信又有自卑的一面等。自我萎缩型的人表现为自我理想缺失,但又对现实自我极为不满,于是消极放任、自怨自艾,甚至麻木自卑,以至于有可能出现严重的心理和行为障碍。

总之,自我意识由分化、冲突到整合的过程是相对的,由于大学生各自不同的成长环境和生活经历,他们自我分化的早晚、自我冲突的性质和持续时间以及自我整合的具体特点都有所不同。此外,自我意识的发展是伴随我们终身的,只不过它是青年人面临的主要人生命题。

# 第三节 大学生自我意识的偏差与自我完善

## 一、健全自我意识的标准

自我意识对人的心理健康起着重要的作用,是否具备健全的自我意识已经成为心理健康的重要标准。健全的自我意识具有如下的标准：

自我意识健全的人，是有自知之明，既知道自己的优势也知道自己的劣势，能够正确地评价自我和发展自我的人。

自我意识健全的人，是自我认知、自我体验、自我控制协调一致的人。

自我意识健全的人，是能积极地自我肯定、独立，理想自我与现实自我相统一的人，有积极的目标意识和内省意识，积极进取，永无止境。

## 二、大学生自我意识的偏差

大学生自我意识的发展是一个从分化、冲突再到整合的过程。由于大学生的心理尚未完全成熟，其自我意识的发展也不是一帆风顺的。面对着自我意识发展中存在的矛盾和冲突，并不是所有大学生都能够实现理想自我与现实自我的积极统一，而是在自我认识、自我体验和自我控制方面存在着不同程度的偏差，许多心理健康问题也由此产生。大学生自我意识发展中常见的偏差有以下四种。

### (一) 过度的自我接受和过度的自我拒绝

自我接受是指对自我的认可、自我价值的肯定，对自己的才能和局限、优势和不足之处都能客观评价、坦然接受，不会过多地抱怨自己和苛责自己。合理的自我接受是心理健康的表现。然而，凡事过犹不及，过度的自我接受则会对心理健康带来破坏性的作用。过度的自我接受者往往高估自我，容易骄傲，听不进别人的意见和建议，不易处理好人际关系，遇到挫折也通常不能深刻地从自身角度进行反省，总是抱怨环境和他人，甚至愤世嫉俗，抱有怀才不遇的心理，较难适应社会生活。一般而言，刚入校的部分大学生由于带着高中学习阶段的各种光环，如"三好学生""学习尖子"等荣誉称号，其固有的思维定式带来的优越感容易导致他们自视甚高、目中无人。此外，经历了大学阶段的各种历练之后，一些优秀的大学生临近毕业时，在进行职业选择上也容易出现自我评价过高的倾向。在一项关于企业如何看待大学生就业难问题的问卷调查中，超过 90％的企业认为大学生求职难的原因是对企业要求过高，过高估计自己。

自我拒绝则与自我接受相反，是指自己不喜欢自己，不能接纳自己的缺点和短处，否定、苛责自己。实际上，很多大学生都有拒绝自己的时候，如做错了事会自责自怨。恰当的自我拒绝表现出一个人的反思能力，但是如果这种自我拒绝超过了一定的程度，不能容忍自己的任何缺点，甚至把自己讲得一无是处，完全否定自己的价值，就会带来严重的后果，尤其是面对新环境、挫折和重大生活事件时，常常会产生过激行为，酿成悲剧。

过度的自我接受和过度的自我拒绝都是个体在自我认识方面出现的偏差，表现为对自己的评价缺乏合理性和客观性，从而使个体容易出现自负或自卑的情感体验。大学生诸多心理健康问题的产生大多与错误的自我认识、不合理的自我定位相关,从而使他们陷于自卑、自负等消极情绪的漩涡之中。

**(二) 过强的独立意识和过强的逆反心理**

进入大学后,大学生的独立意识迅速发展,他们渴望独立,希望自主地处理自己遇到的问题。然而,在摆脱依赖、走向独立的过程中,一些大学生又常常会"矫枉过正",表现出过强的独立意向,我行我素,完全拒绝他人的帮助,甚至出现逆反的心理。

逆反是个体反感或厌恶一定的规则、规范或行为,从而对其产生抵触的心理现象。逆反是大学生自我意识发展过程中的一种非理性的产物,是大学生展示自我形象、强调个人意志的一种手段,其实质是为了寻求独立与自我肯定,排斥那些在他们看来是压制自己的外在力量。逆反并非坏事,适度的逆反表明大学生独立意识和批判精神增强。但是大学生过分逆反则成为不够成熟的表现,如对学校、教师产生抵触情绪,总是跟教师"顶牛、对着干",以此来显示自己的卓尔不凡,便是一种有意执拗的行为和放荡不羁的倾向。强烈逆反的大学生甚至可能会表现出一些极端的行为,越是禁止的东西越是感兴趣,越是不让做的事情越要做。逆反的学生对学校的规章制度和管理熟视无睹,对教师和家长的合理要求和建议充耳不闻,对正面宣传的东西偏要反其道而行,对榜样和先进人物武断否定,对老师、家长和周围事物的态度消极、冷淡、反感甚至抗拒。这种过分逆反的心理不利于大学生学习新的知识,而且容易助长个人主义的倾向,给思维模式、行为方式及情感等带来不良影响,不利于大学生的健康成长。

**(三) 自我中心与盲目从众**

随着自我意识的发展,大学生的内心世界越来越丰富。他们对自我的关注越来越多,对自我的思考也越来越深刻。关注自我是自我意识发展的表现,但是在遇到任何问题时总是过多地从自我的角度去思考问题并采取行动,而不能全面、客观地去分析,加之大学生的自信心、自尊心、优越感和独立感较强,故而比较容易出现自我中心倾向。当这种倾向与一些不健康的思想意识(如个人本位主义、自私自利思想)和心理特征(如过强的自尊心、唯我独尊等)结合时,就会表现出过分的、扭曲的自我中心。过度自我中心的人表现为想问题、做事情往往从"我"出发,考虑自己的利益是否得以满足,从不顾全大局或他人的利益,这也造成其人际关系不和谐,容易遭受挫折。

与自我中心相反的自我意识的偏差是过强的从众心理。从众就是我们通常所说的"随大流",是在群体的压力之下,个体为了与群体标准保持一致,可能会放弃自己的态度或行为。从众是一种普遍的心理现象,因为个体在群体中生活,会不可避免地遵从群体的压力,在知觉、判断、信仰以及行为上放弃自己的看法,趋向与群体中大多数人一致。大学里的从众行为表现在诸多方面,如学习、消费、恋爱、择业等。从众心理人皆有之,但是从众心理过强,就会导致大学生自我意识弱化,独立性较差,难以形成独立的世界观、人生观、价值观,也会给大学生带来心理上的矛盾冲突,引起心态失衡,甚至产生心理障碍,影响身心健康发展。

从众心理是一种比较普遍的社会心理和社会行为现象。每一位大学生都应该克服"从众"心理,尤其在面临择业的时候,不要盲目"随大流",胡乱跟风,否则容易丧失我们自己的个性,造成自我意识混乱。

**(四) 过分追求完美**

人人皆有追求完美之心,这是人类健康向上的本能,但是过分追求完美则容易引起自我适应的障碍。追求完美的大学生对自己要求过高,期望自己完美无缺,不能容忍自己不完美的表现,对自己的一些小瑕疵过分看重,甚至把人人都会出现的、人人都会遇到的问题看成是自己不完美的表现,总是苛求自己。只接受理想中的完美的自己,不肯接纳平凡的、有缺点的自我,就会过分纠缠于自己的不足之处,并为之沮丧、苦恼,甚至出现严重的心理问题。

有的大学生自认为是天之骄子,尤其是部分名牌大学的学生自我期望更高,他们总是力图塑造完美的自我,不能接受自己的一点儿瑕疵。正是由于存在这种错误的认知,他们在现实中若遇到一丁点不如意或挫折,就会认为自己糟糕透顶,是一个失败者,从而产生强烈的消极情绪,如悲观、失望、抑郁等,甚至引发一些极端的行为,如自杀。大学生要正确认识自我,确定合理的自我期待,要知道"金无足赤,人无完人","骏马能历险,犁田不如牛,坚车能载重,渡河不如舟。舍才以避短,资高难为谋。生材贵适用,勿复多苛求。"

## 三、大学生自我意识的完善

自我意识作为人的心理调控系统,构成人格的核心,对大学生的成长和发展起着重要的作用。为了帮助大学生树立健全的自我意识,更好地完善自我、超越自我,应该让他们学会积极地认识自己,纠正自我意识发展中存在的偏差,使自我认识更加全面客观,自我体验更加积极,自我控制更加有力,从而有利于维护心理健康。

**(一) 正确认识自我,全面评价自我**

对自我的正确认识和合理评价是进行有效自我调控的重要前提,是完善自我、提升自我的基础。大学生应该对自己的个性心理特征(能力、气质和性格)、个性倾向性(需要、动机、价值观、愿望、兴趣等)以及行为模式有一个正确、全面、客观的认识和评价,从而有利于调控自我、发展自我和完善自我。正确地认识自己、全面评价自我的方法很多,主要包括以下四种。

1. 根据与他人的比较来认识自己

我们在日常工作、生活和学习中总会不自觉地与他人进行比较。通过跟他人进行比较,我们形成了对自己的能力、价值、品德及个性特征的认识和评价。与别人比较来认识自己是最简便、最常用的方法。通过比较,一个人渐渐认识了自己,知道了自己在群体中的位置。与他人比较,最重要的是要选择恰当的参照系。大学生不仅仅要与自己相同水平的人进行比较,更要与优秀的、理想的人物和标准相比,见贤思齐。同时我们在比较时还需要用发展的眼光、辩证的方法客观公正地去看待自己和他人,从而根据比较结果恰当地确定自己的位置,形成对自己的正确认识和评价,做到既不妄自尊大,也不妄自菲薄,从而能合乎实际地确定自己的奋斗目标和行动计划。

2. 通过别人的评价来认识自己

别人对自己的评价也是认识自己的一种常用途径。社会学家库利指出,别人对自己的评价是自我认知的一面镜子,个人通过这面镜子认识和把握自己,库利将其称为"镜中我"。个体可以通过他人对自己的期望、态度、评价来进一步认识自己的形象、自己的品质、自己的心理特征,以及自己在集体中的位置等。如果当一个人的自我评价与他人对自己的客观评价有较大程度的一致性,表明他的自我意识较为成熟。当然,大学生不能简单地接受他人的评价,评价者的特点(是否具有专长、是否值得信任等)、评价的特点(是例行公事还是私人性质、与自我评价的差距大小、他人评价的一致性等)都会影响大学生对他人评价的接受。

因此,对待他人的评价需要有一个正确的态度,不要因过高的评价而飘飘然,也不要为过低的评价而失去信心。

3. 通过反省自己的心理活动和行为来认识自己

曾子曰:"吾日三省吾身。"自己对自己的观察和思考也是认识自我的一个重要方面。随着大学生自我认识与自我评价能力的提高,大学生必须经常反思自我,勇于并善于将自我作为一个认识的对象,严于解剖自我,敢于批评自我,对自我进行全面的观察和客观的评价,以实现有的放矢地调节自我。

4. 根据社会实践活动的成果来认识自己

大学生还可以通过检查自己在实践活动中所取得的成果来认识自己。这些成果实际上包含各个方面的活动,有体能的、科技的、人文的、人际关系的等,因每个人认识自己的需要而异,各不相同。有人拙于文学却长于科学,有人不善操作却精于策划,他们都会通过检查自己的活动成果来了解自己的所长所短。但需要注意的是,即使自己在某项活动上屡遭失败,也不能轻言自己在这方面能力是欠缺的,你的失败在很大程度上不是你能力的缺失,而是你认为自己不行,即存在消极的自我效能感导致行为结果的失利。

**(二) 欣然悦纳自我,真实地展示自我**

每个人都是一道独一无二的风景,每个人都会有各种各样的遗憾。欣赏自己,学会接纳,你就会发现,人生那么奇妙,生活那么美好。

悦纳自我是个体心理健康的重要标准之一。所谓悦纳自我,就是无条件地接受自己的一切,勇于正视自身存在的不足,对自己本来面目持认可、肯定和喜悦的态度,以发展的眼光来看待自己。一个人只有欣然地接受自我,将一个真实的我、本来的我展示于人们面前,才能有信心去面对真实的我,才能自尊、自爱、自重,珍惜自己的人格和名誉,注重自我修养,谋求自身的发展。大学生悦纳自我,真实地展示自我,可以从以下四个方面加以尝试。

1. 喜欢你自己

悦纳自我首先要接纳自己,喜欢自己,欣赏自己,看到自己身上的闪光点,要坚信自己潜藏着大量待挖掘的能量,具有其存在的价值。天生我材必有用,因而不必苛求自己做个十全十美的人。要体会自我的独特性,在此基础上体验价值感、幸福感、愉快感和满足感。

2. 保持乐观、性情开朗

悦纳自我还需要拥有开朗的性情,遇事保持乐观的心态。马克思曾经说过:"一种美好的心境,比十副良药更能解除生理上的疲劳和痛苦。"乐观的心态、开朗的性情会使我们拥有一颗强大、快乐的内心,不必固执纠缠于一时一事的失意,使我们遇事总能从积极的方面去分析问题而不至于钻牛角尖。

3. 正确对待自己的长处和短处

常言道,"金无足赤,人无完人","尺有所短,寸有所长"。每一个人都有所长,也有所短。我们应该欣然接受自己的长处和优点,但是也不应该避讳自己的短处和缺点。一般而言,人的短处有两种:一种是能够改进的,如不良的习惯等;另一种是无法补救的,如先天的身材矮小等。对前一种短处,我们需要闻过则改,不可文过饰非;对后一种短处,则要勇敢地面对它、承认它、接受它。

4. 正确地对待失败和挫折

进入大学后,由于面临着各种生活、学习方面的压力,大学生不可避免地会遭遇各种挫折和失败,从而出现情绪上的不良反应和行为上的失调。有的学生面对失败一味地自责、贬低自己,认为自己的一次失败就是全面的失败,从而使自己丧失信心,甚至自暴自弃。我们要清醒地认识到眼前的失败并不代表永恒的失败,须知"失之东隅,收之桑榆",大学生应正确地对待失败,学会在挫折中成长。

**(三) 有效地控制自我**

人们经常为一时的情绪、兴趣、欲望所支配,造成本不该有的损失,甚至最终输掉自己。学会控制自我,支配自我并自觉调节自我的行为,既能够自觉地完成理所应当完成的任务,又能够抵制不良行为。

自我控制是人主动地改变自己的心理品质、特征及行为的心理过程。有效的自我调控是大学生健全自我意识、完善自我的根本途径。在进行自我控制时,要处理好以下三个方面的内容。

1. 合理定位理想自我

理想自我是个人将来要实现的目标，在确立其内容时，要符合社会准则和要求，符合社会对大学生的要求和规范。同时要从个人的实际出发，确立一个适当的、通过努力能够达到的目标。

2. 制定完善的行动计划

大学生的自我意识由于处于趋向成熟但尚未成熟的阶段，其缺乏足够的自制力，因此在进行自我意识培养时需要制定完善的行动计划，使自己的行为有条不紊，真正落到实处，避免盲目性。

3. 培养健全的意志品质

对自我的监督与修正，也与改造客观世界一样，需要意志力量作保证条件。只有意志健全的个体，才会做到对自我的有效控制，不断地排除各种障碍，最终实现理想自我。

**（四）积极超越自我**

加强自我修养，不断进行自我塑造，达到完善自我、超越自我境界是优化自我意识的终极目标。优化自我的过程也是一个塑造自我、超越自我的过程。经验告诉我们，自我认识已是不易，自我控制也很难，若再期望自我开拓、提升、超越更是难上加难。对于当代大学生来说，加强自我修养是大学生成才的重要课题。大学生都有很高的抱负和远大的理想，但古人说得好，"齐家、治国、平天下"须从"修身、养性"开始，即从点滴做起和从现在开始。

不断完善自我、超越自我必须具有顽强的毅力。缺少毅力的人往往把毅力看作某人固有的心理品质，而自己却不具备。其实，每个人都可能在某些方面很有毅力，在另一方面没有毅力。有的人在学习上很有毅力，可以没有午休，没有课间；另一些人在体育锻炼方面很有毅力，可以早起。有的人守时却戒不了烟，有的人能戒烟却不守时。应当看到，毅力总是因环境而异的，是相对的。不同的人就不同的行为而言可能有不同的毅力。因此，毅力主要取决于对自我的了解和改造自我的迫切性，也取决于个人的价值观。问题不在于是否有毅力，而在于你想要什么，你是否有一个明确的目标。完善是一种境界，更是一种过程。只有坚持正确的方向，本着科学的态度，投身于火热的社会实践中，辩证地看待社会，分析自我，把握自我，才有可能最终超越自我。自我意识在人格形成和人格结构中占有极重要的地位，人的认知、情感、意志都受到自我意识的影响。因此，健全的自我意识是大学生全面发展的重要途径，也是大学生心理健康的有效保证。虽然自我意识的优化并不是一帆风顺的过程，它需要付出艰辛的努力和沉重的代价，但是我们必须积极、正确地认识自我、悦纳自我，从而不断地完善自我、超越自我。

哈佛大学著名心理学教授威廉姆斯说："生活中的成功并非取决于我们和别人相比做得如何，而是取决于我们所做的与我们所能够做到的相比如何。一个成功的人总是与他们自己竞赛,不断创造新的自我纪录,不断改善与提高。"大学生不仅需要正确地认识自己、悦纳自己,有效地调控自己的行为,更重要的是不断去超越自己,充分发掘自己的潜能,逐渐趋向理想的自我。自我超越并非易事,但通过自我超越的修炼,可以重新认识自己、认识人生,挖掘出内心向上的潜能,以一种积极的、创造性的态度对待生活。史蒂芬·霍金患肌肉萎缩性侧索硬化症,但他克服了种种困难,成为继爱因斯坦之后的杰出理论物理学家,这就是他不断设定目标、超越极限,实现自我超越的结果。

1. 建立个人"愿景"

大部分人对于真正愿景的意识都很微弱。我们有目标,但这些不一定是愿景。在被问起想要什么时,许多人都会提到他们眼前想要摆脱的事情。例如,想要换一个更好的工作、希望困扰已久的背部不再疼痛等。这样负面的愿景比比皆是,甚至所谓成功的人也摆脱不掉。这样的愿景是生活中适应或解决问题的副产品,它只是不断地去摆脱困扰自己的事情,但不会促进个人成长。

愿景有多个构面。它可能是物质上的欲望,比如我们想住在哪里？愿景有个人层面的,比如健康、自由、对自己诚实。它也可能是贡献社会方面的,比如帮助他人,或是在某一领域有所贡献。但社会趋势常会影响个人的愿景,社会舆论也常会褒贬个人愿景的好坏。这也是为什么实现个人愿景需要勇气,自我超越层次高的人,便能游刃有余地处理自己的愿景。

2. 保持创造性张力

即使人们知道自己的愿景是什么,却不愿去谈论自己的愿景,因为我们会敏锐地意识到自己的愿景与现实之间存在很大差距,甚至有些不切实际,对此,我们可能会感到气馁或绝望。但是,愿景与现实之间的差距也可能会成为一种动力,促使我们朝着愿景的方向努力。

创造性张力还可以转变一个人对失败的看法。失败不是做得不够好,而是愿景与现实之间存在的差距。失败是一个学习的机会,可以看清对现实情况的不正确认知,去思考所用策略为何没有达到预期效果,并且检验自己的愿景是否清晰正确。拍立得相机发明者兰德的办公室墙上有这么一句警语:"每一项错误都是一个累积最后成果的事件。"创造性张力能培养一个人的毅力与耐性。

3. 看清结构性冲突

弗利兹使用一个隐喻来描述结构性冲突所导致的我们与目标的背道而驰。假想你向着自己的目标努力,有一根橡皮筋象征创造性张力,把你拉向想要去的方向,但是还有第二根橡皮筋,被无力感或不坚定的信念拉住。当第一根橡皮筋把你拉向目标时,第二根橡皮筋会把你拉回你不能(或不够格)得到这个目标的潜在想法。弗利兹称这种系统为"结构性冲突"(structural conflict),它是一个各方力量互相冲突的结构,同时把我们拉向和拉离所想要的目标。因而,我们越是察觉和看清有结构性冲突的存在,就越接近达成愿景。

**4.诚实地面对真相**

诚实地面对真相是去除障碍来看清真实情况,不断挑战自己心中隐含的假设。诚实地面对真相不是指追求一个绝对的真理,或是去追究万物之本源,而是为了进一步加深我们对事件背后结构的理解和警觉。自我超越层次越高的人,越能看清自己行为背后的结构性冲突。

**5.运用潜意识**

在自我超越的实践过程中,人们通常会运用潜意识来处理复杂的问题。自我超越层次高的人与一般人不同的是,他们能在意识与潜意识之间发展出较高的契合关系。与一般人偶然短暂的感应不同,他们将潜意识的运用当作一种修炼来加以提升。

在我们学习的过程中,整个活动会从有意识的注意逐渐转变为由潜意识来掌管。譬如,在你初学开车的时候,需要相当大的注意力,甚至和坐在你身旁的人谈话都困难。然而,经过几个月练习后,你几乎不需要有意识地注意,就可做同样的动作。学钢琴、学绘画、学舞蹈、学打球、学太极拳都是如此。此外,我们还可运用潜意识来形成创造性张力,也是在焦点明确对准"愿景"与真实的情形下,透过心灵描绘的景象与视觉化呈现,从容、高效地完成异常复杂的工作。

**拓展阅读**

**心理测验**

## 自我和谐量表(SCCS)

以下列出了有些人可能会有的问题,请仔细地阅读每一条,然后根据您的实际感觉与情况,在符合自己情况的项目标记栏中打"○"。

| 序号 | 项　　目 | 完全不符合—完全符合 | | | | |
|------|----------|:---:|:---:|:---:|:---:|:---:|
| | | 1 | 2 | 3 | 4 | 5 |
| 1 | 我周围的人往往觉得我对自己的看法有些矛盾。 | 1 | 2 | 3 | 4 | 5 |
| 2 | 有时我会对自己在某方面的表现不满意。 | 1 | 2 | 3 | 4 | 5 |
| 3 | 每当遇到困难,我总是首先分析造成困难的原因。 | 1 | 2 | 3 | 4 | 5 |

| 序号 | 项　　目 | 完全不符合—完全符合 | | | | |
|---|---|---|---|---|---|---|
| | | 1 | 2 | 3 | 4 | 5 |
| 4 | 我很难恰当表达我对别人的情感反应。 | 1 | 2 | 3 | 4 | 5 |
| 5 | 我对很多事情都有自己的观点,但我并不要求别人也与我一样。 | 1 | 2 | 3 | 4 | 5 |
| 6 | 我一旦形成对事物的看法,就不会再改变。 | 1 | 2 | 3 | 4 | 5 |
| 7 | 我经常对自己的行为不满意。 | 1 | 2 | 3 | 4 | 5 |
| 8 | 尽管有时得做一些不愿意的事,但我基本上是按自己意愿办事的。 | 1 | 2 | 3 | 4 | 5 |
| 9 | 一件事好是好,不好是不好,没有什么可含糊的。 | 1 | 2 | 3 | 4 | 5 |
| 10 | 如果我在某件事上不顺利,我就往往会怀疑自己的能力。 | 1 | 2 | 3 | 4 | 5 |
| 11 | 我至少有几个知心朋友。 | 1 | 2 | 3 | 4 | 5 |
| 12 | 我觉得我所做的很多事情都是不该做的。 | 1 | 2 | 3 | 4 | 5 |
| 13 | 不论别人怎么说,我的观点决不改变。 | 1 | 2 | 3 | 4 | 5 |
| 14 | 别人常常会误解我对他们的好意。 | 1 | 2 | 3 | 4 | 5 |
| 15 | 很多情况下我不得不对自己的能力表示怀疑。 | 1 | 2 | 3 | 4 | 5 |
| 16 | 我朋友中有些是与我截然不同的人,这并不影响我们的关系。 | 1 | 2 | 3 | 4 | 5 |
| 17 | 与朋友交往过多容易暴露自己的隐私。 | 1 | 2 | 3 | 4 | 5 |
| 18 | 我很了解自己对周围人的情感。 | 1 | 2 | 3 | 4 | 5 |
| 19 | 我觉得自己目前的处境与我的要求相距太远。 | 1 | 2 | 3 | 4 | 5 |
| 20 | 我很少去想自己所做的事是否应该。 | 1 | 2 | 3 | 4 | 5 |
| 21 | 我所遇到的很多问题都无法自己解决。 | 1 | 2 | 3 | 4 | 5 |
| 22 | 我很清楚自己是什么样的人。 | 1 | 2 | 3 | 4 | 5 |
| 23 | 我很能自如地表达我所要表达的意思。 | 1 | 2 | 3 | 4 | 5 |

续　表

| 序号 | 项　　目 | 完全不符合—完全符合 | | | | |
| --- | --- | --- | --- | --- | --- | --- |
| | | 1 | 2 | 3 | 4 | 5 |
| 24 | 如果有足够的证据,我也可以改变自己的观点。 | 1 | 2 | 3 | 4 | 5 |
| 25 | 我很少考虑自己是一个什么样的人。 | 1 | 2 | 3 | 4 | 5 |
| 26 | 把心里话告诉别人不仅得不到帮助,还可能招致麻烦。 | 1 | 2 | 3 | 4 | 5 |
| 27 | 在遇到问题时,我总觉得别人都离我很远。 | 1 | 2 | 3 | 4 | 5 |
| 28 | 我觉得很难发挥出自己应有的水平。 | 1 | 2 | 3 | 4 | 5 |
| 29 | 我很担心自己的所作所为会引起别人的误解。 | 1 | 2 | 3 | 4 | 5 |
| 30 | 如果我发现自己某些方面表现不佳,总希望尽快弥补。 | 1 | 2 | 3 | 4 | 5 |
| 31 | 每个人都在忙自己的事,很难与他们沟通。 | 1 | 2 | 3 | 4 | 5 |
| 32 | 我认为能力再强的人也可能遇上难题。 | 1 | 2 | 3 | 4 | 5 |
| 33 | 我经常感到自己是孤独无援的。 | 1 | 2 | 3 | 4 | 5 |
| 34 | 一旦遇到麻烦,无论怎样做都无济于事。 | 1 | 2 | 3 | 4 | 5 |
| 35 | 我总能清楚地了解自己的感受。 | 1 | 2 | 3 | 4 | 5 |

### 计分办法及结果解释

各分量表的得分为其所包含的项目分直接相加。三个分量表包含的项目及题号如下表所示:

| | 包 含 题 目 | 大学生常模 | 自测分数 |
| --- | --- | --- | --- |
| 自我与经验的不和谐 | 1、4、7、10、12、14、15、17、19、21、23、27、28、29、31、33,共16项 | 46.13±10.01 | |
| 自我的灵活性 | 2、3、5、8、11、16、18、22、24、30、32、35,共12项 | 45.44±7.44 | |
| 自我的刻板性 | 6、9、13、20、25、26、34,共7项 | 18.12±5.09 | |

"自我与经验的不和谐"反映的是自我与经验之间的关系,包含对能力和情感的自我评价,自我一致性、无助感等,它所产生的症状更多地反映了对经验的不合

理期望。

"自我的灵活性"与敌对和恐怖的相关显著,可以预示自我概念的刻板和僵化。

"自我的刻板性"不仅同质性信度较低,而且与偏执有显著相关,使用仍然在探索中。

此外还可以计算总分,方法是将"自我的灵活性"反向计分,再与其他两个分量表得分相加。得分越高,自我和谐程度越高,大学生中,低于74分为低分组,75—102分为中间组,103分以上为高分组。

**案例分析**

**心理咨询案例:**

## 谁动了我心底的"自己"

小A,女,21岁,大一,是家里最小的孩子,有一个哥哥和一个姐姐。12岁(四年级)之前,一直跟父母生活,与母亲关系紧密,只有一个晚上没有睡在一起;12岁之后,父母出国打工,两年后母亲回国又去外地打工。父母在外期间,与姥姥姥爷生活在一起,姥爷脾气极为暴躁。小A自幼性格内向,但成绩优秀,从四年级到初一,在班里一直是第一名,认为自己努力学习就能留住母亲,结果母亲还是走了,她很失望。其他家里人也不看好她,认为她不善交流的性格,考得再好以后也是个废人。她听同学说班主任曾说她是"脑残"。

父母离婚后,小A认为父母已经有一儿一女了,自己是一个不应该存在的人。哥哥姐姐都在父母离婚之前经济独立了,只有自己还要依靠父母,变成了父母的累赘,像皮球一样被踢来踢去。父母离异后,还常常为她的学费和生活费问题当着她的面争吵。

进入大学后,小A总是有孤独感,感觉自己常常被忽视。她认为自己有很多缺点,会控制不住自己发火,但发火以后会后悔,然后跟人家道歉;认为其他人都很好,希望自己能像别人一样。她为不知道怎样跟他人相处、不知道怎样控制情绪而困扰,长期睡眠不好。

**【分析与评估】**

该生的人际和情绪困扰与缺少稳定的自我认知有关,主要原因如下:

(1) 过度亲密剥夺了"自我"发展的空间。因为在2岁前小A被摔过一次,头部落下了一个疤,母亲从此寸步不离,12岁前只有一个晚上没有睡在一起。高度焦虑的母亲以极度紧密的守候防止小A再次经历"危险",但也在一定程度上限制了小A的自发性和自主性发展,使小A失去了在生活中体验自我的机会和与同龄小伙伴交往的机会。而个体对于自我的认知,尤其是对"我有什么能力"的认知,正是通过这些自发和自主的活动体验逐渐发展和稳定下来的。

(2)突然的分离阻碍了自我认识的整合。12岁之前,小A认为自己是一个非常重要的人,这个认知是她从父母对她的照护体验中得来的。12岁正是个体心理发展进入形成对自我统一认识的阶段,而父母突然离开,两年时间没有回来,这对小A的自我认知造成极大冲击。

(3)频繁变换的生活环境和关系导致自我认知混乱。父母离婚后各自重组家庭。经济尚不独立的小A经常辗转在哥哥家、爸爸后妈家、妈妈后爸家,有时几个月只留小A一个人在家。不稳定的生活环境和混乱的角色,是小A自我认知混乱的主要原因之一。加之常常有来自他人的负性评价,把小A心底曾经体验到的"好的自我认知"冰冻了起来,她看到的只有自己的缺点。虽然这些遭遇都不是小A引起的,却又让她来承受;父母都存在着,却不能给她一个孩子应得的爱护。这种"被剥夺"的体验,是导致小A控制不住自己愤怒的主要原因。

**【调节对策】**

(1)心理的稳定化。可以到学校的心理中心预约咨询。在安全的、受保护的、自由的咨访关系中,一方面,个体可以认识自己的内心状况和来龙去脉,个体对自我的认识越多,自我掌控感就会越强;另一方面,良好的咨访关系也为自我的成长提供了适合的环境。个体可以通过与咨询师的互动,获得正性的自我体验和人际交往的经验,并在适合的时候迁移到现实中,更好地适应生活。

(2)关系稳定化。关系的稳定有利于自我认识的稳定。母亲是小A的重要关系,也是一直放不下小A的人。小A可以考虑和生活稳定下来的母亲及其新家庭保持更稳定的关系。在经济独立之前,可以考虑请父母在她的参与下,就其学费、生活费、假期生活的重要事宜进行协商。通过增强生活和关系的确定性,强化安全感和自我稳定感。

(3)学习人际交往的知识和技能。为了适应社会,个体需要学习人际交往方面的知识和技能。阅读相关书籍固然重要,但更重要的是将知识应用于生活实践,从而转化成技能。比如,可以参加学校心理中心组织的人际交往方面的团体辅导;可以参加各类班级和社团活动;与关系良好的舍友或同学交流人际心得,听取他人对自己的反馈等。然后经过反思,适时调整认知和行为模式,使之更加适应人际生活。

**思政案例:**

## 为什么别人都比我强

小刘,大二男生,21岁。

中学时期,小刘的脸上长满青春痘,这让他一直很在意同学们对自己的看法,有时同学不经意地关注到自己脸上的青春痘,就会让他感觉成了同学眼中的"异类",变得敏感,不敢跟同学接触,性格慢慢变得懦弱自卑。高三时因为学习压力过大无法宣泄,小刘情绪焦虑,影响了高考的成绩,感到了巨大的挫败感。

进入大学后,小刘发现宿舍同学多才多艺,有的书法写得特别好,有的口才好,有的擅长体育运动,而自己却什么也不会。越想这些,小刘越发进入自我否定的漩涡无法自拔,痛苦焦虑不堪。小刘希望能从自我否定的痛苦和焦虑中走出来,健康地投入大学生活。

**【分析与评估】**

(1) 对自己的认识和评价存在偏差。因为没有正确地看待脸上出现的青春痘给小刘带来了困扰,导致他对自己的评价偏低,变得敏感,影响了与同学们的交往,当感受到同学们对他的"态度"有了变化后,小刘更加自卑。到了大学,小刘与周围同学进行比较,看到了别人的闪光点,而对自己充满了否定,不能悦纳自我,导致痛苦焦虑。

(2) 在青春期自我意识发展的关键期,小刘没能正确看待高考的挫折,消极的心态加重了对自我的否定,严重影响了他的自我评价。

**【调节对策】**

(1) 全面客观地了解自己,评价自己,肯定自己。通过深入了解,小刘在班级担任班长一职,这说明他本身是有优点的,如小刘有责任感,性格也比较温和,通过发现自己的闪光点,让小刘学会自我肯定。引导小刘用正确的方法跟周围人进行比较,更重要的是引导小刘跟自己比,关注自己的成长,肯定自己,激励自己。

(2) 欣然地悦纳自我,建立自信心。自信心建立在接纳自己的基础上,学习接纳自己的不完美,允许自己失败,无条件地接受自己的一切,勇于正视自身存在的不足,以发展的眼光看待自己,这样才能自尊、自爱、自重。

(3) 重新看待挫折与失败。帮助小刘重新看待挫折与失败,引导他领悟到失败和痛苦是成长的重要契机,是发现自己的机会。

# 第三章　人格与心理健康

学校心理健康教育的内容非常广泛，以塑造健康的人格为主旨。大学阶段不仅要学习知识，更重要的是良好人格的培养和塑造。大学阶段是大学生人格发展和重塑的关键时期，作为大学生，要学会认识和分析自己的人格特征，塑造和培养健康良好的人格。

## 第一节　人　格　概　述

### 一、人格的概念及特征

#### (一) 人格的概念

英文中的"人格"（personality）一词来自拉丁文的"面具"（persona），它原是指古希腊时期的演员为扮演角色而戴上的面具。戏剧中演员戴的不同面具表现了剧中人物的角色和身份。用面具来表示人格，实际上说明人既有表现于外给人以某种印象的特点，也有某些外部未显露的东西。这些稳定而又异于他人的特质模式，使人的行为带有一定的倾向，表现了一个由里及表、包括身心在内的真实的个人——人格。

人格在不同的学科领域有不同的含义。在哲学中，人格是指具有自我意识和自我控制能力，即具有感觉、情感、意志等机能的个体。在社会学中，人格是指个人的尊严、价值和道德品质的总和，是人在一定社会中的地位和作用的统一。从西塞罗时代开始，就有人从心理学的角度谈到人格。但是，对人格概念广泛而深入的心理学探讨还是始自现代的西方学者，他们提出了人格的许多不同的心理学定义。但这些界定都不全面，只强调了人格的某些方面。美国心理学家阿尔波特在对诸多人格概念加以比较和归纳之后，提出了自己的人格定义："人格是个体在心理、物理系统中的动力组织，这个动力组织决定人对环境顺应的独特性。"阿尔波特的人格定义在某种程度上被当作现代心理学中习惯用法的综合。陈仲庚认为："人格是个体内在行为上的倾向性,它表现一个人在不断变化中的全体和综合,是具有动力一致性和连续性的持久自我,是人在社会化过程中形成的给予人特色的身心组织。"临床心理学的定义之一是:"临床心理学中的人格,又称个性,它表现为个别差异,人与其他人相区别的特质或个人特征;是一个人在与其环境相互作用过程中所表现出来的独特的行为模式、思维方式和情绪反应的特征。一个人的人格表现在知、情、意等心理活动的各个方面,因此,认知能力的特征、行为动机的特征、情绪反应的特征、人际关系协调的程度、态度和信仰的体系、道德价值的特征等,就构成一个人的人格。"在这里,我们采用彭聃龄对人格的界定:人格是构成一个人的思想、情感及行为的特有综合模式,这个独特的模式包含了一个人区别于他人的稳定而统一的心理品质。

**(二) 人格的特征**

1. 独特性

个体人格是在遗传、成熟、教育、环境等先天和后天环境共同作用下形成的独特的心理特点,我们经常说的"人心不同,各如其面"指的就是这个意思。如有的人开放自然,有的人顽固自守,有的人沉默寡言,有的人豪爽,有的人谨慎等。

2. 稳定性

人格的稳定性是指人们身上经常表现出来的特点,是一贯行为方式的总和。正如我们所说,"江山易改,本性难移"。一个人的某种人格特质一旦形成并稳定下来,改变是比较困难的。稳定性还表现在人格特征在不同时间和空间上的一致性。如一个性格内向的大学生,他不仅仅在家庭中较为内向,在班级活动中也会表现出内向的一面,在老师面前可能同样如此;不仅大学四年如此,即使毕业若干年再相逢,这个特质可能依旧不变。

3. 统合性

人格是由多种成分构成的有机体,具有内在的一致性,受自我意识的调控。人格的统合性是心理健康的重要指标。当一个人的人格结构各方面彼此和谐一致时,他的人格就是健康的。否则,会出现适应的困难,甚至出现"分裂人格"。

4. 功能性

人格在一定程度上会影响一个人的生活方式,甚至会决定某些人的命运,因而是人生成败的根源之一。当面对挫折和失败时,坚强者能发奋拼搏,懦弱者会一蹶不振。这就是人格功能的表现。

## 二、人格的结构

人格是较为复杂的结构系统,它包括很多成分,主要包括气质、性格、自我调控等方面。

**(一) 气质**

即我们平时所说的脾气、秉性。气质是人的心理活动的动力特征,是一个人固有的、稳定的心理特征。气质是个性心理特征中受个体先天生物学因素影响较大的一部分。它主要表现在心理过程的强度、速度、稳定性、灵活性与指向性上。人的情绪体验的强弱，意志努力的大小，知觉与思维的快慢，注意力集中时间的长短，注意力转移的难易，以及心理活动是倾向于外部事物还是倾向于自身内部等，都是气质的表现。气质是人的天性，无好坏之分。

气质有多种分类法。如"体型说""血型说""体液说"等。

1. 体型说

德国心理学家、精神病学家克瑞其米尔主张气质取决于人的体型，并把体型分成三类：肥满型、细长型和筋骨型。克瑞其米尔认为，肥满型属躁狂气质，善交际，表情活泼，热情，平易近人；细长型属分裂气质，不善交际，孤僻，神经质，多思虑；筋骨型属粘着气质，迷恋，认真，理解缓慢。

2. 血型说

血型说是指人的气质是由不同的血型所决定的。根据血型把人的气质划分为A型、B型、O型和AB型四种。A型血的人保守、焦虑、疑心重、富感情、冷静、缺乏果断性、容易灰心丧气；B型血的人喜活动，善交际，轻佻、灵活、寡信、积极进取；O型血的人胆大、好胜、意志坚强、自信，喜欢指挥人；AB型血的人外表为B型，内部为A型。

3. 体液说

公元前5世纪，古希腊医师希波克拉底提出人体有四种体液：血液、黄胆汁、黑胆汁和黏液，并根据某种体液在人体内所占优势而将人的气质分为四种类型，即多血质、黏液质、胆汁质和抑郁质。古代这种关于气质的四分法并没有多少科学依据，但在我们的日常生活中的确可以看到这四种气质类型的典型特征，因而希波克拉底关于四种气质类型的提法一直沿用至今。以下着重描述这四种传统的气质类型心理特征及其典型表现。

（1）胆汁质——直率热情，精力旺盛；性情急躁，反应迅速；情绪明显外露，但持续时间不长；行为上表现出不平衡性，工作特点带有明显的周期性。标定词为：有活力、乐观、爱冲动、易变化、易兴奋、敢作敢为、不宁静、爱生气。

（2）多血质——活泼好动，容易适应新的环境；注意力易于转移，接受新事物快，但印象不很深刻；情绪和情感易于产生也易于改变，并直接表露于外。标定词为：善社交、开朗、健谈、敏感、随便、活跃、关心自由、喜领头。

（3）黏液质——比较平稳安静，反应较缓慢；比较善于克制自己，情绪不易波动和外露；注意力较稳定但较难于转移；兴奋性较弱，遇事心平气和；喜沉思，在做任何工作之前都要细致考虑，不慌不忙地完成工作；不易习惯于新的工作。以沉着冷静但缺乏生气为特征。标定词为：平静、性情平和、可信赖、有思想、谨慎、多虑、被动。

（4）抑郁质——行为孤僻，反应迟缓，体验深刻，情感生活不够丰富，很少外露自己的情感；对事物反应有较高的敏感性，能体察到一般人所觉察不出来的事件。动作显得缓慢、单调、深沉。不愿与人交往，有孤独感，尽量摆脱出头露面的活动。以敏锐、稳重、体验深刻、外表温柔、怯懦、孤独、行动缓慢为特征。标定词为：安静、不善社交、有节制、悲观、善思考、刻板、喜怒无常、多愁善感。

上述四种气质类型仅是一种典型划分，虽然在日常生活中可以遇到这四种气质类型中的每一种气质的鲜明代表人物，但这样的毕竟是少数。大多数人都是近似于某种气质，同时又与其他气质结合在一起。

## （二）性格

性格是与社会关联最密切的人格的特征，是个体在对现实的态度和行为方式中，表现出来的较为稳定的个性心理特征。生活在现实社会中的每一个人，都意识到社会现实给予他的影响，并对这种影响有其特定的反应。如果这种应答活动获得成功，就得到客观现实的积极强化，如果失败了则被否定。长此以往，客观事物对个体生活不断渗透，从而通过人的认识、情感、意志过程逐渐保留在心理结构之中，进而形成一定的态度体系，并以一定的形式调整着行为方式。如果其中某些反应已经巩固起来，成为个体经常采取的态度和与之相应的行为方式，这就标志着这个人的性格特征的形成。比如，一个人对自己担当的工作总是勤勤恳恳，善于克服各种困难去完成任务；对那些在工作中具有创新精神的同伴给予支持和赞许；对那些工作不负责任和完不成任务的人勇于进行批评和热心帮助。从这个人在对别人、对劳动、对自己的态度和行为方式上的表现，可以看出他具有坚毅、勇敢、顽强和热情的统一风格，这些心理特征的总和就构成他的性格。

性格是贯穿在一个人的整个行为中的具有倾向性的稳定的心理特征。就是说，个人的性格既经形成就具有相对稳定性，在某种情况下，总是表现出特定的生活感情和态度。所谓性格的稳定性，并不是说一个人在行为举止上都是千篇一律的，而是指人的性格基本结构是不变的。性格的稳定性也不是说它是不可改变的，性格特征可以因人和客观现实相互作用过程的变化而改变。

性格与道德品质和世界观相联系，它在人格结构中具有核心意义。因为，人对现实的态度和行为的后果，可能有益于社会，符合多数人的利益，也可能危害社会，损害多数人的利益。因此，性格必然受一定的道德规范约束，并对它有好或坏的评价，不同性格特点的社会价值是不一样的。

心理学对性格的经典分类是从"行为模式类型"来分的，有 A 型、B 型、M 型、MA 型、MB 型和 C 型。A 型性格（外倾）的人说话与行动节奏快，性急，易动肝火，缺乏泰然自若的态度，争强好胜，充满失落感和懊丧情绪，总是迫使自己处于紧张状态。据美国全国心、肺和血液研究所的调查，具有 A 型心理特征的人患心脏病的比率高达 98% 以上。B 型性格（内倾）的人镇静、专心致志、温文尔雅，能够灵活地应付紧张事件;没有时间紧迫感,从容不迫,愿意消遣;思维反应常常是冗长和散漫的,很少打断别人谈话,不催促讲话的人,很少握着拳头或指手画脚强调他的谈话,很少叹气;不易受挫折,即使受挫折,也能现实地接受挫折。B型人的成就感不太强烈,做事有些拖沓。M型属介于A型和B型之间的中间型,MA型属M型偏向A型,MB型属M型偏向B型。C型属严重抑郁型性格,此类人易患癌症或抑郁型神经症或相应的人格障碍。以往心理学的相关文献从生理健康角度出发,往往推崇B型性格而贬抑A型性格,但在中国社会转型的现实中,充满激烈的社会竞争,社会发展急迫需要脱颖而出的"冒尖"的人,对于当代大学生而言,有某些A型性格的特征也是必要的。

**(三)自我调控系统**

自我调控系统是人格中的内控系统或自控系统,具有自我认知、自我体验、自我控制三个子系统,其作用是对人格的各种成分进行调控,保证人格的完整、统一、和谐。这一部分在本书第二章中有详细论述,在此不再赘述。

## 三、形成人格的影响因素

人格是多方面因素相互作用下逐渐发展形成的。

**(一)生物遗传因素**

生物遗传因素是人格形成的自然基础,是形成人格特征的重要前提。生理基础与人格的形成密切相关,有研究表明,人的大脑是人格的主要物质基础,如果脑局部病变或受伤,则会导致人格和行为的改变。同时,人格的异常也会影响大脑的正常发育和活动。

鲍查德和莱肯从1983年便开始鉴定、寻找分开养育的同卵双胞胎,最终找到了56对。研究发现,虽然在不同的环境下成长,但他们的人格特征具有惊人的相似性。这足以说明,遗传因素对人格的形成的确具有相当大的影响作用。

彭聃龄等人认为,遗传是人格不可缺少的影响因素,遗传因素对人格的作用程度因人格特征的不同而异,通常在智力、气质这些与生物因素相关较大的特征上,遗传因素较为重要;而在价值观、信念、性格等与社会因素关系紧密的特征上,后天环境因素更重要。在个体发展过程中,人格是遗传与环境交互作用的结果,遗传因素影响人格的发展方向及难易。

**(二)环境因素**

1. 家庭环境

家庭环境是最早对人格产生影响的因素,也是持续时间最长、范围最大、内容最广的影响因素。因此,帕金森把家庭称为"制造人格的工厂"。研究影响人格的家庭因素,重点在于探讨家庭的差异(包括家庭结构、经济条件、居住环境、家庭氛围等)和不同的教养方式对人格发展和人格差异的影响。研究发现,权威型教养方式的父母在子女的教育中表现得过于强势,孩子的一切都由父母来控制。在这种环境下成长的孩子容易形成消极、被动、依赖、服从、懦弱的性格,做事缺乏主动性,甚至会形成不诚实的人格特征。放纵型教养方式的父母对孩子过于溺爱,让孩子随心所欲,父母对孩子的教育有时出现失控的状态。在这种家庭环境中成长的孩子多表现为任性、幼稚、自私、野蛮、无礼、独立性差、唯我自尊、蛮横胡闹等。民主型教养方式的父母与孩子在家庭中处于一种平等和谐的氛围中,父母尊重孩子,给孩子一定的自主权和积极正确的指导。父母的这种教育方式能使孩子形成一些积极的人格品质,如活泼、快乐、直爽、自立、彬彬有礼、善于交往、富于合作、思想活跃等。很多研究发现,温暖体贴的家庭能促进成熟、独立、友好、自控和自主等人格的发展。家庭气氛近乎无形,却能从不同的方面向孩子传递信息,从而进一步对孩子人格的发展起到潜移默化的效果。俗话说,父母是孩子的第一任老师,父母的言谈举止、教养、素质、态度、心理、文化、处事方式等都会对子女的认知产生影响,从而影响他们人格的形成。马克思说:"孩子的发展能力取决于父母的发展,我们的举动必须非常温和而慎重。"

2. 早期童年经验

童年所发生的事情对一个人人格的形成起着非常重要的影响,这历来被很多心理学家所重视,尤其是弗洛伊德。

斯皮茨(R. Spitz)在对孤儿院里的儿童进行的研究中发现,这些早期被剥夺母亲照顾的孩子,长大以后在各方面的发展均受到影响。许多孩子表现为哭泣、僵直、退缩、表情木然。并且有人提出弃子行为会使被弃儿童出现心理问题,形成反叛、攻击的人格。

艾斯沃斯(M. Ainsworth)通过陌生情境进行婴儿依恋的研究,将婴儿依恋模式分为安全依恋、回避依恋与矛盾依恋三类,并作了数十年的追踪研究,将婴儿时期的依恋对人格的发展进行了相关研究,结果表明:早期安全依恋的婴儿在成年后有更强的自信与自尊,确定的目标更高,表现出对目标更大的坚持性、更小的依赖性,并容易建立亲密的友谊。

由此可见,人格的发展确实会受到童年经验的影响。第一,一般认为,幸福的童年有利于儿童人格的发展,不幸的童年则可能导致儿童不良人格的形成。当然,两者之间不一定存在一一对应的关系。例如,可能正是逆境使孩子从小形成了坚强的人格特征。第二,早期童年经验绝不是单独对人格起着"决定"作用,人格的形成是多方面影响的结果。第三,早期的童年经验是否对人格具有永久性影响因人而异。对于正常人来说,随着年龄的增加和心理的成熟,童年的影响会慢慢减弱,效果绝不是永久不变的。

3. 学校环境

学校是一个有目的、有计划地对学生进行影响的教育场所。教师、班级、同学与同伴、教育方式等都是影响学生的因素。因此，帕金森（T. Perkins）把学校称为"修正人格的工厂"，学校对人格形成和定型有深远的影响。

自从迈进学校门槛，个体的主要社会角色就是学生。如果学校生活中的体验主要是紧张、压抑、沮丧、难过、悲伤，个体就容易产生心理困扰和矛盾，甚至出现心理问题，不利于良好人格的形成。相反，如果在经历中的主要体验是轻松、乐观、开心、积极，个体的心理状态就会倾向于良好，有利于人格的构建。校风也影响人格的形成，良好的校风促使学生养成勤奋好学、追求上进和自觉遵守纪律等人格特征，不良的校风会使学生形成懒散、无组织、无纪律等特性。教师是学生的一面镜子，是学生经常学习的榜样。洛奇（D. Lodge）在一项教育研究中发现，在性情冷酷、刻板、专横的老师所管辖的班集体中，学生的欺骗行为增多；在友好、民主的教师管理的班集体中，学生的欺骗行为减少。教师的言行对学生人格的形成会产生潜移默化的作用。对那些具有高尚品格、渊博知识、强烈事业心和责任感、富有同情心的教师，学生会言听计从；对没有威信、缺乏责任心的教师，学生不愿接受其教育，还可能导致学生产生自暴自弃、不求上进等不良的影响。学生极为看重教师对他们是否公正、公平，教师的不公正表现会导致学生的学业成绩和道德品质的降低。学校是同龄群体汇聚的场所，同伴群体对学生人格具有巨大的影响。班级是学校的基本单位，班集体的构成、氛围、特点、规范、舆论等对于学生人格的形成和发展具有重要的作用。

4. 社会环境

社会诸因素之间相互联系、相互影响，构成一个统一整体，它们共同作用于个体的存在，使个体人格得以形成。在社会诸因素中，经济是决定其他一切社会现象的基础，同样，它也影响着人格的形成。

此外，文化的影响也不可忽视，文化具有塑造人格的功能。米德（M. Mead）等人研究了新几内亚的三个民族的人格特征，结果表明：来自同一祖先的不同民族各具特色，鲜明地体现了社会文化对个体的影响力。居住在山丘地带的阿拉比修族，崇尚男女平等的生活原则，成员之间互相友爱、团结协作，没有恃强凌弱、没有争强好胜，一派亲和景象。居住在河川地带的孟都古姆族，生活以狩猎为主，男女间有权力与地位之争，对孩子处罚严厉。这个民族的成员表现出攻击性强、冷酷无情、嫉妒心强、妄自尊大、争强好胜等人格特征。居住在湖泊地带的张布里族，男女角色差异明显，女性是这个社会的主体，她们每日操作劳动，掌握着经济实权。而男性则处于从属地位，其主要活动是艺术、工艺与祭祀活动，并承担孩子的养育责任。这种社会分工使女人表现出刚毅、支配、自主与快活的性格，男人则有明显的自卑感。每一文化为了使自己延续和发展起来，都试图塑造它所崇尚和需要的人格特征。民族文化陶冶着一个人的民族性，如德国人冷静、法国人热情、日本人勤奋等，就是指民族性而言的。

5. 自然物理因素

生态环境、气候条件、空间拥挤程度等物理因素都会影响人格。爱斯基摩人以渔猎为生,夏天在水上打鱼,冬天在冰上打猎,主食肉,没有蔬菜,过着流浪生活,以帐篷遮风避雨。这种生活环境使孩子逐渐形成了坚定、独立、冒险的人格特征。特姆尼人生活在杂色灌木丛生地带,以农业为主,居住环境固定。这种生活环境使孩子形成了依赖、服从、保守的人格特点。由此可见,不同的生存环境影响了人格的形成。另外,气温也会导致人的某些人格特征的概率提高。例如,热天会使人烦躁不安,易对他人采取负面反应,甚至进攻,发生反社会行为。世界上炎热的地方,也是攻击行为较多的地方。

心理学家认为,自然环境对人格不起决定性影响作用,更多地表现为一时性影响;自然物理环境对特定行为具有一定的解释作用。在不同的物理环境中,人可以表现出不同的行为特点。

## 四、重要的人格理论介绍

### (一) 艾森克的人格理论

艾森克(Han J. Eysenck),德裔英国人,著名的人格心理学家,他将因素分析方法和经典的实验心理学方法相结合,长期研究人格类型及其构成,从而确定了自己的人格理论。

艾森克强调人格由三个类型或基本维度组成,即外倾性(extraversion,E)、神经质(neuroticism,N)、精神质(psychoticism,P),为了方便,通常将缩写词 PEN 用来指艾森克的三维度模型。

外倾性,表现为内外倾的差异。典型的外倾者表现为外向、开朗、冲动和不可抑制,有许多社会联系,经常参加集体活动。与此相反,内倾的人则是安静,较少与人交往,喜欢有规律的生活等。

神经质,表现为情绪稳定性的差异。高神经质者情感的易变性是外显的、反应过敏的,倾向于过于强烈的情绪反应,他们在情感经历之后较难面对正常的情景。他们比一般人更易激动、动怒和沮丧。低神经质者在情感方面很少动摇。

艾森克认为精神质代表一种倔强固执、粗暴强横和铁石心肠的特点,并非暗指精神病。研究表明,精神质也可以用维度来表示,从正常范围过渡到极度不正常的一端。它在所有人的身上都存在,只是程度不同而已。高精神质者往往被看成"自我中心的、攻击性的、冷酷的、缺乏同情的、冲动的、对他人不关心的,且通常不关心别人的权利和福利"。他们情绪易变,并且经常抱怨说很苦恼、很焦虑,身体也常感不适(如头痛、胃痛、头晕等)。低精神质者则表现为温柔、善感等。

艾森克以外倾性、神经质与精神质三种人格维度为基础,于 1975 年制定了艾森克人格问卷(EPQ)。它是由艾森克早期编制的若干人格量表形成的。EPQ 是一种自陈量表,有成人(共 90 个项目)和少年(共 81 个项目)两种形式,各包括四个量表:E-外-内倾;N-神经质;P-精神质;L-谎造或自身隐蔽(即效度量表)。由于该问卷具有较高的信度和效度,其所测得的结果可同时得到多种实验心理学研究的印证,因此它也是验证人格维度理论的根据。中国的艾森克测验由陈仲庚等学者于 1981 年修订。

**(二)卡特尔的人格特质理论**

雷蒙德·卡特尔(R.B.Cattell)受化学元素周期表的启发,用因素分析法对人格特质进行了分析,提出了基于人格特质的一个理论模型。模型分成四层:个别特质和共同特质;表面特质和根源特质;体质特质和环境特质;动力特质、能力特质和气质特质。

表面特质是指从外部行为能直接观察到的特质;根源特质是指那些相互联系而以相同原因为基础的行为特质。表面特质和根源特质既可能是个别的特质,也可能是共同的特质。它们是人格层次中最重要的一层。

在根源特质中可以再分为体质特质和环境特质两类。体质特质是由先天的生物因素决定;环境特质则由后天的环境决定。

动力特质是指具有动力特征的特质,它使人趋向某一目标;能力特质是表现在知觉和运动方面的差异特质,包括流体和晶体智力;气质特质是决定一个人情绪反应速度与强度的特质。

卡特尔对人格特质理论的主要贡献在于提出了根源特质。1949 年,他用因素分析法提出了 16 种相互独立的根源特质,并编制了《卡特尔 16 种人格因素测验》(16PF)。这 16 种人格特质是:乐群性、聪慧性、情绪稳定性、恃强性、兴奋性、有恒性、敢为性、敏感性、怀疑性、幻想性、世故性、忧虑性、激进性、独立性、自律性、紧张性。卡特尔认为每个人身上都具备这 16 种特质,只是在不同人身上的表现有程度上的差异。

**(三)"大五"人格理论**

20 世纪 80 年代以来,西方人格研究者们在人格描述模式上达成了比较一致的共识,提出了人格五因素模式,被称为"大五人格"。这五个因素是:外倾性(extraversion)、宜人性(agreeableness)、责任性(conscientiousness)、神经质或情绪稳定性(neuroticism)、开放性(openness)。

外倾性:评鉴人际互动的数量和强度、活动水平、刺激需求和快乐的容量。

宜人性:评鉴某人思想、感情和行为方面在同情至敌对这一连续体上的人际取向的性质。

责任性:评鉴个体在目标取向行为上的组织性、持久性和动力性的程度,把可靠的、严谨的人与那些懒散的人作对照。

神经质:评鉴顺应与情绪不稳定,识别那些容易有心理烦恼、不现实的想法、过分的奢望式要求以及不良反应的个体。

开放性：评鉴对经验本身的积极需求和欣赏、喜欢接受并探索不熟悉的经验。

麦克雷(R. R. McCrae)和科斯塔(P. T. Costa)于 1989 年编制了"大五人格因素的测定量表(修订)"。

**(四) 中国人人格理论**

王登峰等人提出，在过去的几十年中，中国的人格心理学(心理学的其他领域也不同程度地存在类似问题)一直采用西方的有关理论和概念，并通过修订西方学者所编制的人格问卷，直接应用于有关的研究和教育咨询、临床诊断、就业指导以及人员安置等方面。由于文化和遗传方面的差异，中西方人格结构存在明显的差异。有关研究表明，中国人在描述人格特点时有自己独特的角度。为此，王登峰等人通过研究认为，中国人人格包括七个维度和 18 个小因素，七个维度分别为：外向性、善良、行事风格、才干、情绪性、人际关系、处世态度。

外向性，反映人际情境中活跃、主动、积极和易沟通、轻松、温和的特点，以及乐观和积极的心态，包括活跃、合群和乐观三个方面。善良，反映中国文化中"好人"的总体特点，包括对人真诚、宽容、关心他人、诚信、正直和重视感情生活等内在品质，以及利他、诚信和重感情三个小因素。行事风格，反映个体的行事方式和态度，包括严谨、自制和沉稳三个小因素。才干，反映个体的能力和对待工作任务的态度，包括决断、坚韧和机敏三个小因素。情绪性，指情绪稳定性特点，包括耐性和爽直两个小因素。人际关系，包括宽容和热情两个小因素。处世态度，包括自信和淡泊两个小因素。

# 第二节　大学生人格发展及常见问题

## 一、大学生的人格发展

大学生所处的年龄阶段是走向生理、心理和社会成熟的阶段。从人格发展来看，大学阶段是大学生人格发展和重塑的关键时期。这一时期，大学生的人格发展主要表现为以下的三个特点。

### (一) 自主性

青年期既不同于儿童期，又不同于人格成熟的成人期，由儿童到青年的人格变化不仅是量的增加，更重要的是质的转换。进入青年期后，伴随身体的发育、性的成熟、情感体验的深化与社会性的发展，青年逐渐摆脱儿童期那种肤浅的、表面的对外部世界的认识，而将自己的注意力集中到发现自我上来。大学生脱离了家庭的羁绊(尽管还未完全)，脱离了中学应试教育带来的压力，脱离了生活在自我小圈子的井底世界,明显表现出独立的倾向性,开始自己观察、分析、思考、解决所面临的矛盾冲突。他们喜欢用自己的眼光去看周围的世界,并作出自己的阐释。他们开始意识到自我的价值,承担起一定的社会责任,自身的行为更多地受到来自主体的内在力量的影响。他们的行为更具有自主性、自觉性和能动性。

### (二)过渡性

青年期是由儿童向成人的过渡期,这意味着青年期并不单纯是儿童期的延续,而是脱离儿童期的稳定世界之后进入成人期固定的精神结构之前的不稳定时期,他们无论在生理、心理还是社会方面都处于未成熟状态。

首先,青年期破坏了一度形成的少年期的稳定和平衡,身体各部分飞速成长,这些身体发育的急剧变化,使青年敏感地认识到自身,并在与他人的关系中,逐步确立新的自我概念,势必也直接或间接地影响到自身的人格发展。其次,青年在注意自己身体变化的同时,对包括身体在内的"自我"变得关心起来,出现了自我意识这种人类特有的精神结构的分化,即主体的"我"和客体的"我"。大学时代,由于大学生从时空上脱离了对家庭的依附,客观上为个体人格的独立提供了外在环境,伴随青年自我意识的觉醒,希望摆脱对家庭成员和老师等亲近者的依赖,出现了"心理断乳期",主观上为个体人格趋向成熟提供了内在的条件。最后,大学生处于自我同一性确立时期。青年由于身心和周围环境等因素的变化给人格结构带来很大变化,儿童期确立的形象被打破,他们经常提出这样的问题:自己到底是什么样的人? 我在别人眼中的形象如何? 他们不得不重新建立自己的形象,形成新的自我同一感,在不能很好地确立"自己是什么,应当是什么"这种自我形象时,便会导致无法认识自己或确认自我,自我会处于一种同一性混乱状态。如果青年能确立自己的同一性,意味着儿童期的结束和成年期的开始。大学生无疑正处于追寻自我同一性的过渡期。

### (三)实践性

大学时代是大学生走向成人社会的过渡期,是走向成熟的成人人格的"合法延缓期",也是真正开始探索自我和确立自我的时期。在现实社会中,大学生和成人世界是联结的,两者之间并没有不可逾越的鸿沟。学校也不可能是脱离社会的孤岛,两者是相互渗透的。大学生可以利用这一合法延缓期接触各种思想观念、价值体系、人生态度,在社会实践中体验内心的矛盾冲突和生活世界中的价值冲突,进而产生、证实及坚守观念。与儿童期相比,成年期尤其是青年大学生的社会实践决定了他们的人格发展趋向。

## 二、常见的大学生人格发展中出现的问题及调适

大学生在人格发展过程中经常会出现一些问题。身上的某些人格特征如果任意发展,就会处于一种边缘状态或亚健康状态,也可以说是一种人格发展的不良倾

向。这种人格发展的不良倾向,可与酗酒、赌博、嫖娼、吸毒等恶习相关或互为因果,成为介于人格健全与人格障碍之间的一种人格状态。大学生常见的人格发展中出现的问题主要有以下九个方面。

**(一)自卑**

自卑是对自己不满、鄙视、否定的情感。应该说,每个人身上都有一定程度的自卑,也许正是这一定程度的自卑激发人的斗志,使人奋发图强,不断进步。但是,过于自卑或不去积极应对只会有害无利。

大学生自卑的形成可能是多方面的,进入大学后,有些大学生发现山外有山、人外有人,尤其是当学习、社交、文体方面显露出某些不足时,就会陷入怀疑自己、否定自己之中,产生自卑心理。对自己生理素质的不满、对自己社会条件的不满、对自己能力的不满、理想自我与现实自我差距太大、社会环境的不当评价等因素都可能引起自卑感。自卑心理较强的大学生要么表现得比较退缩、脆弱、悲观,要么表现得过于敏感、自尊心很强,经不起批评和失败,这两种倾向都不利于大学生的人格发展健全和心理健康。

要克服自卑,首先,要正确认识自己,悦纳自己。有些大学生经常带有消极悲观的体验,把问题看得过于严重,把自己封闭起来,回避与其他同学的联系。这种方式可能使自卑感暂时减轻,但最终却容易形成恶性循环,使自卑感加重。正确的方式是正确地认知自己,认识到自己的长处和优势,坦然面对自己的缺陷和不足,悦纳自己,相信"天生我材必有用"! 其次,要积极地自我暗示。暗示是在心理学上一个非常重要的手段,也经常会产生意想不到的好的效果。如果总给自己"我怎么这么笨""我一无是处""我就是不如别人"等消极的自我暗示,终究对自己的行为产生不好的影响。相反,如果经常提醒自己"我肯定行的""别人可以,我也肯定可以""我是最棒的"等积极暗示,则会增加自己的自信。实践证明,积极地自我暗示对于提高大学生的自信心、克服自卑具有非常好的效果。再次,要进行自信心磨炼,将目标定得小些,切合实际些,多积累成功的愉悦体验。最后,要确立合理的评价参照系和立足点。若以强者为标准,则可能自卑,因此寻找适合自己的评价标准非常重要。

**(二)不良的意志品质**

意志是人类特有的心理现象,指的是在认识和变革现实的过程中,自觉地确定目的,根据目的来支配和调节行动,努力克服困难、战胜挫折、最终实现预定目标的心理过程。具有良好意志品质的大学生,在大学的学习和生活中,精力充沛,朝气蓬勃,有勇往直前的气魄,在明确的目标和正确的信念支持下,不断拼搏,克服一切困难和不利条件,成才发展。大学生常见的不良意志品质有存在惰性、缺乏恒心、做事优柔寡断、承受挫折能力差等。

**1. 存在惰性**

懒惰是不少大学生为之感到苦恼又难以克服的一种人格发展缺陷,是意志活动无力的表现。懒惰是影响大学生积极进取、张扬青春活力的天敌,尤其是在日新月异的今天,它与时代格格不入,必须予以改变,否则这样的大学生就会有被时代淘汰的危险。处于懒惰状态的大学生也常以此感到内疚、自责、后悔,但又觉得无力自拔,心有余而力不足,这主要是由于他们往往想得多而做得少,缺乏毅力所致。要克服懒惰,应充分认识到其危害性,自己对自己负责,振作精神,从日常小事做起,并努力做到不给自己找借口,不原谅自己的偷懒,力争今日事今日毕;多与人交往,多关心外部世界,多参加有益身心的社会活动。要做到这一切,有一个坚定而有价值的理想是非常重要的。

### 2. 缺乏恒心

对大学生而言,如果缺乏恒心,即使计划再周密、翔实,目标最终也可能会功亏一篑。从现实情况看,不少大学生在学习、生活中有缺乏恒心的经历。他们做事情虎头蛇尾,一开始决心很大,干劲很足,雄心勃勃,然而一遇到困难或挫折,立刻"打道回府",凡事只有三分钟热情,经常半途而废。

### 3. 做事优柔寡断

优柔寡断在大学生中也相当普遍。他们处理问题总是患得患失,常常举棋不定,尽管有时可能想得很深,但却长期处于摇摆不定之中,前怕狼、后怕虎,遇事难以决断,迟迟不能作出取舍,以致在一些难得的学习、工作的机遇面前痛失良机,遗憾终生;抑或草率决定,事后总是后悔不已,给心理上造成很大压力。

### 4. 承受挫折能力差

正处在逐渐走向人生成熟时期的大学生,在学习、生活、人际交往中,经历一些坎坷、碰到一些困难、遇到一些挫折,是难以避免的。然而,当代大学生中很多人经不起风浪,耐挫能力差,承受不了失败和挫折。一旦遭遇生活中的一些不如意,便显得无所适从,面临学业、生活、感情方面的挫折就退缩、畏惧,并产生一系列消极行为。其一是攻击。有些大学生受到挫折、打击后,心理紧张,一旦失去控制,极易产生攻击性行为。攻击的对象有可能是使自己受挫的人、事件等。其二是冷漠。有些大学生在遭受挫折后,变得冷漠麻木,意志消沉,对周围事物无动于衷。平静、安逸、舒适的生活,往往使人安于现状,耽于享受,变得软弱;挫折和磨难却能使人得到磨炼和考验,变得坚强起来。当代大学生应正确认识挫折,正确对待挫折,全方位、多层次地增强自己的受挫免疫力。

### (三) 狭隘

受功利主义影响,大学生中的狭隘现象有增无减。凡事斤斤计较、耿耿于怀、好嫉妒、好挑剔、容不得人等,都是心胸狭隘的表现,即日常说的"气量小"。心胸狭隘往往影响人际关系,伤害他人感情,也常给自己带来烦闷、苦恼,影响自己的情绪和在他人心目中的形象,因此,心胸狭隘于人于己有百害而无一利。狭隘人格多见于内向者。

克服狭隘，一要胸怀宽广坦荡，一切向前看。正如歌德所言，比海洋更广阔的是天空，比天空更广阔的是心灵。二要丰富自己。一个人的视野越开阔，就越不会陷入狭隘之中，这就是所谓的"站得高，看得远"。三要学会宽容，宽以待人。《不列颠百科全书》关于宽容的定义是：允许别人自由行动或判断；耐心而毫无偏见地容忍与自己的观点或公认的观点不一致的意见。我国现代汉语词典中对宽容的解释是：宽大有气量，不计较或不追究。一些著名作家对宽容也有深刻的认识："不会宽容别人的人，是不配受到别人宽容的"——屠格涅夫；"一个伟大的人有两颗心：一颗心流血，一颗心宽容"——纪伯伦；"宽容就像天上的细雨滋润着大地。它赐福于宽容的人，也赐福于被宽容的人"——莎士比亚名剧《威尼斯商人》；"最高贵的复仇是宽容"——雨果；"只有勇敢的人才懂得如何宽容；懦夫决不会宽容，这不是他的本性"——斯特恩。

### （四）自我中心

随着自我意识的发展，大学生越来越感到自己内心世界的千变万化、独一无二，他们越来越多地把关注的重心投向自我，尤其是那些有较强自信心、自尊心、优越感、独立感的学生，更容易出现自我中心倾向。当这种倾向与一些不健康的思想意识（如个人主义、自私自利思想）和心理特征（如过强的自尊心、唯我独尊等）结合时，就会表现出过分的、扭曲的自我中心。过多自我中心的人往往以自我为核心，想问题、做事情从"我"出发，不能设身处地进行客观思考，甚至颐指气使、盛气凌人，不允许别人批评。这种人往往见好就上，见困难就让，有错误就推，总认为对的是自己、错的是别人，因而不能赢得他人的好感和信任，人际关系多不和谐。

克服过分自我中心的途径包括：第一，树立健康的人生观，自觉地将自己和他人、集体结合起来，走出自己的小天地；第二，恰当地评价自己，既不低估也不高估，既不妄自菲薄也不自高自大；第三，尊重他人，只有尊重和信任才能获得友谊；第四，设身处地地从他人的角度思考问题，将心比心，真诚地关爱他人，做到"我爱人人，人人爱我"。

### （五）猜疑

疑是建立在猜的基础上的，因而往往缺乏事实根据，有时也缺乏合理的思维逻辑。好猜疑的人往往对人对事敏感多疑，看到同学背着自己说话，就疑心是在说自己的坏话；某人没和自己打招呼，便猜他（她）对自己有意见等。经常猜疑是非常有害的，它会导致很多问题，如无事生非、伤害他人、人际关系紧张等。自己也会经常因此陷入惶恐、苦恼的庸人自扰状态。培根在《论猜疑》一文中指出，疑心使人"陷入迷惘，混淆敌友，破坏人和事业"。有这种不健康人格品质的人应积极寻求矫治。

克服猜疑的办法：首先，当产生猜疑时先不要外露，可留心体察所疑的人和事，若猜疑被证实，不会因此感到震惊；当猜疑不成立时，应打消疑心。由于不曾外露，也不会伤害他人。其次，加强沟通。猜疑常常是由于误会或他人搬弄口舌引起的,因此,碰到这种情况时应主动地与被猜疑者沟通交流,这样有助于消除误会,改善、增进彼此的信任感。再次,抛弃成见和克服自我暗示,学会全面、发展地看问题,改变封闭式思维方式。最后,"心底无私天地宽",无私就无畏,坦坦荡荡地做人,和同学朋友坦诚相处,不必过分在意别人如何看自己,相信"日久天长见人心"。

### (六) 虚荣

虚荣心普遍存在于大学生身上,尤其是部分女生身上,这是正常的。一旦过分,则会有害无益。

虚荣心往往与自尊心、自卑感联系在一起,没有自尊心,就没有虚荣心;虚荣心是自尊心和自卑感的混合物,没有自卑感,也就不必用虚荣心来表现自尊心。虚荣心强的大学生一般性格内向、情感脆弱、多愁善感,虽然自惭形秽,却又害怕别人伤害自己的尊严,过分介意别人的评论与批评,与人交往时总有一种防御心理,不允许有稍微侵犯,且常会千方百计地抬高自己的形象,他们捍卫的往往是虚假的、脆弱的、不健康的自我,以致无暇丰富、壮大真实的自我。

防止或改变过强的虚荣心,首先要对其危害性有清醒的认识,有勇气、有决心改变自己。其次,应当努力认识自己,了解自己的长处与短处,扬长避短。再次,要树立自信和健康的荣誉心,正确表现自己,不卑不亢。最后,不为外界的议论所左右,正确对待个人得失。

### (七) 羞怯

有不少大学生具有羞怯的人格特征。其特点表现为:过于胆小被动,过于谨小慎微。羞怯者说话时,意思往往表达不清楚,说话、做事总怕有错,担心被人议论、讥笑。他们每想说一句话,总要在心里反复多次;每做一件事,总要思前想后,为此把自己搞得神经紧张、坐立不安,而且往往为错过说话、做事的时机后悔、沮丧、自责;过于关注自己。羞怯者特别注意自己在别人心目中的形象,总觉得自己时时处于众目睽睽之下,于是敏感、拘束,自信不足。羞怯者对自己的社交能力、表达能力、做事能力乃至自我形象缺乏信心,因而使本来可以做到、做好的事难以如愿。

一般来说,害羞之心,人皆有之。但过分的害羞就会阻碍一个人的人际交往,使自己本身的才能发挥不出来,进一步产生演绎、焦虑、寂寞、孤单等不良心态。

虽然羞怯的人格特征与神经类型有一定的联系,但更多地还是后天因素所致。通过有意识地调节可以改变这一问题。第一,要对自己作一个具体分析,找到自己的所长和所短,发扬所长可增强信心并补偿不足。特别是要多看到自己的长处,以增强信心。第二,放下思想包袱。每个人都有怕羞心理,只是有些人善于调节、注意锻炼罢了。金要足赤、人要完人是不可能的。一个人说错话、办错事没什么可怕,也不必难为情,错了要勇于改正。第三,不要太在意别人的议论。如果总把别人说的话放在心上,便寸步难行,什么也不敢做、不敢说了。只要自己看准的就大胆去做。无论你做得多好,也不可能人人称赞。第四,有意识地锻炼自己。胆量和能力都是锻炼的结果,要敢于说第一句话,敢于迈第一步。一旦这样做了,就会发现自己不仅有能力把事情干好,而且有潜力把事情干得更好。

## (八) 悲观

每个人都可能有悲观的时候,但常从消极角度看问题就是一种不健康的心理,对人身心的危害极大。有些大学生就常从消极的角度看待问题,总是看到自己的不足、弱点、困难,没有努力就认为失败是必然的。如果任由这种悲观心理发展,就会使人没有生气活力,整天浑浑噩噩,甚至厌世轻生。德国心理学家皮特·劳斯特提出了一些有价值的建议:一定要懂得积极态度所带来的力量,要坚信希望和乐观能引导你走向胜利。即使处境危难,也要寻找积极因素。以幽默的态度来接受现实中的失败。既不要被逆境困扰,也不要幻想出现奇迹,要脚踏实地、坚持不懈,全力以赴去争取胜利。不管多么严峻的形势向你逼来,你也要发现有利的条件。不久,你就会发现,你到处都有一些小的成功。这样,自信心自然也就增强了。乐观是希望之花,能赐给人以力量。在你的闲暇时间努力接近乐观的人,观察他们的行为,通过观察培养起你的乐观态度,乐观的火种会慢慢地在你内心点燃。要知道,悲观不是天生的。像人类的其他态度一样,悲观不但可以减轻,而且通过努力还能转变成一种新的态度,这就是乐观。如果乐观态度使你成功了,你就应该相信乐观是成功之源。此外,要培养自己多方面的爱好,多参加活动,多看带来开心的节目,都有助于乐观性格的形成。

## (九) 急躁

太过急躁是大学生中常见的不良人格品质,具体表现为:碰到不称心的事情就激动不安;做事缺乏充分准备,没准备好就盲目行动,急于达到目的;缺乏耐心、细心、恒心。性情急躁之人说话办事快、竞争意识强、容易冲动,心情常常处于紧张状态。日常生活中具有急躁特点的人为数不少。常常什么都想学,而且想短时间内学会,生怕落后而急于求成,但实际效果常常达不到期望的目标,从而泄气、发怒,既影响自己的健康和效率,又妨碍人际关系。

怎样克服急躁的缺点呢?第一,思先于行。要加强自我涵养,自觉地养成冷静沉着的习惯。在学习、生活中,对非原则性问题,尽量避免与人发生矛盾以至激化,把精力用到积极思考之中。第二,改变行为,细心、认真行事。比如,吃饭时间不得少于 20 分钟,细嚼慢咽;说话控制语速,想好了再说,不随意打断别人的谈话;看书要一字一句细读,边读边想;走路和骑车时不有意超过别人;工作中改掉冲锋陷阵式的习惯,不着急,有条不紊地干;等等。第三,控制发怒。性格急躁的人容易发怒,建议把制怒格言"能忍则自安""退一步则海阔天空"铭记在心,时时提醒自己遇事冷静。即使输了,也要敢于承认。第四,松弛疗法,坚持静养训练。比如,可以在工作学习之余,常听轻松、幽雅、恬静的音乐,赏花悦心、书画静神、闭目养神等,使肌肉、神经都处于完全放松状态。

### 三、大学生常见的人格障碍

#### (一) 人格障碍

人格障碍(personality disorders)是指人格特征明显偏离正常,形成了一贯的反映个人生活风格和人际关系的异常行为模式。ICD—10(《国际疾病分类》第十版)指出人格障碍有三个要素:早年开始,于童年或少年起病;人格的一些方面过于突出或显著增强,导致牢固和持久的适应不良;给病人带来痛苦或贻害周围。

按《中国精神障碍分类与诊断标准》第三版(CCMD—3),人格障碍的诊断标准:

**【诊断标准】**指人格特征明显偏离正常,使病人形成了一贯的反映个人生活风格和人际关系的异常行为模式。这种模式显著偏离特定的文化背景和一般认知方式(尤其在待人接物方面),明显影响其社会功能与职业功能,造成对社会环境的适应不良,病人为此感到痛苦,并已具有临床意义。病人虽然无智能障碍,但适应不良的行为模式难以矫正,仅少数病人在成年后一定程度上可有改善。通常开始于童年期或青少年期,并长期持续发展至成年或终生。如果人格偏离正常系由躯体疾病(如脑病、脑外伤、慢性酒精中毒等)所致,或继发于各种精神障碍,应称为人格改变。

**【症状标准】**个人的内心体验与行为特征(不限于精神障碍发作期)在整体上与其文化所期望和所接受的范围明显偏离,这种偏离是广泛、稳定和长期的,并至少有下列 1 项:

① 认知(感知及解释人和事物,由此形成对自我及他人的态度和形象的方式)的异常偏离;

② 情感(范围、强度及适切的情感唤起和反应)的异常偏离;

③ 控制冲动及对满足个人需要的异常偏离;

④ 人际关系的异常偏离。

**【严重标准】**特殊行为模式的异常偏离,使病人或其他人(如家属)感到痛苦或社会适应不良。

**【病程标准】**开始于童年、青少年期,现年 18 岁以上,至少已持续 2 年。

**【排除标准】**人格特征的异常偏离并非躯体疾病或精神障碍的表现或后果。

#### (二) 大学生常见的人格障碍

1. 偏执型人格障碍

以猜疑和偏执为特点,始于成年早期,男性多于女性。

**【诊断标准】**

(1) 符合人格障碍的诊断标准;

(2) 以猜疑和偏执为特点,并至少有下列 3 项:

① 对挫折和遭遇过度敏感;

② 对侮辱和伤害不能宽容,长期耿耿于怀;

③ 多疑,容易将别人的中性或友好行为误解为敌意或轻视;

④ 明显超过实际情况所需的好斗,对个人权力执意追求;

⑤ 易有病理性嫉妒,过分怀疑恋人有新欢或伴侣不忠,但不是妄想;

⑥ 过分自负和自我中心的倾向,总感觉受压制、被迫害,甚至上告、上访,不达目的不肯罢休;

⑦ 具有将其周围或外界事件解释为"阴谋"等的非现实性优势观念,因此过分警惕和抱有敌意。

2. 分裂型人格障碍

以观念、行为和外貌装饰的奇特、情感冷漠及人际关系明显缺陷为特点。男性略多于女性。

**【诊断标准】**

(1) 符合人格障碍的诊断标准;

(2) 以观念、行为和外貌装饰的奇特、情感冷淡,及人际关系缺陷为特点,并至少有下列 3 项:

① 性格明显内向(孤独、被动、退缩),与家庭和社会疏远,除生活或工作中必须接触的人外,基本不与他人主动交往,缺少知心朋友,过分沉湎于幻想和内省;

② 表情呆板,情感冷淡,甚至不通人情,不能表达对他人的关心、体贴及愤怒等;

③ 对赞扬和批评反应差或无动于衷;

④ 缺乏愉快感;

⑤ 缺乏亲密、信任的人际关系;

⑥ 在遵循社会规范方面存在困难,导致行为怪异;

⑦ 对与他人之间的性活动不感兴趣(考虑年龄)。

3. 反社会型人格障碍

以行为不符合社会规范、经常违法乱纪、对人冷酷无情为特点,男性多于女性。往往在童年或少年期(18 岁前)就出现品行问题。成年后(18 岁后)习性不改,主要表现行为不符合社会规范,甚至违法乱纪。

**【诊断标准】**

(1) 符合人格障碍的诊断标准,并至少有下列 3 项:

① 严重和长期不负责任,无视社会常规、准则、义务等,如不能维持长久的工作(或学习),经常旷工(或旷课)、多次无计划地变换工作;有违反社会规范的行为,且这些行为已构成拘捕的理由(不管拘捕与否);

② 行动无计划或有冲动性,如进行事先未计划的旅行;

③ 不尊重事实,如经常撒谎、欺骗他人,以获得个人利益;

④ 对他人漠不关心,如经常不承担经济义务、拖欠债务、不抚养子女或赡养父母;

⑤ 不能维持与他人的长久关系,如不能维持长久的(1 年以上)夫妻关系;

⑥ 很容易责怪他人,或对其与社会相冲突的行为进行无理辩解;

⑦ 对挫折的耐受性低,微小刺激便可引起冲动甚至暴力行为;

⑧ 易激惹,并有暴力行为,如反复斗殴或攻击别人,包括无故殴打配偶或子女;

⑨ 危害别人时缺少内疚感,不能从经验特别是在受到惩罚的经验中获益。

(2) 在 18 岁前有品行障碍的证据,至少有下列 3 项:

① 反复违反家规或校规;

② 反复说谎(不是为了躲避体罚);

③ 习惯性吸烟、喝酒;

④ 虐待动物或弱小同伴;

⑤ 反复偷窃;

⑥ 经常逃学;

⑦ 至少有 2 次未向家人说明外出过夜;

⑧ 过早发生性活动;

⑨ 多次参与破坏公共财物的活动;

⑩ 反复挑起或参与斗殴;

⑪ 被学校开除过,或因行为不轨而至少停学 1 次;

⑫ 被拘留或被公安机关管教过。

4. 冲动型人格障碍

以情感爆发、伴有明显行为冲动为特征,男性明显多于女性。

【诊断标准】

(1) 符合人格障碍的诊断标准;

(2) 以情感爆发和明显的冲动行为作为主要表现,并至少有下列 3 项:

① 易与他人发生争吵和冲突,特别在冲动行为受阻或受到批评时;

② 有突发的愤怒和暴力倾向,对导致的冲动行为不能自控;

③ 对事物的计划和预见能力明显受损;

④ 不能坚持任何没有即刻奖励的行为;

⑤ 不稳定的和反复无常的心境;

⑥ 自我形象、目的及内在偏好(包括性欲望)的紊乱和不确定;

⑦ 容易产生人际关系的紧张或不稳定,时常导致情感危机;

⑧ 经常出现自杀、自伤行为。

5. 表演型(癔症型)人格障碍

以过分的感情用事或夸张言行吸引他人的注意为特点。

【诊断标准】

(1) 符合人格障碍的诊断标准;

(2) 以过分的感情用事或夸张言行吸引他人的注意为特点,并至少有下列 3 项:

① 富于自我表演性、戏剧性、夸张性地表达情感；

② 肤浅和易变的情感；

③ 自我中心，自我放纵和不为他人着想；

④ 追求刺激和以自己为注意中心的活动；

⑤ 不断渴望受到赞赏，情感易受伤害；

⑥ 过分关心躯体的性感，以满足自己的需要；

⑦ 暗示性高，易受他人影响。

### 6. 强迫型人格障碍

以过分的谨小慎微、严格要求与完美主义及内心的不安全感为特征。男性多于女性 2 倍，约 70% 的强迫症病人有强迫性人格障碍。

**【诊断标准】**

（1）符合人格障碍的诊断标准；

（2）以过分谨小慎微、严格要求与完美主义及内心的不安全感为特征，并至少有下列 3 项：

① 因个人内心深处的不安全感导致优柔寡断、怀疑，及过分谨慎；

② 需在很早以前就对所有的活动作出计划并不厌其烦；

③ 凡事需反复核对，因对细节的过分注意，以致忽视全局；

④ 经常被讨厌的思想或冲动所困扰，但尚未达到强迫症的程度；

⑤ 过分谨慎多虑，过分专注于工作成效而不顾个人消遣及人际关系；

⑥ 刻板和固执，要求别人按其规矩办事；

⑦ 因循守旧、缺乏表达温情的能力。

### 7. 焦虑型人格障碍

以一贯感到紧张、提心吊胆、不安全及自卑为特征，总是需要被人喜欢和接纳，对拒绝和批评过分敏感，因习惯性地夸大日常处境中的潜在危险而有回避某些活动的倾向。

**【诊断标准】**

（1）符合人格障碍的诊断标准；

（2）以持久和广泛的内心紧张及忧虑体验为特征，并至少有下列 3 项：

① 一贯的自我敏感、不安全感及自卑感；

② 对遭排斥和批评过分敏感；

③ 不断追求被人接受和受到欢迎；

④ 除非得到保证被他人所接受和不会受到批评，否则拒绝与他人建立人际关系；

⑤ 惯于夸大生活中潜在的危险因素，达到回避某种活动的程度，但无恐惧性回避；

⑥ 因"稳定"和"安全"的需要，生活方式受到限制。

8.依赖型人格障碍

**【诊断标准】**

（1）符合人格障碍的诊断标准；

（2）以过分依赖为特征，并至少有下列3项：

① 要求或让他人为自己生活的重要方面承担责任；

② 将自己的需要附属于所依赖的人，过分地服从他人的意志；

③ 不愿意对所依赖的人提出即使是合理的要求；

④ 感到自己无助、无能，或缺乏精力；

⑤ 沉湎于被遗忘的恐惧之中，不断要求别人对此提出保证，独处时感到很难受；

⑥ 当与他人的亲密关系结束时，有被毁灭和无助的体验；

⑦ 经常把责任推给别人，以应对逆境。

9.其他或待分类的人格障碍

包括被动攻击性人格障碍、抑郁性人格障碍和自恋性人格障碍等。

**（三）人格障碍的治疗**

因为人格障碍的本质及发生原因尚未解决，因此对治疗作用的评价不一。克拉夫特（Kraft）指出，即使是最严重的病例，经过一个阶段治疗后也可获得好转。在人格障碍的治疗上应该清除无能为力的悲观论点，采取积极的态度进行矫治。精神药物学的研究认为，一些药物对人格障碍有一定的效果，但研究的最多的是边缘型人格障碍和分裂型人格障碍的药物治疗。必须明确，药物不能改变人格结构，但对人格障碍的某些表现可能有一定效果。心理治疗对人格障碍是很有帮助的，通过深入接触，与他们建立良好的关系，帮助他们认识个性的缺陷所在，进而指出个性是可以改变的，努力鼓励他们重新塑造自己健全的性格。不同的人格障碍的心理治疗方法有所差异。

# 第三节　大学生健康人格的培养

一个人的人格是否健康会影响自身的行为和认知，当人格不健全时，他的行为和认知会出现偏差，当这种情况严重时会出现错误的行为，这就不仅影响到他自身的生活，也可能影响到他人的生活。一个健全的人格不仅是自身的一种幸福，对自身有着一种深远的影响，也能给周围的人带来欢乐。人格会影响个体的判断能力和选择，只有拥有一个健全的人格，才可以作出最适合人生的选择，它关系自身的心理健康。

## 一、健康人格的标准

健康人格是指各种良好人格特征在个体身上的集中体现。健康人格的标准可分为理想标准和相对标准。健康人格的理想标准就是人格的生理、心理、社会、道德和审美各要素完美地统一、平衡、协调，人的才能得以充分发挥。马克思所描述的"全面发展的、自由的人"就是健康人格的理想标准。从相对意义上讲，不同时代、不同的社会条件有相对应的健康人格标准。"有理想、有道德、有文化、有纪律"就是对社会主义初级阶段健康人格标准的一种概括。人只有在自己所处的特定历史条件下，不断进取、不懈努力，才能使自己的人格健康水平不断提高。健康人格的标准又可分为概括的标准和具体的标准。从总体上看，人格健康的人应该是在推动社会进步的实践中充分发挥自己的才干，为人类、为社会作出自己的贡献，同时使自己的人格在各个方面得到充分、协调发展的人。而在具体特征上包括和谐的人际关系、良好的社会适应能力、正确的自我意识、乐观向上的态度、良好的情绪控制能力等方面。健康人格的标准包括以下四个方面。

**（一）人格系统和谐统一**

人格系统本身的和谐统一是人格健康的首要标准。人格是一个复杂的构成系统，包括性格、气质及自我意识等方面。心理学家把人格系统进行了划分。这些人格的各个方面虽有差异，但必须和谐统一，才能是一个健康的人格。弗洛伊德认为人格结构分为三个层次：本我、自我和超我。在人格结构里，这三者相互交织在一起，构成人格的整体。当三者处于协调状态时，人格表现出一种健康状况；当三者互不相让且产生敌对状态时，就会产生心理疾病。

**（二）正确的自我意识**

有无自知力是正常人与异常人最显著的差异，也成为心理正常与心理异常的最重要的鉴别标准。自我意识是人格构成的一个部分，只有自我意识恰当，才能算是健康的人格。拥有健康人格的人能做到恰如其分地自我认识、自我体验和自我评价，并能有效地调节自己的行为与环境相适应。大学生应该能够正确、客观地认识自己，较全面地分析评价自己的优缺点，接纳自己，对自己有合理的期望值，为自己确定合适的发展方向，善于改进自己、完善自己。

**（三）正确地觉知环境，具有良好的环境适应能力**

正确地觉知环境是健康人格的又一标准。马斯洛认为，具有健康人格的人能准确而客观地知觉现实。具有健康人格的人还是与环境相适应的人。与环境相适应，反映了人与环境的协调程度。大学生要客观地觉知现实，适应不断变化和发展的环境，其思想和行为应跟上时代的发展。应自觉遵守校纪校规、社会公德和行为规范。当自己的愿望和社会需要发生矛盾时，能够进行自我调节，以求与社会协调一致。要爱护集体，关心社会，热爱祖国。

**（四）具有社会兴趣，乐知求新**

健康人格的人不仅要有正确的自我意识，也要有社会兴趣，乐知求新，关注环境，积极进取。阿德勒认为，具有健康人格的人是具有社会兴趣的人。他们为摆脱自卑而奋斗,为追求卓越而奋斗,为实现完美而奋斗。乐于求知创新也是大学生健康人格的一个重要内容。21世纪需要富有创新意识和创新能力的人才,大学生既应具有渊博的知识,又应有较强的创新能力,使自己符合时代的要求。

除了上述四个方面外,良好的情绪控制能力、和谐的人际关系等也都有很重要的意义。总之,健康人格的各标准都是相互联系的。具有健康人格的人,人格系统各方面必须统一、平衡。

## 二、大学生健康人格培养与教育的原则与途径

### (一) 大学生健康人格培养与教育的原则

#### 1. 以人为本的原则

以人为本主要体现在以下三个方面:以人为本,尊重人,启发大学生的自觉性;以人为本,关心人,调动大学生的积极性;以人为本,开发人,激发大学生的创造性。人格教育的首要任务是启发人的自觉性。而人的自觉性是以其合理的需要得到满足为基础的。满足人的尊重需要是人格教育取得实效、启发人的自觉性的重要前提。所以,尊重人应该成为教育工作必须遵循的一条基本原则,并需要教育工作者在实际工作中切实贯彻这一原则。大学生人格教育既要教育人、引导人,又要关心人、帮助人,只有为大学生解决了实际困难,才能够增强他们的信心和积极性。人是最宝贵的资源。要造就全面发展的人,就要开发人的价值、能力和个性。因此,应该把以人为本、开发人的潜能、价值和个性作为健康人格教育追求的重要目标和遵循的原则。

#### 2. 个人需要与社会需要相结合的原则

需要之间也是紧密相连的。对大学生的人格培养不仅要根据个人需要,也要根据社会需要,更要把社会需要与个人需要结合起来。只有这样,才能既促进社会发展,又促进个性发展。总之,大学生健康人格的培养应注重个人需要,坚持个人需要与社会需要相结合的原则。

#### 3. 知行统一的原则

做到知行统一,要使学生的思想认识有实践的感性材料作基础,防止人格教育理论成为无源之水、无本之木;要帮助学生把实践中获得的感性材料提到理性的高度去认识,同时又教育学生在理论的指导下,去理解感性的东西,学会运用;要求学生把学到的知识转化为自己的信念和行为动机,并贯彻到行动中去,做到言行一致、知行统一,既要看思想、言论,又要看行为、实践;要求学生的行动有正确的思想指导,即具有正确的动机。

#### 4. 系统优化性原则

健康人格的塑造是一个系统工程,它既需要促进人格要素的全面发展,也需要学校、家庭、社会和自身的共同努力。根据各种人格因素协调发展的原则,人格是

由人的需要、动机、兴趣、理想信念、世界观、能力、气质、性格、认识、情感、意志、心理状态、自我调节系统等因素构成的一个统一整体。各种人格因素之间存在着相互制约、相互影响、相互渗透的关系。健康人格的形成、发展是一个长期的、经历许多阶段的过程，又是一个前后连续的完整过程，是多方面教育影响的结果。对不同阶段的教育，要求、内容、方法有所不同。因此，各阶段、各方面的教育应互相衔接，有计划、有系统地进行。

**（二）大学生健康人格培养与教育的途径**

1. 倾注人文关怀，加强人生观、价值观教育，注重人格系统各方面的和谐统一的培养

人文关怀的核心在于肯定人性和人的价值。我们要尊重大学生作为人的主体性，关心大学生多方面、多层次的需求，促进大学生自由、全面发展。而正确的人生观、价值观是促进健康人格形成的巨大精神动力，因此，我们必须要注重大学生人生观、价值观教育，使当代大学生树立正确的人生观和价值观。注重从各个方面培养大学生健康的自我意识、乐观向上的生活态度、乐知求新的精神、控制自我情绪的能力，形成良好的人际关系和社会适应的能力。

2. 做好大学生心理健康教育工作

在大学阶段开展心理健康教育，不仅是预防、发现和治疗心理问题，更是指导大学生培养健康人格，使其更好地发展自身和适应环境。做好大学生的心理健康教育工作，要加强领导，树立全新的教育理念；开设大学生心理健康教育课程和专题讲座；积极开展大学生心理咨询与辅导；普及宣传与自我教育相结合。

3. 建设良好的校园文化

校园文化是直接影响大学生成长的环境因素，是高校教育机制中的一个十分重要的环节。优良的校园文化是一所大学精神文明建设的重要动力，它对于青年学生的健康人格养成具有潜移默化的影响，对于他们学习如何做人、做事、做学问都会起到导向作用。

**拓展阅读**

**心理测验**

### 气质类型测验量表(陈会昌修订)

本气质类型测验量表是由山西省教科院陈会昌等编制，共 60 题，每种气质类型 15 题。

计分标准为：

| 很符合 | 较符合 | 一般 | 较不符合 | 很不符合 |
| --- | --- | --- | --- | --- |
| 2分 | 1分 | 0分 | −1分 | −2分 |

测试内容如下：

1. 做事力求稳妥，不做无把握的事。

2. 遇到可气的事就怒不可遏，想把心里话全说出来才痛快。

3. 宁肯一个人干事，不愿很多人在一起。

4. 到一个新环境很快就能适应。

5. 厌恶那些强烈的刺激，如尖叫、噪声、危险的镜头等。

6. 和人争吵时，总是先发制人，喜欢挑衅。

7. 喜欢安静的环境。

8. 喜欢和人交往。

9. 羡慕那种能克制自己感情的人。

10. 生活有规律，很少违反作息制度。

11. 在多数情况下情绪是乐观的。

12. 碰到陌生人觉得很拘束。

13. 遇到令人气愤的事，能很好地自我克制。

14. 做事总是有旺盛的精力。

15. 遇到问题常常举棋不定，优柔寡断。

16. 在人群中从不觉得过分拘束。

17. 情绪高昂时，觉得干什么都有趣。

18. 当注意力集中于一件事时，别的事很难使我分心。

19. 理解问题总比别人快。

20. 碰到危险情境，常有一种极度恐怖感。

21. 对学习、工作、事业怀有很高的热情。

22. 能够长时间做枯燥、单调的工作。

23. 符合兴趣的事情，干起来劲头十足，否则就不想干。

24. 一点小事就能引起情绪波动。

25. 讨厌做那种需要耐心、细致的工作。

26. 与人交往不卑不亢。

27. 喜欢参加热烈的活动。

28. 爱看感情细腻、描写人物内心活动的文学作品。

29. 工作、学习时间长了，常感到厌倦。

30. 不喜欢长时间谈论一个问题，愿意实际动手干。

31. 宁愿侃侃而谈,不愿窃窃私语。

32. 别人说我总是闷闷不乐。

33. 疲倦时只要短暂的休息就能精神抖擞,重新投入工作。

34. 理解问题常比别人慢些。

35. 心里有话宁愿自己想,不愿说出来。

36. 认准一个目标就希望尽快实现,不达目的,誓不罢休。

37. 学习、工作同样一段时间后,常比别人更疲倦。

38. 做事有些莽撞,常常不考虑后果。

39. 老师或师傅讲授新知识、技术时,总希望他讲慢些,多重复几遍。

40. 能够很快地忘记那些不愉快的事情。

41. 做作业或完成一件工作总比别人花的时间多。

42. 喜欢运动量大的剧烈体育活动,或参加各种文娱活动。

43. 不能很快地把注意力从一件事转移到另一件事上去。

44. 接受一个任务后,希望把它迅速完成。

45. 认为墨守成规比冒风险强些。

46. 能够同时注意几件事物。

47. 当我烦闷的时候,别人很难使我高兴起来。

48. 爱看情节起伏跌宕、激动人心的小说。

49. 对工作抱认真严谨、始终一贯的态度。

50. 和周围人们的关系总是相处不好。

51. 喜欢复习学过的知识,重复做已经掌握的工作。

52. 喜欢做变化大、花样多的工作。

53. 小时候会背的诗歌,我似乎比别人记得清楚。

54. 别人说我"出口伤人",可我并不觉得这样。

55. 在体育活动中,常因反应慢而落后。

56. 反应敏捷,头脑机智。

57. 喜欢有条理而不慎麻烦的工作。

58. 兴奋的事常使我失眠。

59. 老师讲新概念,常常听不懂,但是弄懂以后就很难忘记。

60. 假如工作枯燥无味,马上就会情绪低落。

**气质测验答卷:**

| | 题号 | 2 | 6 | 9 | 14 | 17 | 21 | 27 | 31 | 36 | 38 | 42 | 48 | 50 | 54 | 58 | 总分 |
|---|---|---|---|---|---|---|---|---|---|---|---|---|---|---|---|---|---|
| 胆汁质 | 得分 | | | | | | | | | | | | | | | | |

续 表

| | | | | | | | | | | | | | | | | |
|---|---|---|---|---|---|---|---|---|---|---|---|---|---|---|---|---|
| 多血质 | 题号 | 4 | 8 | 11 | 16 | 19 | 23 | 25 | 29 | 34 | 40 | 44 | 46 | 52 | 56 | 60 | 总分 |
| | 得分 | | | | | | | | | | | | | | | |
| 黏液质 | 题号 | 1 | 7 | 10 | 13 | 18 | 22 | 26 | 30 | 33 | 39 | 43 | 45 | 49 | 55 | 57 | 总分 |
| | 得分 | | | | | | | | | | | | | | | |
| 抑郁质 | 题号 | 3 | 5 | 12 | 15 | 20 | 24 | 28 | 32 | 35 | 37 | 41 | 47 | 51 | 53 | 59 | 总分 |
| | 得分 | | | | | | | | | | | | | | | |

**结果分析:**

A. 如果某一项或两项的得分超过 20 分,则为典型的该气质。如,胆汁质超过 20 分,则为典型胆汁质;黏液质和抑郁质得分都超过 20 分,则为典型的黏液-抑郁混合型。

B. 如果某一项或两项以上得分都在 20 分以下、10 分以上,其他各项得分较低,则为一般该气质。如,一般多血质,一般胆汁-多血混合型。

C. 若各项得分都在 10 分以下,但某项或几项得分较其余项为高(相差 5 分以上),则为略倾向于该气质(或几项的混合)。如,略偏黏液质型、略偏胆汁-多血混合型;其余类推。一般来说,正分值越高,表明该气质特征越明显;反之,分值越低越负,表明越不具有该气质特征。

多数人的气质是一般型气质或两种气质的混合型,典型气质和三种气质混合型的人较少。

气质主要是由遗传决定的。通常,心理学家认为,人的气质类型可分为胆汁质、多血质、黏液质和抑郁质 4 种。

巴甫洛夫对这 4 种气质作了如下解释:

胆汁质 相当于神经活动强而不均衡型。这种气质的人兴奋性很高,脾气暴躁,性情直率,精力旺盛,能以很高的热情埋头事业,兴奋时,决心克服一切困难;精力耗尽时,情绪又一落千丈。

多血质 相当于神经活动强而均衡的灵活型。这种气质的人热情、有能力,适应性强,喜欢交际,精神愉快,机智灵活,注意力易转移,情绪易改变;但是办事重兴趣,富于幻想,不愿做耐心细致的工作。

黏液质 相当于神经活动强而均衡的安静型。这种气质的人平静,善于克制忍让,生活有规律,不为无关事情分心,埋头苦干,有耐久力,态度持重,不卑不亢,不爱空谈,严肃认真;但不够灵活,注意力不易转移,因循守旧,对事业缺乏热情。

抑郁质 相当于神经活动弱型,兴奋和抑郁过程都弱。这种气质的人沉静,深刻,易相处,人缘好,办事稳妥可靠,做事坚定,能克服困难,但比较敏感,易受挫折,孤僻、寡欲,疲劳不易恢复,反应缓慢,不图进取。

人们了解自己的气质,对选择专业、培养性格、提高学习与工作效率、处理好同志间关系等都有着重要的意义。

## 案例分析

**心理咨询案例:**

# 自 我 中 心

小龙是我教过的一名学生。从进大学以来,他就觉得周围的人都不喜欢他,都对他不满。三年来,几乎没有朋友,同学也鲜有来往,他很孤独,但从内心来讲他却很想交朋友。言谈中能感觉小龙并不是胆小怯懦害怕交往型,在咨询室和我面对面时,他也能从容不迫,侃侃而谈。小龙抱怨说现在的大学生思想特别不成熟,行为举止幼稚,特别是自己身边的同学,俨然就是中学生的生活状态,这让他非常看不惯。有次上完某老师的课,室友回来纷纷抱怨该老师照本宣科,课堂枯燥无味,以后有机会就旷课,小龙打断大家,说"学习靠自己,你们这样是给自己的懒惰找借口"。当时寝室的空气都凝固了。去食堂打饭,小龙看见炒的蔬菜色泽不好,大声嚷嚷"这菜喂猪差不多",刚巧同班两位女同学正在打这种菜,她俩回过头狠狠地朝他丢白眼。全班去郊游,班委提前商量方案,大家想去风景区,可小龙认为那个季节风景区没有风景,力争要把活动安排在附近的儿童福利院,结果讨论会不欢而散,郊游还是去了风景区,大家却没有通知小龙。小龙一再表明,他说的都是真话、实话,为什么现在的人不能理解呢? 他还说,如果坚持真理就注定孤独的话,他要坚持下去,走自己的路让别人说去吧。

**【分析与评估】**

乍一看,觉得小龙确实挺委屈,但仔细分析就会发现,小龙的主要问题是在人际关系交往上以自我为中心来思考和看待问题。对于小龙所讲的事,他的思考方向都是从自我的角度思考其行为的合理性,明显缺乏换位思考。所以,小龙在思考和解决他所面临的问题时不能正确地归因,更不能从他人的角度去反思其行为的不合理性。这样的大学生为数不少,他们为人处世都以自己的兴趣和需要为中心,只关心自己的想法和感受,不考虑他人的感受,完全从自己的角度、自己的经验去认识和解决问题,似乎自己的态度就是他人的态度

【调节对策】

要想得到大家的认可,就要学会与人相处,不能一切以自我为中心,遇到事情时,要换位思考,多注意他人的感受,才能得到大家的喜欢。

**思政案例:**

## 抑郁男孩的思想转变

小王,男,大学四年级,性格内向,独来独往,不愿与人沟通。大学期间,基本不跟同学说话,不参加任何集体活动。大二时因为抑郁症休学一年,入院治疗,当时父母不能照顾小王,委托辅导员定期去医院探望学生,在与医生的交流中,医生告知辅导员该生除了抑郁症还存在人格障碍,复学后学校要积极关注。复学以来,辅导员一直关注着小王的状态,经常与之谈话,建立了良好的师生关系。学生自述父母关系不好,自己对母亲充满恨意,多年不跟母亲说话,寒暑假就自己关在房间,只跟家中年迈的爷爷有交流。辅导员在与家长联系中,发现其父母忙于赚钱养家,对小王疏于关心,只是按时给小王寄生活费,对小王的情况了解很少。近日,有专业教师跟辅导员反映,小王找到老师说因为学业压力,他现在心理状态很差,希望老师对他"手下留情"。辅导员在与小王谈话时,他提到专业课补考太难了,自己学业压力很大,喜欢金融学,想考取金融专业相关的研究生,毕业之后不想回家,想继续读书。但是有2门专业课不及格,让他感到无力解决,自己出现了失眠、食欲差、对任何事情都不感兴趣等症状。随后,辅导员单独与其宿舍同学了解情况,同学说他还是老样子,在宿舍基本不说话,大四课少,他一躺就是一天,也不怎么吃饭。但是有一次大家在宿舍讨论本科毕业拿不到毕业证会影响研究生录取时,他主动加入同学们的话题,问有没有好的解决办法,有同学开玩笑说:"你可以装病求老师放过你。"

【分析与评估】

小王患过抑郁症,也存在人格障碍。喜欢自己独处,不与人交流,自我中心是他的人格特点,其思想方面也存在某些严重问题。利用老师对他心理状态差的重视让老师对他专业课"手下留情"。为了能让自己拿到毕业证,本来不喜欢与人交流,还主动加入同学们投机取巧的话题。小王缺乏感恩之心,多年不与母亲说话,对母亲充满恨意,并没有体会到父母为他提供生活费的感恩之情。

【调节对策】

(1)实现目标不能投机取巧。天上不会掉馅饼,自己不努力,光靠投机取巧是不可能实现目标的。小王首先要认识到自己的这些想法和行为是错误的,这样只能让自己离目标越来越远。学知识必须要脚踏实地、一步一个脚印,才能掌握本领,将来成为国家的栋梁之材。

（2）正确识别和表达自己的心理状态。小王应该如实地表达自己当前的心理状态，如果确实出现了失眠、食欲差、对任何事情都不感兴趣等症状，要及时通过学校心理健康中心咨询、评估，必要时到专科医院就诊。因为只有身心健康，才能有效率地投入学习中，才能最终实现自己的理想目标。

（3）合理分解和规划目标。小王在心理咨询的同时，要学会合理分解和规划自己的目标，科学、合理地安排时间和精力，研究生考试和补考是可以同时兼顾好的。

（4）进行感恩教育。小王要多想想从小到大自己为父母做了什么，父母虽然对自己关心不够，但是也一直在外打工挣钱给自己提供了生活费用，才能让自己上了大学。没有十全十美的父母，而且自己现在已经成年了，要能够理解父母的不易，懂得感恩和沟通。

# 第四章　新生心理困扰和调适

每年九月，各大学校园里都充满了生机和活力。大一新生踏入学校后，面对的是全新的世界，无论是自然环境还是学习方法，无论是个人目标还是社会期望，都发生了很大的变化。作为一名大一新生，如果不能在短期内调整身心，转变个人角色，对今后的大学生活将会产生很大的影响，形成特有的心理特点和困扰。

## 第一节　大学新生的心理特点及困扰

### 一、大学新生的心理特点

#### （一）自豪感与自卑感并存

经历了高考的竞争并顺利进入大学的学生，多少有点儿洋洋得意和胜利的满足感。多年的奋斗和拼搏总算有了一个满意的结果，多年的理想变为现实，老师夸、家长捧，亲朋好友、父老乡亲、街坊邻里都投来赞许的目光，十几年的辛劳换来心理的慰藉，自豪感油然而生。当前能进入大学的仍然是同龄人中的佼佼者；可是，山外有山、天外有天，与其他具有相同经历的同学比起来，一些同学会慢慢发现自己并非是当年的"尖子"，自己只不过是他们之中再普通不过的一员。如果对这些问题缺乏正确的认识，就会产生自卑感。

#### （二）放松感与紧张感同在

一方面，面对高考升学的巨大压力，学生在中学阶段都处在繁杂的学习任务的重压之下，多数学生感到喘不过气来，如今上了大学，心里感到如释重负，认为可以松口气了，甚至认为高中三年太辛苦，现在是偿还自己的时候了，该好好玩了。另一方面，大学管理较宽松，学生干什么、学什么主要是自己作决定，自由支配的时间较多，使同学们感到从没有过的放松感。可是轻松过后带来的是期末考试前的慌乱和紧张，一个学期没怎么认真学习，该做的作业、该看的书都没来得及看，考什么又一无所知，考试挂科后无法交代，紧张、焦虑感随之而来。

### (三) 孤独感和恋群感交织

一方面,多数大学生是第一次远离家乡,第一次离开自己的父母和亲人,在一个全新的环境里面对的是一些生疏的面孔,非常想念高中时的同学、儿时的伙伴,因此新生时常感到孤独无助。另一方面,大学生处在世界观、人生观、个性心理发展成熟的重要阶段,他们渴望交朋友,渴望得到他人尊重,渴望倾诉,渴望别人的理解和帮助,渴望建立新的朋友圈,恋群感十分强烈。

### (四) 求知欲与厌学感纠结

一方面,由于高考前的学习过度紧张,使学生产生了强烈的厌学情绪,一谈学习就有一种莫名其妙的烦恼,没有强大的外在推动力就难以重新激起学习兴趣,多数同学有厌学感。另一方面,在大学这个特有的文化氛围内,为学生创造了新的学习环境,提供了丰富的新奇的学习内容,这些都会刺激学生产生新的求知欲望和动机。

### (五) 自立性与依赖性相随

多数大学生进入大学后才有机会真正独立,由于远离家,父母再也不会像以前那样控制自己了,有一种自己长大了,应该自立了的成人感,不愿再受他人支配,也有了一定的自我管理能力;但有的同学自理能力还很差,因为大多数学生家长没给孩子锻炼的机会,包办了孩子所有生活问题,很多学生渴望继续依赖他人,有的同学缺乏应有的独立性。如:有的同学把脏衣服甚至脏袜子都给妈妈背回家;父母给的生活费不会计划着用,一个月的生活费不到半个月就花光了。

从以上我们看到了大一学生有其独特的心理特点,尤其要重视这些心理特点中体现出的矛盾和冲突,因为这些矛盾和冲突是产生心理问题的直接原因,也有可能导致严重的心理困扰,甚至造成心理障碍。

## 二、大学新生的心理困扰

大一学生总的心理倾向是积极的、乐观的、热情的、充满希望的。但是,由于生活环境、学习目的、师生关系的适应不良,部分学生或者学生的某一阶段也会产生诸多的心理冲突,主要表现在以下六个方面。

### (一) 期望值过高引起的失落心理

人是有期望的,正是因为人的期望产生的效应才使个人不断成长,社会不断进步。没有了希望,也就没有了这一切,对于顺利地经历高考的大学生来说,期望值一般较高。把大学生活想象得过于理想化,对自己未来生活的设计也很完美,对自己的前途也怀有很光明的预期,有的同学甚至沉浸在一种飘飘然的心理氛围之中。正由于对大学生活的现实缺乏了解和心理准备,使得刚刚进入大学的学生发现大学的现实情况与自己原来的理想相差甚远,有的同学就会有一种被欺骗的感觉,失望、痛苦随之产生。

### （二）环境生疏诱发的防范心理

进入大学，对于大多数学生来说是第一次远离父母来到一个陌生的环境、新的天地，面对的是一些口音、个性、习惯、兴趣、爱好如此不同的新同学，巨大的文化差异，使得很多同学感到不适应。由于彼此之间无法深入沟通和相互之间不认可带来的恐惧，使学生产生了强烈的自我保护意识，不少同学之间有一种相互防范的心理，习惯于用面具把自己伪装起来。这在一定程度上影响了大学生之间的正常交往和人际关系的健康发展。

### （三）目标失落导致的困惑心理

大多数大学生在之前的学习中，目标一直非常明确，那就是一心想考上更好的学校，由于有明确的目标，也就有了学习动力，再苦再累也能忍受。一旦进入大学，多年的愿望和理想终于实现了，甚至有的同学认为上大学是终极目的，往往有一种"船到码头车到站"的感觉。对于不少大学生来说，圆了大学梦就意味着理想的实现和目标的失落，由此而产生的迷惘和困惑感非常强烈，不知道上大学究竟为了什么。失去了努力的方向，对继续读书有什么用、将来干什么都感到茫然。正如有的同学说："大一开始时，由于高中的惯性，还能够进入课堂，课余时间还想做作业，可很快就发现没有了高考压力，一切仿佛都没有意义了。上课时再也听不进去，觉得无所事事，可下课后，却又为没有认真听课而遗憾，精神总在一无所获中受着折磨。"

### （四）地位变化产生的自卑心理

能够进入大学的同学，一般来说在过去的学习中成绩都比较好，一定会受到老师和同学们的肯定与关注。可大学的同学都是来自各地的学习佼佼者，都有很强的竞争力，在新的班级中，原有的优势不再存在，自我的良好感觉也逐渐消失，一种新的竞争压力使不少学生产生心理失衡，转向自卑。有的同学说："高中时自己是强者，老师夸，同学也佩服，到了强手如林的大学，原有的优越感消失了，害怕的心理使自己精神压力很大，害怕老师不重视，害怕同学瞧不起，害怕比不过其他同学。"失去掌控感使得自己很自卑，由于自卑感使自己很焦虑，学习效率下降，造成学习成绩不佳，从而非常痛苦。

### （五）怀旧依赖带来的孤独心理

一些大学生由于对新环境的不适应和新同学的关系不协调转而怀念过去的中学时代，甚至有一种大学不如中学的感觉，进而把情感投向旧时的同学、朋友和老师，而对现在的班集体漠不关心，因此产生孤独心理而陷入痛苦之中。有同学感叹道："大学的生活乏味，大学的师生关系不如中学，这使我常常怀旧。"

### （六）盲目乐观造成的受挫心理

由于高考的胜利和对大学知之甚少，使一些同学盲目乐观；又由于思想准备不足，一旦遇到不如意的现实问题，就感到遭受了无法承受的挫折和打击。有的同学因此一蹶不振,产生消极悲观情绪,甚至感到前途无望,心灰意冷,精神涣散。

以上是大一学生由于过渡期的不适应而产生的主要心理困扰,这些困扰对于多数学生来说是不可避免的,多数学生很快就会自我调整好;也有的可能会引发心理问题,如果自己无法释怀,应积极主动地进行咨询,避免转化为更严重的心理冲突和障碍,以致影响学习和生活。

# 第二节　大学新生形成心理困扰的影响因素

大一新生心理问题形成的原因是非常多的,可以说也是综合因素影响的结果,这其中有学生自身的原因,也有社会、学校、家庭环境的影响,更与大学生这个特殊群体以及所处时代相关。

## 一、社会大环境的影响

### (一) 社会环境

随着改革开放的不断深入和社会主义市场经济的不断发展,我国进入社会转型期,社会阶层不断分化,不同阶层间贫富差距逐步拉大,其生活方式、消费水平、兴趣爱好乃至价值观念存在较大差异。这诸多方面的不同,导致大学新生在相处的过程中,尤其是在大学入学之初,极易产生各种分歧和摩擦,从而引起各种心理冲突。尤其是家境相对贫困的新生,在中学时代往往是同辈中的佼佼者,但来到大学后发现不仅自己曾经引以为豪的成绩不再突出或者说不再那么受重视,而且与新同学相比自己在家庭环境、生活条件、见识谈吐、爱好特长等方面差距较大,便很容易产生"自豪与自卑""乐群与闭锁"等心理冲突。

### (二) 时代背景

进入21世纪以来,互联网深刻改变着人们的生产和生活方式,人类进入网络时代。身处网络高频区的当代大学新生是受影响最深的群体之一。他们在享受互联网带来的便利、乐趣和机遇的同时,也饱受着许多心理冲突的煎熬。一是信息爆炸下的价值取向迷惘和冲突。随着信息传播网络化,信息取之不尽、用之不竭,知识快速更新,各种思想观念激烈碰撞,这一方面可以丰富视野,另一方面也会让心理尚未成熟的大学新生无所适从,不时陷入价值选择的迷惘和冲突。二是商品过剩下的膨胀需求与经济限制的冲突。互联网与传统商业的结合——电子商务的兴起和盛行,颠覆了传统的购物方式,通过电脑或手机等移动终端设备,人们便能足不出户,而购万物。便利、实惠、品种齐全,又有很强的对比性和选择空间,网购的诸多优势极大勾起大学新生们的消费欲望和攀比心理。然而,他们中大多数生活来源仍主要靠家庭,再加上理财能力缺乏,便容易因经济压力而陷入心理冲突。三是人际淡化下的情感孤独与闭锁。随着 QQ、微信、微博等社交软件和社交网络平台的出现,个体只要进入互联网,就能与另一个人进行即时沟通。这种便捷性极大拉近了人与人之间的距离,但与此同时,"人—机—人"相对封闭的环境使个体在很大程度上失去了与他人现实接触的机会,反而淡化了人与人(尤其是身边人)间的情感联系。面临全新人际环境的大学新生更易陷入这种"舍近求远"的交往模式,久而久之,越发感到知音难觅,行动上也更为闭锁。

## 二、教育模式、教育观念的影响

目前的教育模式,使人们的教育观念存在很大误区,是导致大一新生心理困扰的另一个主要原因。这也恰恰是容易被忽略或被误解的地方。我们知道,现在的学生在高中毕业之前,其主要的任务是准备高考。学校、老师和家长以及学生本人最大的目标是上大学,上好大学。为实现这一目标,要求学生和评价学生的唯一尺度是分数,用来评价和要求学校教师的也是分数。以考试成绩为评价的应试教育结果被无限地夸大,而教育过程却被严重地忽视。这就造成每个学生的个性发展在分数面前被淹没,应试教育不是帮助每个学生在他的起点上前进,在他的优势上发展,使每位学生都能抬起头来走自己的人生道路,反而造成不同类型的人才被压制。正是这种片面的、狭隘的应试教育模式,造成许多大学新生入校后生活上不能自立,学习上失去动力,对人生和前途失去目标。

## 三、原生家庭的影响

许多心理专家认为,父母自身的心理素质和生活状态对子女的心理品质的形成有很大影响。很多学生家长没有自己的快乐幸福生活,有的家庭父母不和、家庭破裂等。甚至很多父母自身没有足够的成就,反而将自己做不到的事情全部寄托在孩子身上,许多父母望子成龙、望女成凤,在孩子身上寄托了过多希望。部分父母"爱"孩子的方式和教育理念不太合理。表现在:往往重智育、轻品德培养,只关心孩子的学业成绩,学生在父母、师长的重重"关爱"下,大多成了学习的"巨人"、生活的"侏儒";重物质满足、轻精神激励,认为一味满足孩子的物质需求就是爱孩子;重保护、轻发展,对孩子过分呵护,成为孩子的"保护伞",造成许多大学生依赖性强、心理承受能力和耐挫折能力差。因此,一旦脱离父母的约束后,当盼望已久的自由终于来临时,就会感到手足无措的矛盾。对此,教育部于 2016 年印发了《关于进一步推进高中阶段学校考试招生制度改革的指导意见》,提出要进一步推进高中阶段学校考试招生制度改革,出发点和目标就是要让所有学生接受高质量、全面的义务教育,引导所有学校重视对学生的全面素质教育,克服唯分数论,进而提高学生对大学的适应性。

### 四、学生自身生理、心理发展不平衡

　　大学阶段学生的身体和心理都处于发展阶段,身心发展尚未协调一致,心理年龄可能滞后于实际年龄。在大学阶段,学生面对诸方面的发展,例如从黑白判断向多元判断发展,整合自我——对自己形成稳定一致的认识,形成价值观,确立职业方向,建立情爱观,这些问题不是一时都能顺利解决的,有的需要一生的努力和成长。有些学生由于家庭、社会、学校等一些消极因素的影响,人格发展不够完善,自我控制能力差,存在非理性的思维方式,独立生存能力欠缺。新生们则需要独立面对学业、感情、人际关系以及就业压力的多重挑战,许多人都感到了强烈的不适应,身心问题接踵而来。再加上随着生理的发育,性心理成长迅速,性欲反应渐趋强烈,但由于生活阅历浅,不知道如何与异性相处,不知道如何接受爱,也不知道如何表达和付出爱,恋爱中的各种矛盾和冲突非常容易引起强烈的感情震荡。另外,身体疾病也会影响心理健康,疾病首先造成心理沮丧、担忧、焦虑等情绪,出现心理压力,持续时间一长就会形成心理问题。同时,心理压力和不良情绪也会影响身体健康,心理问题多数会引起躯体症状。一些学生入校后,不能及时缓解心理压力,不主动参加体育锻炼,加之不良的饮食起居,都可能会导致一些身心疾病的发生。

### 五、人生观和价值观的影响

　　大学生的适应与发展是受一定的价值观念影响的。科学的价值观和价值参照标准,使得大学生可以运用现代价值观去观察生活、分析生活,从而适应生活、驾驭生活。价值观选择困难是大学生生活适应和发展困难的重要原因。在中国社会过去相当长的时间内,人们奉行以"群体为本"的道德价值观,在这种观念的影响下,个体的行为总是更多地迎合集体的利益和要求,人们更多的是采取压抑、节制等方式去消极地适应社会和群体;而当代学生面临的人生观、价值观选择是复杂和多样的,如有人奉行以"个体为本"的道德价值观,其行为总是从个人利益出发,忽视群体与社会的利益,在这种价值观取向下,其适应与发展的方式是与前者截然不同的。每个学生在面对诸多压力和生活改变时,不管他们是有意还是无意,都会遵循自我的人生观和价值观,摸索一套自我的适应生活的方法和机制。但是,由于目前多元化价值观念并存,造成了当代大学生价值选择的困难。同时,价值观念的变化也导致大学生在心理上产生混乱与失衡,并采取逃避、压抑、投射等消极的方法来应对现实,最终导致个人与现实脱节,不能适应生活。

# 第三节　实现角色转变,学会<br>适应大学生活

　　大学是我们憧憬的地方,也是我们放飞梦想的地方,但是当我们迈着步伐走在这条梦想之路上时并不是一帆风顺的,肯定会遇到这样或那样的问题。由于对大学生活的不适应,肯定会带给同学们困惑,甚至给一些人带来沉重的压力,情绪上难以振作。因此,了解大一新生生活适应的问题,寻求解决的对策,尽快适应大学新的环境是每一个大学新生所面临的首要问题。从我们踏进大学校门的那一刻起,我们就注定必须接受新的生活、新的挑战,在新的环境中成长。

## 一、大学学习生活的特点

　　从中学到大学,环境的改变是一个客观事实。在大学里,精神生活领域大大超过中学阶段,课堂教学灵活,自学时间充分,文化娱乐和学术活动多样,课外读物广泛,各种知识信息集散交汇。既会使人有冲击和震撼之感,也会使人无所适从。例如,大学同学来自四面八方,不同的口音、不同的习惯,会让人感到不那么适应。又如,上大学以前那种由父母包办和班主任严格管束的情况,变成了一切事情都要由自己作主并亲自去做,这些都会给新生带来一些不适应。大学新生只有深入了解和正确认识这些变化,作出相应调整,尽快适应新环境,才能使自己在成才的道路上有一个良好的开端。

### (一) 大学教学的特点

　　与中学的课堂教学相比,大学课堂有三大变化:一是时间少,内容多。同紧张的高中学习相比,大学规定的课时要少一些,但是,大学课堂所讲授的内容和课程进度强度远远超过中学,每两节课可以讲十几页甚至几十页的内容,促使让学生将更多的时间用在图书馆查阅参考资料和消化内容上,如果到了大学对此没有足够的认识,自己不能充分地利用时间,即使是高考成绩佼佼者,学习上也会出现大问题。二是课本少,笔记多。大学教师在授课的过程中,一改中学教师严格按照教科书上写到的章节,按部就班地进行讲解的风格,有时不能面面俱到,讲授的内容也不仅仅是教材上的内容。大学讲授的大多是本学科领域最前沿的知识和最新的研究成果,单纯的一本教材难以集中、全面、及时地反映这些内容,这就进一步要求大学生们要上好每一堂课,学生记录的速度要赶上教师讲解的速度,记好笔记成为学习成功的关键条件之一。三是作业少,交流多。在减少作业量的同时,大学教学特别注重师生间的交流。总之,在大学组织教学的过程中能充分拓展学生发展的空间,注重学生主动性的发挥和知识的传授,同时又注重对学生能力的培养,尤其是

思维方式、学习能力的培养。

### （二）大学学习的特点

大学的学习和中学的学习有着显著的区别。主要表现在学习任务、学习内容、学习方式和学习方法不同。

1. 学习任务差异

主要在于中小学的学习任务是学习各种科学文化的基础知识，目标是为升学选拔作准备。大学则是以培养各类专门技术人才为目标，既要学习基础知识和专业知识，又要掌握专门的技能，学习与社会需要紧密地结合在一起，使其具有很强的实践性和针对性。

2. 学习内容差异

大学一、二年级学习公共课和基础课，口径很宽，很多专业一起上课，三、四年级学习专业课。另外，大学还根据培养专门人才的特殊需要，开设大量的选修课、组织专题讲座和实验、实习及社会调查等许多反映现代科学技术发展的新知识和新内容的课程与活动。

3. 学习方式和学习方法差异

大学学习充分体现出学生学习的主动性、积极性和自觉性，学生可以根据自己的毕业去向和兴趣优势选课，并不断探索和总结适合自己的有效的学习方式和学习方法。

### （三）大学生活的特点

大学生活是集体生活，进入大学，生活环境发生了很大的变化，许多新生在心理上还存在着对家庭、长辈和高中时班主任的依赖。所有的事情都要靠自己去做，生活上要自己去料理，主意要自己拿，财务要自己管理，对于新生来说，难免有些不适应。由于大学的时间自由度大，如果没有及时地确定学习目标，学习上没有动力和压力，过分充裕的时间对新生来说就会使其感到空虚无聊，很容易产生想学学不进去、想玩又觉得没意思的失落感，这种失落感会使一些同学感到苦恼。

此外，尽管学校想尽一切办法增加品种、改善伙食质量，但终究众口难调，学生吃起来仍感到乏味。

## 二、学会自我调整，重新定位，积极应对

### （一）正确评价自己

新生要正确认识和评价自我，了解未知的自己，发现自己的优势，接纳自己的不足。在强手如云的大学里，学生自恃的某种优势可能不复存在，实际上进入大学以后，大家都回到同一条起跑线上，看谁能更好地认知自己，重新进行角色定位，扬长避短。常言道"尺有所短，寸有所长"，人也是各有所长，各有所短。所以，要适当地降低对自己的期望值，接受不完美的自己，相信天生我材必有用。曾经有一位美

国的心理学家对 50 位成功人士作过一个调查：问他们一生中认为最重要的是什么？他们的答案排在第一位的几乎都是"我自己！"这就是自爱，它包括四个方面的内容：一是对自己了解、关怀、尊重、负责；二是在承认差距、不完善的同时保持自信；三是自爱自信的人要对自己和自己的行为负责任，这是自爱的关键，也是一个最重要、最基础的素质；四是要保持开放的心态，要心悦诚服地看待别人的优点，不要耿耿于怀。不要过分在意别人的评价，只要自己用心修建属于自己的王国，放松捆绑自己的精神绳索，你就会得到不一样的心情，从而获得丰富多彩的人生感悟。

**（二）要调整人际关系，学会与人相处**

在人际交往方面，新生应认识到大学生活的一个重要功能是促进学生对人与人之间差异的容忍、理解和接受。如果常能积极思考，与人坦诚沟通、和谐相处，将来进入社会时，必将从中受益。每个人的人际交往模式都各有特点，进入大学后，需要调整、磨合，建立新的模式，达到新的平衡。同一个宿舍的学生来自大江南北，地域文化、生活习惯、价值观等可能存有差异，平时生活有些矛盾在所难免。这时候最需要遵循真诚、尊重、宽容、互利的交往原则。同时，碰到寝室争端，新生应该向辅导员、学长、班级同学等"新环境"里的人咨询，毕竟旁观者清。人际关系的处理是一门很深奥的学问，需要慢慢地学习体验。

一个人如果获得人生的成功，他在人际交往这方面多半会做得很好。大学是进入社会前的准备阶段，除了有良好的专业素质，还需要有较强的社会交往能力，学会处理好人际关系是大学的一项必修课。

**（三）学会学习，确定清晰目标，做好职业规划**

大学并不是奋斗的终点，而是人生竞争的开始，是生命历程中另一条新的起跑线。是徜徉于自己的安乐园，还是以前进的步伐迈出新的希望？每一名大学新生都应作出明智的选择，把理想中的大学与现实中的大学区别开来，把自己的目标建立在现实的基础上。所以，大学新生必须先上好"学业规划和职业规划"这门课。

学会新的学习方式。大学里面的学习气氛是宽松的，与中学相比，在大学里没有人督促你，没有人来主动指导你，也没有人为你制订具体的学习计划，考试一般不公布分数和排名，但这里绝不是没有竞争。每个人都需要独立地面对学业；每个人都该有自己设定的目标；每个人都要清楚自己的今天比昨天进步了多少；见贤思齐，也要在心里暗暗地与其他人比较有什么差距。大学生入学后要及时了解图书馆、语音室、阅览室的开放时间，多参加一些社团活动，多听学术报告，充实自己的生活。每个同学必须知道，大学里的评价标准除了学习成绩之外，实际的能力和特长更是衡量一个人素质水平的重要因素，大学里更看重的是综合能力的培养和全面素质的提高。大学里竞争是潜在的、全方位的。进入大学后，以教师教学为主变成了以学生自学为主，学生不仅要消化理解课堂上学习的内容，还要大量阅读相关方面的书籍和文献资料，才能够完成学习任务。从旧的学习方法向新的学习方法转变,这是每个大学新生都必须完成的任务。尽早作好思想和心理准备,就能顺利地度过这一阶段,少走弯路,减少压力。如果较长时间还不适应,就要学会向老师请教,以取得理解、支持与帮助。

### (四) 讲究技巧,学会独立生活

当大学生告别亲朋好友,远离家乡,跨进了大学的门槛,便获得了全新的学习环境,同时也远离了所熟悉的过去。这种心理失落所引起的孤独感,往往深深地困扰着大学生。首先,大一新生要充分认识到,人的成长过程其实就是一个不断"告别"的过程。婴儿告别了襁褓,才能学会站立和走路;青少年告别了父母的呵护,才能成为具有独立人格的人;我们今天的暂时离别,换来的是我们发展的机遇,也换来了明天的希望。因此,与其消极被动地面对,不如积极主动地去适应新的环境。适者生存,适应能力是在适应环境的过程中提高的。实际上,环境是客观存在的,不会因为我们对它不适应而有丝毫的改变,需要改变的是我们自身。所以大学生要学会做一个有弹性的人,当你能够处理好适应的各种问题时,也就说明你成长了、进步了。大学生需要不断提高生活上的自理能力,逐渐从依赖别人的生活方式中走出来。新生应该学会制定合理的开销计划,这需要首先树立正确的"金钱观"和"消费观"。

### (五) 学生社团,选择有度

新生开学,也是各种学生社团的纳新季,新生选择社团,必须擦亮眼睛,最好是根据自己的特点进行选择。参加社团是学生发展兴趣爱好、培养特长最直接、最有效的方式之一,也是锻炼实践能力、提高综合素质的好机会。特别是现在的用人单位普遍关注大学生担任学生干部的经历,因为学生干部在学生工作中积累了一定的工作经验。但是,最重要的还是要力争做到学习和工作两不误,否则会本末倒置、得不偿失。大二学生阿杰对此深有体会:"我刚上大一时,一下子加入 8 个学生社团,在这方面我花了大部分的时间还忙不过来,一个学期下来,我的学习成绩跌落到年级倒数第五,还有两门科目'挂彩',真是得不偿失啊!……"其实,选择一两个适合自己的社团就可以了。此外,在大学里也有不少同学利用课余时间勤工俭学,既充实了课余生活,又可以减轻家庭负担。但要注意,勤工俭学也要注意分配好时间,不要耽误学习,否则也会得不偿失。

### (六) 关于爱情,需要冷静

有人说,大学是爱情的伊甸园,没有经历过爱情的大学生活是不完美的;也有人说,爱情是大学里的一门选修课,学有余力的同学可酌情选修。当大一的新生们还对成双成对的师兄师姐们感到不可理喻的时候,自己也不知不觉踏进爱情的城堡。"走过,路过,千万不要错过!"已经成为时下一些大学生们公开的爱情宣言。其实,大学期间的爱情并不是说说那样简单。对于新生速配爱情,还是三思而后行,毕竟低年级学生对自己的人生目标和需要尚不确定,在对待恋爱问题上简单和不成熟,缺乏妥善处理恋爱中情感纠葛的能力。一名即将毕业的同学深有体会地说,四年来,花前月下、杨柳岸边、教室饭堂、高楼之巅,他和女友处处形影不离,放荡不羁;由于自己没有理智地对待爱情,对女友过于迷恋,大学四年中,他整个人际关系网都在她身上,结果,没有通过英语四、六级考试,还重修了4门功课,没有拿到学位;回想起这几年来几乎没有做过什么有意义的事情,时光飞逝,毕业在即,劳燕分飞在所难免,结果岂能是"遗憾"两字可以形容!所以,大学生不应为了摆脱青年人特有的孤独感而恋爱,也不应为了害怕别人的嘲笑而恋爱。

### 三、学会自助,更需学会求助

**(一) 积极学习心理学知识,了解自己的心理状况**

有人说人生必须学习两门课程:一是经济学,以便赚钱和管理好自己的财务;二是心理学,可以让我们了解自己,调整自己,发挥自己的潜力。学校把心理教育纳入课堂,纳入学分管理,大学生就此可以学习和认识心理学。同时,大学生要对心理测量有一个正确的认识,积极主动参与心理普查工作,这是了解自己心理状况的好机会。

**(二) 掌握一些心理调适技巧**

(1) 激励法。主要是用优秀的至理名言、好的榜样事迹、以往的积极体验来激励自己,以积极向上的情绪和心态克服消极不良的心理。

(2) 暗示法。暗示是指用不出声的内部语言对自己进行积极暗示。比如,暗示自己"一切都会好的""这是黎明前的黑暗""痛苦就是最好的成长"等。可通过自言自语,也可以用文字记在日记上、练习簿的扉页上,或写在纸片上贴在床头,以便经常看到想到,不断提醒自己。

(3) 迁移法。主要是把注意力从消极事件转移到积极事件上去,使消极情绪得到缓解。比如,遇到烦心事一时解决不了,可以先做自己喜欢的事,尽量避免过度强烈的情绪对自己内心的冲撞,等情绪冷静下来后,再去面对问题和困难,从挫折或失败中重新确定目标。

(4) 行为补偿法。在某一方面不能取得成功时,可在自己力所能及的其他方面发挥所长并取得成功。

(5) 学会求助。当自己遇到困难时敢于求助、知道如何求助也是一项非常重要的能力。在最初感到孤独寂寞或其他烦恼事的时候,可以找自己的辅导员和班主任或者其他值得信任的老师请教和求助,相信老师们都会伸出援助之手,使你得到指点和启发。入学后也要尽快在自己身边找一个患难相助、荣辱与共的朋友,缩减独处的时间,不要过久地沉浸在自己的"孤独"之中,不要过久地把感情寄托在过去的朋友和亲人身上,要学会发现身边的资源,发展新的朋友,这样才能有效地克服孤独。当然,也可以给原来的中学同学写写信、打打电话,互相鼓励或安慰。正如歌中所唱的"广交新朋友,不忘老朋友",在大学里可以获得更广阔的人际体验。

**(三) 调整心态,笑纳一切**

实际上,我们所面对一切困苦,所感受到的喜、怒、哀、惧,都是自己的内心世界。只要我们改变自己的心态,改变观察的视角,改变我们的认知方式,一切就有所不同。如果你想得到以前从未得到过的东西,就要去做以前从未做过的事情。

大学生在学校学习、生活期间,不能仅把目光盯在学习上,除学习之外,我们还有许多事要做、要尝试。如果你能在大学读书期间尝试以前从未做过的事情,或许对你找工作和实现未来的人生目标有所帮助。

## 四、学会健康的生活方式,勇于承担社会责任

**(一) 学会健康生活方式,不断提高生活适应能力**

2016 年 12 月 7 日至 8 日,习近平总书记在全国高校思想政治工作会议上发表重要讲话,他对当代大学生充分信任、寄予厚望。希望大学生们勤学习,爱读书,肯奋斗,勇追梦,立志向,多实践,重家庭,强体魄,正确认识时代责任和历史使命,用中国梦激扬青春梦,自觉把个人的理想追求融入国家和民族的事业中,勇做走在时代前列的奋进者、开拓者。适应充满挑战和变化的社会生活,身心健康是大学生追逐青春梦想的基础和保障。大学生需要选择健康的生活方式,就要保证充足的睡眠,养成健康的饮食习惯,规律、适度和安全地运动,安全出行,形成正确的消费观,节制欲望,践行节约的传统美德,培养健康的娱乐方式。

**(二) 勇于承担社会责任,适应时代和社会的发展变化**

大学生社会责任感的强弱关系到国家的发展和民族的前途。党的十八大报告明确提出了"培养学生社会责任感、创新精神、实践能力"的时代要求。大学生的社会责任感是积极向上的。大学生对于积极践行社会主义核心价值观具有高认同度,对于志愿服务实践活动有着高参与度。但在部分大学生身上也存在着令人担忧的社会责任感淡化的倾向。其社会责任感淡薄主要表现在目标缺乏、社会理想比较模糊、价值错位、优秀人格品质缺乏、自我意识过强等方面。

学习承担各种责任是每个人成长过程中的必经阶段,大学生理应认识到自己的责任,对父母、身边人和事、母校、社会、国家心存感激。在家庭中,要认识到父母养育子女的艰辛,珍惜父母的爱,常回家看看,尽自己所能为父母分担家庭责任;在学校中,要认识到老师的辛苦,尊敬师长,感恩母校;在集体中,认识到他人对自己的关爱,善待他人,主动融入集体并为集体奉献自己的力量,善待身边的一草一物,懂得体谅和同情别人,积极加入服务社会的队伍中。除了学习专业知识外,大学生还应对社会问题予以更多的关注和参与,自觉主动地承担社会责任。只有认识到自己的社会责任,将其内化为自身的信念,才能最终外化为社会责任行动。社会责

任意识和情感只有落实到行动上,才能最终履行社会责任,因此,践行社会责任是社会责任感的归宿和落脚点。身处校园的大学生并不缺乏知识和能力,缺乏的是将知识和能力转化为实际行动的社会锻炼。大学生需要走出校园,在实际生活和工作中不断地认识社会,提高本领,丰富阅历,才能真正成为国家的栋梁。

### 拓展阅读

### 心理测验

## 修订版成人依恋量表(AAS)

请阅读下列语句,并衡量你对情感关系的感受程度。请考虑你的所有关系(过去的和现在的),并回答有关你在这些关系中通常有所感受的题目。如果你从来没有卷入进情感关系中,请按你认为的情感会是怎样的来回答。

请在量表的每题之后的括号里填写与你的感受一致的数字1—5。

1代表完全不符合,2代表较不符合,3代表不能确定,4代表较符合,5代表完全符合。

1. 我发现与人亲近比较容易。(　　)

2. 我发现要我去依赖别人很困难。(　　)

3. 我时常担心情侣并不真心爱我。(　　)

4. 我发现别人并不愿像我希望的那样亲近我。(　　)

5. 能依赖别人让我感到很舒服。(　　)

6. 我不在乎别人太亲近我。(　　)

7. 我发现当我需要别人帮助时,没人会帮我。(　　)

8. 和别人亲近使我感到有些不舒服。(　　)

9. 我时常担心情侣不想和我在一起。(　　)

10. 当我对别人表达我的情感时,我害怕他们与我的感觉会不一样。(　　)

11. 我时常怀疑情侣是否真正关心我。(　　)

12. 我对别人建立亲密的关系感到很舒服。(　　)

13. 当有人在情感上太亲近我时,我感到不舒服。(　　)

14. 我知道当我需要别人帮助时,总有人会帮我。(　　)

15. 我想与人亲近,但担心自己会受到伤害。(　　)

16. 我发现我很难完全信赖别人。(　　)

17. 情侣想要我在情感上更亲近一些,这常使我感到不舒服。(　　)

18. 我不能肯定在我需要时总找得到可以依赖的人。（　　）

### 1. 计算分量表的分数

本量表包括 3 个分量表,分别是亲近、依赖和焦虑分量表,每个分量表由 6 个条目组成,共 18 个条目。本量表采用五级评分法,每题之后的括号里填的数字是几就得几分。其中,2、7、8、13、16、17、18 题为反向计分条目,在评分时需进行反向计分转换(见表 4-1)。

表 4-1　亲近、依赖和焦虑分量表计分

| 亲近分量表 | 题号 | 1 | 6 | 8 | 12 | 13 | 17 | 平均分 |
|---|---|---|---|---|---|---|---|---|
| | 得分 | | | | | | | |
| 依赖分量表 | 题号 | 2 | 5 | 7 | 14 | 16 | 18 | 平均分 |
| | 得分 | | | | | | | |
| 焦虑分量表 | 题号 | 3 | 4 | 9 | 10 | 11 | 15 | 平均分 |
| | 得分 | | | | | | | |

先计算 3 个分量表的平均分数,再将亲近和依赖合并,产生 1 个亲近依赖复合维度。

亲近依赖复合维度计算方法:亲近依赖均分＝(亲近分量表总分＋依赖分量表总分)÷12

### 2. 依恋类型的划分

安全型:亲近依赖均分＞3,且焦虑均分＜3

先占型:亲近依赖均分＞3,且焦虑均分＞3

拒绝型:亲近依赖均分＜3,且焦虑均分＜3

恐惧型:亲近依赖均分＜3,且焦虑均分＞3

案例分析 >>>>

**心理咨询案例:**

# 我一个人不行

小 A,女,20 岁,独生女,大一新生。初中之前,小 A 一直生活在父母身边,备受呵护,从小到大父母几乎都是顺着她。初中住校后,有一个同村的发小跟小 A

同班、同宿,互相照顾。初中毕业后,两人一起考进了职专,也是同班、同宿。职专毕业后,两个人一起找工作、一起打工。小 A 为自己能有这样一个可以一路相随的伙伴而庆幸。参加春季高考也是两个人商量好的,结果两个人被不同的学校录取。

小 A 很不适应独自一个人的生活,几乎每天都要去好友的学校找她。军训开始的几天,小 A 还能勉强应对。后来痛经请假期间,因为一个人在宿舍,没有人在身边照顾,她感觉很孤独、很委屈;经期过后,感觉其他人都很熟悉了,一起训练、一起吃饭、一起洗澡,而自己跟她们不是一个节奏。

小 A 很怀念跟好友一起学习、一起打工的生活,感觉来到大学是一个错误。本来是想碰碰运气的,没想到自己跟大学生活格格不入,尤其是很难适应没有好友的生活。于是在军训期间向辅导员提出退学申请。

**【分析与评估】**

该生提出退学与难以适应大学生活有关,主要有以下原因:

(1) 心理依赖性强,独立性不够。从依赖走向独立是一个人生命发展的本能,适当的挑战和挫折会促进心性成熟。然而父母对孩子过度的照护和顺从会阻碍这一进程的发展,导致孩子回避挑战、害怕独立。一路相伴的好友,一方面替代父母照护她;另一方面也在某种程度上限制了她的成长。导致该生虽然生理年龄已经成年,但心理发展水平似乎还停滞在依赖阶段。

(2) 对大学生活缺少了解。大学的生活和学习是为一个人更加适应地走上社会而作准备。为此除了专业知识技能的学习,还包括自我心理素质的发展和社会交往能力的提升。新生军训既可以磨炼个人的意志品质,又可以通过团队生活锻炼人际交往能力。现实中的大学生活打破了小 A 一直以来"被照顾,只有一个朋友就够了"的生活模式。

(3) 没有明确的发展目标。一个人能迎向挑战、面对挫折,往往心中有一个比挑战和挫折本身更为重要、对其人生更有意义的目标。因为有了目标,所有的坚持才有了意义,才能砥砺前行。小 A 考大学只有一个"碰碰运气"的动机,却没有一个上大学到底为什么的明确目标。

**【调节对策】**

(1) 关系的稳定化。突然之间由一直有人陪伴到一个人独自生活,小 A 是需要一段时间来适应的。辅导员了解情况后,可与其寝室同学沟通,日常出操、吃饭、洗澡、购物、上课等,都请主动带上她。减少她的孤独感,使她在有陪伴的情况下先适应新的生活环境和生活内容。

(2) 调整对大学的认知。大学对每一个新生都是崭新的开始,每个人都有需要自身调整和适应的内容,这些积极的调整和适应本身就是一个人走向成熟的标志。对于在关系中一直被照顾的小 A,其主动性较弱,起初需要辅导员、室友和班委更主动一些,帮助其了解大学生活,调整对大学的认知。

（3）寻找生活的目标。在身心稳定后，小 A 需要寻找自己的人生目标。至少需要给"为什么上大学"找一个重要的意义。因为今后必然会面临学业要求、个人发展、职业选择、就业准备的议题。好的人生是需要规划的，凡事预则立，不预则废，不能总是碰运气。

**思政案例：**

## 我努力了三年，什么结果也没有

小杰，男，19岁，是一名大一同学。在经过了大半学期的学习之后，发现自己学得很一般，学习无处下手。虽然想在大三时保研，现在更多的却是去图书馆看书，行动上没有朝保研方向努力，无所事事，没有目标，什么也干不了。小杰说自己不是真的不想学，当打游戏、看小说时，这些并不能让自己快乐，反而让自己更焦虑。

小杰对于大学和高中在学习上的巨大差异感到无所适从。如高数，没有进一步的刷题就不知道下一步该干什么；化学课全神贯注地听，还是跟不上；上英语课也没有什么收获。对学习的不适应让小杰感到焦虑，而这种焦虑从高中阶段就开始了。小杰中考超常发挥，进入当地最好的高中之一，学习竞争非常激烈，周围的同学并没有努力学习，成绩却比小杰好，用小杰的话说就是遭到无情的"碾压"，焦虑就是从这个时候开始的。在众多学霸的"碾压"下，小杰的高中过得很艰难。学习和刷题给他的成绩带来的变化成为他的学习动力，小杰也在日复一日地学习中逐渐麻木。高中努力了三年，小杰却觉得自己一无是处，对自己的能力产生怀疑。考上大学，目标短暂地实现了，但又破灭了。小杰希望缓解无所事事带来的焦虑感。

**【分析与评估】**

（1）缺乏学习动力和学习目标，对未来感到迷茫。作为大一新生的小杰对于大学的学习、生活特点不是很了解，既对大学生活充满了憧憬与期待，又感到有些茫然不知所措。在高中填鸭式的学习环境中，小杰虽然学习到一些知识，也顺利通过高考，但并没有获得自主学习的真正能力，没有充分认识大学学习和中学学习的差异，没有科学的学习方法适应新的学习内容，加剧了小杰失落和自卑等消极情绪；入学时由于缺乏明确的奋斗目标，不仅让他感到空虚、无聊、无所事事，同时又不满意自己这种消极状态，因此对未来感到迷茫。

（2）自我意识不足，内心存在自卑感。通过与小杰的深度交流，发现小杰现在所上院校与他心目中的理想院校相去甚远，由于没能实现上名学校的理想和愿望，小杰此时产生一种挫败感。在学习活动中不清楚自己的定位，不清楚自己通过学习想获得什么，成绩成为他衡量学习效果的唯一标准，当周围的同学成绩远超自己时，小杰陷入焦虑，失去自我，只能用机械式的方式完成学习，并对自己的学习能力产生怀疑。小杰没有深入思考上大学的意义，缺乏对大学学习生涯及今后职业生涯的规划。当学习效果没有达到小杰的设想,小杰再一次陷入焦虑,他用学习上的拖延来防御焦虑,又给他带来更大的自卑感。此时的学生正处于自我认同形成的重要时期,如果得不到及时、有效的引导,必然导致自我认同危机,不利于其全面而自由地发展。

(3)人际交往方面的困惑。小杰是外地生源,远离父母、远离家乡,陌生的环境容易导致其产生孤独感。随着他与同学的进一步接触,这种孤独感会有所缓解,但人际交往的方法与经验仍然欠缺,而其人际交往的愿望又很强烈,碰上不如意的人和事容易感到困扰,造成一种心理压力,加重心理负担,影响自身今后的学习和发展。

【调节对策】

(1)明确人生目标,增强奋斗动力。首先,向小杰介绍所学专业发展前景与大学学习特点,帮助小杰缩短适应过程,实现从被动到主动的初步转变。通过向小杰介绍国家对高等应用型人才的需求、发展现状及前景,使他认识到,上普通院校一样可以很好地成才、实现人生理想,激发起小杰对学校的热爱与学习的兴趣。在充分认识和了解大学学习、生活特点后,鼓励小杰尽快确立自己的人生目标,从而逐渐明确当下应该做什么,增强奋斗的动力。

(2)增强自我意识,重塑自信。正确认识自我并悦纳自我是解决其他问题的重要前提。针对小杰存在的自负心理与自卑心理,有必要帮助其进行心理调适,增强自我意识,正确认识和评价自己。通过了解社会对人才的需要,探索自身的兴趣爱好、价值取向,来明确大学学习对自己的意义,明确自己通过学习想要获得什么,做好学习生涯和职业生涯的规划。通过介绍多元智力理论使其充分认识到:世界上不存在谁绝对聪明、绝对能干的问题,只存在某人在某方面智力突出、在某方面特别能干的事实,每个人都有自己的长处与不足,关键在于要客观认识自我、悦纳自我,同时要敢于挑战自我、塑造自我,通过实践不断提升自己的能力。

(3)提高社会适应能力和人际交往能力,增强归属感与幸福感。鼓励小杰交流、分享人际交往经验,增强对人际互动的正向体验和信心,认识人际交往的意义,培养人际交往的能力。总结出建立良好人际关系的原则,即真诚与宽容。在此前提下再探讨人际交往的方法与技巧,使小杰意识到,人际交往是一门需要不断学习与提高的学问,也是能够受益终身的一种智慧。

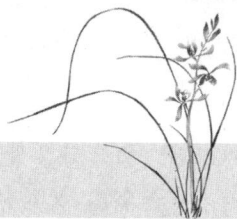

# 第五章　挫折与心理健康

一帆风顺、一切顺利都是人们的美好期望,正因为它不易得到,所以才成为人们相互之间的祝福语。现实生活中,每个人都面临着不同的人生课题。在解决这些人生课题的过程中,困难会时时存在。个人在实现目标的过程中,动力性行为会有三种不同的结果:一是无须特别努力即可达到目标,需要很容易得到满足;二是遇到干扰和障碍,但经过努力或采取某种方法仍可达到;三是遇到干扰和障碍使目标不能达到,需要不能满足。心理学上把个人遇到的第三种情况称为挫折。

## 第一节　挫 折 概 述

### 一、挫折的定义

挫折是一个人从事有目的的活动时,由于遇到障碍和干扰,其需要不能得到满足的一种消极的情绪状态。

挫折的产生与以下五个方面的因素有关:其一是需要和由此产生的动机。其二是在动机驱使下有目的的行为。其三是使需要不能获得满足或目标不能实现的内外障碍或干扰的情境状态或情境条件,称为挫折情境。这种情境可以是实际存在的,也可能是当事人想象中的。其四是对挫折情境的知觉、认识和评价,称为挫折认知。挫折认知既可以是对实际遇到的挫折情境的认知,也可以是对想象中可能出现的挫折情境的认知。其五是因受到挫折而产生的情绪和行为反应,称为挫折反应。

在以上五个方面的因素中,挫折认知是产生挫折最主要的因素,因为只有在挫折情境被知觉后人们才会产生挫折感,否则,即使挫折情境实际存在,只要不被知觉,人们也不会有挫折感。所以,挫折感的实质是当事人的一种主观感受,当事人是否有挫折感和挫折反应的强弱,主要取决于当事人对挫折情境以及对自己的动机、目标与结果之间关系的知觉、认识和评价。不同的人的需要和动机的强度、对实现目标的评价标准、对自我的预期以及对挫折的归因等都不尽相同。所以,即使面对同样的挫折情境,不同的人也会产生不同的挫折反应。例如,同样是考试不及格,有的学生痛不欲生,有的学生懊悔不已,有的学生则不以为然,这就是因为他们对考试不及格这一挫折情境的认知不同所造成的。

通过图 5-1,可以进一步认识和分析挫折产生的机制。

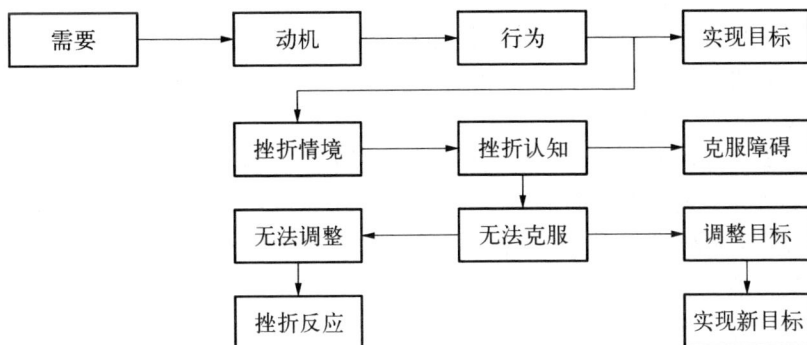

**图 5-1　挫折产生的机制示意图**

一是有动机和明确的行动目标。动机是推动个体去行动以达到一定目标的内在动力,没有一定的动机和目标,挫折的产生也就无从谈起。例如,大学生为取得奖学金而争取各门功课的好成绩就是一种动机。

二是有满足动机和达到目标的手段或行动。个体所感受的现实的挫折是在他采取一定的手段,为满足一定的需要、实现预期目标的实际行动中产生的。没有满足需要和达到目标的手段与行动,即使目标再高远,动机再强烈,也不会产生挫折感,或只能产生想象中的挫折感。

三是有挫折的情境发生。如果动机和目标能顺利获得满足或实现,就无所谓挫折;如果在实际生活中,虽然在实现目标过程中受到阻碍,但通过改变行为,绕过阻碍达到目标,或阻碍虽不能克服但能及时改变目标与行动方向,也不会产生挫折;只有在实现目标的道路上受阻但又不能逾越时,才构成挫折情境,只是尝试而没达到则不构成挫折情境。例如,有的大学生一入校就为自己定好了考研的目标,但由于各种原因没有考取,这样就形成了他的挫折情境。如果这个大学生仅把考研究生作为一种尝试,即使没有考上,也不构成挫折情境。

四是主体必须对目标受阻有认知。这是指个体在实现目标的行为受到阻碍而产生挫折时,必须有所知觉和认识。当事人对挫折及其意义的认识和评价会受到他本人的信念、判断、价值观念等认知因素的影响。当事人在以往社会生活中所形成的固有的认知结构,特别是在人们的认知结构中常常存在一些不合理的信念,这些不合理信念对挫折的产生以及挫折反应的强度具有重要作用。如果客观阻碍存在,但人们主观上并无知觉,就不会构成挫折。

五是必须对知觉和体验产生紧张状态和情绪反应。具体来说,行为主体在受挫后往往有焦虑、恐惧、紧张、愤怒等反应。

## 二、产生挫折的原因

### (一) 外部原因

这是因外界事物或情况阻碍个体达到目标而产生的挫折。可分为自然条件原因和社会条件原因。

1. 自然条件原因

自然条件原因是指个体无法克服和避免的自然条件所引起的挫折。它包括各种非人为力量造成的时空限制、天灾地变以及不良的物理环境因素等。诸如自然灾害的侵袭,突如其来的意外事故,以及日常生活中碰到的伤残、疾病、亲人亡故等。这类自然挫折往往是人力无法避免的。

2. 社会条件原因

社会条件原因是指个体在社会生活中受到政治、经济、文化、道德、宗教、法律、风俗习惯等因素的制约而造成的挫折。它包括管理体制的弊端、人际关系不协调、亚文化对人的影响、政治生活中遭到不公正的待遇、经济上不能满足生活的需要与嗜好,以及放任的欲望受到道德与法律的束缚等因素,也包括社会舆论、传统观念给人带来的阻力。例如,在"当先进是为了出风头"这种舆论价值观偏离的组织环境中,先进人物所受到的精神压力;"父母在,不远游"这种传统思想对年轻人外出开拓的束缚,皆属此列。还包括人际关系不良带给人们的影响,如周围的人缺乏信任、友好合作的气氛,别人的蔑视、诽谤、猜疑和妒忌,以及管理方法、教育方法不当等,都会给人造成挫折。

### (二) 内部原因

内部原因是指个体主观上的原因,包括个体生理和心理两方面的原因。

1. 个体生理原因

个体生理原因是指个体本身因生理因素、体力、外貌以及某些生理上的缺陷所带来的限制,导致在活动上不同于一般人的困难,或者使一些目标根本无法实现。如一个智力缺陷者想成为一名出色的科学家,一位色盲患者希望报考美术专业,一位高度近视者希望从事自己向往但又需要良好视力的工作,均可能由于生理缺陷或体力限制无法达到目标而受挫,这些都是生理上的自我挫折。

2. 个体心理原因

个体心理原因是指个体因智力、能力、需要、动机、气质、性格等心理因素的不足或冲突,导致活动失败或目标无法实现。主要表现在两个方面:

(1) 动机的冲突。

① 双趋冲突。两个目标都想达到,但现实中只能达到一种,正如孟子所说"鱼

我所欲也,熊掌亦我所欲也,二者不可兼得"。例如,学习和玩,有的同学学习的时候想着出去玩,而玩的时候想着还有学习任务没有完成。

② 双避冲突。两个目标都想避开,但又只能避开一个。例如,既不想好好学习,又怕考试不及格。

③ 趋避冲突。两个目标一个渴望得到,一个又想避开,但现实情况是必须同时接受。例如,想参加活动锻炼才能,又担心花费时间。

④ 双趋避冲突。面临的两个目标各有长短,一方面都想达到,另一方面又都试图避开。例如,面临两个各有千秋的异性追求时,往往会陷入这种心理。

（2）不合理的、不切实际的需要。

正确、合理、健康的需要得不到满足,会使人产生挫折感,这往往是客观因素造成的。但是,有些挫折是由于个人某些不合理、不切实际的需要,如享乐主义、绝对主义、平均主义等得不到满足而产生的。

（3）制定的目标不切实际。

例如,由于判断发生偏差,把目标定得太高,致使动机支配下的个体行为无论怎样努力都难以达到目标;或者个体行动之前对目标期望值过高,但是一旦达到目标,发现与原先的预料相距甚远,致使个体的动机得不到充分满足而导致的挫折。又如对别人成就的嫉妒、对自身能力和信心不足而自卑自厌,都属于心理上的挫折。

## 三、挫折的种类

### （一）按挫折的程度划分

1. 一般挫折

一般挫折带给个体的心理压力和消极情绪比严重挫折的较少,并且可以通过个体的自我调节得到缓解。它对学习、工作、生活的影响不是很严重。如一次考试没考好、提出的意见上司没采纳、应聘失败等。

2. 严重挫折

严重挫折是指对个体的生活有重大影响的挫折,这种挫折甚至可能改变一个人的一生。它带给个体很大的精神痛苦和心理压力,使个体表现出较强烈的情绪、行为反应。遭受严重挫折时,往往会导致心理障碍,仅通过自我调节可能无法全部消除,需要进行咨询或治疗。如父母病故、配偶死亡、受到严厉处分等。如果几个一般挫折同时出现或相继出现,往往可以转变成严重挫折,所谓"屋漏偏逢连夜雨,船迟又遇打头风"。一般挫折和严重挫折是相对而言的,同样的事,对某些人看来是一般挫折,对另外一些人看来却是严重挫折。

### （二）按挫折的现实性划分

1. 真实挫折

真实挫折是指挫折已经降临,挫折情境是真实的。

2. 想象挫折

想象挫折是指挫折并未降临，是当事人对未来可能遭受挫折的想象，以及对未来受挫情境、后果的想象。伴随想象，当事人会表现出相应的情绪反应、行为反应，如烦恼、沮丧、紧张、焦虑、逃避、攻击等。例如，有的中学生在高考前夕自杀，就是面对想象挫折所采取的极端行为，当事人往往把挫折情境和后果想象得过于严重、过于可怕。

**（三）按挫折的障碍来源划分**

1. 缺乏性挫折

缺乏性挫折主要指当人们无法拥有自己认为非常重要的东西时所体验到的一种挫折感受。如物质缺乏、能力缺乏、生理条件缺乏、经验缺乏、感情缺乏等带来的挫折感受，都属于缺乏性挫折。大学新生中常见的由于认为自己不够优秀、缺乏吸引他人的魅力而产生的孤独感和挫折感，就属于缺乏性挫折。

2. 损失性挫折

损失性挫折主要指失去了原来已经拥有的东西而引起的心理挫折。如荣誉的丧失、地位的丧失、金钱的丧失、家庭的解体、亲友的亡故、恋人分手等所导致的挫折都属于丧失性挫折。作为大学新生，极有可能面临的是从高中时代的"尖子生"、班级骨干变成默默无闻的普通同学，这种心理上的挫败感即为损失性挫折。

3. 阻碍性挫折

阻碍性挫折主要指那些我们的需求和目标之间出现阻碍或障碍时给我们带来的心理挫折。这种阻碍可能是客观的或物质性的，可能是社会性的，也可能是观念性的。比如，想念亲人，但因路途遥远而不能得见；青年人恋爱，但因父母反对而不能结合；想读研究生，但因分数不够而未能录取；想当学生干部，却因能力未被认可而不能如愿。这些都属于阻碍性挫折。

**（四）按对挫折的心理准备划分**

1. 意料中挫折

意料中挫折是指人们已有察觉，或已有了一定戒备后遇到的挫折。例如，亲人久病卧床，日重而亡故。

2. 意料外挫折

意料外挫折是指在毫无思想准备的状态下突然遭遇到的挫折。例如，一个健康人突然遭遇车祸；自信满满地参加高考，结果却名落孙山。

意外挫折对个体的影响更大，给予个体的心理压力更严重，如突发事件引起的意外事故对人的挫折。

## 四、挫折对大学生成长的作用

生活中的失败对大学生来说既有不可避免的一面，又有正向和负向功能；既可使人走向成熟、取得成就,也可能破坏个人的前途。挫折是一把双刃剑,既能鼓舞人心,使人奋进;也能令人痛苦,停滞不前。有些人把挫折看成走向成功的垫脚石,有些人在挫折面前却不堪一击。任何事情都具有两面性,挫折对大学生的影响也不例外,有其积极和消极两个方面的影响。

**(一) 挫折对大学生的积极影响**

(1) 有利于培养大学生坚强的性格和意志。在一定意义上讲,挫折是大学生心理成长的助推器,坚强的意志往往是长期磨砺的结果,生活中的挫折和磨难不一定是件坏事,它往往使人变得更加成熟和坚强。有时候大学生经历的挫折越多,应对挫折的能力就越强,性格也会越坚强。因为每经历一次挫折,大学生的心理成熟就提升一个层次,就能为应对下一次挫折准备更强大的精神力量。现实生活中,一些大学生缺乏意志力的根本原因是缺乏挫折锻炼。这些大学生从小学到大学遇到的各个方面的困难都由家人或老师去解决,都由父母去承受压力,很少有机会经历挫折,因而他们对各种困难体验都不深,缺乏忍耐力,没有坚强的意志,一旦遇到挫折就被击垮了。实际上,生活中的许多轻度挫折是意志力的"运动场",当你大汗淋漓地跑完全程,克服了生活的挫折,就会获得愉快的体验。

(2) 有利于大学生管理自己的情绪。大学生往往一遇到挫折,其神经中枢就会接受刺激,使整个神经系统兴奋水平提高,引起情绪波动。经历过多次挫折的大学生,再遇挫折可能就比较淡定,能很好地管理自己的情绪,冷静地处理问题。

(3) 有利于提高大学生解决问题的能力。大学生在遇到挫折时,只要接受现实,作好积极调整,即使不能战胜挫折,也要善于从困难中总结经验和教训,使挫折向积极的方面转化,提高自己分析问题和解决问题的实际能力。

(4) 有利于大学生正确地认知自我。许多大学生由于缺乏实际经验,对社会和自己有一些不切实际的幻想,当他们用这些想法去指导实践时,很容易遭受失败。失败的遭遇往往能使他们清醒地认识到自己,进而使其作出调整,合理地评价自己,客观地认识社会,增强其社会适应能力。

**(二) 挫折对大学生的消极影响**

(1) 降低大学生的学习效率。学习是一种积极的思维活动,学习效率除了与个体的智力水平和知识水平有极大关系外,还与学习者的精神状态、自信心等因素密切相关。大学生受挫后,精神状态容易焦虑不安,自信心明显降低,思维比较混乱,难以集中注意力,极大地降低了学习效率。

(2) 降低大学生的思维能力和生活适应能力。许多人一遇到挫折,容易高度紧张,情绪波动比较大,时而害怕,时而激动,不能控制自己的情绪,如果持续遭遇挫折,还有可能导致情绪紊乱。这样不但容易降低大学生的思维能力,严重时还会大大降低他们的生活适应能力。

(3) 损害大学生的身心健康。有许多大学生受挫后,自我调整能力比较差,容易长期处于一种紧张、压抑和焦躁不安的状态中,如果这种状态不能得到有效的释放,不仅会损害他们的身心健康,有时还可能会造成当事人潜在的精神隐患。

（4）导致大学生性格的改变和行为偏差。许多大学生在遇到重大挫折或连续挫折而又无法作出相应的调整时,就会使某些性格特征产生相应的改变。例如,一位积极自信、热情开朗的大学生,在多次竞选班干部失败后可能会变得自卑。另外,受挫的大学生容易冲动失控,很难正确地评价自己的行为,有可能会做出违反社会道德的事情。例如,有些大学生受挫后容易想不开,走极端,报复他人及社会。

就大学生的心理健康而言,最重要的不是挫折本身,而是挫折对个体造成的负面情绪及内心感受,因而在遭受挫折之后,首先要面对和需要解决的是如何从挫折而导致的诸如愤怒、沮丧、抑郁、焦虑、委屈、无奈等情绪状态中走出来。挫折和失败是人生中的必然,对于不同的人来说,它们却有着截然不同的意义,它或是你完美人生的点缀,或是你人生中永远的伤痛;或是你成功的垫脚石,或是你前进的绊脚石,这完全取决于对待挫折的态度,即对挫折的认识和应对方式。面对挫折,我们应该学会从不同的角度看待其对于人生的意义,读出对面的美丽,要在挫折中吸取教训的同时,学会看到挫折背后所蕴含的积极意义。心理学家认为,经受过挫折和失败的人,能够勇敢地迎接挑战。在成长的过程中时常经历挫折的人,经过多年的磨炼,会具备一种在逆境中生存的强大能力。

# 第二节　大学生常见挫折及反应

任何人的一生中不可能总是一帆风顺。大学生将在大学里不断积累自己的知识、丰富自己的阅历,在这些过程中,大大小小的挫折将时时刻刻陪伴着你,我们只有敢于和善于直面人生的挫折,才能在挫折中奋飞,在挫折中成长并走向成功。

## 一、大学生常见挫折

大学生遇到的挫折常常与自我认识、自我定位、性心理、恋爱等方面有关。其在人际交往和个人发展过程中遇到挫折的表现极为突出。主要分为：低年级学生将面临大量适应新的成长环境的问题,在生活习惯、专业学习、人际关系、经济来源等方面经常会遇到这样或那样的问题;高年级学生越来越关心婚恋及择业等问题,在这两个层面也极容易遭遇挫折。我们在此归纳五大方面的因素,供大家参考。

### （一）生活方面

大学生来自全国各地,家庭状况、经济条件、求学历程、生活阅历等差异很大。

有的人很早就丧失了亲人,从小就失去了家庭的温暖;有的人家庭经济困难,求学十分艰辛;有的人身染疾病,心灰意冷;有的人被父母娇生惯养,缺乏独立生活的能力,离开父母就无所适从。这些因素都会使一些大学生产生大学生活的不易和求学艰难的挫折心理。尤其是一些学生家庭经济条件较差,来自生活消费的压力很大,在比较中容易产生深深的自卑感。这些学生总是低估自己,影响了学业和人际交往。

**(二)学业方面**

大学生学业挫折表现在:一方面,在专业选择上,受到市场经济的发展以及个人价值观念、就业观念的影响,使大学生在选择专业方面更加急功近利,不考虑自己的爱好和特长,为了进入热门专业,宁可降格录入一些学校,但由于招生名额、社会需求有限,必然有一部分人不能进入自己所选择的专业学习,因而造成部分学生怨天尤人,不思进取;另一方面,在学业要求上,一些同学认为进了大学校门,就好像进了保险箱,混个毕业证,反正将来找工作都一样,由于学习态度不端正,产生得过且过、不求上进的心理。目前,在大一新生中由于种种原因导致挂科现象非常普遍,大多主要是学习努力不够造成的,长此以往,最后面临毕业时很可能一无所有,处处碰壁,使学生产生受挫感。

**(三)人际关系方面**

从人的身心发展历程来看,青年大学生正经历人生交往的高峰期,他们从繁重的功课中解脱出来,有着相同的学识学历、相似的思维心理,在感情上容易产生共鸣。一方面,大学生普遍具有强烈的交往意愿,期望自己具有良好的交际能力,希望不断扩大交往圈,渴望与他人建立亲密关系。另一方面,大学生来自五湖四海,每个人的家庭背景、经济条件、生活阅历和习惯、兴趣爱好存在着差异。有的人天性羞涩、不善言辞、害怕交际,有的人天马行空、我行我素、目中无人,有的人性格开朗、乐于助人等。这些不同性格的同学在一起生活,必然有一个互相适应和了解的过程。磨合的过程中难免会出现各种冲突和问题,甚至在旁人看来微不足道的小事都有可能挑起争端、自伤和气,甚至情绪激动导致矛盾。有的同学一旦交往失败,就认为同学不好处,朋友不好找,挚友更难交,知音不存在,因而把自己的心灵之窗关闭,或者干脆把自己局限在很小的圈子内。在大学生心理咨询的实践中,人际交往常常在大学生来访者的问题中占据第一位。人际关系紧张、敏感已经成为困扰大学生的一个不容忽视的问题。

**(四)感情方面**

大学生的年龄处在 17—22 岁,是青春期发育的后期,生理的发育基本上完成,心理还在进一步发展成熟中,随着知识积累和阅历的增加,自我成人感越来越强。宽松的大学环境,较为轻松的学业功课,丰富的校园文化生活,为风华正茂的男女生交往提供了方便的条件,情愫在与日俱增的交往中诞生,爱意在交流中升华,不少学生坠入情网。但今日情意绵绵、海誓山盟,他日劳燕分飞、各奔东西的现象在高校屡见不鲜。事实上,太多的原因使得这些不成熟的爱情之花无果而终。恋爱受伤主要有单恋和失恋。单恋的产生可能有两种情形:一种是自作多情,单相思,明知对方不爱自己,偏要一味地追求;二是误把友情当爱情、自寻烦恼。这两种情况虽然表现形式不同,但最后的结果基本一样,或者一直不敢表达,或者勇敢地向自己喜欢的异性表示好感,却遭受拒绝和婉言谢绝,使当事者的热情和自尊心受到很大的挫折。失恋则是在爱情建立后,由于种种原因,其中一方或双方终止了恋爱。由于失恋是获得爱情而又失去,因而产生的挫折感往往比单恋更强烈,对爱的绝望和深深的无价值感是失恋者常见的心理体验,如果不及时排除或转移,这种强烈的情绪就容易出现一系列连锁反应。由失恋而产生的不恰当的行为主要是自虐或报复对方,个别人会造成心理问题甚至走上绝路。

**(五) 就业方面**

在市场经济环境下,"物竞天择,适者生存"。目前,"双向选择"成为大学生寻找就业机会、展示才华和能力的主要途径。但是,由于我国市场经济还在建设完善之中,社会发展存在着城乡差别,以及权钱交易等腐败现象无法杜绝等情况,使大学生就业中还存在某些不公平现象。例如,双向选择制度在一定程度上存在着性别选择、关系选择、权利选择、生源地选择等现象。特别是随着高校的扩大招生造成毕业生大幅度增加,市场就业需求形势没有好转,而大学生就业观念没有变化,许多毕业生不愿去边远地区,不愿下基层,都想到行政事业单位、大型企业、知名公司去工作。供需矛盾和需求错位必然造成就业难,面对激烈的就业竞争和择业压力,大学生出现了难以摆脱的心理矛盾,致使心理失衡,出现挫折心理。

## 二、挫折的情绪行为反应

### (一) 影响挫折感的因素

#### 1. 需要的强烈度

需要和动机一旦产生,便引导个体行为指向目标。需要和动机行为受到干扰和阻碍,就会使个体无法达到目标而感到挫折、沮丧、失意。需要越迫切、动机感越强烈,受到阻碍后,挫折感就会越强烈。

#### 2. 期望值

对任何事物的自我期望与现实都可能存在一定的差距,如果不从实际出发,只考虑主观愿望,人为拉大二者之间的关系,就容易产生挫折感。

#### 3. 归因不当

对某种行为的原因进行解释推测,而归结出与事实相左的原因,易产生挫折感。归因不当容易产生待遇不公平感,在校学生之间没有太大的利益冲突,最大的不公平感有可能来自评优和入党,横向比较不得当,易心理失衡,产生挫折感。

4. 个人抱负水平

抱负水平是指一个人对自己要达到目标规定的标准。规定的标准高,即抱负水平高;规定的标准低,即抱负水平低。每个人的抱负水平是不一样的。例如,两个学生同时被一所普通高校录取,一个为考上大学而欣喜,另一个可能为没有被重点高校录取而沮丧。由此可见,抱负水平过高往往也是遭受挫折的一个原因。

**(二) 遇到挫折时的反应**

每个人遇到挫折时的情绪行为反应可能不同,下面是比较常见的五种反应方式。

1. 攻击

攻击是指当个体感受到挫折后,引起内心的愤怒或不满,无法正常排解时,可能表现出来的各种敌意行为。例如,指责谩骂甚至动手打人。攻击可分为直接攻击和间接攻击。

直接攻击是指个体受到挫折后,将愤怒的情绪直接指向或发泄到造成其挫折有关的或相近的人或物上,多以动作、表情、言语、文字等形式表现出来。

间接攻击,又称转向攻击。一是把攻击方向转向自身,产生深深的自卑,如埋怨自己能力不够强、机遇不好、命运不佳、生不逢时等。二是由于觉察到不可能或不应该对引起挫折的对象直接攻击,或挫折来源不明显,找不到明显的攻击对象时,便把攻击对象转向次要的人或物上去,借助于一种替代的满足,即日常生活中的迁怒,来减少自己遭受挫折后的心理不平衡。例如,一个人在单位受到批评,回到家里骂老婆、打孩子,以发泄自己的情绪。

2. 固执

固执是指个体遇到挫折之后,不去分析挫折的原因、总结教训,而是盲目重复某种无效动作。尽管情况已经变化,这种行为并无任何结果,但是刻板式的反应仍在继续进行。从外部特征来看,固执与正常习惯有许多相同点,但是在遭受挫折时,二者的区别就明显地表现出来了。如果因习惯的行为遭受挫折或惩罚,就应考虑改变习惯行为;与此相反,固执行为不但不会改变,而且还会反常地强烈起来。如果人们在社会生活环境中一而再再而三地遇到同样的挫折,又一时难以克服,就可能慢慢失去信心而形成刻板化的反应方式,一再重复同样而无效的行为。另外,过多过严的惩罚和指责,也可能导致固执行为。

3. 冷漠

冷漠是指个体受到挫折后,随之产生对这个情景的一种漠不关心与无动于衷的态度。这实际上是由于当事人对引起挫折的对象无法或无力进行攻击,又找不到合适的替代物来发泄自己的愤怒和不满,并且无法避免现实和改变环境,就只能以冷漠来获得心理平衡。这是一种十分复杂的行为表现方式。冷漠行为的发生同个体过去的经验密切相关。如果个体每遇挫折后采用攻击方式就能够克服困境,他以后就会继续采用攻击的方式;若因采用攻击而招致更大的挫折,他就会采用相反的方式,即逃避或以冷漠的态度来对待挫折。冷漠并非不包含愤怒的情绪成分,只是个体的愤怒被暂时压抑,以间接的方式表现出来而已。这种现象表面显得冷淡退让,内心深处则往往隐藏着很深的痛苦,是一种受压抑的情绪反应。

4. 焦虑

当人们面临挫折时,最为普遍和常见的心理反应就是焦虑。焦虑令人烦躁不安、紧张恐惧、判断力下降,有"惶惶不可终日"之感。焦虑还会伴随生理反应。长期的焦虑对身心极为有害,在想象挫折中,焦虑往往反应更为明显。适度的焦虑水平可以激发个体潜力,提高个体随机应变的能力,是有积极意义的,如考试前适度的焦虑可提高复习效率;焦虑过度或持续时间较久,则会导致神经状态失调,影响个体的正常生活。

5. 逃避

逃避是个体不敢面对自己预感的挫折情境而逃避到比较安全的环境中去的行为。其主要类型有三种:

一是逃向另一个现实。例如,有的人在生活中碰了钉子或者追求的目标、理想一时不能实现时,便心灰意冷,沉迷于赌博、烟酒之中。

二是逃向幻想世界。这时个体企图以自己幻想的情境来应对挫折,借以脱离现实挫折感。幻想能使人暂时脱离现实,使人在受到挫折后减轻焦虑和不安,从而有助于提高挫折的容忍力,但幻想本身并不能真正解决问题,长此以往还会降低个体适应现实生活的能力。

三是逃向生理疾病。这是个体为了避免困难而出现的生理障碍。例如,参加高考的学生考试当天发烧、生病。这种疾病的发生是无意识的,与装病不同。

## 三、挫折的心理防御方式

心理防御方式是指个体遭受挫折而产生紧张的情绪状态时,其心理活动中具有的自觉或不自觉地解脱烦恼、减轻不安,以恢复情绪的平衡与稳定,并适应挫折情境的方式。即个体遭受挫折后用自己所能接受的方式来解释和处理冲突,避免引起更大的痛苦和不安,是一种保持情绪活动平衡和稳定的心理机能。

挫折的防御方式是多样的,有些是积极的,有些是消极的,有些是中性的。

### (一) 积极的心理防御

积极的心理防御能正视挫折,承认挫折,正确分析挫折产生的主客观原因,总结经验教训,争取积极的行为方式,最后战胜挫折。主要表现如下:

1. 升华

将遇到挫折或者愿望无法满足时产生的愤怒、不甘等情绪,以外部世界能够接受的且有利于社会发展、文明进步的方式表现出来,并且因此而创造出一定的社会成就,这就是升华,即通常所说的"化悲痛为力量"。升华是最积极的行为反应,从古至今演绎出绵绵佳话。例如,古之文王拘而演《周易》,仲尼厄而作《春秋》,屈原放逐赋《离骚》,左丘失明写《国语》,孙膑膑脚修《兵法》。不仅如此,升华还是一种富有建设性的行为反应。所谓"屡战屡败,屡败屡战"就是这种在挫折面前自我激励的情绪状态。

2. 坚持

坚持是指个体发现目标难以达到,要求自己作出加倍努力,使目标最终实现。美国电影《当幸福来敲门》中的主人翁就是一位面对挫折一直坚持不懈地努力的人,他最终赢得了自己的事业,也成为获得了幸福生活的胜利者。人们常说,成功就在于最后的坚持之中。

3. 认同

认同是指个体在现实生活中无法获得成功时,效仿他人获得成功的经验和方法,能够使自己的思想、信仰、目标和言行更适应环境和社会的要求,增强自信心,减少挫折感。一般情况下,模仿的对象往往是自己敬重或者喜欢的人。例如,大学生常以一些历史名人、科学家或小说中所欣赏的人物作为自己效仿的对象,建立自己心中的榜样,并依照榜样进行积极的自我激励与自我暗示,用成功代偿挫折。

4. 补偿

所谓补偿,是指个体行为受到挫折或因某方面的缺陷而无法达到目标时,便特别努力地发展其他方面的特长,以其他方面的成功来补偿因失败而丧失的自尊和自信,即所谓的"失之东隅,收之桑榆"。例如,一些大学生在学业上的成绩不理想,转而发展自己的人脉和关系网络,培养自己的人际交往能力,并在社会实践中取得优异的表现。

5. 幽默

当个体遭遇挫折,处境困难或尴尬时,用幽默来化险为夷、对付困难的情境,或间接地表示出自己的意图,称为幽默作用。一般来说,人格较为成熟的人,常懂得在适当的场合使用恰当的幽默,把原来困难的情况加以转变,大事化小、小事化了,渡过难关,较成功地适应窘境。

**(二) 消极的心理防御**

消极的心理防御是指当大学生遭受挫折后所表现出来的带有强烈情绪色彩的非理性行为。常见的情绪行为方式有以下三种。

1. 倒退

当个体受到挫折的时候,表现出与自己年龄不相称的幼稚行为,或者以幼稚而简单的方式来应付挫折情境,这就是倒退。正常来讲,人的行为随着心理的发展成熟有一定的模式。小孩子可以任意发泄,成年人则应该能够理智地控制自己的行为和情绪,在适当的时候、适当的场合作适当的反应,但有的人遇到挫折时便失去了这种控制,像小孩子一样哭闹,无理纠缠,甚至撒泼打滚,显得十分幼稚。有行为倒退的人,往往对对自己缺乏信心,看不出自己的力量,像孩子一样依赖他人,往往表现出小孩子的行为。例如,有的中老年妇女钱包被偷以后,坐在地上嚎啕大哭;有的领导因受到挫折而对下级大发脾气,或为一点小事而暴跳如雷。倒退的另一种表现是易受暗示,即人在受到挫折后,对自己完全丧失信心,转而盲目相信别人或盲目执行某人的指示。例如,个体遭受挫折后轻信谣言,无理取闹,盲目忠实于某个人或某个组织。

**2. 逆反**

个体遭到挫折后,如果是一意孤行,而且对正确的观念盲目地持反抗、抵制与排斥态度,这种行为便是逆反。用通俗的语言来说就是,"你要我朝东我偏朝西"。持逆反心理的人往往为了排除内心的不满,会产生一些不符合社会规范、不被允许的愿望和行为,甚至做出一些反社会性行为。

**3. 压抑**

压抑是指个体为回避与某种挫折相关的痛苦经验,将与挫折相关联的需要、动机排除于意识与记忆之外的心理作用。用遗忘让烦恼走开,其实这种欲望并没有真正消失,而是深藏于潜意识之中。压抑作用的结果虽然可以使个体暂时减轻焦虑,获得安全感,但长此以往会影响个性的健康发展。

**(三)中性的心理防御**

中性心理防御是指当一个人受到挫折后,采取一些暂时减轻受挫感的行为方式,以解除挫折为自己带来的心理烦恼,减轻内心的冲突与不安。主要表现为以下六种方式。

**1. 合理化**

当个体无法达到其追求的目标或其行为方式不符合社会的价值标准时,为了避免因挫折而产生的焦虑、痛苦以及维护自己的尊严,便对自己的行为给予一种"合理"的解释。这种解释并不是自己真正的行为动机,有时甚至是歪曲事实,掩饰过错,因此也称为文饰作用。其主要类型有:

(1)酸葡萄作用。引自伊索寓言:狐狸吃不到葡萄便说葡萄酸。是指个体在追求某一个目标失败时,通过夸大目标的缺点,否定达到目标的优点以维护心理平衡的一种防卫手段。

(2)甜柠檬作用。引自伊索寓言:狐狸找到了柠檬便说柠檬甜。是指个体借夸大既得利益的好处,否定其欠缺,以减轻内心的失望与痛苦,从而达到心理平衡的一种防卫手段。

(3)推诿。即将个人受挫的原因归咎于自身以外的原因以摆脱内疚的适应方式。

(4)援引成例。当个人行为不合理时,就以其他的例子证明自己的合理性,为自己开脱,以解脱面临的困境,减轻自己因过失而产生的负疚感。这种防御方式主要是把自己的行为同他人相比,进而强调别人可以这样做,自己当然也可以这样做,至于别人的行为是否构成过失,则不必再作深究。

2.反向

反向是指当个体受到挫折后,采取一种与内心动机相反的行为方式。例如,总在别人面前自我炫耀的人往往内心中存有怕别人瞧不起的自卑。人的某些行为如果过分的话,正表明他无意识中可能存有刚好相反的欲望或动机,也即此地无银三百两。

3.抵消

抵消是指人们在发生不愉快的事情之后,为了弥补内心的愧疚感、罪恶感等,可能会进行一些象征性或者仪式性的动作以使自己的内心平静,降低紧张焦虑的情绪。简单地说,抵消就是一个人犯了错,可以通过一些象征性或者仪式性的活动让自己的内心感觉好一点,如考试没考好,心里觉得对不起爸爸妈妈,让他们失望了,回家之后拼命帮爸爸妈妈干活,这样做之后心里似乎好过一些。

4.投射

个体把自己的过失行为、工作失误或内心存在的不良动机和思想观念转移到别人身上,说别人有这样的动机和行为,以此来减轻自己的内疚和焦虑,逃避心理上的不安。例如,一个渴望获得别人关注的人,可能会向别人述说老是有人在看他/她,其实是他一直在注意别人。我们用自己的想法揣度着世界、揣度着别人,这样有助于我们处理事情、理解他人。由于我们不是他人,这种投射又具有一定的局限性,因此,我们无法确知别人是不是真的如此。

5.向下比较

当我们遇到挫折时,有必要和那些命运比我们更差的人去比较,以消除心里愤怒不平的消极情绪,让自己心理获得一种平衡感。

6.表同

当个体在现实生活中没有获得成功与满足时,将自己比拟为某一成功者,模仿其行为,把那些自己羡慕的品质加到自己的身上,借以分享成功的快乐,增强自信心,减少挫折感。一个人把对别人的性格、为人、言行的模拟作为战胜挫折的手段,可以收到一时的效果,但如果表同作用纯属幻想而脱离现实,经不起实践的考验,则是有害无益的,一旦与现实接触,也可能导致更多的失望与焦虑。

# 第三节　大学生如何积极应对挫折

## 一、大学生积极应对挫折的必要性与重要性

生活的经验告诉我们,一个要成就大业的人,必须先经历种种痛苦、磨难、挫

折,才能有所作为;那些一遇到小小的挫折便怨天尤人,整天被焦虑忧伤的阴影所笼罩而不能自拔,前怕狼后怕虎,自暴自弃,甚至走向绝路的人,注定一无所成。因此,能够忍受挫折的打击,保持正常的心理活动,既是大学生良好社会适应能力和心理健康的标志,也是大学生成才的关键。

### (一)高校实现立德树人的教育目标的需要

习近平总书记多次强调,新时代的青年、新时代的大学生要经过历练,不怕失败,经历挫折才能积极进取。大学生挫折教育的目标是提高大学生的抗挫折能力,锻炼意志品质,健全心理健康素质。大学生挫折教育是实现立德树人这一教育目标的重要途径。要发挥高校大学生挫折教育的主导作用,引导大学生树立正确的挫折教育观念,理性认识生命的意义,提高大学生心理素质,在新的时代环境下,帮助大学生正确认识社会,引导大学生树立正确的世界观、人生观、价值观,培养大学生的社会责任感。通过挫折教育,使大学生能够勇敢地面对困境,承受困境的考验,增强自信心,并保持健康的心态。因此,加强大学生挫折教育有利于高校实现立德树人的根本目标。

### (二)大学生成才的需要

与相对稳定的校园环境相比,大学生毕业后面临的社会环境将是充满竞争、风险和挑战的市场经济环境,他们要挑起建设社会主义市场经济的重任。但当代的大学生是在中国改革开放、综合国力显著增强、人民生活水平迅速提高、社会发生较大变化的环境中成长起来的,一方面,他们获得了比前几辈大学生丰富得多的物质文化生活的保障,接受了比前几辈大学生优越得多的小学、中学教育;另一方面,由于家庭特殊的爱,他们往往缺乏生活经验,缺乏应有的抵抗挫折的能力,并且容易产生脱离现实的虚幻想法,将生活过于完美化,稍有挫折,便产生消极的心理反应,导致情绪恶化或厌世。在当前这个竞争异常激烈的时代里,如果大学生们没有遭受挫折的思想准备、没有抵抗挫折的能力,将很难在复杂的社会中站稳脚跟,寻求发展。

### (三)社会发展的需要

对当代大学生进行挫折教育顺应了时代和社会发展的要求。在经济全球化、竞争激烈的特殊时期,各国综合国力竞争的实质是科学技术和人才的竞争。人才是一个国家发展最重要的资源,现代意义上的人才不再是那种高分低能的"高材生",而是具有德、智、体、美、劳全面发展的能力的人,这其中包括良好的心理素质和社会应变能力。大学生是祖国的未来和栋梁,他们的思想道德、素质、能力如何,将直接关系到建设有中国特色社会主义事业的成败和21世纪中国的面貌,如果大学生缺乏应有的挫折承受力,就不可能为社会作出多大贡献,也不可能成为社会主义现代化建设事业的合格人才。因此,增强大学生的抗挫折能力是当代社会发展的实际需要。

## 二、大学生如何积极应对挫折

### （一）要正确地认识和接纳挫折

1. 正确地认识挫折是应对挫折的前提

俗话说："天有不测风云,人有旦夕祸福。"每一个人来到这个世界,都希望在人生的道路上一路阳光、满地鲜花,但这只不过是一种理想而已,现实告诉我们,这种理想是不符合自然和社会规律的。

从哲学上讲,挫折的产生既有必然性,又有偶然性。说其必然,是指在人生整个过程中,人们总是或多或少、或轻或重地遇到各种不同的挫折;说其偶然,是指在人生旅途中,每个人可能遇到什么样的挫折、什么时候发生挫折都不是我们能够预料的。了解到挫折的这个特征,我们就有了应对人生挫折的思想准备。生活阅历、人生挫折从某种意义上来说是人生的财富。正所谓:"未曾失恋的人,不懂爱情;未曾失意的人,不懂人生;未曾失落的人,不懂珍惜;未曾失利的人,不懂过程;未曾失望的人,不懂理想;未曾失礼的人,不懂尊重;未曾失和的人,不懂友谊;未曾失算的人,不懂息争;未曾失言的人,不懂谨慎。"

一个人在逆境中承受挫折和管理自己情绪的能力称为情商。情商往往比智商更重要,当今社会由于高等教育的普及,高智商的人越来越多,所以竞争的往往是情商水平。一个学生的高考成绩充其量只能决定能否上大学或能否上名牌大学,而一个心灵脆弱的学生有可能受点委屈就上吊、跳楼、喝药,使生命归尘。近年来,高等院校每年都有不少大学生(研究生、博士生)轻生自杀。他们并非智商不高,而是因情、因名或因就业忧虑太深,失去信心,也就是情商有待提升,在心中筑起了一道坎,自己迈不过去这道坎而走上了绝路。如果自我疏通或通过别人帮助解开心结,就有可能迈过这道坎,从而拥有美好的人生。古今中外的实践证明,一些人取得的大成就无不是战胜大挫折之后的回报,正所谓:"阳光总在风雨后""不经历风雨,如何见彩虹?"

一个年迈而又充满生活智慧的老人在给他儿子的信中写道:"在奋斗中求成功这方面,我认为最有意义的,不是那些获得成就的伟大时刻,而是那些小小的胜利,或是那些遇到挫折、僵局甚至失败的时刻。我想,假如人人都轻而易举地成功了,那么我们就不是人生的参与者,而是生活的旁观者了。要记住,重要的是追求,而不是达到。"

人生难免会遇到挫折,没有经历过失败的人生不是完整的人生。如果把生命比作一把披荆斩棘的"刀",那么,挫折就是一块不可缺少的"顽石"。为了使青春的"刀"更锋利,我们要勇敢地面对挫折的磨砺。

2. 勇敢地面对、接纳挫折是应对挫折的一个重要手段

面对挫折与其闪避、畏惧、排斥,不如迎面而上,当我们遇到不可避免的挫折

时,唯一可取的态度就是从容面对,如果进而再能够积极接纳带来的烦恼,一次"创伤"就会很快地愈合,甚至产生一颗宝贵的"珍珠"。"珍珠"是从愈合了的创伤之中升华出来的东西,它可以丰富我们的经验,减少再次犯同样的错误的可能性。

有这样一则故事:有一个好心人,看到一只蛹在化蝶的时候,非常痛苦地挣扎,就帮助蝴蝶破蛹,可是这种好心导致蝴蝶出壳后身躯臃肿,翅膀干瘪,根本飞不起来,不久就死了。这个小故事说明:痛苦是成长的必经之路,要得到快乐,就必须先要承受痛苦和挫折。在人的一生中,我们不只拥有挫折的痛苦体验,也拥有把不幸变为幸福、把伤痛变为无价奇珍、把令人痛心的缺陷变成新的力量的机遇。当我们能够从容面对挫折时,就可以掌控挫折、减少挫折,就可以得到最珍贵的收获。

3. 充分认识自己的不合理观念

心理学研究表明,引起挫折感和造成强烈情绪的不是挫折和冲突本身,而是受挫者所采取的态度和对所受挫折的看法。常见的不合理观念有以下三种。

(1) 期望值绝对化。有些人把生活中的不顺利、学习中的挫折、交往失败认为是不应该发生的。他们认为生活中的一切都应该是一帆风顺的,人际关系应该是和谐互助的。一旦生活中出现人际冲突、学习成绩滑坡、好友离去、评不上优秀等等事件,就变得怨天尤人、抱怨指责、烦躁易怒、痛苦不堪、失去信心。

(2) 以偏概全。有些人常常以片面的思维方式看待事物,简单地以个别事件来断言全部,可以说是"一叶障目"。例如,有一个人对自己不友好,就得出结论说自己人缘不好或缺乏交往能力;一次考试不如意,就认为自己无能,不是读书的材料;一次失恋就认为自己对异性没有吸引力等。持有这种理念的人经历任何一次失败就会导致自责自怨、自卑自弃的心理,极易产生焦虑、抑郁情绪。以偏概全往往不仅表现在对自己的认识上,也会表现在对他人和社会的认识中,常因一事有错而对他人全盘否定,因社会有缺陷和阴暗面,就认为"天下乌鸦一般黑",而对社会彻底丧失信心。

(3) 夸大后果。有些人遇到的是一些小挫折,却把后果想象得糟糕透顶、可怕之极。夸大后果的结果是使人越想越消沉,情绪越来越恶劣,最后难以自拔。例如,有的大学生一门功课考试不及格,就认为自己学习能力不行,再学习也没有什么用了,甚至担心是否能毕业,将来更找不到工作,人生前途完了。这实际上是一种不合理的自我恐吓或自己给自己施加压力的做法。只有改变不良的认知方式,纠正错误的观念,才能实事求是地评价挫折带来的后果,才能从困难中看到希望。

**(二) 积极诠释,笑对人生**

我们都有积极或消极、乐观或悲观的思维倾向,但不可否认,成功者拥有正向思维——导向成功的思维模式,失败者拥有负向思维——消极的、封闭的、破坏性的、导向失败的思维模式。不同的思维模式,对人的奋斗目标的驱动作用、对理想信念的导向作用会产生意义不同的重大影响。

在中东，流传着这样一个古老的传说。

一天，一位国王做了一个很可怕的梦，他梦见自己的牙齿一颗接一颗地全部掉光了。为此他感到非常不安，于是在全国范围内寻找最好的解梦师替他释梦。

这天，王宫来了一位解梦师，当他仔细听完国王对梦的描述后，沉思了一阵，然后严肃地说："尊敬的陛下，请恕我直言，您做的这个梦可是个坏兆头。就像您的牙齿一个接一个地掉光一样，您的所有亲人也会一个个先于您离开人世，到时候您只能孤独终老。"

国王听后大怒，下令立刻把这位解梦师投入监狱，并要严惩不贷，同时下令继续寻找更为高明的解梦师替他释梦。

日子一天天过去，又一位解梦师来到了王宫。当听完国王的描述后，他喜笑颜开地说："尊敬的陛下，您做的梦简直再好不过了。梦的意思是，您将比您的任何一位亲友都活得更健康而且更长久。"国王听后非常高兴，赏赐给这个解梦师很多金银珠宝。

大臣们感到非常不解，纷纷前来询问这个解梦师："你所说的跟前面那个可怜的家伙是一回事啊，可为什么他受罚你却受赏呢？"

这个走运的解梦师说："大家说的没错，我们两个人对这个梦的解释是相同的。但问题的重点不在于你说了什么，而在于你怎样去说。"

听了这个故事，大家是否也有所感悟呢？世间万事万物，我们都可以用两种观念去看它，一个是正性的、积极的，另一个是负性的、消极的。这就像钱币，一正一反，这一正一反就是心态，它完全取决于你自己的想法。积极的心态，运用积极诠释的处事方法，可使人快乐、进取、有朝气、有精神；消极的心态，传统片面的解释则使人沮丧、难过、没有主动性。积极心理理论认为，你认为自己是什么样的人，就将成为什么样的人。烦恼与欢喜，成功和失败，仅系于一念之间，关键取决于我们如何看待它们。

**（三）善于调节抱负水平，定立恰当的个人目标**

一般而言，自我抱负水平直接影响个人的学习和生活，一个抱负水平较高的人，往往对自己的要求也较高，因而其学习、工作的效率就较好；一个抱负水平低的人，对自己的要求也就低，缺乏积极性、主动性，因而其学习、工作的效果就较差。但是，个人的自我抱负水平必须建立在对自己的实际能力了解的基础之上，如果自己的抱负水平总是高于自己的实际能力，那就很难达到预期的目标，很容易遭受挫折。

懂得放弃是一种智慧和境界，但是面对现实的种种诱惑，又有多少人能够做到这一点呢？很多人原本也曾从容、平和地生活着，可一旦处于太多的诱惑之中，有了太多的欲望，也就从此被烦恼缠身。很多时候，是我们将奋斗的目标定得过高；

有的时候,是我们将奋斗的目标定得过多,这些都是我们遭受挫折的重要原因。无论是前者还是后者,都使我们深感心有余而力不足,最后都可能会导致迷失方向,走向绝望。聪明的办法是学会取舍,不必事事都去争,舍弃自己还不具备能力与条件的目标是一件好事,我国有句古话"塞翁失马,焉知非福?"只有在明白了自己一生何求之后,去明智地取舍,并学会放弃,才能摆脱无谓的烦恼,拥有自在的生活。

挫折是人们在追求自己的目标的过程中遇到困难而产生的感受。目标对个人越重要,受挫后的反应就越强烈。如果目标恰当、方向准确、持之以恒,产生挫折感的机会就少,即使遇到挫折也能积极应对;如果目标过高或者过低,与自己的条件不相适合,就应该及时调整。要检查主观的智力、能力、体力是否与目标相匹配。若目标过高,就要适当降低或改换目标。不要把远期目标当作近期目标。如果目标方向错误,就像一个人终其一生奋力想爬到梯子顶端,最后他达到了,却发现梯子搭错了墙,这是多么可悲的事情!南辕北辙的故事说明了方向很重要。

### (四)不断提升抗逆力

抗逆力又称为心理弹性、韧性,是指一个人面对危机或困难时的适应能力,即当个体遭遇挫折时,能积极自主地摆脱困境并使自己的心理和行为免于失常的能力。抗逆力的核心因素在于复原,即重新回到压力事件发生前所具有的适应的、胜任的行为模式。具有较强抗逆力的个体通常具有较高的耐挫力。抗逆力不是天才独有的特质,也不像某种心理高峰体验那样可望而不可即。每个人天生就具有一定的抗逆力。在顺境中,抗逆力得不到激发,而是以一种潜伏的状态存在着;当危机和困难袭来的时候,个体的内外保护性因素会自然抵制危险性因素的伤害,此时抗逆力被激活,帮助个体面对危难、聚集力量、渡过难关。

经历挫折并非坏事,只要积极自主地摆脱困境,提升抗逆力,它们带来的困扰就会减少。大学生可以从以下两个方面提升抗逆力。

#### 1. 减少危险因素

有关抗逆力的研究发现,一些危险因素可能会降低个体的抗逆力,如单亲、经济困难、学业成就低、结交不良朋友、居无定所、有父母犯罪背景、早年不良生活经验等。因此,想要提升抗逆力,首先要减少这些危险因素,如结交良好的朋友、提高学业成绩等。需要注意的是,人们遭遇危机时都会有一些应激反应,如紧张、焦虑、恐惧、封闭。初期的这些反应都是正常的,绝大多数人都有能力通过个人与环境的积极互动,找到克服困难、战胜危机的资源与方法,保证我们依然积极生活、健康发展。当有些危险因素是无法避免的时候,要注意挖掘问题背后的意义,这对提升抗逆力是非常重要的。例如,对于家庭收入低或者父母离异,我们无法改变,但是,我们可以把这些因素当作磨炼意志的机会。同时,我们可以用建设性的方式参与家庭因素的改变,重构生活。例如,家庭收入低的大学生可以通过自己打工赚钱来改善家庭经济状况。在这个过程中,打工不仅是为了赚钱,实际上也是在提高个人的实践能力。

2. 增加保护因素

近年来的研究发现,一些个体虽然暴露在危险的环境中,但是他们却有良好的适应性。这些适应性良好的个体具有某种抗压能力,他们能够在压力或者挫折的环境下免除身心障碍的危机。能够提升抗逆力的保护性因素主要来自以下三个方面。

(1)积极人格特质的建构。首先,要提高个体的社会胜任力。社会胜任力是指有效与他人交流的能力,是在与他人交往中对他人表示关心、回应和灵活解决问题的能力。其次,提高自尊心的自我效能感。最后,个体具有目标感和意义感,即个体有独立的生活目标,并追求生命的价值和意义。

(2)家庭支持系统的建立。家庭是个体抗逆力建构中重要的外在保护性因素。大学生虽然已经离开了自己的家庭,开始了大学校园生活,但是与家庭的链接依然存在。主动与父母进行沟通和互动,获得父母的关心和支持,都会提升大学生的抗逆力。

(3)社会支持系统和外在资源的建构。除了家庭,大学生也可以从其他亲朋好友那里获得支持,这不仅会使大学生获得安全感和归属感,也会使大学生获得应对挫折的其他资源,如信息资源、情感资源、物质资源。

**(五)要学会适度宣泄内心的挫折感**

受中国传统伦理型社会结构和文化的影响,人们常常把心理问题与品德联系起来,在心理问题调节上采取具有个人性的、隐秘性的方式来解决心理问题,即主要靠自己及其心理意义上的密友进行心理调节。挫折感憋在心里,只能越积越多,达到一定阈值,人就无法承受,所以我们要善于寻找途径宣泄。

(1)学会说出你的秘密。面对挫折,有的人惆怅悲观,把痛苦和沮丧埋在心里;有的人则选择倾诉。如果心中苦闷无法承受时,我们要学会找到能够信任和理解自己的亲人朋友,把心里的话倾吐出来,这样,强烈的情绪就得到宣泄。宣泄是一种自我心理救护,它可以消除过度的情绪对我们的伤害。在亲情和友情的温存中消解痛苦,从他人那里获得力量与支持。一份快乐有两个人分享,就变成了两份快乐;一份痛苦有两个人来分担,就变成了半份痛苦。学会说出你的秘密,不仅会缓解你的压力和痛苦情绪,而且可以从不同的视角看待问题本身,往往会有一种"柳暗花明又一村"的效果。此外,要学会积极求助心理咨询机构,学校设有免费为同学们服务心理咨询中心。

(2)给自己或者信任的人写封信,也可写日记,表达自己的情绪和需求,促使自己反思。

(3)听音乐。音乐疗法被称为"同步情绪法则"。先听一曲与目前情绪相似的音乐,然后切换到你想达到的情绪状态的音乐。

（4）尝试读励志书籍。例如，在遭遇失败后，读一读优秀人士的个人传记，从他们的人生经历中学习战胜困难的方法和勇气，借鉴人生智慧。

**（六）积极投身实践，磨炼自己和积累经验**

人总是需要不断前进的，只有在前进中，才需要抗争，才需要拼搏，才需要用理性的利剑去披荆斩棘，才能在实践中完善自身。因此，青年人应积极投身实践活动，在实践中不断磨炼自己，提高自己的意志力，培养坚强的意志品质。在实践过程中，不要惧怕失败，要善于从失败中总结经验教训，化消极因素为积极因素，使挫折向积极方向转化，不断提高自己解决困难、战胜挫折的能力。在总结经验教训时，应着重考虑确定的奋斗目标是否恰当、实施的途径和方法是否正确、造成挫折的原因来自何处、转败为胜的办法在哪里等问题。

## 拓展阅读

### ❓ 心理测验 ▶▶▶

## 挫折承受能力测试

测试的目的是测试我们在面对困难、挫折时的承受能力，抗打击能力如何。测试时间为5分钟。测试题目如下：

1. 当你遇到令你焦虑的事情时，你会怎样？
（1）无法再继续做事情。
（2）没有任何影响。
（3）介于以上二者之间。

2. 当你遇到令人头疼的竞争对手时，你会怎样？
（1）想怎样就怎样，不控制自己的情绪。
（2）冷静面对，克制自己的情绪。
（3）介于以上二者之间。

3. 当你遇到失意的时候，你会怎样？
（1）放弃。
（2）吸取这次教训，从头再来。
（3）介于以上二者之间。

4. 当你事业不顺利的时候，你会怎样？
（1）会一直担心，不能集中精力做别的事情。
（2）仔细考虑问题所在，努力解决问题。

(3) 介于以上二者之间。

5. 事情做太多感到疲劳时,你会怎样?

(1) 没有办法再思考。

(2) 坚持干完。

(3) 介于以上二者之间。

6. 自己所处的环境和条件很差时,你会怎样?

(1) 因为条件很差而放弃。

(2) 克服困难,想办法改变现状。

(3) 介于以上二者之间。

7. 你正处于人生的低谷,你会怎样?

(1) 破罐破摔,听之任之。

(2) 积极奋斗。

(3) 介于以上二者之间。

8. 遇到棘手问题,难以解决的时候,你会怎样?

(1) 垂头丧气,灰心失望。

(2) 尽自己的全力将它做好。

(3) 介于以上二者之间。

9. 遇到自己难以解决或者不想做的事时,你会怎样?

(1) 拒绝接受。

(2) 想办法做好。

(3) 介于以上二者之间。

10. 遇到人生的重大挫折时,你会怎样?

(1) 彻底丧失信心。

(2) 再接再厉。

(3) 介于以上二者之间。

**评分办法及结果解释:**

以上 10 题,选(1)不加分,选(2)加 2 分,选(3)加 1 分。

0—9 分,说明你不能承受挫折的打击,遇到一点挫折就不知所措,灰心失望。

10—16 分,说明你对某些挫折打击有一定的承受能力,但是你在遇到某些挫折的时候仍然会表现出脆弱。

17 分以上,说明你是一个足够坚强的人,对于挫折打击有很强的承受能力。

建议得分在 0—9 分的人多参加一些锻炼意志和承受能力的活动,如体育活动,各种比赛,多读一些励志的书籍,学习在失败中不断提高自己抵抗挫折的能力。并且交一些意志坚强、性格乐观的朋友,他们会在你遇到挫折的时候给予适当的建议和鼓励。当然,你还可以找心理医生咨询,针对你个人的具体情况提出相应的改进方案。

建议测试结果在 10—16 分之间的人遇到挫折的时候,多往事情有利的方面想,能冷静分析情况后再作出决定,如挫折产生的根源、自己能否解决、是否值得等。

## 案例分析

**心理咨询案例:**

### 案例1:社会适应挫折所引发的人际性压力

某大学女生,学习成绩在班上为第一名。自卑,看不起自己。在大众场合不敢发言,跟别人交流时总不能恰当地表达自己,尤其是跟老师或陌生人谈话,总觉得十分局促,举手投足不知如何是好,并且脸红得很厉害。她很羡慕别的同学在公共场合能够从容不迫,侃侃而谈。强烈希望改变自己,虽然作过很大的努力,但一直得不到明显改观,内心非常苦恼。从高中到大学很少与异性同学交往,别人评价她是个冷漠、孤傲的人。从小养成了以自我为中心的习惯。因此,在成长和交往的过程中,朋友越来越少,慢慢地脱离了群体,把自己封闭起来。后来开始反省自己,自责,觉得都是自己的错。时间一长,发现自己好像已经没有脾气了。不管跟谁发生矛盾,都以为是自己的错,然后深深自责,或者把怨气都闷在心里。她总觉得难以与周围的同学建立一种和谐的关系,非常担心毕业后不能适应社会生活,近来更是觉得自己一无是处,极度自卑,没有勇气参加任何活动。

**【分析与评估】**

该女生所遇到的心理问题,是由其社会适应挫折所引发的人际性压力。首先,她直接感受到的心理压力来自不和谐的人际关系,而且经历了两种极端的方式,先是过分地以自我为中心,把自我与群体、社会隔离开来,后又过于以他人为中心,事事自责,迷失和忽略了自我。其次,由于来访者个性中人际沟通能力的缺乏,从而在现实生活中迫切感受到社会适应性压力。再次,从她的成长经历中能够清楚地意识到由于人际冲突所导致的自我封闭是个性形成的主要原因。因而,她有意识地开放自己,但突兀的开放环境必然在一段时间内给她带来更为巨大的人际性压力,如果应对或自我评价不当,很有可能给来访者带来某种程度上的心理问题。最后,当面临迫切的人际压力时,她一开始采取的是比较积极的应对方式,但由于对个性和能力的培养过程缺乏科学认识,过于急功近利,在受挫后,极易滑向消极的应对方式,从而产生错误的自我评价,使心理问题不断趋于严重化。

**【调节对策】**

(1)学会处理人际关系。大学生之间的思想观念、价值标准、生活习惯等方面都存在着明显的差异,彼此之间难免会出现冲突,要学会包容理解别人,主动与人交往。

(2) 了解变化,调整心态。要意识到,大学里的学习方式、生活环境、人际关系、社会活动等与高中阶段不一样,要及时调整心态,以全新视角审视大学。

(3) 开放自己,寻求支持。去找有经验的老师、学长交流,并阅读一些有关大学生的书籍杂志。

## 案例2: 学习压力

某高校大学生小杰说:"我以前在高中时可以说是佼佼者,到了大学里,好像每个人都比我强,我发现自己就好像巨人堆里的矮子,老担心自己考不好。师哥师姐还告诉我们要过级,要多拿证书,要考研,现在我每天躺到床上就做噩梦,上课也不能集中精力,书也看不下去,眼看这要期末考试了,我究竟该怎么办?"

【分析与评估】

能进入大学的学生,通常是中学时的佼佼者,而大学是人才辈出、精英汇集的地方,这种反差让那些对陌生环境适应能力较差的同学无法找准自己的位置,会暂时出现一个迷茫期。一般来说,发生这种情况的都是一些平时成绩较好、对自我要求比较高、喜欢追求完美的人。因为现在大学里,考试成绩的好坏与就业、奖学金、评优、入党等有着密切联系,如果太过看重这些,就容易造成紧张心理。

【调节对策】

(1) 调整认知,正确看待自己和周围的同学,别人比自己强很正常,不要自卑,要虚心向别人学习,取长补短。

(2) 给自己制定一个合理的规划,安排好如何在大学期间解决拿奖学金、获得三好学生称号、入党等问题。

### 思政案例:

## 生活雪上加霜,我快扛不住了

小霞,女,大三学生。小霞来自农村,是个内向腼腆的女生。小霞家中有三个孩子,她排行老大,从小看到父母辛苦地劳作养家,小霞很懂事,学习也很努力。高一时父亲因病去世,父亲的离去让家庭的经济状况直线下降。小霞更加努力学习,考上了大学。但家里经济来源有限,还有弟弟妹妹要读书,小霞自己省吃俭用,每月生活费还需要1 500元。进入大二,她开始想着挣钱以减轻家里的经济负担。一次,她通过网络发现一份兼职刷单:"利用碎片时间,手机半个小时轻松搞定,每月赚两三千元不成问题。"这些宣传语吸引了她,于是根据信息提示加了对方QQ好友,对方自称是"网络兼职招聘中心",后在对方的引导下进行交易性质的刷单,被骗了 3 万元。

这对小霞来说简直是雪上加霜,被骗的经历也不敢告诉家人。面对沉重的债务,只能自己偷偷地哭泣,甚至产生了轻生的念头。辅导员了解情况后,邀请小霞到心理咨询中心,和心理老师一起对小霞进行疏导和帮助。

**【分析与评估】**

(1)缺乏积极应对挫折的能力。小霞遭遇电信诈骗后,因为巨大的经济压力,让她不能正确地认识挫折、接纳挫折,导致长时间处在悔恨、自责的情绪中,甚至产生放弃生命的念头。

(2)缺乏应对挫折的资源。小霞被骗之后,不敢跟家人和朋友倾诉,她只能自己独自面对挫折带来的巨大压力,导致她感到无助、绝望。

(3)对电信诈骗的防范意识不足。学校经常召开防电信诈骗的宣传会,小霞觉得没有必要去,想当然地认为骗子骗术低级,这种事情不会发生在自己身上,导致对电信诈骗的防范意识不够。

(4)对自己的情绪觉察不够,导致缺乏辨别真假的能力。在和骗子沟通的过程中,小霞逐渐产生怀疑,但在骗子的操纵下无法进行冷静分析,最终一步步上当。另外,小霞自幼在农村长大,经历单纯,对社会的险恶了解不深,缺乏辨别真假的能力。

**【调节对策】**

(1)正确看待并接纳挫折。帮助小霞了解这些负面情绪的意义,肯定其"求财心切"的初衷是为了帮助家庭增加收入。从正向和长远的视角看待并接纳被骗的挫折经历,认识到它的发生是正常的,也是普遍的。应对挫折的方式有很多种,不只放弃生命这一种选择。在经历挫折后要有所成长,能吃一堑长一智也是挫折带来的财富。

(2)合力帮助小霞构建社会支持系统。学院辅导员了解情况后,迅速介入,在了解到小霞家庭的经济状况很困难后,辅导员给小霞介绍了国家助学金和勤工助学岗位。宿舍同学在宿舍长的带领下,在生活中更多地关心小霞,增强了小霞的集体归属感,使其在遇到大事之后有了支持和后盾。同时,也让小霞感受到师生的善意和集体的温暖。

(3)加强宣传,帮助同学们增强防范电信诈骗的意识,加强相关法制观念的学习。学校要加大宣传力度,使同学们的防范电信诈骗意识入脑入心。同时,要加强法制观念的宣传,提高同学们的法律意识,学会用法治精神分析问题、保护自己。

(4)教育小霞建立正确的劳动观,一分耕耘才能一分收获,要摒弃投机思想。

在学校多方的配合和关心下,小霞的情绪得以缓解,面对挫折的应对能力增强,生活逐渐恢复了平衡。

# 第六章　人际交往与心理健康

　　人际交往对每个人都非常重要。人是社会人,不能离群索居、孤立生活,必须与人交往。我们每个人,从小到老,从小学到中学,再到大学,每时每刻都在与人交往着。通过交往,人与人建立一定的关系,结成一定的群体,即人际关系。良好人际关系的建立与发展,要靠人际交往。在群体中人与人之间关系的好坏会明显地影响着个体活动的积极性和工作效率,大学生人际关系的好坏直接影响大学生的成长和成才,所以了解和探讨大学生人际交往的特点和发展规律是很必要的。

## 第一节　人际交往概述

### 一、人际交往的概念

　　人际交往,是指人与人之间通过一定方式进行接触,从而在心理和行为上发生相互影响的过程。它是在社会生活中,人与人之间的信息交流、心理交流与相互作用的过程,反映着人们寻求满足需要的心理和相互作用形成的情感联系。

　　**(一) 人际交往的特征**

　　人际交往具有两个最主要的特征:

　　一是信息交流。凡交往必须有人们之间的信息交流,如知识、经验的交流,以及需要、欲望、态度、情绪的交流。

　　二是交往必须有交往双方心理上的接触和相互作用。交往的双方都是活动的主体。从信息论的观点看,在交往中,发出信息者是主体,他发出的信息内容可以影响或改变信息接受者;信息接受者也是积极的主体,因为他不是被动地接受信息,他会注入新的信息,又返回影响信息的发送者。通过交往双方的相互作用实现着对观念、思想、兴趣、心境、情感、性格特征等的相互交流,相互影响,达到心理的交流。

　　**(二) 人际交往与人际关系**

　　人际关系是指人们在交往过程中结成的心理关系,它表现为个体所形成的对其他个体的某种心理倾向及其相应的行为。任何一种人际关系都包含着认知成分、情感成分和行为成分,其中,情感成分是人际关系的核心成分。人际关系的变化与发展取决于人际交往中双方社会需要的满足程度。如果双方在相互交往中都获得了各自的社会需要的满足,相互之间就能发生并保持一种亲近、信赖、友好的关系。反之,双方的关系就终止,发生疏远或敌对关系。

人际交往与人际关系是两个既有联系又相互区别的概念。人际交往是形成一定人际关系的前提,没有交往就不可能建立人际关系。交往使人们彼此传达思想、交换意见、表达情感和需要。反复多次的人际交往固化,就构成相对稳定的人际关系。人际交往和人际关系又各有侧重点和特定的内容。人际交往着重反映社会群体中人与人之间相互联系的过程和形式,人际关系则侧重反映交往联系后建立的各种心理状态和行为特征。

大学生人际交往是指大学生之间以及大学生与其他人之间沟通信息、交流思想、表达情感、协调行为的互动过程。

**(三) 人际交往的功能**

**1. 自我调节功能**

人的个性是在一定社会条件下,与人接触,参与社会实践活动,通过交往逐渐形成和发展的。正是交往才使人获得社会历史经验,掌握社会行为规范,不断进行自我调节,以适应社会生活的要求。例如,大学教师通过交往获得有关职称评定方面的信息,便可确定努力方向;通过交往获得有关专业学术动态方面的信息,便可主动调整自己的学习、科研活动;获得学生反馈信息,可以及时调整教学方面的内容和方法,以满足教学需要。

**2. 情绪互动功能**

人们需要交往,需要人际温暖,如同生物体需要空气、阳光和水分一样。这种交往与集群的需要在人的需要结构中占有十分重要的地位。如果阻断同一切人交往的可能性,人就会缺乏安全感,就会产生孤独和恐惧,就会感到似乎被这个世界所遗弃,非常痛苦。如果一个人退休后整天闷在家里,不进行必要的社交活动和信息交流,他就会感到寂寞、孤独、空虚、压抑,脑细胞会因之加快萎缩,寿命也会因之缩短。只有在广泛的交往中,彼此产生情绪互动作用,人们的郁闷情绪才能得到排遣,感情才能得到宣泄,思想才会感到充实,精神才能得到满足,否则,将被孤独、恐惧所吞噬。

**3. 人际协调功能**

人际交往是群体生活中不可缺少的调节工具。为了使群体内部各个个体之间保持和谐统一的工作氛围,为了使群体与外界环境之间保持协调,都需要依靠人际交往来了解外界环境变化的情报。充分的人际交往,能使群体中各种关系更加融洽,把各方面的力量汇集在一起,成为统一的力量。如果群体内部的人际交往不充分,人与人之间缺乏沟通,就容易产生误会,因而引发各种矛盾,破坏群体氛围,导致群体涣散。

4. 信息功能

人们之间的交往就是信息交流的过程,交往可以使人获得大量的信息资料。首先,在群体内部的交往,可以使人获得更多的信息,促进同事之间、师生之间、同学之间的了解,增进团结和友谊。对领导来说,通过交往可以了解下属的愿望要求、态度与干劲,以及个人之间、部门之间的关系等,有助于管理工作目标、制度的制定和各项工作的开展。其次,与群体外的交往可以获得大量的外界信息,如政府的政策、法律法规、市场行情,这是每一个个体对外界适应、生存、发展不可缺少的条件。在今天信息瞬息万变的社会,如果信息不灵,就会被竞争所淘汰。

## 二、人际交往的形式

人们交往的形式多样且极其复杂。根据我国学者近几年的研究成果,人际交往的主要形式主要有如下十个方面。

### (一) 直接交往与间接交往

两个人面对面地不通过任何媒介和中间环节进行的交往称为直接交往。一般来说,口头交往都属于直接交往,但也不尽然,如打电话托人转告信息,虽然都是通过口头进行的,但却是间接的。由于一个人的活动范围有限,间接交往就显得必不可少。不然,人际关系就只能局限在一个狭小的范围内。随着现代科学技术的进步,人与人的交往方式越来越朝着超时空的,以象征、符号进行间接交往的方面发展。

### (二) 口头交往与非口头交往

口头交往即使用语言作为符号系统的交往。人际交往中,主要的是口头交往,因为这种交往简便、迅速、准确,能使人的思想很快得到交流。但是,对于地处异地的亲友、两地分居的夫妻,非口头交往也经常被采用,如网络、短信、微信等。有时两个人朝夕相处,但由于羞涩、难堪等原因,也可能会靠书信等非口头手段来表露心曲。

### (三) 定向交往和随意交往

定向交往,即交往的对象、目的都十分明确、具体,如朋友之间、上下级之间、左邻右舍之间的交往。随意交往即交往的对象、目的不明确、不具体,如公共场所的交往,大家偶尔走到一起来了,既可以倾心相谈,也可以淡然处之。随意交往可以转化为定向交往。

### (四) 个性交往与非个性交往

人际交往总是以个人的身份进行的,因此,一般情况下人际交往都属个性交往。但是,需要个人参加的交往过程常常会出现在非个性的关系体系中,如某人以某一单位代表的身份与另一单位的代表进行交往,就同时存在非个性关系与个性关系。作为非个性关系,他不能违背这一单位的意图和设想;作为个性关系,他在交往中仍可体现自己独特的个性,或幽默风趣,或机警干练,或温文尔雅,或恢宏大度。一般来说,我们在工作中以团体名义进行的交往多属非个性交往,在日常生活中个人间进行的交往多属个性交往。

### (五) 实名交往与匿名交往

互相认识的人之间的交往为实名交往,互不认识的人之间的交往称为匿名交往。实名交往会缩短人与人之间的距离,减少一些繁文缛节,可以具体人具体对待,但是实名交往常常会把私人感情带到公共关系中去,给正常工作带来困难和麻烦。匿名交往较少卷入私人感情的纠葛,较能按照规章制度给予决断。但是匿名交往会带来较多的麻烦,如犯罪分子容易作案和逃匿,骗子容易行骗,一般人也容易做出越轨行为等,给社会管理、青少年教育等都带来了一定困难。

### (六) 适度交往和超度交往

在一定的社会环境中、人们之间的交往由于双方关系的深度、各自地位、个性及文化水平的限制,具有相对稳定的规范,这些规范制约着交往的频度,适应这一频度的交往为适度交往,超过一定的频度即为超度交往。除频度外还有向度、深度、广度,不同人之间的交往有不同的度。

### (七) 近体交往与远体交往

这里所说的近体,是指人面对面交往时的空间距离。国外学者对此进行了大量研究,认为不同性质的人际交往的空间距离是不一样的。他们把人与人之间的交往范围分为四个区:亲密区、个人区、社会区和公众区。处于亲密区时,互相间的距离约为一英尺半,如果谈话对方少于这个距离,要么关系十分亲密,要么双方会感到不自在。一英尺半到四英尺的距离为个人区,朋友之间非正式接触时一般保持在这个距离。四英尺到十二英尺为社会区,在办公室一起工作的人们总是保持这种距离交谈。十二英尺以上则是公众区的距离。非常正式的公开讲话或者人们之间极生硬的谈话,往往保持这个距离。当然,交往者的距离与个体的社会地位、彼此双方的关系以及不同民族的传统和文化习惯有很大的关系。

### (八) 积极交往与消极交往

在人际交往中有时双方的态度都很积极,双方都把对方当作知音,都有加深了解、倾吐衷肠的强烈渴求。但是,有一种情况是一方积极,另一方不积极,如到商店购物时,为了挑到一件称心如意的商品,你对售货员非常谦恭、客气,可她对你却冷若冰霜、爱答不理。还有一种情况是,双方对交往都持一种消极态度,但由于工作或生活需要却又不得不进行交往。

除了交往态度,交往的性质也有积极和消极之分,那些有助于人的心理健康和个性形成,有利于人的进步和事业的成功,能增进团结和友谊,使人愉快和欢乐的交往,都是积极交往。反之,则为消极交往。我们要发展积极的人际交往。

### (九) 奢华交往与淡泊交往

"君子之交淡若水,小人之交甘若醴"。交往,首先是思想上的沟通、精神上的满足,物质上的互通有无主要也是为这一目标服务的。由于受不正之风的影响,有些人在交往中兴起一种奢华之风,动辄盛宴招待、厚礼相赠,使人际间的交往染上了一股铜臭气。有的人在交往中奢华并非出于自愿,而是由于淡泊无以成事,不得已忍痛而为之。奢华交往与行贿受贿往往紧密相连,因为两人关系真正好,用不着奢华;关系一般而无所求时,没必要奢华。我们提倡交往中淡泊自守、平等相待。

**(十) 两人交往和多人交往**

人数多对人际交往也可能有很大影响。两人交往具有依赖性、对等性,相互间易于保密,一些问题也不易混淆。倘若再多一个人,变成三人的话,人际关系就由原来的一重变成三重,对等关系被破坏,情况就变得复杂起来。倘若四个、五个或更多的人同时进行交往,人际关系就会复杂得多,有人在其间起中介和联结作用,有人起分裂和离间作用。现代社会是个无限广泛联系的社会,人们的交往一般不限于两人之间,但两人交往却是人际关系最基本的结构。

## 三、人际交往的交互分析理论

物质和精神方面的需要固然是人际交往的驱动力,但人们的心理状态对交往的进程和结果的影响是很大的。加拿大精神科医生柏恩博士在其1964年出版的《人们玩的游戏》一书中从心理上分析人际交往这一复杂现象,提出了人际交往的交互分析理论。这种分析理论认为,个体的个性由三种比重不同的心理状态构成,这就是"父母""成人""儿童"状态。取这三者的第一个英文字母,parent(父母)、adult(成人)、child(儿童),所以简称人格结构的PAC分析。

"父母"状态以权威和优越感为标志,通常表现为统治、训斥、责骂等家长制作风。当一个人的人格结构中P成分占优势时,这种人的行为表现为凭主观印象办事,独断独行,滥用权威,这种人讲起话来总是"你应该……""你不能……""你必须……""成人"状态表现为注重事实根据和善于进行客观理智的分析。这种人能从过去存储的经验中估计各种可能性,然后作出决策。当一个人的人格结构中A成分占优势时,这种人的行为表现为:待人接物冷静,慎思明断,尊重别人。这种人讲起话来总是:"我个人的想法是……""儿童"状态像婴幼儿的冲动,表现为服从和任人摆布。一会儿逗人可爱,一会儿乱发脾气。当一个人的人格结构中C成分占优势时,其行为表现为:遇事畏缩,感情用事,喜怒无常,不加考虑。这种人讲起话来总是"我猜想……""我不知道……"根据PAC分析,人与人相互作用时的心理状态有时是平行的,如父母—父母、成人—成人、儿童—儿童。在这种情况下,对话会无限制地继续下去。如果遇到相互交叉作用,出现父母—成人、父母—儿童、成人—儿童状态,人际交流就会受到影响,信息沟通就会出现中断。最理想的相互作用是成人刺激—成人反应。根据PAC分析理论,人际交往存在着以下十种类型:

① PP对PP型。在这种类型中,甲乙双方都表现出一种颐指气使的武断,如

甲方说:"你把这任务完成一下。"乙方却说:"你不见我正忙着吗? 找别人去干吧!"

② AA 对 AA 型。在这种交流类型中,双方都能以理智的态度对待对方,如甲问:"你能把这项任务完成吗?"乙说:"如果没有什么干扰,我想是能够的。"

③ CC 对 CC 型。在这种类型中,甲乙双方都易诉之于感情。比如甲说:"过不到一起干脆离婚。"乙答:"离就离,谁离不开谁呢!"

④ PC 对 CP 型。在这种交流类型中,甲乙双方表现出权威和服从的行为,即甲方以长者自居对待乙方,乙方亦能服服帖帖。如甲作为上级对乙说:"这件事完不成要受批评。"乙作为下级回答:"真完不成,我甘愿接受批评。"

⑤ CA 对 AC 型。在这种交流类型中,一方表现为小孩子脾气,而另一方则表现为有理智的行为,这在同事之间、夫妻之间经常会发生。

⑥ PA 对 AP 型。在这种交流类型中,甲方表现为有理智,但又担心自己控制不住自己。为此,甲方经常要求乙方担作 P 的角色,起到对甲方的监督和防范作用。上下级、同事、夫妻之间经常会发生和利用这种类型的相互作用。

⑦ PC 对 AA 型。在这种交流类型中,甲要求乙方以理智对待他,但乙方则以高压方式对待甲方,这在上下级、同事之间经常发生。

⑧ CP 对 AA 型。在这种交流类型中,甲方理智,乙方却易感情用事,这种现象经常发生在不同人之间的交流中。

⑨ PC 对 PC 型。在这种交流类型中,一方采取命令式而另一方不服,也采取同样方式回应。这种交流方式必然会引起矛盾冲突。这经常表现在上下级、家长和子女之间。

⑩ CP 对 CP 型。在这种交流类型中,甲乙双方都把对方作为权威看待而表现出一种服从的意向,这在同事和朋友之间经常发生。

了解 PAC 分析理论,有助于我们在交往中有意识地觉察自己和对方的心理状态,作出互补性或平行性反应,使信息得以畅通。倘能在交往中把自己的情感、思想、举止控制在成人状态,以成人的语调、姿态对待别人,给对方以成人刺激,同时引导对方也进入成人状态,作出成人反应,就会有利于建立互信、互助关系,保持交往关系的持续进行。国外相关机构对管理人员进行 PAC 分析理论教育,帮助他们了解人们在相互接触中的心理状态,取得了良好的效果。

### 四、人际交往的规律——人际吸引规律

人际吸引是指在人际交往过程中所形成的对他人的一种特殊形式的社会态度,是个体对他人给予积极和正面评价的倾向。在人际吸引中占主导成分的是人的感情。

#### (一)邻近律

邻近律指人们生活空间上的距离越小,双方越容易接近,彼此就越容易相互吸引,这一规律也称为时空接近原则。"远亲不如近邻"就是邻近律的具体体现。

邻近律的发生不是无条件的,在以下两个条件的作用下,邻近律才能发挥作用:第一,交往频繁;第二,产生积极的交往体验。

邻近律在人际关系建立之初,所起到作用较大,随着交往的深入和彼此了解的加深,邻近律对人际吸引的作用将逐渐减弱。

**(二)相似律**

相似律指人们在交往过程中,如果双方或几方在年龄、职业、性别、社会地位、文化程度,尤其是认识态度上具有某种一致性和相似性时,容易相互吸引。相似性的因素很多,包括文化背景、民族、年龄、学历、修养、社会地位、职务、思想成熟水平、兴趣、态度、观点、专长等方面。

**(三)互补律**

互补律是指在交往过程中,当双方的需要和满足途径正好成为互补关系时,会产生强烈的人际吸引。也就是说,交往的双方,当一方所具有的品质和表现出的行为正好可以满足另一方的心理需要时,前者就会对后者产生吸引力。但并非所有的相反特征都能互补。"郎才女貌,男刚女柔"就是互补律的具体体现。

**(四)对等律**

对等律是指人们在社交中常具有这样的心理倾向,即喜欢与那些同样喜欢自己的人交往。如:"敬人者,人恒敬之;爱人者,人恒爱之。"

**(五)个性吸引律**

个性吸引力主要包括外表、性格和能力。

1. 外表

亚里士多德曾说:"美丽是比任何介绍信更为伟大的推荐书。"美国社会心理学家西格尔(H. Sigall)等人通过实验发现,外貌与交往的关系密切。

2. 个性

个人的吸引力最根本的还在于一种使人喜爱、仰慕并渴望接近的个性品质。美国心理学家安德森(N. H. Anderson)在1968年曾经进行了一项研究,他将555个描绘个性品质的形容词列成表格,让大学生被试按照喜欢程度由高到低顺序排列。结果被大学生列为最喜欢的品质、最不喜欢的品质和中间品质的前19个个性品质排列见表6-1。

表6-1　个性品质形容词排列

| 令人喜欢的个性品质 | 中间品质 | 令人不喜欢的个性品质 |
|---|---|---|
| 真诚 | 固执 | 古怪 |
| 诚实 | 刻板 | 不友好 |

续 表

| 令人喜欢的个性品质 | 中间品质 | 令人不喜欢的个性品质 |
|---|---|---|
| 理解 | 大胆 | 敌意 |
| 忠诚 | 谨慎 | 饶舌 |
| 真实 | 易激动 | 自私 |
| 可信 | 文静 | 粗鲁 |
| 智慧 | 冲动 | 自负 |
| 可信赖 | 好斗 | 贪婪 |
| 有思想 | 腼腆 | 不真诚 |
| 体贴 | 易动情 | 不善良 |
| 热情 | 羞怯 | 不可信 |
| 善良 | 天真 | 恶毒 |
| 友好 | 不明朗 | 虚假 |
| 快乐 | 好动 | 令人讨厌 |
| 不自私 | 空想 | 不老实 |
| 幽默 | 追求物欲 | 冷酷 |
| 负责 | 反叛 | 邪恶 |
| 开朗 | 孤独 | 装假 |
| 信任 | 依赖别人 | 说谎 |

　　黄希庭教授于1983年主持"关于大学生班集体人际关系的心理学研究"的课题,运用社会测量、访问、观察等方法对21个班级进行人际吸引的研究,发现每个班级内部有少数人缘型学生和嫌弃型学生。人缘型学生是最受欢迎的人,一个30人左右的班级内有2—3个人缘型学生。他们的个性品质见表6-2和表6-3。

表 6-2 人缘型的个性品质

| 次序 | 个 性 品 质 | 人数(个) | 百分比(%) |
|---|---|---|---|
| 1 | 尊重、关心他人,对人平等,一视同仁,有同情心 | 39 | 100 |
| 2 | 热心班集体活动,对工作热情,责任心强 | 37 | 94.9 |
| 3 | 持重、耐心、忠厚老实 | 37 | 94.9 |
| 4 | 热情、开朗,喜爱交往,待人真诚 | 36 | 92.3 |
| 5 | 聪颖,善于独立思考,成绩优良且乐于助人 | 35 | 89.7 |
| 6 | 重视自己的独立性格和自治,有谦虚的品质 | 35 | 89.7 |
| 7 | 有多方面的兴趣和爱好 | 20 | 51.3 |
| 8 | 有审美的眼光和幽默感 | 15 | 38.5 |
| 9 | 温文尔雅,仪表美 | 5 | 12.8 |

表 6-3 嫌弃型的个性品质

| 次序 | 个 性 品 质 | 人数(个) | 百分比(%) |
|---|---|---|---|
| 1 | 自我中心,不为他人的处境和利益着想,忌妒心强 | 55 | 100 |
| 2 | 对集体工作漠不关心、敷衍了事,缺乏责任心 | 55 | 100 |
| 3 | 虚伪、不诚实,固执,爱吹毛求疵 | 50 | 90.9 |
| 4 | 不尊重他人,操作欲、支配欲强 | 45 | 81.8 |
| 5 | 对人淡漠、孤僻、不合群 | 45 | 81.8 |
| 6 | 有敌对、猜疑和报复的性格 | 43 | 78.2 |
| 7 | 行为古怪、喜怒无常、粗鲁、粗暴、神经质 | 39 | 70.9 |
| 8 | 狂妄自大,自命不凡,浮夸 | 38 | 69.1 |
| 9 | 学习成绩好,但不肯帮助他人,甚至看不起他人 | 35 | 63.6 |
| 10 | 自我期望很高,小气,对人际关系过于敏感 | 30 | 54.5 |

续　表

| 次序 | 个　性　品　质 | 人数(个) | 百分比(%) |
|---|---|---|---|
| 11 | 势利眼,想方设法巴结领导,而不听取群众意见 | 30 | 54.5 |
| 12 | 学习不努力,无组织纪律,不求上进 | 24 | 43.6 |
| 13 | 兴趣贫乏 | 18 | 32.7 |
| 14 | 生活放荡 | 8 | 14.5 |

3. 能力

一个人的能力大小与使他人喜欢程度的高低有着密切的关系。一般来说,人们比较喜欢聪明能干的人,特别是有某些特长的人,会增加人际吸引力。追星族就是典型的对他人某方面能力和特长的极度崇拜。同时,能力或才华与外貌具有互补性。一个长相一般甚至丑陋的人,如果其才华出众,或者具有某方面的特长,其能力因素就会起主导作用,产生人际吸引,而其相貌劣势可以被忽略或接受。

1966 年,美国社会心理学家阿伦森(E. Aroson)进行了一项实验。他让被试听录音,录音带有四种声音,显示出四种不同能力条件的人:A. 能力超凡的人;B. 能力超凡但犯了错误的人;C. 能力平平的人;D. 能力平平又犯了错误的人。结果发现,最受欢迎的人是第二种,最不受欢迎的人是第四种。

实验揭示了生活中常见的一种心理现象:对一个有能力的人来说,偶尔的小过失并不会使他失去吸引力,反而使他更接近普通人并受到人们的喜爱。

### 五、影响人际交往的心理因素

除了客观环境、个人地位、生态距离等因素会影响人际交往的进行外,还有以下几种心理因素会影响人们在交往过程中相互理解、相互感知。

#### (一)首因效应

首因,即最先的印象,或称第一印象。人们初次见面时产生的印象称第一印象,第一印象非常重要,往往会影响对人以后一系列行为的解释,这就是我们常说的"先入为主"。人们初次相遇,总要首先观察对方的相貌、身材、衣着、举止及其他可察觉到的反应,然后根据观察到的印象对对方作出一个初步的评价,虽然第一印象是在很短的时间内根据有限的、表面的观察资料所得出来的,但由于它的新异性和双方鲜明的情绪色彩,却能在人的脑海中留下深刻的烙印。第一印象有时和一个人的气质相吻合,有时和一个人的气质大相径庭。不同的人会对同一个人产生不同的第一印象,如对一个蓄长发、留胡须的男青年,有的人认为他流里流气,有的人却觉得他很时髦。因此,我们在交往中要尽量避免受第一印象的影响,要把第一印象作为一种信息储存在脑子里,不要急着对一个人作出结论,要想对一个人理解得准确,有待于交往的进一步深化。"路遥知马力,日久见人心"不失为一个真理。同时,我们在人际交往过程中,应该努力给人留下一个良好的第一印象。美国学者伦纳德·祖宁(Leonard Zunin)博士在他所著的《接触:头四分钟》一书中指出,结交新认识的人时,头四分钟至关重要。为了给对方一个好的第一印象,他认为结交新朋友时,起码要高度集中精神四分钟,而不应一面与对方交谈,一面东张西望,或另有所思,或不断匆匆地改变话题,致使对方不悦。教师给学生的第一印象,对教师威信的形成有重大影响。因此,每个教师都要尽力给学生留下良好的第一印象。

**(二)光环效应**

光环效应又叫晕轮效应。指的是在人际交往中,人们常从对方所具有的某个特性泛化到其他有关的一系列特性上,从局部信息形成一个完整的印象,以偏概全,以点概面,认为这个人一切都很好或一切都很差,形成了某种成见,好像月晕一样,把月亮的光扩大化了。产生晕轮效应,是由于在人际交往中掌握有关对方信息资料很少的情况下作出总体判断的结果。晕轮效应往往会影响到人们的相互交往。如在一个集体里,当你对某人印象好时就觉得他处处顺眼,"爱屋及乌",甚至他的缺点和错误也会觉得可爱;当你对某人印象不好时,就觉得他处处不顺眼,"憎人及物",对其优点和成绩也视而不见。这种心理状态必然会影响到人际关系的融洽与和谐。

**(三)刻板印象**

刻板印象是指由于受社会影响,对于某个人或某一类人、事物产生的一种比较固定、概括、笼统的看法,也叫定型化效应。主要表现为:在人际交往中机械地将交往对象归于某一类,不管他是否呈现出该类人的特征,都认为他是该类人的代表,进而把对该类人的评价强加于他。例如,在人们脑子里,知识分子书生气十足,工人粗犷豪放,会计师精打细算,教授必然白发苍苍。方下巴是坚强意志的标志,宽大的前额象征智慧,胖人心地善良,厚嘴唇则忠厚老实等等。社会刻板印象在人际交往中有利有弊。一方面,它会导致在认识别人过程中的某种程度的简化,有助于人们对他人作概括的了解;另一方面,倘若在非本质方面作出概括而忽视了人的个别差异,就会形成偏见,作出错误的判断。在人际交往中必须克服上述心理偏见,要辩证地、发展地、全面地、历史地观察和了解一个人,要加强相互间的交往,提高对人对事认识的广度和深度,从而提高交往的水平。

**(四)投射效应**

投射效应是把自己所具有的某些特质投射到他人身上的心理倾向。所谓"以小人之心度君子之腹"反映的就是投射效应的一个侧面。

一般来说,投射可分为两种类型:一种是指个人没有意识到自己具有某些特性,而把这些特性加到了他人身上。例如,一个人对某人有敌意就总感觉某人对自己怀有仇恨,似乎对方的一举一动都有挑衅的意思。另一种是指个人意识到自己的某些不称心的特性,而把这些特性加到他人身上。例如,考试时,有些同学作弊,他认为别的同学也在作弊,如果自己不作弊就吃大亏了。

**(五) 近因效应**

近因,即最后的印象。近因效应是指最后的印象对人们认知具有的影响。最后留下的印象,往往是最深刻的印象。近因效应和首因效应不是对立的,而是一个问题的两个方面。在大学生的人际交往中,第一印象固然重要,最后的印象也是不可忽视的。一般而言,在对陌生人的认知中,首因效应比较明显;对熟人的认知,近因效应比较明显。这就告诉我们,在与他人进行交往的过程中,既要注意平时给对方留下的印象,也要注意给对方留下的第一印象和最后印象。

**(六) 定势效应**

定势效应是指由于人们头脑中存在着某种想法,而影响着对他人的认知与评价。在人际交往中,当我们认知他人时,常常会不自觉地产生一种有准备的心理状态,并从这种心理状态出发,按照事物的一定外部联系进行认知和评价,于是也就产生了定势效应。定势效应在某种条件下有助于我们对他人作出概括的了解,但往往会产生认知的偏差。例如:城市来的学生会认为农村来的学生孤陋寡闻,但比较朴实、忠厚、能干;而农村来的学生则认为城市来的学生见多识广,但比较小气、狡猾、不太实在。男生认为女生心细、胆小、娇气;女生认为男生胆大、心粗、傲气。

# 第二节　大学生人际交往的类型和特点

## 一、大学生人际交往的基本类型

大学四年,大部分学生有三分之二的时间生活在集体中,因此,人际交往是复杂多样的。大学生的人际交往是由同学交往、师生交往、同乡交往、舍友交往、恋人交往等错综复杂的人际关系组成的。

**(一) 同学交往**

同学是大学生人际交往的主要对象。大学生的同学关系总体上是和谐的、友好的,且具有亲情化的趋势。在大学校园里,常常可以看到三三两两的大学生结伴而行,逛街、吃饭、看电影等,课余生活很丰富。大学生都十分重视同学关系,崇尚相互帮助、相互照顾、相互倾诉的学友情谊。尽管有时候也会和某个同学闹点小矛盾,但通常能够理性地解决问题,很快恢复友谊。现今大学生的交往称呼世俗化的特点,更侧重个人亲情性交往倾向。例如,关系亲近的同学经常用"哥们儿""姐们儿"等相互称呼;在社团活动中,组织者常用"兄弟们多帮忙"之类的话来调动参与者的积极性等。

### （二）舍友交往

舍友关系是同学关系的一种,但又具有一些特殊性。室友都喜欢按年龄大小排行,于是有了"老大""老二""老三"等的称呼,使寝室像个大家庭。宿舍生活是大学生活中不可缺少的一部分,关系处理好了,大家生活得都愉快,而且可能是一辈子的知己。宿舍是大学生放松与休闲的主要生活空间,和谐的宿舍心理环境对大学生的成才成长、健全人格的形成以及心理健康等都具有重要影响。大学生宿舍和谐的心理环境具有的特征是:宿舍成员具有强烈的宿舍集体意识,积极互动与沟通,相互进行情感支持,积极应对宿舍问题,宿舍充满积极向上的正能量,宿舍内部形成具有一定约束力的秩序规范。

### （三）师生交往

老师与学生是大学校园里的两大基本群体。师生关系是大学生人际关系中的重要内容。高校里的师生关系交流较密切的多是学生与辅导员、班主任与之间的关系,许多学生遇到个人的心理问题、情绪问题、交友问题、恋爱问题等会寻求辅导员、班主任的帮助。由于大学里上课的特殊性,学生们只有遇到"功课""学分"等与学习、考试有关的问题时才会寻求任课教师的帮助。

### （四）同乡交往

同乡关系主要是因地域相同或接近而结成的人际关系。在一所大学里,学生们都来自不同地域,有不同的家乡文化。来自相同地域的学生有着共同的语言习惯和生活习惯,尤其是刚入学的大学新生,在人生地疏的环境中,很容易在同乡之间形成更加密切的人际关系。

### （五）恋人交往

处于青春期的大学生,由于生理上的成熟和心理上的发展,产生了对爱情的向往和关注。同时,大学生的年龄相仿,学习、生活朝夕相处,交往密切,容易发展成恋人关系。恋人之间的交往,可以满足大学生的情感需要。

## 二、大学生交往的方式

随着社会交往内容的扩展、范围的拓宽,大学生相互交往的方式从单一向多样化发展。目前,大学生交往的方式有学习、聊天、通信、参加文体活动、郊游、联欢、沙龙聚会、社团活动、社会实践、军训等。

### （一）学习

学习活动是大学生交往的主要方式,它主要是通过课堂讨论上的双方应答,自习中的互相帮助,实验和实习活动中的相互配合、鼓励以及对优异成绩追求的竞争中表现出来。这些以学习为核心的活动往往被一些人排除在大学生社会交往的方式之外,这显然是不恰当的。我们认为,大学生的社会交往是以学习为中心的,是包括了学习在内的全部大学生生活的。

### (二)沙龙聚会

沙龙聚会是近年来在高校中发展起来的一种活泼的大学生相互交往方式。大多数沙龙都有一定的主题,有的叫文艺沙龙,有的叫演讲沙龙。

通过沙龙活动,彼此在思想上或情感上获得理解和沟通。也有些沙龙没有恒定的主题,而以某种时尚的饮品为手段,成为一些非正式团体成员和好友交往的好方式。

在大学生活中还有一种更常见的沙龙,就是宿舍聊天。宿舍聊天无论是所聊的内容、所聊的时间以及对大学生彼此间的影响程度,都不亚于任何一种沙龙。而且,在一定的时间内会紧紧围绕一个主题而展开,恋爱观和时政是它的两个永恒的主题。

### (三)文体活动

这是一种大学生经常性的社会交往方式。文体活动的内容很广泛,包括各种球、琴、棋、书、画活动,各种舞会和歌咏活动、郊游、联欢等。

### (四)社会实践

社会实践作为一种交往方式,除了大学生内部的相互交往,更多的是大学生与社会其他人员的相互交往。例如,通过军训使大学生与部队官兵发生相互交往,是让大学生了解军旅生活,加强组织性、纪律性的一种好方式。通过下工厂、农村实践活动,使大学生与工人、农民打成一片,并受到他们良好品质的感染与熏陶。

### (五)通信

通信非常便捷,因而成为大学生人际交往、信息沟通的一种常用手段,它可以扩大人们交往的范围,使间接的人际关系不断持续下去。

## 三、大学生人际交往的特点

### (一)交往动机具有迫切性,急需建立良好的人际关系

大学生自我意识逐渐成熟,对社会的参与意识增强,使其急于让他人了解和承认自己,期望得到他人的理解、关心和尊重,同时,大学生也有急于了解社会和他人的强烈愿望。他们普遍希望通过交往获得友谊。特别是大学新生,由于是首次离开家庭,使他们产生孤独感,为摆脱孤独,他们急于与人交往。在交往中十分注重情感的交流,有时甚至以感情代替理智。例如,一位大学生仅仅因为同乡被人欺负而与人大打出手。同时,他们也希望通过交往获取更多的信息,拥有行为的参照对象。

### (二)交往的对象以同龄人为主,避免代沟的产生

大学生重视同龄人之间的横向交往,由于成人感和独立性增强,忽视非同龄人之

间的纵向交往,造成所谓的"代沟"心理定势。一项调查表明:当遇到有趣的事或烦闷、苦恼的事时,首先告诉的人是同伴的大学生高达76.6％,初中一年级为61.6％,小学二年级为54.4％。大学生喜欢与同龄人交往的原因,是因为他们在生理上、心理上有更多的相似之处,有共同的理想、爱好,能相互理解和帮助,可共同探讨人生,分担忧乐。

**(三) 交往的内容丰富,形式多样,范围广泛**

由于大学生思想活跃,兴趣广泛,他们交往的内容十分丰富。内容涉及政治、经济、文学、艺术、体育、学习、娱乐、个人情感等方面的知识。不仅在本系、本专业内交往,还与外系、外专业的人交往。交往形式多样,除了面对面的交流,还通过手机通话、短信、QQ、博客、E-mail、微信等媒介进行交流,交往的方式更加多元。新媒体使大学生的交往更加便利、沟通更加迅捷,扩大了大学生人际交往的范围。在方便快捷的同时,使有些人产生了网络依赖症,减少了现实的人际交往,从而产生了孤独、寂寞感,也使有些人的语言表达能力退化,现实人际交往能力弱化,对人际交往产生恐惧感,从而引发人际关系紧张。

**(四) 交往的标准相对简单**

最重视的是个性品质,其中以"真诚"为首位。据调查表明,大多数大学生把"诚实坦率"(64.8％)和"品德高尚"(60.5％)作为选择朋友的首要标准;其次是"聪明、才华和富于创造精神"(43.9％);最后是性格方面的特点,如"尊重别人""重友谊""兴趣广泛""助人为乐""风趣幽默"等。大学生对人缘好、讨人喜欢的学生和人缘差、令人讨厌的学生评价往往以个性特征为依据。认为"人缘型"学生尊重、关心他人,对人一视同仁,富有同情心;热心班级集体活动,工作负责任,持重,有耐心,忠厚老实;热情开朗,待人真诚等。而"嫌弃型"学生则具有相反的品性。

## 四、大学生的三类朋友圈

大学生的朋友圈主要有三类:地缘圈、业缘圈和趣缘圈。

**(一) 地缘圈**

因为地缘的先赋特征,尽管他们原来互不相识,但由于一种相对共同的生活背景和文化背景,特别是刚入大学时由于语言相近,使地缘相近的同学间很快交成朋友。在地缘圈中,最为常见的形式是同乡会。同乡会在不同的城市和院校分为不同的层次,其中以文科和综合性重点大学为多,也有以某中学为核心的校友会。

地缘型人际关系的密切程度取决于三个变量:一是关系的密切程度与地域的远近有关。地域越小,关系越密切,彼此间共同的东西越多。二是与他们所处的生活环境有关,乡情随离开家乡的远近而增减,与所处的地域大小成正比。三是与专业异同有关,一般专业较近的同乡间关系更密些,因为增加了一层业缘关系。

地缘圈能满足交友需要,有助于交流信息,促进合作,互相帮助,但在参与大群体活动时,地缘圈易形成小帮派。在处理同乡与他人关系时,也易感情用事。因此,在大学中要适当引导,并加以必要的控制。

**(二) 业缘圈**

业缘圈是以所学专业为纽带形成的人际关系圈。业缘圈有不同的层次,其中以师生关系、同班同学为核心。师生关系圈的亲密程度受到下列三个因素的制约:第一,教师的知识量,学生喜欢知识渊博的老师。第二,师生间的教学协调,这包括教学方法和考试方法。大学生喜欢既能体现学习中的公平竞争而又不使学生为难的教师。第三,情感认同。大学生喜欢那些敢于发表自己的观点,有一定眼光,和学生有一定专业外的共同语言的教师。

同班同学较师生关系更为密切。因为他们在一起共同生活了若干年,而且今后要么成为业务合作的好伙伴,要么成为竞争对手,这种关系一直会维系到终生。因此,同班同学圈是大学生的第一关系圈。

业缘圈有四个特点:一是后天获取性。大学生的业缘圈是在后天学习专业知识中形成的。二是以专业为纽带。三是相对稳定性。他们无论在大学阶段或在今后的工作中,都有可能保持相同或相近的职业。四是合作性与竞争性。同一专业的同学会因为攻克共同的专业课题而协力合作,形成所谓的科学共同体,同时,由于他们在共同的专业圈中从事相同或相近的研究,因此,谁先有所发明,就要通过竞争来体现。

**(三) 趣缘圈**

趣缘圈是以兴趣爱好为主而结成的大学生人际关系圈。实际上,专业兴趣所形成的业缘圈也属于趣缘圈,为了区别起见,这里的趣缘圈专指以各种业余兴趣爱好所结的缘。如各种球队、各种棋牌协会、科技类的电子协会、航空协会等,是大学生社交圈中最广泛的圈子,而且越来越成为一种发展趋势。

## 五、大学生人际交往的原则

大学生的人际交往并非七拼八凑的,而是依据一定的指导思想,并在一定原则支配下进行的。大学生人际交往的基本原则包括以下四条。

**(一) 平等尊重原则**

平等尊重是人们进行交往的基本前提,也是大学生进行人际交往的重要原则。大学生由于自我意识提高,他们形成了强烈的自尊心,特别注重人格平等,希望得到别人的尊重,任何以强欺弱、盛气凌人的做法,都将严重阻碍人际交往的进行。在交往中不干涉他人的私事,特别是对同学隐私的保密,对同学信件、日记的保护。同时,还要做到自尊、自重。

**(二) 互利互惠原则**

人们在交往中之所以要互利互惠,这是与人们的交往动机和交往目的分不开的。人们交往的动机在于使社会了解自己，承认自己，同时获得个体所需要的利益，交往所追求的目的就是维持一种"我为人人，人人为我"的互利关系。交往双方若在满足对方需要的同时，也得到了对方的报答，人际关系就能继续发展；若交往只想获得而不给予，人际关系就会中断。互利互惠性越高，交往双方的关系就越稳定和密切；反之，交往双方就疏远。所以，交往双方都必须尊重互利互惠的原则。这种互利互惠包括物质、精神、文化三个方面。对大学生来说，主要的是在精神、情感、文化方面的互相奉献。

**（三）信用原则**

信用本是中华民族最古老的传统，它和忠诚一样受到人们的推崇。它要求人们在与他人交往中，说真话，言必信，行必果。一个人能否守信用，可以通过相互交往得到检验。守信者能交真朋友、好朋友，不守信者只能交一时的朋友。交友取信的准则有四个方面：一是守信，有约必按时到，借物按时还；二是信任他人，不乱猜疑；三是不轻易许诺，不大包大揽，实事求是；四是要有自信心，待人诚实，不搞虚假，不做表面文章，更不背后搞小动作。

**（四）相容原则**

相容原则是指在人际交往中对于非原则性的问题，对于遇到的冲突、矛盾要有耐心，持宽容、忍让态度，不要用"放大镜"来照对方的不足之处，而应以豁达、宽容和开阔的胸怀来容纳别人的缺点。社会越是发达，社会中的价值体系越是多元化，也必然引起个体间的冲突增多，要想求同，只能"兼收并蓄"，也就是相容。

# 第三节　大学生人际交往中常见的问题及调适

## 一、大学生人际交往中的常见问题

当代大学生具有思想活跃、崇尚自由、兴趣广泛、勇于接受挑战、竞争意识和独立意思较强的个性特点，在生活中希望被人接纳和认可。当代大学生的亲密人群以同学和朋友为主体，愿意与同学和朋友分享情绪，倾诉交流，同时，他们自我中心感强烈，不会控制负面情绪，追求独立却难以摆脱对家庭的依赖，张扬个性有时却显得叛逆，乐于助人但又常常显得缺乏责任心。大学生人际交往中存在的主要问题是：

**（一）自我中心**

当代大学生在人际交往中更习惯于从自己的立场、观点去对待周围的人和事，对别人期望过高，要求过严，而对自我要求过低。因而，在与朋友、同学、老师相处的过程中，他们经常以一种"自我中心"的心态去要求别人，却很少去体会别人的感受,在交往过程中缺乏与人合作的观念和换位思考的能力,经常以自己的思想、情感和需要为出发点,不顾及别人的感受,这种自我为中心的态度,给他们的人际交往造成一定的负面影响,以至于部分大学生很难真正适应大学的环境和集体生活。

### (二) 功利化

随着我国市场经济体制改革的不断深入与深化,面对着激烈的竞争和就业压力,越来越多的大学生注重人际交往的物质实惠。"有用即真理"的实用功利价值观在当前部分大学生人际交往中占有一定的市场。部分大学生在与别人交往时,只关心自己的需要和利益,强调自己的感受,把别人看作达到目的、满足私欲的工具。个别大学生甚至将功利主义作为人际交往的指导思想,表现出了有用的人才交、无用的不交,用处大的深交、用处小的浅交的交往观念。

### (三) 虚拟淡漠化

在信息网络时代,生活网络化已经成为当代大学生的新特征。网络聊天已经成为当代大学生构建人际关系的主要方式,在公共场所经常可以看到面对移动QQ、微信等发短信的大学生。虚拟的网络空间为大学生多种角色的扮演提供可能性,产生了"网络新生活方式"。但是,由于大学生对网络缺乏自控能力,容易沉溺于网络虚拟的优越感与成就感中,产生心理上的依赖,迷失"现实角色"并使得正常的人际交往得不到保障。大学生所乐于"织围脖""晒生活"的网络交流方式虽然为其人际交往提供了相对充足的信息交流的机会,但是同现实中"面对面"信息交流相较而言,网络传递的信息缺乏情感性,使大学生离开网络就无话可说,无题可想,进而导致人际关系的恶化,表现为他们成为"网络上很活跃,现实中很内向"的人际矛盾体。对信息网络的依赖减少了当代大学生在现实中与人交往的机会,容易导致现实中人际关系的淡漠,造成现实中人际交往的障碍。

### (四) "宅化"及自我封闭

当代大学生大多数是独生子女,他们在成长过程中生活环境的单一性、交往群体的限制性,使他们在社会生活中缺乏人际关系的相关训练环境,表现为难以处理人际关系和融入社会生活。当面临社会交往的困难时,一些大学生越来越依赖互联网上的社群认同感,越来越爱生活在自己感兴趣的小圈子里,导致"宅化"的快速流行,产生了"宅男""宅女"现象。调查表明:73%的大学生在业余时间喜欢待在家里沉迷于自己的兴趣爱好中,睡觉、上网、叫外卖构成了他们生活的常态,他们完全生活在一个相对孤立的生活环境中,容易形成孤僻、焦虑、感情淡漠等负面情绪,从而使自己的人际关系处于紧张之中。

## 二、大学生人际交往中的不良心理

由于受到各种因素的影响,大学生在人际交往中会遇到一些问题,而产生这些问题的客观因素固然不可否认,但主观因素还是主要的,特别是大学生的一些不良心理。

**（一）猜疑心理**

猜疑心理的产生主要源于对环境、对他人甚至对自己的不信任,在特别注意留心外界和别人对自己的态度的基础上无限度地夸大事实,认为人人都不可信、不可交。一个人一旦对他人产生猜疑,必定会由怀疑别人发展到自己心存疑惑,从闷闷不乐到自卑、怯懦、消极,不仅会拉大与他人间的心理距离,损害正常的人际关系,也会影响个人的身心健康。有猜疑心理的大学生应多看到事物阳光的一面,不要盯着一些细枝末节不放,同时,多参加丰富多彩的校园文化活动,培养乐观开朗的性格。

**（二）嫉妒心理**

嫉妒心理表现为对他人的长处和优势、荣誉和成绩十分不满,抱有憎恨情绪,冷嘲热讽。"尺有所短,寸有所长",每个人都有自己的优点,当嫉妒心理萌发或有一定表现时,大学生要积极主动地调整心态,理性地认识自己与他人,将嫉妒变为催人上进的一种力量。

**（三）愤怒心理**

一方面,大学生年轻气盛,愤怒心理比较常见的表现是以激烈的言辞和肢体语言表达不满,这样容易刺伤自己也刺伤他人,严重时会失去理智,后果无法挽回。另一方面,极力地压制愤怒情绪也是不可取的。大学生应当清醒地认识愤怒,以暂时转移注意力、通过正确的途径发泄等方式合理宣泄愤怒情绪,保持心平气和的态度处理人与人之间的关系。

**（四）恐惧心理**

大学生在人际交往中害怕暴露自己的缺点,生怕自己"出丑"惹人笑话,感到紧张、担心和害怕,以至于手足无措,语无伦次,于是从心理抵触、拒绝参加集体活动。要克服恐惧心理首先要放松心态,客观地认识自己与他人,同时,通过学习提高综合素质,树立自信,循序渐进地改善社交质量。

**（五）孤独心理**

孤独是一种丧失和不满的感觉,孤独者宁肯独处也不愿意与别人交往。这些同学在学习上、生活上或家庭问题上遇到了困难,从来不对别人讲,他们内心的冲突与困惑不向别人流露,把自己隐藏起来,封闭自我。长期的孤独使内心压力越积越大,还会影响身心健康。

有些同学把孤独和独处混为一谈,独处是指身体上离开了其他人,而心理上未必不快乐;孤独是指心理体验,即便没有离开人群,但内心的体验仍是不快乐和寂寞。因此,大学生可以允许自己有时去享受独处,但不应让自己孤独,要走出封闭的自我,享受与人交往带来的快乐与成长。

### （六）自卑心理

大学生人际交往中常见的社交自卑感，一种表现为忧郁、孤僻、退缩、避让，不敢主动交往，怕当众出丑，怕失去自尊与面子；另一种则表现为过分地争强好胜，因怕暴露内心的软弱和自身某些欠缺，而总喜欢采取一副盛气凌人的样子来加以掩饰。大学生的成功欲望非常强烈，在做一件事前满怀信心，但因对失败没有心理准备，一旦出现差错，遇到困难和挫折，便灰心丧气，产生自卑。在日益开放、竞争激烈的现代社会，社交自卑感是影响大学生成功的最主要的心理障碍之一。

除了上述不良心理外，大学生在人际交往中还会出现的不良心理有自傲心理、自恋心理、害羞心理、刻板心理、逆反心理、自私心理、虚假心理、支配心理、敌视心理、敏感心理等，这些不良心理会影响大学生人际关系的建立和发展，日常社交中要多加识别，并积极主动地调整自己的心态，使自己的人际关系不断优化。

## 三、大学生人际关系的优化

### （一）掌握人际沟通的方法与技巧

#### 1. 运用人际交往的心理效应

运用首因效应，在与人沟通时注意自己的内在、外在形象，给别人留下好的第一印象，为以后交往打下良好的基础。但要注意，第一印象不一定是真实可靠的，避免僵化地按第一印象看人，要用全面、发展的眼光看人。运用近因效应，尽快增加与周围同学的交往，建立新的人际关系。避免刻板印象，不对他人产生"先入为主"的成见。警惕投射效应，在对别人不了解的情况下使用投射效应，以己度人，容易引起误解，甚至产生人际冲突。

#### 2. 学会赞扬他人

人类本质里最殷切的需求就是渴望被人肯定。在肯定别人时一定要注意实事求是、措辞适当；学会借用第三者的口吻赞美他人、间接地赞美他人；赞扬时要热情具体；把赞美用于鼓励；赞扬的频率要适当，太频繁和太稀少都不好。

#### 3. 积极倾听

积极倾听不仅可以获得信息，加深对别人的了解，而且可以激发对方的谈话热情，有助于对方把想法尽可能完整、准确地表达出来。在交谈中积极的倾听必须做到以下两点：第一，当对方谈话时，自己要全神贯注，不要因主观或者客观原因分心造成听而不闻、视而不见，这是对对方不尊重的表现。如果一个人东张西望、左顾右盼、心不在焉，肯定会影响对方谈话的兴趣。还有一些人一面看报纸、手机，一面跟别人交谈，或者做一些不必要的小动作，这些不良习惯都会冲淡交谈的气氛，影响正常的人际交往。第二，当别人讲话时不要轻易插嘴，更不要无故打断别人的谈话。此外，最好加上微笑、点头以及目光反馈等鼓励的行为语言，使对方感到你的专注与认真。

### 4. 主动交往

人们不能主动交往主要有三个方面的原因：一是缺乏信心，担心自己的主动不会获得别人的应答，从而造成难堪的局面；二是不知道应该怎样主动交往，常常在陌生人面前手足无措；三是存在认知偏见，如"自己先打招呼会比人低一等""我又不认识别人，别人怎么会跟我说话呢？"等等。其实，通常情况下，人们更喜欢那些对自己感兴趣的人。要想建立起广泛而良好的人际关系网络，就必须成为交往的发起者，让自己在交往中处于积极主动的位置。

### 5. 培养个人的幽默感

首先，幽默是人际交往的润滑剂，使双方能在和谐愉快的气氛中充分发挥沟通的效能。在人际交往中，一个幽默的人容易受到大家的欢迎，也容易与大家打成一片。其次，幽默也是镇静剂，可以在争吵前使人的情绪平和，这时，幽默常常是扭转状况的一剂良药。但是，在利用幽默时一定注意要审时度势，用在合适的场合、合适的时候，适可而止，不要过火，否则会起反作用。

在沟通的过程中，还要注意最好不用以下几种语言。

① 批评："你是个没用的人！""就这么点事情，你都做不好？"

② 扣帽子："傻瓜""猪头""幸运儿"。

③ 诊断："他会……""你会……"

④ 命令："你必须……""你只能……"

⑤ 说教："早就告诉过你，不该怎么办，你偏不听。"

⑥ 威胁："不好好学习，将来让你捡垃圾。"

### （二）巧妙化解冲突

人际冲突是日常生活中不可避免的，有了冲突就要积极化解，这对于促进人际交往是非常重要的。

### 1. 察觉冲突，及早化解

在人际冲突发生前，要能警觉冲突的信号。在察觉到快要有冲突时，两个人要及时说出来，彼此怀有诚信，抱着解决问题的积极态度来处理冲突，避免冲突升级到无法解决的地步。

### 2. 对事不对人，着重问题解决

在处理冲突时，要本着以问题解决为中心的原则，对事不对人，保持客观的态度。切记离开冲突事件本身，对对方进行指责甚至攻击。这种方式不但不会促进对方反思自己在冲突事件中的不恰当做法，反而会激起对方更大的对立情绪，使冲突愈演愈烈。

### 3. 坦诚开放，求同存异

在处理冲突时，要尊重对方，平等待人，保持开放的心态，试着去看双方的共通之处，同时允许对方保留与自己的不同之处。心胸开放的人不固执于某种绝对化的看法,愿意接纳不同观点和自己不了解的信息。

### 4. 直接沟通,减少误解

当发生冲突时,双方要直接沟通,澄清信息传递过程中的遗漏和歪曲,减少彼此的误解,这样有利于冲突的解决。切不可道听途说,或凭自己的主观猜测就单方面下结论。

### 5. 克制冲动,理性应对

当发生冲突时,要学会控制自己的情绪,克制冲动,理性应对。即使对方无理或伤害了自己的情感,也要理性对待,不能用对方的方式报复,避免冲突向更严重的方向发展。

## 拓展阅读

### 心理测验

## 人际关系测验表

在下列试题的答案选项中,各项数字的含义为:1 从不,2 非常少,3 偶尔,4 有时,5 时常,6 总是如此。测定时,请你根据本身的实际情况而圈选出相应的答案。

| 1. 尝试与别人在一起。 | 1 2 3 4 5 6 |
| --- | --- |
| 2. 我让别人决定如何做。 | 1 2 3 4 5 6 |
| 3. 我加入社交团体。 | 1 2 3 4 5 6 |
| 4. 我尝试与别人有密切的关系。 | 1 2 3 4 5 6 |
| 5. 有机会的时候,我有加入社交团体的倾向。 | 1 2 3 4 5 6 |
| 6. 我让别人强烈地影响我的行动。 | 1 2 3 4 5 6 |
| 7. 我尝试被包括在非正式的社交活动之内。 | 1 2 3 4 5 6 |
| 8. 我尝试与别人建立亲密的私人关系。 | 1 2 3 4 5 6 |
| 9. 我尝试把他人包括在我的计划之内。 | 1 2 3 4 5 6 |
| 10. 我让他人控制我的行动。 | 1 2 3 4 5 6 |
| 11. 我尝试让别人围绕着我。 | 1 2 3 4 5 6 |
| 12. 我试着与别人建立密切的私人关系。 | 1 2 3 4 5 6 |
| 13. 当别人一起做事的时候,我试着加入他们。 | 1 2 3 4 5 6 |
| 14. 别人很容易领导我。 | 1 2 3 4 5 6 |
| 15. 我试着避免独处。 | 1 2 3 4 5 6 |

16. 我试着参与团体活动。 1 2 3 4 5 6

17. 我试着对人友善。 1 2 3 4 5 6

18. 我试着让别人决定如何做。 1 2 3 4 5 6

19. 我与别人的关系是冷淡而疏远的。 1 2 3 4 5 6

20. 我让别人处理、掌管事情。 1 2 3 4 5 6

21. 我尝试与别人有密切的关系。 1 2 3 4 5 6

22. 我让别人强烈地影响我的行动。 1 2 3 4 5 6

23. 我试着与别人建立亲密的私人关系。 1 2 3 4 5 6

24. 我让别人控制我的行动。 1 2 3 4 5 6

25. 我对人表现一种冷淡而疏远的态度。 1 2 3 4 5 6

26. 别人容易领导我。 1 2 3 4 5 6

27. 我觉得与别人有私人关系。 1 2 3 4 5 6

28. 我喜欢别人邀请我做事情。 1 2 3 4 5 6

29. 我喜欢别人对我表现出亲密的态度。 1 2 3 4 5 6

30. 我试着强烈影响别人的行动。 1 2 3 4 5 6

31. 我喜欢别人邀请我加入他们的活动。 1 2 3 4 5 6

32. 我喜欢别人对我表现出亲密的态度。 1 2 3 4 5 6

33. 与别人在一起的时候,我试着处理掌管一切事情。 1 2 3 4 5 6

34. 我喜欢别人把我包括在他们的活动之内。 1 2 3 4 5 6

35. 我喜欢别人对我表现出冷淡而疏远的态度。 1 2 3 4 5 6

36. 我试着要求别人照我的方式处理事情。 1 2 3 4 5 6

37. 我喜欢别人请我参加他们的讨论。 1 2 3 4 5 6

38. 我喜欢别人对我表现出友善态度。 1 2 3 4 5 6

39. 我喜欢别人请我参加他们的活动。 1 2 3 4 5 6

40. 我喜欢别人对我表示疏远的样子。 1 2 3 4 5 6

41. 与别人在一起的时候,我试着支配他们。 1 2 3 4 5 6

42. 我喜欢别人请我做事情。 1 2 3 4 5 6

43. 我喜欢别人对我表现出亲密的态度。 1 2 3 4 5 6

44. 我试着要求别人照我的方式做事情。 1 2 3 4 5 6

45. 我喜欢别人请我参加他们的活动。 1 2 3 4 5 6

46. 我喜欢别人对我表现出冷淡而疏远的态度。 1 2 3 4 5 6

47. 我试着强烈影响别人的行动。 1 2 3 4 5 6

48. 我喜欢别人把我包括在他们的活动之中。 1 2 3 4 5 6

49. 我喜欢别人对我表现出亲密的态度。 1 2 3 4 5 6

50. 与别人在一起的时候,我试着处理掌管一切事情。 1 2 3 4 5 6

51. 我喜欢别人邀请我参加他们的活动。　　　　　　　　1 2 3 4 5 6

52. 我喜欢别人对我表示疏远的样子。　　　　　　　　　1 2 3 4 5 6

53. 我试着要求别人照我的方式做事情。　　　　　　　　1 2 3 4 5 6

54. 与别人在一起的时候,我处理掌管一切事情。　　　　1 2 3 4 5 6

**计分办法及结果解释:**

人际关系测定分三部分:"包括"——包容;"控制"——领导;"热情"——情感。三个部分各分为两个层次——"实际行为"和"理想期望行为"。只要圈内有其数者得1分。

| (一) 实际包括行为 | 1.(6,5,4)3.(6,5,4,3)5.(6,5,4,)7.(6,5,4,)9.(6,5)15.(6)16.(6) |
|---|---|
| (二) 理想的包括行为 | 28.(6,5)31.(6,5)34.(6,5)37.(6)39.(6)42.(6,5)45.(6,5)48.(6,5)51.(6,5) |
| (一) 实际的控制行为 | 30.(6,5,4)33.(6,5,4)36.(6,5)41.(6,5,4,3)44.(6,5,4)47.(6,5,4)50.(6,5)53.(6,5)54(6,5) |
| (二) 理想的控制行为 | 2.(6,5,4,3)6.(6,5,4,3)10(6,5,4)14.(6,5,4,)18.(6,5,4)20.(6,5,4)22.(6,5,4,3)24.(6,5,4)26.(6,5,4,) |
| (一) 实际的热情行为 | 4.(6,5)8.(6,5)12.(6)17(6,5)19(3,2,1)21(6,5)23(6,5)25.(3,2,1)27.(6,5) |
| (二) 理想的热情行为 | 29.(6,5)32.(6,5)35(2,1)38(6,5)40.(2,1)43.(6)46(2,1)49.(6,5)52(2,1) |

1. 每个层次总分得7、8或9时,该项需要很高。

2. 得分4、5或6时,中等程度的需要。

3. 得分0、1、2、3时,需要很低。

如将团体和个人得分作横向比较,可以看出相对情况(见表6-4):

表6-4　人际关系三个部分的实际行为与理想期望行为比较

| 实际与理想<br>构　面 | 实 际 行 为 | 理想期望行为 |
|---|---|---|
| 包　括 | 努力把别人包括在我的活动之内,希望别人把我包括在他们的活动之内,试着加入社会团体,尽量与别人在一起。<br>总　分 | 即使不作任何努力,也希望别人把自己包括在他们的活动之内。<br>总　分 |

| 实际与理想<br>构　面 | 实 际 行 为 | 理想期望行为 |
|---|---|---|
| 控　制 | 我试着影响别人掌管处理一切事情,并要求别人建立私人关系。<br>总　分 | 我希望他人控制影响我并要他人告诉我如何做。<br>总　分 |
| 热　情 | 我努力与别人亲密,对别人友好热情,与别人建立私人关系。<br>总　分 | 我希望别人对我表示友善热情,与我亲密。<br>总　分 |

实际行为:是指你在人际交往中自己的行为,也是自己在群体活动或者与人交往中的实际表现,是一种主动的人际交往需要。

理想期望行为:是指在人际交往中,希望别人对待自己的行为,也是在群体活动或者与人交往中,希望别人应当这样、那样对待自己,是一种期望感,而自己并不主动去与人交往。

包括:在人际交往中,"包括"的一层含义是与人交往、联系。"包括"分值高者本人这种需要感也高,能积极主动地与人交往,在群体中是活跃人物。相反,该项分值很低,需要感也低,表明他主观上不愿意与人交往,是比较孤独的人。"包括"的另一层含义,是一个人在人际交往中与人相处能否融洽,也是一个人人格修养的表现。

控制:是在人际交往中"指挥""组织""领导"他人的一种需求,他的"实际行为"分值高低反映在群体中,是"指挥""组织""领导"能力的表现。"理想期望行为"分值高低,反映了希望他人对自己控制、领导,告诉如何做。

热情:是在人际交往中情感交流、和蔼可亲的表现。"实际能力"分值高低是自己对别人热情的表现。"理想期望行为"分值高低是希望他人对自己友善的表现。

如"包括""控制""热情"三者"实际行为"分值全属于高需要,他的人际关系就属于融洽者,与人交往良好,而有一定的组织领导能力。

如"包括""热情"分值属于高需要,"控制"属于低需要,他的人际关系不紧张,也可能良好,但在群体中缺乏责任感,组织领导能力应加强,也可能是位"老好人"。

如"包括""热情"需要低,而"控制"需要高,他在群体中人际关系不良,属于紧张型,不善于团结人。需要改进人际交往中的"包括""热情"行为。

如"实际行动"——"包括""控制"需要都属高分值,"理想期望行为"都为低分值,人际关系一定良好,在实际交往中严于律己、宽以待人,也是个性成熟的表现;若"理想期望行为"——"包括"、"控制"、"热情"需要都属高分值,"实际行动"都为低分值的人,人际交往困难,也可能有自卑感,或不懂得怎样与人交往,应走出个人的"小天地",真诚、主动地接触他人,克服自卑、固执等个性倾向,提高这方面的能力。

## 案例分析 》》》

**心理咨询案例:**

### 案例1:为什么我的真心没人珍惜

小A,女,20岁,大二,是家里的第三个孩子,上有两个姐姐,下有一个弟弟。小A认为自己是一个内向的人,不爱说话,不爱笑,爱发呆,除了室友基本上不跟其他人说话。如果别人打招呼,她会礼貌性地回应一下;如果别人不打招呼,她也就不理会了。室友们反馈说,没怎么见她笑过,觉得她特别可怕。

小A大学唯一的两个好友是寝室的两个室友,虽然其他室友认为她们三人并不合适,但小A念在开学初的时候这两个室友关心过她,还是选择了坚持。大一一年的宿舍都是小A一个人打扫的;她用自己的钱给那两个室友打饭,宁可自己吃得素一些,也要给她俩买点儿荤菜。自己犯胃病疼得冒汗,却还坚持背着另一个室友去看病,用的是自己的钱。自己花钱给那两个室友过生日。自己生日时也是自己花钱准备,邀请的那两个室友一个没接电话,一个到晚上快熄灯还没回来。让小A难过的是,她这么全心全意地对待两个室友,而她们的心里却没有她。

小A认为"人应该为别人着想""自己应该理解、宽容、照顾别人",而这些她认为自己都做到了。她不能理解为什么自己的真心没人珍惜。小A认为自己是一个特别倒霉的人,做什么事都不顺。近来,常常胃痛、头痛。

**【分析与评估】**

该同学的心理痛苦与人际交往困难有关,可能有以下主要原因:

(1)缺少对人际交往基本原则的了解。人际交往是指社会中人与人之间传递信息、沟通思想与交流情感的过程,具有目的性、相互性的特点。平等原则、交互原则和信用原则是人际交往的主要原则,是建立良性人际关系的标尺和保障。在人际交往中过度地、单向地付出,打破了平等原则和交互原则。友谊是建立在平等和尊重的基础上的,单纯地牺牲自己、迎合对方是无法获得真正的友谊的。

(2)自体感脆弱,以牺牲自己的模式获得存在感。小A没有得到父母足够的照护和关注。幼年还有在父母哄骗下被寄养的经历。在小A的童年期体验中,两个姐姐是漂亮能干的,弟弟是家中宝,只有自己是丑的、多余的。在"我是没用的"负性自我认知下,逐渐形成了过度付出的行为模式,也是心理防御模式,即只有这样才能获得留下来的资格,并以升华的方式表现出来:"从小到大,我没有一件事为自己做的,别人开心我就开心。"

(3) 早年创伤经历的影响。"我是没用的""我是多余的"等对这些负性自我认知产生作用的过往创伤性事件,变成创伤性记忆存储在大脑的神经网络连接中,使得小 A 在以后的人际关系中依然保持被抛弃的恐惧和自我憎恶感以及过分讨好的行为模式,进而又影响了小 A 现在和未来的人际关系。

**【调节对策】**

(1) 学习人际交往的基本原则和常识性知识。校内外的图书馆和网站上可以找到很多人际交往方面的经典之作和热销书。通过自我学习,了解人际交往的基本规则,和珍惜自己的人交朋友,减少因为自己的"不近人情"而引发的可以避免的人际困扰。力克·胡哲在《谁都不敢欺负你》一书中说道:"只要你不让别人控制你对自己的感觉,不让他们夺取你的梦想和目标,你就会过得很好。"

(2) 调整认知和行为模式。正性的认知会诱发正性的情绪体验和适应性的行为;负性的认知会诱发负性的情绪体验和非适应性的行为。我们可以借鉴认知-行为疗法的方式:第一,寻找一个与负性自我认知相反的正性自我认知作为目标,如"我是有价值的""我是值得被爱的""我这样就挺好的"等。第二,将焦点从"为别人"而证明自己,调整到"为自己"而证明自己,思考"我为自己做些什么""在面对他人时,我怎么做"才是真正的认同自己"我是有价值的""我是值得被爱的",将找到的正性自我认知项目逐条列出。第三,积极行动。按照找到的正性自我认知项目去做。关键是需要克服"惯性",有意识地去做与以往自动化讨好和牺牲相反的行为。经常自我鼓励,自我肯定。

(3) 处理创伤性记忆的影响。可以到学校的心理中心找专业的心理咨询师来处理过往创伤。从大脑的神经生物学机制上中断非适应性的神经网络连接。现在已经有大量神经生物学的研究证明,心理咨询和心理治疗可以改变不良的大脑神经网络连接,促进正性认知和体验的产生,进而做出适应性行为。

## 案例 2: 在壳里纠结的小蜗牛

小 A,男,19 岁,来自南方某城市的一个高干重组家庭。他是家庭重组后出生的孩子。上有哥哥和姐姐,是父母之前婚姻中带过来的,现都已婚。从小到大的生活都是父亲和哥哥安排的,没有自己的选择,包括上哪所大学、学什么专业、出不出国都是父母和哥哥决定的,这让小 A 感觉自己很懦弱。他认为父亲更疼爱哥哥,哥哥也确实非常优秀;认为父亲在物质上偏向自己,甚至有些溺爱自己,是在毁自己。

小 A 对人际交往的需求淡漠,经常独来独往,他人评价他的情商不高。他觉得大家都成人了,都有自己要做的事情,都有自己的故事,应该保持相对的独立。认为人跟人之间是有距离的,让别人来理解自己很困难。而且人与人之间会有伤害,在情感、事业和学习上都是有强者和弱者之分的。坦言自己在能否成为"强者"

这方面压力很大。在性格上,小 A 认为自己是个很没有主见的人,并由此给人际关系带来很多麻烦。在学习上,起初是想专心学习的,并可以借由专心学习而不去考虑以往发生的事情,但因宿舍关系和住宿环境问题又陷入自我纠结当中。目前已经有两周时间没有按时出勤。

在与小 A 的交谈中,了解到其并非不渴望人际关系,而是过往的经历和体验常常令其陷入"爱也不是,恨也不是"的纠结境地,常被内心的感情冲突所困扰。

【分析与评估】

该同学的心理困扰主要体现在人际交往方面,可能有以下几个原因:

(1)对人际关系存在认知偏差。小 A 早年经历了多次强度大的"童年期不良经历",形成了对人际关系是"不安全的""有利益的关系""容易破裂的"甚至是"事关生死的"的认知。在这样的认知下,"回避"和"保持距离"是其保护自己的方式。但这样的认知-行为模式,也阻碍了新的人际关系的建立和发展。

(2)对自我缺少统一稳定的正性认知。小 A 在一个物质资源丰富的家庭中长大,一出生就被一个非常优秀的哥哥"罩着",家族中的人也会不自觉地拿他和哥哥比较。小 A 一直处在一种"证明自己存在价值和意义"的压力下。相对于父亲对哥哥的欣赏和器重,对他物质上的偏向和溺爱则成了对他不抱有太大期望的迹象,让他愈发认为自己是"不够好的"。父亲和哥哥为其"安排好一切"教养方式,在某种程度上是对其自主性的"剥夺",使小 A 失去了掌握自己生活和命运的决定权,丧失了自己做主、自己承担的生命体验,由此很难看到自己的力量。"懦弱"和"无力感"是其对自我的核心体验。

(3)童年期不良经历的影响。童年期,小 A 从父亲、母亲、哥哥的亲密关系中和家族中的亲戚之间的关系中,直接和间接体验到了远远超过其年龄阶段所能理解和承受的信息,也是导致其对人际关系"不信任"的主要原因之一。长期回避关系,使其缺少处理关系的有效经验,又影响了后续的人际关系,继而再次强化"回避"的应对模式。

【调节对策】

(1)改善宿舍关系环境,获得正性体验。对于住校生,尤其是外地生而言,宿舍是在学校中最能带来归属感的地方,就是"家"。社会支持对于在关系中力量不足的小 A 来说非常重要。在充分了解小 A 的成长经历和内心需要后,可在征得小 A 同意的前提下,辅导员或咨询师可以与其舍友沟通。能得到室友的理解对小 A 来说是非常重要的"正性体验",对打破旧的自我和人际认知、建立正性认知有积极作用。

(2)寻找资源,肯定自我。每个人走到今天一定有某些重要的力量给其支持,或是来自自身,或是来自他人,或是来自环境。比如,健身是小 A 的一个重要资源,帮助他释放压力同时感受到力量。小 A 可以自己调整焦点,从"我没有什么"转移到"我拥有什么"上;也可以通过支持性的重要他人或心理咨询师帮助发现自身的资源,进行自我肯定。

(3) 接受个人成长性的心理咨询。能够主动求助本身就是自我力量的体现。小 A 可以自行或在他人陪伴下来学校的心理中心预约咨询。心理咨询是以来访者的福祉为第一的,咨询师会遵守保密原则,跟小 A 共同商议咨询目标,如提高自我接纳程度、提高人际关系处理的技巧、心理创伤的修复等。在安全、受保护的咨询关系中,让自我得到休养和增强。

**思政案例:**

### 隐藏的"负重"

小美,女,大学二年级,性格外向,乐观独立,新生入学时该生就积极表现,在学生会和班级选举中脱颖而出,担任了学生干部。大一期间,配合老师组织开展班级和学院多项学生活动,师生反馈较好。进入大二年级,辅导员发现小美工作不像之前那么积极了,有学生干部反映小美最近工作太强势,以自我为中心,听不进别人的意见,不能与其他班委配合,不再参与班级各项工作。辅导员在检查宿舍时,小美的舍友反映她学会了吸烟,最近经常出去兼职,只有晚上回宿舍才能见到她。小美的变化引起了辅导员的关注,打算积极联系小美,找出问题的症结。

**【分析与评估】**

辅导员找到小美进行深入的交流,全面了解情况,发现小美把自己隐藏得很深。进入大学后,老师和同学都认为她是个乖乖女,来自一个幸福美满的家庭,善解人意、独立自主。其实这些都是假象,在入学之初的家庭情况调查中,她跟辅导员隐瞒了自己的家庭情况,事实上,她的家庭状况很糟糕,父亲赌博、家暴,父母整日争吵,从初中开始小美就自己兼职赚钱养活自己,因为钱都被父亲用去赌了。她一直想改变自己的命运,所以很努力,表现得很好,但是两个月前,当她接到妈妈被家暴后哭诉着向她要钱的电话时,她发现自己逃脱不了,命运把她困死了,她的信仰崩塌了,只想洒脱地活着,学会了吸烟,也决定放弃学业,毕业与否也不重要了。她在外面兼职很受欢迎,也能赚不少钱。小美内心深处的自卑让她在人际交往中很难信任别人,很难正确地面对自己。

**【调节对策】**

(1) 坚持自己的理想和抱负。小美应该正确看待家庭关系,原生家庭只是生活的一部分,每个人都不能选择自己的父母和家庭,不能因为家庭的关系就"躺平",放弃自己的理想和抱负。要通过自己的奋斗和努力把命运掌握在自己手中,坚定自己的目标和理想,要相信通过自己的努力完成学业,才能为将来的发展奠定良好基础。

（2）人际交往中学会尊重隐私。在人际交往中，小美应正确对待自我，正确处理与他人的关系，要知道每个人不希望他人看到自己的隐私，在人际交往中要学会尊重他人隐私，同时，相信自己的隐私也会被他人尊重，要真诚、自信、坦荡地与他人交往，积极听取朋友和同学的意见，共同进步。

（3）积极地向他人求助。不要自卑，勇敢面对，在遇到困难时学会信任别人，寻求帮助。要与他人建立良好的人际关系，尤其要有几个关系非常好的朋友，在自己遇到困难、心情不好的时候可以向她们倾诉，从而减轻自己一个人承受的心理压力。同时，要在困难中学会坚强。

# 第七章  学习与心理健康

学习是大学生的首要任务和主体活动,掌握知识、发展能力是大学生活的核心内容。在知识激增的现代社会,大学生只有学会学习,才能融入社会,驾驭人生。然而,由于大学学习特点与环境的变化,许多刚刚走入大学校门的学生常常因为不能适应大学学习而深陷各种困境。因此,研究大学生的学习心理,帮助大学生了解学习的内涵,提高学习效率,调适学习中出现的各种问题,是一项十分有益的工作。

## 第一节  大学生学习的特点

### 一、学习的含义

在中国古代,"学"与"习"总是分开讲的。《辞源》指出,"学"乃"仿效"也,即通过观察、模仿、复制、内化来获得知识;"习"乃"复习""练习"也,即通过复习巩固提升个体的能力,以便能够适应现实的自然环境和社会环境。儒家思想的经典著作《论语》中,就有"学而时习之,不亦说乎?"之说,对于人类的学习活动进行了分析和论述。

《礼记·月令》中有"季夏之月……鹰乃学习"的记载,意为夏末,农历六月,雏鹰开始学习飞翔,把"学"和"习"两个字联系在一起。所谓"学"主要是指钻研知识,获得知识。所谓"习",指学过后再温熟反复地学,使熟练。

按照现代心理学、教育学的理解,学习的内涵分为四个层次。

第一层次的学习,泛指包括动物和人类在内的学习活动;

第二层次的学习,即次一级的学习,是指人类的学习;

第三层次的学习,是指在校学生的学习;

第四层次的学习,是指在校学生不同学段的学习。

我们通常所讲的学习一般是指人类的学习或在校学生的学习。

## 二、大学生学习的特点

大学生的学习是在一定的基础上进行的,与中学时期的学习相比,有以下三个特点。

### (一) 学习主体的变化

中学是被动学,被老师牵着鼻子走,目的是考取理想的大学;而大学是主动学,创造性地学,目的是掌握扎实的本领,创造美好的生活,为国家和社会作出更大的贡献。与中学相比,大学的学习主体有着很大的变化,在容量、难度、要求和管理等方面都给刚迈进校园的大学生带来严峻的挑战。由于学习是学生在校期间的主要任务,也是青年人评价、认识自我的重要依据,因此学习上的挫折往往会给学习的主体带来沉重的心理压力,并引发大学期间其他方面的一些行为问题,应该引起足够的重视。

大学期间,学生的智力发展达到高峰。1970 年,贝雷(N. Bayley)研究的结果表明,20—34 岁是人生智力发展的高峰时期,它是一个人智力发展的鼎盛时期,也是一个人系统掌握科学技术知识及出成果的最佳时期。

### (二) 学习内容的特点

#### 1. 专业化程度高,职业定向较强

中学阶段的教学主要是基础教育,以基础知识的储备为主,内容上局限于教材,所以,老师往往会就每一个词和每一个概念给予明确的解释,一般无须中学生更多的自学和独立思考。在形式上多是采取小班上课,学习的进度固定,每周、每天、每节课,甚至课余时间都被老师安排得满满当当,学习环境的确定性很强。而大学和中学的学习则有着很大的不同。大学生的学习是在确定了基本的专业方向后进行的,因此其学习的职业定向性很强,即为将来走向工作岗位、适应社会所需要进行的学习。专业与科学群的划分也将学生学习与未来职业生涯紧紧联系在一起,而专业学习既要了解本专业的前沿知识与经典理论,又要掌握与专业相关的基础知识与专业知识。

#### 2. 实践知识丰富,动手能力较强

知识的学习与能力素质的培养并重,无知必然无能。目前正在进行的高等教育改革一再强调知识技能的学习与实践能力的培养同样重要,受长期应试教育的影响,那种只重视学生学习具有实用价值的知识、忽略学生创造能力的培养,必须加以摒弃。

#### 3. 学习内容的高层次性和创新性

大学阶段的学习,知识的广度和深度大大增加,需要大力发挥学习的主动性和创造性。大学主要实行学分制,除了公共科目、学科基础课和专业课属于必修课外,各专业还开设选修课,大学生可以根据个人兴趣和能力选修相关的课程,自由

支配的学习时间增多,学习的自主性大大增强。大学图书资料和各种信息丰富,获取知识的渠道更加多样化,熟练利用图书馆和互联网搜集资料和掌握知识,成为大学生必备的学习技能。广泛涉猎相关知识,掌握科学的学习方法,培养自主学习和独立思考问题、分析问题、解决问题的能力,是大学阶段学习的重要特点。

大学生学习已具有一定的探索性,即对书本之外的新观念、新理论进行深入的钻研与探索,学生学习不仅在于掌握知识,更在于探究知识的形成过程与科学的研究方法,了解科学发展前沿、存在的问题及解决的思路。目前,高等学校普遍加强学生创新能力的培养,在课程设置、课程安排、课程衔接上突出学生的主体地位,体现创新,加大了学生实践环节的培养,旨在提高学生的创新能力。

**(三) 学习方法上的特点**

1. 学习的独立性和自觉性不断增强

大学生学习在从学习内容、学习时间及学习方式上都更加强调个体在学习活动中承担角色,主要强调学习的自觉性和能动性。大学生学习的能动性主要表现在两个方面:

首先,学生对于学习内容有较大的选择性,特别是随着高等教育改革的深化,课程安排更加科学合理,既有公共必修课、专业基础课,还有辅修课程及大量选修课,学生可以根据自己的兴趣爱好、专长等自由选择。学生选择课程学习内容主要考虑以下方面:学习内容与职业的契合性、学科的实用性、将来的职业生涯选择以及对自身素质的拓展等。如计算机、外语始终是学生学习的重点与热点,就是因为科学发展日益显示出其重要性。学生还可以控制自己的学习时间、方法和内容。自学能力已经成为衡量学生拓展能力的重要指标。

其次,高校更加重视知识应用能力的培养,课程设计、学年论文、毕业设计与毕业论文都体现着知识的运用能力,也充分体现了学生的主观能动性。

2. 课堂学习与课外、校外学习相结合

信息时代,教师不再是知识的中心,学习获取知识的多元化带动学习方式的变迁,网络又开辟了一条学习的新途径。大学开放式的教学为学生提供了多种多样的成功之路,除课堂教学外,课外实习课程设计、科研训练计划、学年论文、专家讲座、学术报告、走向社会的实践活动及咨询服务等都为学生学习提供了广阔的道路。

# 第二节  大学生学习效果的提升

大学生的学习是一个特殊的认知过程,这个过程必然伴随着学习主体的一些心理活动,其中,智力因素直接影响大学生的学习效率并使学习任务得以顺利完成。非智力因素(如学习动机、学习兴趣、学习态度等)以学习动机为核心,共同构成一个动力系统,对大学生的学习起着始动、定向、引导、维持、调节和强化的作用。

## 一、影响大学生学习效果的因素

### (一) 智力因素

智力是以脑的神经活动为基础的、对客观事物稳定且综合反映的认知能力。通俗地说,智力就是一个人大脑的聪明程度,即人脑对客观事物和信息的反映、认识、贮存和处理的能力。智力因素是学习的必要心理条件。

心理学认为,调节认识的心理过程包括感知、注意、记忆、思维和想象等多种成分,所以智力主要有注意力、观察力、记忆力、思维力、想象力五个要素构成。在学习活动中,它们作为整体,相互区别、相互联系。心理学家对智力与学习效果之间的关系进行了大量统计分析,发现两者存在明显的相关性,智力是影响学习效率的重要因素之一,在其他条件大致相同的情况下,智力水平高的学生往往学习成绩较好。需要说明的是,智力因素只是影响因素而非决定因素,不能把智力水平作为学习成绩不佳的借口。

### (二) 非智力因素

在大学学习阶段,自觉培养非智力因素,不仅是提高学习效率的需要,也是以后成才的基础。这里说的非智力因素指的是狭义的非智力因素,主要有以下五个方面。

#### 1. 学习兴趣

俗话说:"兴趣是最好的老师。"学习有了兴趣,就可以使自己在知识的海洋中忘我畅游,就能在学习中集中精力,深入思考,真正提高学习效率。《论语》中说:"知之者,不如好之者;好之者,不如乐之者。"如果学生主观上把学习当作很苦的事,毫无兴趣,甚至带有一种逆反心理,那么"强扭的瓜不甜",外界条件再好也学不进去,学习效率照样低下。从教育心理学的角度来说,兴趣是一个人倾向于认识、研究获得某种知识的心理特征,是可以推动人们求知的一种内在力量。学生对某一学科有兴趣,就会持续地专心致志地钻研它,从而提高学习效率。从对学习的促进来说,兴趣可以成为学习的原因;从由学习产生新的兴趣和提高原有兴趣来看,兴趣又是在学习活动中产生的,可以作为学习的结果。所以,美国教育学家沃尔特·科列斯尼克(Walter Kolesnik)认为,兴趣既是学习的原因,又是学习的效果。

兴趣的本质及其对学习效率的影响是一个古老而又崭新的话题,它是教育理论和教育实践所要解决的核心问题。教育学家赫尔巴特把发展广泛的兴趣视为教育的主要目标之一,并认为主要是兴趣引起对物体正确的、全面的认识,它导向有意义的学习,促进知识的长期保持,并为进一步的学习提供动机。杜威也是兴趣问题最有影响的理论家之一,他在1913年出版的《教育中的兴趣和努力》一书中提出,以兴趣为基础的学习的结果与仅仅以努力为基础的学习的结果有质的不同。

因此,培养兴趣是提高大学生学习效率的前提条件。

2. 学习态度

所谓学习态度,一般是指学生对学习及其学习情境所表现出来的一种比较稳定的心理倾向。它通常可以从学生对学习的注意状况、情绪状况和意志状态等方面加以判定和说明。

学习态度是学习过程中的重要因素,积极的学习态度能够对学习产生积极的影响,是学习的动力,表现在学习过程中就是对知识和真理的执着追求,能够调整学生的学习行为,并且直接影响学生的学习效率。在学校情境里,如果其他条件基本相等,学习态度好的学生,其学习效率总是远胜于学习态度差的学生。

3. 坚强的意志

意志是人自觉地确定目标,并根据目标来支配和调节自己的行为,克服各种困难,以实现预定目标的心理过程。意志品质在学习中的表现主要有四方面:

第一,学习过程中需要自觉性。学习活动是一个有目的、有计划的过程,需要学习者自觉按照预定的计划、目标进行。

第二,学习过程中需要坚定性。在实现学习目标的过程中,不可能不遇到困难和阻力,有时这种困难和阻力还是很强大的,这就需要学习者依靠持之以恒、坚韧不拔的毅力和精神去克服。

第三,学习过程中需要果断性。学习过程中可能遇到突发的、预料不到的事情,需要果断作出判断、采取措施,以保证学习的顺利进行。

第四,学习过程中需要自制性。在学习过程中、在同外界环境的接触中,都可能会产生对学习活动具有干扰作用的心理因素,如厌倦、懒惰、恐惧等,需要有较强的自制能力去克服。

4. 自身性格

性格是个体对现实比较稳定的态度,以及与此相适应的习惯化的行为方式,是人格结构中表现最明显也是最重要的心理特征。它表现了人们对现实和周围世界的态度,并主要体现在对自己、对别人、对事物的态度和所采取的言行上。独立型和内向型性格的学生,在学习过程中善于独立思考,学习踏实、细致,对知识往往有深入的理解和掌握,但容易忽视在交往过程中主动接受他人的思想;顺从和外向型性格的学生,往往习惯于简单盲从,不善于深入思考理解,常常浮躁不踏实,却能够注意在交往过程中主动接受他人思想。只有在二者间取长补短,才能真正实现高效率的学习。

5. 方法

不同的课程,学习的目标、内容、方式都很不相同,因而其学习的方法也必然不同。有些学生学习成绩不理想,不是他们没有去主动学习,而是学习方法不当,事倍功半。对学习方法的选择,要根据自己的实际情况,这种选择是一种能力,也是一门学问。只要掌握了科学的学习方法,学习就不仅是一种任务,更是一种享受。

## 二、提升学习效果的措施

### (一) 科学运筹时间

"时间就是金钱,效率就是生命。"科学运筹时间能使学生合理利用时间、提高单位时间利用率、正确支配时间,取得较高的学习效率。英国伦敦大学的麦勃逊教授在《怎样学习》一文中对学习效率与时间的关系进行了细致的阐述。他指出,一个人如果不花时间去学习,是不会有丝毫收获的,如果花费一小时学习,就会学到一定的东西。但是,是不是一个人在一天中所花费学习的时间越多,收获也会随之递增呢? 麦勃逊强调,在一天 24 小时中,学习时间与学习成效的关系并不完全成正比。如果一个人一天 24 小时中有 13.5 小时都用来学习,大脑就会出现疲劳,时间就会出现低耗。如果用比 13.5 小时少一些的时间学习,收效反而会更多些。如此看来,科学运筹时间也是提高学习效率的一个重要方面。

### (二) 科学用脑

学习是以脑力劳动为主的艰苦劳动,学习离不开大脑,大脑是进行学习的主要物质基础。因此,要想提高学习效率,就要善于用脑、科学用脑。下面介绍四种比较有效的科学用脑法。

1. 开发右脑

大多数人经常使用的是右手,刺激的是左脑,而在学习过程中,读书写字也是多用左脑,这样就使得左脑占优势,而右脑的潜能受到抑制。对脑的研究表明,左、右两个半脑发展不平衡,会严重影响人的智力潜能的发挥,因此提出要注意开发右脑。开发右脑的方法主要有两个:一是多做一些左侧的活动;二是多参加一些由右脑负责的活动,如音乐、美术以及一些创造性思维活动。

2. 劳逸结合

当学习过程中感觉疲劳时,应及时休息。休息的方式可以是改换学习内容,转换用脑部位;积极强制性休息;静止性休息,主要方式就是睡眠。

3. 防止损害

吸烟、酗酒、噪声等都会对大脑产生损害,因此要积极注意自我保护。

4. 保证营养

为了使大脑保持良好的智力和旺盛的精力,就需要提供各种营养:① 对蛋白质、维生素、脂肪等的需求。比较常见的健脑产品是大豆、鸡蛋、核桃仁等。② 对氧气的需求。学习过程中,应时常进行深呼吸,改善对大脑的供氧;也可以通过一些食物改善对大脑的供氧,比如动物的肝脏和肾脏。另外,大学生应多参加一些室外运动,这既是强身健体的需要,也有利于脑的输血和供氧。

### (三) 主动培养学习兴趣

兴趣并不是生来就有的,而是在实践中培养和形成的。捷克教育家夸美纽斯在《大教学论》中说："求知的欲望应当彻底在学生身上激发出来。"大学生要培养学习兴趣,激发学习热情,主要途径有:一是正确认识学习兴趣。自觉主动地将自己的学习兴趣、志向结合起来,培养稳定的兴趣。二是学会接受外界的理性刺激。一个大学生在学习过程中既要善于接受外界的感性刺激,又要学会接受外界的理性刺激,以此来激发和培养自己的学习兴趣。三是处理好学习中的苦与乐的辩证关系。学习是件辛苦的事,需要耐得住其中的寂寞。学习既要凭兴趣,又不能唯兴趣论,要刻苦去学。"苦"与"乐"是学习中的两个动因,缺一不可。只有与"苦"结合起来的"乐",才能真正成为稳定的学习兴趣。

### (四) 拥有健康的学习情感

情感不是天生的,而是经后天实践实现的。大学生在学习过程中会不自觉地产生情感,但这种情感最初表现为低级形式的情绪,如一门学科很新奇,但在学习过程中不断发现其难度,这时便会产生紧张、暴躁、恐慌等情绪,导致智力发展不正常。此刻,如何把低级的情绪升华到高级的情绪,是学习坚持下去的关键,大学生可以通过深刻了解这门学科知识的特点、社会功能,找到理解这门学科的方法,使情绪具有理智感。另外,学习情感与学习兴趣也是相辅相成的,学习兴趣提高了,可以增强学习情感;学习情感增强了,又能促进学习兴趣的发展,两者有机结合,就会在潜移默化中提高学习效率。

### (五) 培养良好的意志

爱因斯坦说:"钢铁般的意志比智慧和博学更重要。"要想提高我们的学习效率,就要注意培养自身的学习意志,这就要求大学生树立科学的世界观、人生观、价值观和人生志向,根据社会需要和自身的具体情况,制定切实可行的远景目标、近期目标,有计划地按目标努力实现自己的愿望,并对可能遇到的困难充分估计,总结克服困难的措施和办法。在学习过程中要经常给自己设置一些难题,不断克服困难,在困难中磨炼自己,提高自己的意志。

### (六) 形成良好的性格

良好性格的形成是长期的,影响性格形成的条件是复杂的。培养良好的性格品质要注意:第一,从点滴小事做起,从今日做起。"天下之难事必作于易,天下之大事必作于细。"第二,努力学习,提高思想、道德、文化素质,以科学的理论武装自己,以高尚的道德熏陶自己。第三,模仿榜样,加强自省。每个学生的身边一定会有比自己学习效率更高的同学,要积极向他们讨教,共同进步。第四,要对自己的性格特征做到心知肚明,既要看到自身性格特征对学习积极的一面,也要看到其消极的一面,经常参加一些课外活动和社会实践,培养坚韧不拔、持之以恒的意志。

### (七) 掌握提高效率的方法

要想提高学习效率,就要解决学习方法的问题。对大学生来说,掌握学习方法比学到知识更为重要。要想掌握有效的学习方法,首先要加强实践,理解学习内容。这就要求领会学习材料中所讲的概念和原理,在原有知识经验的基础上认识事物的本质特征和规律性联系,以原有的知识经验为基础,通过积极的思维活动去实现。

## 第三节 大学生常见的学习 心理问题及调适

### 一、学习动机强度不当与调整

学习动机指为引起个体的学习行为、维持这种学习行为,并使这种学习行为朝向某一学习目标进行的一种心理状态。

一般认为,学习动机的强度越高,说明学习积极性也越高,对学习活动的影响更大,学习效率会更好;反之,动机的强度越低,则学习的效率也越低。然而,事实并非都如此。心理学家耶克斯(R. M. Yerkes)和多德森(J. D. Dodson)的研究表明(如图 7-1 所示),学习动机强度的最佳水平不是固定不变的,而是根据任务性质的不同而不同。学习任务比较简单时,学习动机强度较高可达到最佳水平;学习任务比较困难时,学习动机强度较低可达到最佳水平。这一规律在心理学中被称为耶克斯-多德森定律(Yerkes-Dodson Law),简称倒U形曲线。心理学家的研究指出,动机强度与学习效率的关系并不是线性的关系,而是成倒U形曲线关系。也就是说,学习动机的强度有一个最佳水平,即动机水平适中,此时的学习效率最高;一旦超过了顶峰状态,动机程度过强时就会对活动的结果产生一定的阻碍作用。当然,如果动机水平过低,也不会有高效率的活动。

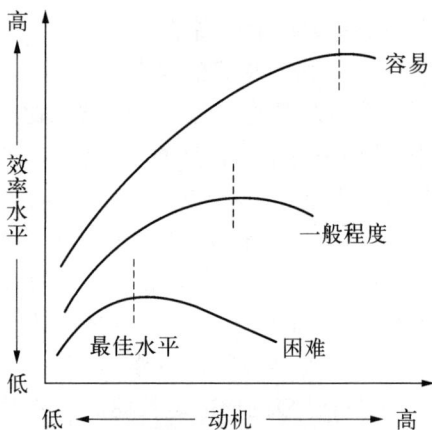

图 7-1 耶克斯-多德森定律——学习动机与学习效率的关系

#### (一) 学习动力不足

部分学生在经历以严格管束而著称的中学时代,进入大学之后,面对着充裕的时间需要自我管理时,感到无所适从,失去了往日对学习的热情。实际上,与中学相比,大学生的空虚、无聊只是由于自主的时间多了,但同时需要独立处理的各种事务激增。如果不能正确对待大学生活,把握大学期间的学习,势必浪费自己的青春年华。

有少部分大学生平时不愿上课、看书,学习时注意力不集中,对学习存在惰性,每日空虚无聊,无所事事,或沉迷于网络游戏、小说,或沉溺在爱情之中,最终学业荒芜,这些都是动机不强的表现。造成大学生学习动机不强的因素很多。

从社会因素看,社会价值观对大学生的学习动机影响巨大。当今社会,知识改变命运,知识就是财富,成为社会的主旋律,但也存在一些偏见对大学生学习动机产生不良影响。例如,农业院校的学生,对社会上的成功标准、评价的尺度、就业的机会等多个方面可能都存在某些偏见,一定程度上影响了学生的学习动力。

从学校因素看,学校的课程设置、教学计划、教师的教学水平等因素是影响学生学习动机强度的主要因素。不少大学生对于读大学抱有很高的期望值,但当感到现实与理想有强烈反差时,当学习环境与氛围不如意时,当对所学专业发展前景诸方面感到不满意时,学习动力则一落千丈。

从家庭角度看,家庭环境对学习起着直接的影响作用。父母的文化程度、教养方式、经济条件、家庭氛围对学生学习的影响巨大。有的父母期望值高,一旦孩子高考成绩不称父母心意,则冷嘲热讽,平时极少关注孩子的感受,教育方式多以专制压服为主,这样的教养方式,要么是学生离开了父母便失去了约束,放任自流;要么则产生强烈的逆反心理。

从个体因素看,学习目的不明确是大学生学习动力不足的最基本原因,许多学生在中学时代就没有自己的学习目标,也不知道根据自己的实际情况制定远、中、近期学习计划,只是迫于家长和老师的压力,把考上大学作为学习的目标,这个目标一旦完成,便失去了学习动力。加之大学生学习的自主性、独立性较强,有的学生以为走出了课堂便是自由支配的时间,这样的心态是导致大学生学习动机水平下降的根本原因。此外,学习个体的个性、情感、意志等心理因素,也是影响学生动机水平的主要构成部分。

**(二) 学习动机过强**

心理学研究表明,过强的学习动机容易引发学习者的焦虑,进而影响学习效率。有的大学生把自己的全部生活都围绕着学习来进行,他们沿袭了中学时代的学习习惯,把考分、奖学金等看成学习动力,压减一切娱乐、休闲时间,一心一意地攻读外语,忙于考证、考级等。他们性格上争强好胜,看重面子,注重学习结果,恐惧失败。久而久之,导致情绪焦虑、记忆力衰退、头昏脑涨、失眠、多梦等症状。长期超负荷的学习,导致其心理敏感、脆弱。有的大学生则表现为自我悦纳度低,不能容忍自己的不足,有明显的强迫意念,一旦目标不能达成,就陷于自责之中;一旦看到他人强于自己,则容易陷入嫉妒、愤怒、惶惶不可终日的感觉当中,这些表现都属于动机过强。

大学生学习动机过强的原因,首先是个体的性格所致,如追求完美、好强、固执等,基础是不合理的认知模式。动机过强的大学生往往意识水平发展不够,对他人、社会、自己的评价存在偏差,尤其是对自己的评价不准确,难以明确切合实际的目标,常常给自己制定高于能力水平的奋斗目标,导致成就感缺失。

此外,外界的不正当强化是造成大学生动机过强的重要因素。比如,学习者的学习行为常常受到外界的表扬、认可等强化,这往往会使他们认为原本不合理的学习目标是唯一正确的目标。

### (三)动机冲突

除动机强弱引起的心理冲突外,大学生还往往因为动机的选择而引发心理问题。当学生面对两个或两个以上的动机且同时具有较强的诱惑力时,学习动机冲突便产生了。比如,有的同学一个学期面临着多种学习目标的选择,他设想在一个学期中既要参加研究生考试,又想通过英语等级考试,而本身的专业课程任务也不轻,甚至还面临着专业课程配套的技能等级考试等。在高校,为学习目标的选择困惑不已而寻求心理咨询的大学生为数不少。

动机的取舍不定,直接影响学习效果。大学生的需要是多种多样的,引起的学习动机必然也是种类繁多的,这些需要和动机所指向的目标,有的可能一致,有的则有可能冲突,这常常困扰着年轻的大学生。因此,及时帮助大学生们分析动机障碍产生的原因,探讨自我调适的途径与方法,对提高大学生的学习心理水平不无裨益。

### (四)大学生学习动机的调适

良好的归因习惯和适宜的目标高度是缓解大学生学习动机不当的有效方法。

1. 明确学习的目的和意义。

大学生应当把学习、社会发展与个人价值实现紧密结合起来。只有在学习的过程中感受到学习的责任和价值感,学习才会有自觉性和方向性,学习者才会体会到学习的快乐。

2. 培养学科专业兴趣

大学生应当明确认识到所学专业课程或其他学习内容在教学计划中的地位与作用,认知所学内容对未来工作能力的作用,这样才会逐渐产生学习的兴趣,激发学习动机。

3. 确定优势学习动机

大学生学习生活丰富多彩,面临着能力发展的多项选择,但大学生应当尽早确定自己的优势学习动机:一要与动机的社会性相结合;二要与专业相结合;三要以成就动机为核心。建立在人生观、价值观基础之上的优势动机才是持久的学习动机。

4. 尽快使自我意识发展,早日成熟

心理学的研究表明,自我意识是影响大学生确定恰当学习目标的关键,也是完成学习目标时归因的关键因素。大学生对自己学习挫折的归因,无非是从外部因素与内部因素、可控性与不可控性、稳定性与不稳定性等几个方面加以分析的。归因的惯用方式,是影响学习成效的关键。例如,有的学生常常把失败的原因归于知识的难度、老师的水平、自己的运气等,这样就容易产生无助感与不可控制感,为自己的学习挫折找到借口,丧失了学习的动力。反之,常常归因为个人努力不够的人,则相对容易取得学习的进步,但这一类人又容易变成焦虑症者。

## 二、学习疲劳与调适

### (一) 学习疲劳的表现

学习疲劳是由于学习过度与不当而产生的学习效率低下,并对学习产生厌倦情绪的倾向。学习疲劳一般分为生理疲劳和心理疲劳两种。有的学生由于长时间学习,生理负荷过重,导致肌肉痉挛,动作失调,头晕乏力,严重者会出现失眠等神经衰弱症状。心理疲劳则表现为注意力不集中,记忆力下降,情绪焦虑紧张,抑郁,无生活乐趣等,大学生的学习疲劳以心理疲劳为主。

### (二) 学习疲劳的原因

引起大学生学习疲劳的主要原因有:学习动力不足或没有驱动力,学习持续时间不长就会产生厌倦与疲劳感。过度学习,学习的时间和强度都过大,给自己强加了过多的学习任务,超出自己的承受范围,从而导致学习疲劳。有的则是因为学习压力过大,自我要求太高,或者是因为父母的期望值过高所致。即使学习任务不重,但由于不能容忍自己的平庸,这些学生总是期望学习上达到较高的预期目标,从而担心目标无法实现而压力倍增,导致学习疲劳。有的同学则是因为学习方法不当,引起学习疲劳。进入大学之后还是沿袭中学时代死记硬背的学习方法,坚持熬夜,加班加点,其结果往往是学习效率低下,学习疲劳加剧。

学习环境不当以及身体状况不佳,也是引起学习疲劳的因素。如噪声、光线、空气质量等,都容易使人产生学习疲劳。

### (三) 学习疲劳的调适

1. 营造良好的学习氛围和浓厚的学习兴趣

大学的校风、学风、班风、教风等对学生具有强大的感染力,在良好的学习氛围中学习,容易集中精力,提高效率。同时,浓厚的学习兴趣是有效学习的动力,学习效率提高了,学习时间相对减少了,出现学习疲劳的机会也就相对较少。

2. 学会合理安排作息时间

作息时间要根据学校的学习内容和进程来安排,要根据人的生理规律来安排。大学生一定要处理好学习、休息、娱乐的关系。只有充分休息,才能使学习达到事半功倍的效果。有的学生总是把时间都用于学习,把其他活动都看成学习的敌人,其实这是认知的偏差。

3. 科学用脑,合理营养

学习是一种脑力活动,科学用脑是防止学习疲劳的关键。科学用脑一是要根据大脑的活动规律用脑。二是要左右脑交替使用。心理学研究表明,人的左脑主要管逻辑思维,右脑主要擅长形象思维,包括音乐、绘画等艺术类活动,我们可以根据大脑的活动功能分区的不同,合理安排学习内容。三是要保障营养。大脑的运行主要依赖各种能源物质,充分地吸收营养是保证大脑正常工作的必要前提。

### 三、考试焦虑与调适

#### (一)考试焦虑的表现形式

1. 认知方面

考试焦虑表现为过分的消极自我评价所形成的体验。一是对自我评价过低,不相信自己通过复习能够取得理想的成绩;二是对考试失败的后果估计得过于悲观。

2. 生理方面

考试焦虑表现在心跳加快、肌肉紧张、呼吸加速、睡眠不安、食欲不振等症状。

3. 行为举止方面

考试焦虑表现在多余动作增多,坐立不安,多以逃避或放弃等防御机制应对考试。

4. 时间方面

考试焦虑因考前、考中、考后的形式不同而有不同的表现。大部分同学是在考前焦虑,或在考试中因焦虑过度而不能维持正常心理状态,也有部分同学则是在等待考试成绩的过程中焦虑。

#### (二)考试焦虑形成的原因

1. 主观原因

学生对考试性质的认识程度,对考试利害关系的判断,以及对自身应试能力的估计是其考试焦虑水平的重要因素。

学生本人的个性特征是产生焦虑的主要因素。比如,气质类型不同的人,考试反应有很大的不同。一般地说,多血质和黏液质的人,考试焦虑水平一般较低,而抑郁质和胆汁质的人则容易产生考试焦虑。此外,性格也是产生考试焦虑的原因之一,自卑的人相对更容易产生考试焦虑。

知识的储备与应试的经验、技巧,过去成功应试的经历,也会影响考试焦虑的水平。

2. 客观原因

家庭、学校、社会是导致考试焦虑的客观原因。学生在考试前往往会受到社会评价、家长期望、同学间竞争等外界因素的影响。如果这些关系处理不当,就会成为学生考试焦虑产生的外部因素。

#### (三)应对考试焦虑的方法

轻度的考试焦虑,对于学习和考试而言并无妨碍,有时它还具有帮助我们集中精力、促使我们抓紧时间审视题目、理清思路、提高答题速度等作用;过度的焦虑则不利于能力的正常发挥。要克服过度的考试焦虑，可以从以下四个方面着手。

1. 认知矫正

（1）检查自己对考试的担忧。把自己有关于考试的担忧写出来。

（2）对担忧进行合理性分析。分析自己所担忧的事项哪些是合理的，哪些是不合理的，从而找出认知错误。

（3）与担忧质辩。针对担忧的不合理处，用事实、常理予以驳斥，并对不合理的担忧作"危害分析"。

（4）作出合理的情绪和行为反应。

2. 制定切实可行的复习计划

对自己的学习、复习等情况进行分析，了解自己的长处，找出弱点和漏洞，从而有针对性地制定切实可行的复习计划。

3. 进行自信训练

发现自己的优点，作出肯定的自我评价，经常对自己进行积极的自我暗示，从而增强学习的信心。

4. 意念放松法

焦虑程度严重时，可以采取一些放松方法，选一个安静的地方，可站、可坐、可躺，总之尽量选择舒适的姿势。若站立，手自然垂直于身体两侧；若坐，双手放松，置于腿上；若躺，手放于身体两侧或放松置于腹部均可。闭上双眼，在深呼吸 3—5 次的同时，脑子里开始想象你最喜欢的自然景象。值得注意的是：所选的景象要安静、祥和，令人心怡。如，喜欢大海，就要想象金色的沙滩，蔚蓝平静的海面，低飞的海鸥，远处的白帆，而不要让波涛汹涌的海面进入你的意念。在想象的同时，你要尽量寻找并体验安宁、舒服、放松的感觉，将这种感觉保持几分钟后，深呼吸两三次，慢慢地睁开眼睛，此时你的感觉会很不错。如果条件允许，还可以在喜爱的、平静的、舒缓的、轻松的音乐中进行。

**拓展阅读**

**心理测验**

## 青少年学习倦怠量表
### （吴艳等编制）

亲爱的同学：

为了更好地了解大家学习方面的情况，我们真诚地邀请你协助我们完成以下问卷。本问卷内容将做保密处理,请放心如实地填写。所有答案无对错之分,我们期待你真实地回答。请不要有遗漏,谢谢合作!

1. 请在与你的实际情况相符的选项内画"√"。

2. 每个问题都请作答,不要有遗漏,也不必费时间去想,如果不太清楚,请合理推测后作答,每题只选一项。

| | 符合 | 有点符合 | 不太确定 | 不太符合 | 很不符合 |
|---|---|---|---|---|---|
| 1. 我能够精力充沛地投入学习。 | | | | | |
| 2. 最近感到心理很空,不知道该干什么。 | | | | | |
| 3. 我学习太差了,真想放弃。 | | | | | |
| 4. 我能够经常达到自己的目标。 | | | | | |
| 5. 一天的学习结束,我感到疲劳之极。 | | | | | |
| 6. 我觉得自己反正不懂,学不学都无所谓。 | | | | | |
| 7. 当学习时,我忘记了周围的一切。 | | | | | |
| 8. 最近一段时间,我常常感到精疲力尽。 | | | | | |
| 9. 学习方面我体会不到成就感。 | | | | | |
| 10. 我觉得学习对我没有意义。 | | | | | |
| 11. 我能够很好地应付考试。 | | | | | |
| 12. 在学校,我经常感到精疲力尽。 | | | | | |
| 13. 我抱着玩世不恭的态度学习。 | | | | | |
| 14. 我能有效地解决自己学习中出现的问题。 | | | | | |
| 15. 我总是能够轻松应付学习方面的问题。 | | | | | |
| 16. 我很容易掌握所学知识。 | | | | | |

**结果分析与应用:**

身心耗竭分量表:包括 2、5、8、12 共 4 个项目。这些项目反映的是个体在学习后的感受,以及由于学习而导致的耗竭、疲劳状况。

学业疏离分量表:包括 3、6、9、10、13 共 5 个项目。这些项目反映了个体对学习的一种负面的态度。

低成就感分量表：包括 1、4、7、11、14、15、16 共 7 个项目。这些项目反映了个体在学习方面比较低的成就感。

反向计分条目为 1、4、7、14、15、16 共 6 个项目。

所有 16 个条目得分之和即为该量表的总分，反映了被测者学习倦怠的总体状况。

📖 **案例分析** >>>

**心理咨询案例：**

### 负重的羽翼
一例大学生因学习引发的情绪困扰

小林，男，河南人，20 岁，天津某高校三年级学生。

小林自述最近失恋了，之前在与女友确定恋爱关系后，两人都觉得会影响考研学习，所以就分手了。分手两周后小林实在无法忍受这种平静而缺少热情的生活，想挽回却遭到拒绝。当时小林就很激动，明天就要期末考试了，以往的考试都是提前复习两周，就能拿到班内第一，可现在小林真的是无法集中精力学习，今天早晨小林不知道该怎么办，找到辅导员王老师说自己不想活了。

小林出生在河南农村，家中有父母和四个姐姐，为了供五个孩子读书，身为农民的父母辛苦劳作，经济状况仍旧是十分困难。作为家中唯一的也是最小的男孩，小林自小肩负了全家人的期望，学习刻苦，成绩优秀，但因压力较大，高考发挥失常，来到天津一所普通大学就读。平时看到周围的同学上网、打游戏，他却感觉什么都没意思。近半年以来他感觉累了，需要休息，但又总是想着该学习。

据小林的辅导员王老师反映，小林学习成绩优秀，两次获得励志奖学金，在学生会担任要职，受到了老师和同学的认可。但最近因为打算考研，已经主动辞去了学生会的职务。

**【分析与评估】**

该生的心理问题与学习焦虑有关，可能有以下主要原因：

(1) 缺乏足够的社会支持系统，遇到挫折时，个人无法应对。

高考失利，复读一个月后因已经不能适应当地的生活环境，只能进入一所普通大学。为了实现自己的理想，刻苦学习，全力以赴准备考研，从未想过如果不能考上研究生该如何，期间又经历感情挫折，为了能够专心准备考研，与女友分手，之后想复合却遭到女友的拒绝。平时觉得班内同学都很平庸，不屑与他们交往，只与那些所谓的"精英们"交往，出现问题时缺乏良好的社会支持系统。在期末考试的前夕面临这些原因,小林一时无法应对。

(2)学习动机过强。

小林出生在农村,家中有父母和四个姐姐,自小受到了较多的关爱,被全家寄予期望。父母都是农民,为了供孩子们读书,尤其是为了小林上大学,家中已是负债累累。

小林心中的理想是能够进入世界500强企业工作,带父母环游世界。为了实现自己的远大理想,刻苦读书,小学和初中时成绩总是班内第一。由于中考成绩不是很理想,进入省会郑州市的高中后,每晚都要学习到凌晨,成绩前进到了班内前10名。进入大学后,积极参加学生会工作,成绩一直保持班内第一,两次获得励志奖学金。从大二开始就确定了考研的目标,之后主动放弃了学生会的职务。

(3)人生早年经历创伤。

自小生在农村,家庭经济状况欠佳,导致自卑心理。家中有父母和四个姐姐,作为家中唯一的也是最小的男孩,他被寄予了全家人的期望,承受了远远多于常人的压力。个性追求完美,看到别人的优点就想学过来。高考发挥失常,进入一所普通大学,看到以前的中学同学读的都是名牌大学,甚至成绩不如自己的同学都能读个好大学,内心极为自卑。

**【调节对策】**

(1)扩大人际交往范围,建立良好的社会支持系统。

良好的社会支持系统包括来自他人的物质和精神方面的双重支持,能够有效地帮助一个人应对各类危机,缓解不良情绪,使个体重新恢复到和谐的心理状态和良性的生活中。

建立良好的社会支持系统的前提是树立社会支持理念。每一个人在社会生活中都离不开与他人的相互协助、彼此配合。支持的行为包括物质、体力、信息以及情感等方面。

社会支持系统主要包括家庭成员、朋友、同学及自己本人。首先,家庭在一个人的社会支持系统中占据重要的位置,父母和兄弟姐妹之间的血脉情是任何人都取代不了的,无论身在何处,只要听到来自他们的声音,心中就有了安全感。其次,朋友和同学的支持也是非常重要的力量源泉。其实,最强大的社会支持还是自己。俗话说,求人不如求己,只有自己内心强大才可以顶住压力,朋友的支持只是锦上添花。提高自己的抗压能力可以从很多方面入手,比如锻炼身体、补充营养、养成良好的作息习惯等。

(2)调整学习动机。

通过一段时间的心理咨询,小林调整了自己以往的学习动机,原有的那些追求完美、拥有更多、急于求成的不合理观念已经被合理的观念取代了,能够面对人生的得与失。

以前把考研看得太重了,现在知道其实考研不是唯一的出路。但在这段历程中很有收获,之前把自己的人生规划得像一条链条:考研→立足城市→发展,不允许某个环节断开。现在认识到这个环节断开还能接续到下一个环节,或者从这个环节绕过去,整个人生其实也会精彩。

在撰写《心路历程》时,小林思考的深度在加深,分析了不允许自己人生的某个环节出问题的原因在于过强的学习动机和急躁的、急功近利的态度。"读研好像是条直线,因为对比起来,直线是最快的捷径,所以才出现了情绪无法控制的问题。第一次走进咨询室时,我对您一点也不信任,现在我愿意把心里话讲给您,谢谢您在这段时间对我的帮助。考研的成绩对于我已经无关紧要,在争取进修机会时我也努力付出了,无论结果是什么我都能接受。"

(3) 处理人生早年经历的创伤。

人生早年的经历可能对一生产生重要的影响。可以到学校的心理中心,寻求专业心理咨询师的帮助。

在咨询过程中,通过充分的共情和认知调整,小林的负性情绪得到了宣泄,逐渐对自己的压力根源有了认识,调整了过强的学习动机,分析了不允许自己人生的某个环节出问题的原因在于急躁的、急功近利的态度。为自己即将蓄势待发的羽翼卸下沉重的负担,能够以平和的心态面对生活,能用积极乐观的思维去重新看待生活、学习中遇到的得与失。

**思政案例:**

## 故意放松带来的学习焦虑

小艳,女,大学三年级,来自河南省,大一第一学期末因觉得原专业不好就业转入一个新专业,成绩优异,在新转入的班级担任团支部书记,工作积极,学习认真。但是在大二年级,担任团干部工作散漫,第一学期末还出现两门课不及格,辅导员老师与其谈话,自述是自己最近光想着玩,没有好好学习和做工作,并且说请老师放心,自己一定会把成绩提上去。辅导员担心学生干部工作影响她两门课程重修,与她商量后她辞去了学生干部职务,先专心提升学习成绩。大三时两门课程重修后仍然有一门课程不及格,出现焦虑、失落的情绪,主动找到辅导员老师咨询。才如实提道:本来是自己故意放松学习和工作,想挂科,做一个不乖的学生,因为从小到大都听父母的话,父母告诉自己要好好学习,考个好大学,将来考研究生,父母对自己的学习要求很严格,自认为自己不聪明,所以一直都要比别人多付出更多努力,高中时因学习压力太大曾出现过离家出走的叛逆行为,但后来还是听父母的话顺利考上了大学。大学里转到新专业后努力学习,成绩很好,就觉得这样太累了、没意思,所以就放松自己,体验一下挂科和"坏学生"的感觉。跟老师谈话后本来想自己努努力就赶上了,以前成绩那么好,可没想到大三的课程学习很紧张,要想着考研的事情,还要复习这两门不及格的课程,学习的时候注意力差、效率低,学不进去,一门重修课程不及格后不知道自己以后该怎么办。

**【分析与评估】**

从小艳的谈话中了解到,她的主要学习动机来自父母,是父母告诉自己必须要好好学习,要考研究生,自己并没有培养出主动的学习兴趣,高中时就出现过厌学的情况。大学里父母的约束减轻,自身没有浓厚的学习兴趣和明确的目标,学习动机不当,导致再次出现学习行为叛逆和厌学。

**【调节对策】**

(1)树立正确的人生观,变悲观为积极应对。小艳现在的状态并不意味着以后就没有希望,重修考试还有一次机会,目前最重要的是找准自己的优势学习动机,清晰地认清自我,接纳自我,从而明确将来的发展目标。人的一生中会遇到很多困难,只有每次都不放弃希望,树立坚强的信念去克服困难,人生才会越来越精彩,克服每个困难的过程将是人生宝贵的经验和美好的回忆。

(2)合理规划,树立正确的价值观。小艳应深入了解所学专业将来的用途是什么、能创造哪些社会价值以及有哪些对应的职业。在接纳自我的前提下,逐步明确自己的发展方向,用自己所学的知识与国家、社会的需要和发展结合起来,在为实现中华民族伟大复兴的中国梦中不断贡献自己的力量。这才是自己最重要的价值体现。

# 第八章　择业与心理健康

大学毕业后选择自己从事的职业,是经历高考抉择后又一次人生的重要选择。选择什么样的职业及如何选择职业,必须建立在正确认识自我和评价自我的基础之上。随着近些年就业压力的增大,大学生在择业过程中需要具备强大的心理素质,作好就业前的心理准备,择业过程中遇到心理问题要学会自我调适,才可以成功地就业。掌握一些与择业相关的技巧,可以在择业时起到事半功倍的作用。

## 第一节　大学生择业心理概述

### 一、大学生择业心理的相关概念及心理学理论

#### (一) 大学生择业心理的相关概念

择业即选择职业,是具有一定职业技能或劳动能力的人,按照社会需要和分工,选择适合自身条件和特点的职业过程,是完成就业的前提。大学生选择什么样的职业是受其职业价值观指导的,大学生的职业价值观是大学生这一特殊群体对于职业价值取向、职业价值标准、职业选择、求职意向等的总体看法。大学生的择业心理是指大学生在选择职业时所表现出来的各种心理状态与特征的总和。大学生在择业前需要作好充分的心理准备,良好的心理素质是择业成功的重要条件。

#### (二) 择业的心理学理论

关于职业的心理学理论研究始于 20 世纪 20 年代,特别是到了 50 年代以后,出现了不少有关职业的心理学理论,其中具有代表性的有以下三种。

1. 职业生涯发展理论

代表人物为舒伯(Donald E. Super)和金斯伯格(Eli Ginzberg)。该理论旨在研究人的职业心理与职业行为成熟过程,认为个体的职业心理在童年期就已经逐步产生,随着年龄的增长、受教育程度的提高、经验的积累以及社会环境的变化,职业心理也会随之发生变化。职业发展理论提出了职业发展的阶段性,把人的职业

意识、职业选择和职业适应看作一个持续不断的发展历程,是职业指导理论发展史上的里程碑。金斯伯格将职业心理成熟过程分为三个阶段:幻想期(11岁以前)、尝试期(11—17岁)、成熟期(17岁至成人)。舒伯将人的一生的职业发展划分为成长、试探、决定、保持和衰退五个阶段。

2. 人格类型理论

该理论由霍兰德(J. Holland)提出,其核心是将职业的选择看成人格特征的表现,并提出了现实型、研究型、艺术型、社会型、管理型和常规型六种人格类型,以及与之相应的职业环境。这六种职业人格结构模型,被认为是具有跨时代的稳定性和跨国家民族的一致性。该理论是迄今为止影响较大的职业心理理论之一。

3. 人职匹配理论

该理论最早由弗兰克·帕森斯(F. Parsons)教授提出,是用于职业选择与职业指导的最经典的理论之一。该理论认为人与职业匹配是一种依据人格特征及能力特点等条件,寻找与之对应因素的职业类型进行配合的过程。匹配过程包括三个步骤:① 分析个人情况。包括常规性身体和体质检查、能力测验、职业兴趣分析、人格测验以及有关的被指导者家庭文化背景、父母职业、经济收入、学生成绩、闲暇兴趣等。② 因素分析。分析职业对人的要求,包括各种职业(职位、职务)的不同工作内容以及不同职业对人的不同条件的要求等。③ 个人特征与职业因素相匹配。艾尔德(G. Elder)和波罗(H. Broow)认为,智力能力对大学生的职业选择会受到许多个别差异的影响。康格尔(J. Conger)指出,社会经济地位对职业选择也起着一定的作用。

## 二、当前大学生择业的心理状况

### (一) 择业价值取向方面具有多元化趋势与务实性

大学生择业价值观是大学生在成长过程中形成的关于职业选择的一些比较稳定的认识、评价、态度和心理倾向,主要涉及职业选择时的基本价值判断、权衡利弊的原则、决定取舍的标准等观念。择业心理动机是择业价值观在择业时最为直接的体现,是个体择业行为发生的心理动因。择业心理动机包括个人发展动机、生活幸福动机、工作成就动机、社会贡献动机等。从近几年的调研结果来看,不同的择业标准都得到大学生一定程度的认可与宽容,价值标准的多元化趋势突显。大学生择业时的主要心理动机是如何获得个人利益,择业时比较看重的依次是高收入、符合个人兴趣和能力、利于个人发展、稳定的生活保障,对社会地位、声望、社会贡献大、专业对口等因素看得比较淡,体现出择业时的务实性。

### (二) 职业理想与现实条件存在偏差

所谓职业理想,是指人们对未来工作的行业和部门及事业成就大小的向往。职业理想不仅是职业上的奋斗目标,而且必须是一种有可能或者有希望实现的奋斗目标、愿望与可能的统一。脱离了现实条件,职业理想就是无源之水、无本之木,犹如空中楼阁。大学生在确定职业理想时,既要考虑到自己周围的客观条件,包括社会条件、历史条件、生活环境等,又要考虑自己的主观条件,包括个人的历史、现状、能力、专长、兴趣等。要把两方面结合起来确定自己的职业理想。目前存在的问题主要表现为:① 许多学生的职业理想不能与国家民族的需要结合起来,只一味地看重经济收入、个人兴趣和能力、自我发展、工作环境舒适等个人利益,不愿意到基层、到艰苦的环境中工作。② 有些学生不能进行正确的自我评价,往往以点代面,看不到自己的优点,也无法面对自己的缺点,在择业时无法选择那些能发挥自己特长的职业,无法实现择业时的取长补短。③ 有些学生没有自己确定的职业理想。一是择业时跟从周围人的去向,没有自己的主见,别人进企业,就想方设法进企业,别人去事业单位,也跟着凑热闹,一味地追求社会上的"热门"职业,这种择业行为只是简单地对他人择业行为的模仿;二是将自己择业的事情交给长辈,完全跟从父母等长辈的想法去安排自己的职业道路。

**(三) 职业意识淡薄,消极等待**

当前,有相当一部分学生进入大学之后就迷失了自我,找不到自己未来的发展方向。对此高校也开展了形式多样、丰富多彩的职业生涯规划教育,但学生在大学低年级时并未意识到职业生涯学习及构建的重要作用,总是觉得自己距离毕业找工作还很遥远,导致他们对相关工作并不上心,职业意识较为淡薄。另外还有一些已经做了职业生涯规划的学生,由于他们大多都是按照自己的想法来设计未来工作规划,缺少实际工作和生活的参考经验,导致职业规划与现实相去甚远。此外,很多大学生在求职过程中也出现了"走一步看一步"的现象,这反映出大学生在毕业求职季中的迷茫心态,这部分大学生没有明确的就业意向和就业目标,对于扑面而来的各种企业宣讲会、招聘会,会表现出局促和慌张,不能准确地定位自己,同时也不能准确地定位目标就业市场。在这样的两难局面下,有些学生就选择什么都不去做,以逃避的心态面对即将到来的毕业和择业期。在这种状态下,有部分大学生在心理上产生惰性,对就业不积极,尽管有时候想尽快找到合适的工作为家庭分忧,但却很难将内心的想法付诸行动。

## 三、大学生择业的心理准备

大学生择业心理准备主要是指对择业的专业准备和择业技巧的准备等认知。研究表明,大学生对择业的心理准备越充分、择业认知越明确,他们就越有可能更多地采用积极主动的应对方式,更少地采用消极回避的问题应对方式。

**(一) 培养主动的求职意识**

大学生应尽可能早一点培养自己的求职意识。首先,必须从宏观上了解国家的有关政策,了解正在实施的改革措施及存在的问题,从微观上要了解自己专业及其他专业毕业生就业的基本情况和改革趋势,以及劳动人事管理办法和动态、用人数量和标准,还应尽可能了解有关的政策和法规。其次,了解用人单位对毕业生的要求。在课余时间或节假日,注意搜集社会各方面特别是关于本专业的用人信息,到社会中参加实践,看看社会到底需要什么样的人才,自己应该具备哪些能力和品质,才能适应社会,为社会所需。再次,努力丰富自己的知识结构,强化专业技能,培养社会所需的多方面的能力,不断调整自己的职业意向。最后,要转变观念,变传统的学校学习为终身学习,始终站在知识的前沿,主动作好心理准备。同时,还要转变"一次就业""一步到位"的观念。随着社会对人才要求的更新和提高,人才资源总是在不断地交换和流动中得到优化配置,因此,要做好多次择业的心理准备。

**(二) 全面、客观地分析自我**

大学生择业的主观愿望必须与社会需求相适应,才能获得成功。这就要求每个大学生首先要准确地认识自我,对自己有一个客观而全面的评价,并对就业环境有一个冷静而认真的了解和分析。确定适当的择业目标,一个人的择业目标和本人具备的实力相当或接近,有利于增强其自信心,从而使自己在择业中处于优势地位,正所谓"知己知彼,百战不殆"。对自我的分析主要包括以下四个方面。

1. 人格特点

人格特点往往对人们选择职业和事业成功有很大的影响。分析自己是何种类型的人格,如是内倾还是外倾,是独立还是依赖,是活泼还是沉稳,是敏捷还是迟钝,是细致还是粗心等,在选择职业时都可能有很大的不同。人格特点分析可以通过科学的心理测量方法,如人格量表测试来评定,也可以通过朋友评价、比照性格特点、自我评定等方式来评定。

2. 兴趣和爱好

人们对职业的选择往往以自己的兴趣和爱好出发,一个人如果能从事与自己兴趣相符合的职业,就会产生满足感和无穷的乐趣;如果从事与自己兴趣不符合的职业,就会产生许多苦闷和烦恼。曾获得诺贝尔物理学奖的华人科学家丁肇中说过:"任何科学研究,最重要的是要看对自己所从事的工作有没有兴趣,换句话说,也就是有没有事业心,这不能有任何强迫⋯⋯比如搞物理实验,因为我有兴趣,我可以两天两夜甚至三天三夜在实验室里,守在仪器旁,我急切地希望发现我所要探索的东西。"因此,分析清楚自己的兴趣和爱好对择业很重要。例如,喜欢与人交往的人,一般对销售、采访、信息传递等活动感兴趣,适合做记者、推销员、服务员、教师等工作;喜欢与事物打交道的人,则适于从事制图、工程技术、建筑、出纳、会计等工作。

3. 能力和特长

职业能力是人从事某些职业所应具备的能力,职业能力的高低将直接影响成就的大小和事业的成败。要了解自己知识技能的情况,即评价自己对专业知识、专业基本能力的掌握程度;分析自己的智力能力,包括观察力、记忆力、想象力、注意力和思维力等因素,其核心是逻辑思维能力;要了解自己的特殊能力,包括音乐能力、绘画能力、组织能力、语言能力、运动能力、交往能力和创造能力等。能力不同,职业的选择也就存在差异。在能力类型与职业类型进行匹配的过程中,要注意人的能力类型是存在差异的,重点在于能力类型与职业类型的匹配,适合的才是最好的;每个人的能力结构是不一样的,关键在于扬长避短,充分发挥优势能力的作用。

4. 身体素质

在择业时还要考虑自己的性别、年龄、身体健康程度、高矮、相貌等因素。例如,体力劳动强度大的工作需要体质好的人;乘务员工作对身高和相貌都有较高要求;有些工作,只有女同志(或男同志)才能胜任;等等。因此,在择业时要综合考虑自己的身体素质,选择适合自己的工作。

**（三）培养健康的心理素质**

1. 树立自信,敢于竞争

受传统文化的影响,中国知识分子多以谦谦君子自诩。不少大学生在择业过程中,缺乏自信,唯唯诺诺,怯于出头,羞于表现自己,唯恐给人留下不谦虚、不诚实的印象,因此而失去难得的就业机会。面对激烈的人才竞争,每一位大学生都应该克服谦卑心理,强化自信,要勇于表现自己,敢于推销自己,为自己提供心理力量,在艰难的择业中给自己加油、打气。

当今的时代,竞争机制已经渗入社会的各个领域和人生的整个过程。在大学阶段,竞争更为激烈,评"三好"学生、奖学金、优秀毕业生等,无一不和竞争联系在一起。但是大学生自身的竞争意识在过去并没有得到真正的强化,有的大学生面对竞争的挑战显得手足无措。深化改革的今天对大学生强化竞争意识提出了迫切要求,也提供了客观环境。为了迎接新的挑战,强化竞争意识是大学生在择业前最基本的心理准备。大学生强化择业的竞争意识,一是要在正确自我评价的基础上,充分相信自己的实力,敢于通过竞争去达到理想的目标;二是必须在心理上准备同"铁饭碗"的传统告别,必须从社会进步和深化改革的角度来加深对竞争机制的认识,强化自身的竞争意识,自觉地正视社会现实,转变观念,作好参加竞争的心理准备。

2. 直面挫折,勇于挑战

择业过程是一个竞争的过程。竞争遵循的是优胜劣汰的原则,成功与失败俱存。参与竞争就难免遇到挫折,大学生应当对择业中的挫折有充分的思想准备,敢于面对现实,把挫折看成锻炼意志、增强能力、提高心理素质的一场考验。要及时减轻思想负担,消除急躁情绪;要积极总结经验教训,冷静、理智地分析择业挫折产生的原因,找出不足之处,加以改进,将消极因素转化为积极因素;要根据客观实际调整自己的心态和择业目标,使之适应社会的需要,然后为实现这个目标努力奋斗,绝不能一遇到挫折就灰心丧气,怨天尤人,一蹶不振。

## 第二节　大学生择业心理问题及调适

### 一、大学生择业心理问题的表现

#### （一）焦虑与急躁

择业焦虑是在择业心理压力下所产生的一种紧张感、不踏实感、危机感或迷惑感。绝大多数毕业生的心理困扰以焦虑为主，既希望谋求到理想的职业，又担心被用人单位拒之门外，担心自己在择业上的失误会造成终身遗憾，并对未来的职业生活感到心中没底，因此存在一定的焦虑心理。特别是一些成绩欠佳、性格内向或临近毕业时单位仍无着落的大学毕业生，表现得更为明显。他们不知道如何去面对竞争，不知道如何发挥自身优势去抓住机遇、迎接挑战，因而在精神上负担过重，紧张、烦躁、心神不宁，反应迟钝，生活意志消沉。这种不良心理使他们缺乏自我控制，导致其择业事倍功半，甚至事与愿违。

有的大学生在择业中会存在一种急躁心理，表现得心急如焚。他们东奔西跑，四面出击，每逢招聘会都会参加。因此，每年都有一些毕业生在考虑不成熟的情况下就与用人单位签约，一旦发现实际情况与自己想象的不太符合或发现了更好的岗位，便追悔莫及，有的只好违约，给自己带来不必要的麻烦。

#### （二）自卑与怯懦

自卑是一种因过多地自我否定而产生的消极情感。有些大学生过分看重自己的家庭背景、社会关系、毕业学校、所学专业和自身长相等条件，往往因以上条件的欠缺而过分贬低自我，不能正确分析和评估自身的能力和价值，不敢去争取有挑战性和竞争性的就业机会。在求职面试的过程中，缺乏应有的自信，总是扮演着被动、顺从的角色，畏首畏尾，没有主见，不能充分展示自己的才能，从而失去了许多好的就业机会。

择业中的自卑一般产生于以下一些情况：一些冷门专业的学生看到就业市场需求少、待遇差或在求职中遭冷遇，就容易悲观失望；一些性格比较内向、不善言辞的学生看到其他应聘者口若悬河，自己什么也说不出来，就自惭形秽、缩手缩脚，不能充分向用人单位展示自己的才华；一些在校成绩与表现一般的学生看到别人的自荐书上奖励、证书、成果一大堆，自己什么也没有，也容易自我贬低；一些女大学生在就业遭受到用人单位的歧视后也会自怨自艾。

怯懦常与自卑心理相伴，在毕业生面试时尤为突出。一些毕业生在与用人单位见面时面红耳赤、语无伦次、支支吾吾、答非所问、手足无措，辛辛苦苦准备的"台词"情急之下忘得干干净净。有的谨小慎微，害怕说错一句话，不敢发表自己的见解。怯懦是胆小怕事的表现，过于紧张、胆怯会影响正常水平的发挥，对大学生达成择业目标非常不利。

### （三）自负心理

与自卑相反的自负心理，也是由于缺乏对自我的正确认知和客观评价造成的。自负的大学生往往会高估自己的能力和作用，过分夸大自己的优势，忽视了自身的缺点和不足。他们总因自己的出身、学校、专业和长相等优势认为自己高人一等，在求职择业的过程中，他们常常表现出自命不凡、好高骛远的心态，对一般的公司不屑一顾，往往只寻找工作地在大城市、热门行业、大公司和高薪的岗位，择业目标不切实际，往往错过了许多适合自己发展的就业机会。

### （四）盲目从众心理

盲目从众心理是指有一些大学生在择业的过程中忽视了自己的专业特长、兴趣和爱好，产生了盲目听从他人的建议或随大流寻求热门职业的现象。这类大学生没有明确的职业生涯规划目标，不能独立思考个人的未来和即将从事的工作岗位，对自己未来从事的职业没有客观、准确定位，对自身的主客观条件也不能全面地进行分析。由于缺乏主见，他们容易受到周围其他人的暗示和社会潮流的影响，因而会产生消极盲从的心理。

### （五）偏执心理

在择业过程中，大学生的偏执心理有不同的表现。一是对追求绝对公平的偏执，大学生要求公平的竞争环境，对一些不良的社会风气感到气愤是正常的，但一些学生将求职中的一切问题都归于就业市场不公平，以致给自己的求职择业过程蒙上了心理阴影；二是高择业标准的偏执，多数人能通过在就业市场的体验，客观地认识和接受当前的就业现状并调整自己的择业标准，但仍有部分学生固执己见，偏执地坚持自己原来的择业标准，甚至宁愿不就业也不改变；三是对专业对口的偏执，一些学生在择业时过分追求专业对口，不顾社会需要，无视专业的伸缩性，只要与专业有一定出入的工作就从不问津，从而人为地减少了就业机会。

### （六）依赖心理

当前的大学毕业生绝大多数是独生子女，由于受家人的宠爱和照顾过多，缺乏独立性和主动性。另外，受社会上一些不良风气的影响，父母亲友为他们包揽了过多的相关求职事务。因此，在求职过程中，他们常常出现依赖心理，不能积极主动地寻求就业机会。有许多学生在高考填报志愿时就是由家长或老师作主的。临近毕业时，这些人由于缺乏必要的心理素质培养和自立能力锻炼，常常不知所措，他们抱着"车到山前必有路"的依赖心理，自己不作择业的心理准备，也不去找工作，只等着父母和亲朋好友把工作送到面前。还有的学生遇到父母不给安排工作或安排的工作不理想时，就待在家里"啃老"，或以"考研"等为借口逃避择业竞争。

### （七）抑郁情绪

不少大学生在择业时只想成功，一旦遭受挫折就像泄了气的皮球，情绪低落，一蹶不振，陷入苦闷、失望的抑郁情绪之中不能自拔。他们对择业过程中的挫折既缺乏估计也缺乏承受能力，不能很好地调节自己的心态，也不会通过总结择业过程中的经验教训来获得下一次的成功；有的甚至听天由命，怀着无所谓的心态，放弃努力。

## 二、大学生择业心理问题产生的原因

大学生择业心理问题产生的原因是复杂多样的，既有主观原因，也有客观原因；既有外界的因素，也有大学生自身的因素。

### （一）社会因素

一是就业形势非常严峻。随着我国高等教育进入大众化发展阶段，我国高校毕业生人数从 2001 年的 114 万一路攀升。就业人数的激增，用人单位要求和家庭社会期望值的逐步提升，加上不断累积的往届毕业生"存量"，导致学生的择业压力增大。特别是一些综合实力不够强、社会知名度不够大的院校，由于受到社会认可度和学历的双重影响，更增加了学生的择业压力，从而导致不良择业心理的出现。二是就业市场尚未完善。虽然我国就业市场的建设日趋成熟，但由于监管力度不够仍有欠缺，致使我国的就业政策不能及时落实到位，还存在着一定的不正之风，对大学生的择业心理产生巨大冲击，使一些学生心态失衡。如一些企业在招聘中至今仍然存在着严重的相貌、性别、学历、工作经验等歧视现象，加重了大学生择业的心理压力。许多招聘单位明文规定不接受专科毕业生和女生，另外一些单位表面上虽然不歧视女生，但对女学生的求职要求非常苛刻，总是百般挑剔，从而增加了女学生的择业问题。有些企业为了降低培训成本而不招收没有工作经验的应届毕业生，也增加了大学生择业心理负担。

### （二）学校因素

一是高校人才培养模式滞后于社会需求。虽然中国高等教育已经完成了由"精英教育"向"大众教育"的转变，但是许多高校的人才培养模式还存在问题，不能与当前社会经济的发展和职业岗位对人才的需求对接。有些高校的专业设置并没有顺应社会发展的需要而加以改进，例如，对社会需求量较大的工学类专业因不具备基本的实验条件而无法招收更多的大学生，而那些社会需求量较少的文科类专业因便于教学而扩大招生规模，最终造成大学生结构性过剩，使大学生在择业时面临巨大的心理压力。还有些高校在教学上仍然遵循传统的人才培养模式，偏重向学生讲授理论知识，忽视培养人才的实践能力，不能较好地适应和满足社会对职业岗位的需要，一些大学生恐惧、自卑等不良择业心理由此产生。二是很多高校的就业教育体系尚不够完善，就业和创业指导仅限于讲授就业和创业的理论知识、组织招聘会、发布就业信息和提供相关政策等,忽视了对大学生就业和创业实践能力的培养,使就业指导工作停留在理论层面,不能为学生提供实质性的指导和帮助,导致部分大学毕业生在择业过程中无法客观正确地进行自我定位和评价,出现了焦虑迷茫、自卑自负的心理问题。

### (三)家庭因素

家庭因素主要包括家庭的期望、父母的职业及对各种职业的看法、父母的社会地位与社交能力、父母对子女专业及工作的关注、家中其他成员的影响等。这些因素也影响着一部分学生的择业心理。众所周知,学生择业关乎每一个家庭的切身利益。可以说,择业既是学生人生中的一次重大转折,也是全家的重大事件。因为每个家庭都望子成龙、望女成凤,他们为学生的学习、生活倾注了很大的经济和精神支持。所以,每个父母都对自己的孩子寄予很大的希望,期望他们能学有所成,找到一份满意的工作。而现实往往不尽人意,甚至事与愿违,这样一来,就使一些家庭感到失望,并会对大学生的择业情况发表一定的意见,从而使一部分大学生产生一定的依赖、焦虑与急躁等择业心理问题。

### (四)大学生自身因素

#### 1.择业目标不恰当

如果择业者的择业目标和本人具备的实力相当或接近,则有利于增强其自信心,从而使其在择业中处于优势地位。适当的目标取决于知己知彼,择业目标扬长避短是成功择业的钥匙。这就要求大学生避免择业定位太理想主义。大学生的择业期望居高不下,刻意追求最满意的结果,希望一次就业和一步到位,容易使择业的理想目标与现实之间产生较大的冲突。

#### 2.择业价值观不正确

当前,大学生处在择业观念的转型过程中,传统就业观念受到冲击,功利倾向日益严重。大学生的择业观虽然在总体上倾向于务实化与理性化,但在择业时大学生越来越多地考虑眼前的现实利益,缺乏职业的社会意识和长远意识。加之各种不良观念的存在,以至于部分大学生忽视了职业的深层价值,在求职过程中为利益所牵引,盲目追求就业环境、经济收入和福利待遇最优化,从而导致择业心理问题产生。

#### 3.缺乏求职常识和择业技巧

许多学生在求职时不了解招聘的程序、求职的程序、面试应注意的事项等常识性问题,以至于在求职过程中屡屡碰壁,甚至洋相百出,自尊心受到严重挫败,导致择业失败。尤其是在面试时缺乏经验和技巧,自信心不足,由此失去被录用的机会。

## 三、大学生择业心理调适

要使大学生形成健康乐观的择业心理,需要社会、学校、家庭和个人等各方面的共同努力。但是,内因是事物变化的根据,即大学生自身是关键。因为择业本身就是大学生认识和适应社会的一个过程,在求职择业过程中遇到一些困难,产生心理问题,甚至经过几次挫折都是正常的。除了学校、家庭要教育大学生从容冷静地面对择业,及时调整心态,并作出正确理智的选择外,大学生还必须从自身情况出发,客观分析自我与现实,主动适应市场竞争,积极调适择业心理,始终保持稳定积极的心态,合理择业,顺利就业。

**(一) 客观冷静地认识社会和评价自己**

正确认识社会和评价自我是进行自我调适的基础。自卑与自负是大学生身上常见的人格缺陷,表现在择业中则是对自己缺乏一个客观的评价,对职业缺乏深入的认识。在择业中自卑与自负常存在交织的现象,如一些学生在求职比较顺利时容易自负,一旦出现挫折就自卑;一些学生虽然对自身条件比较自卑,但是真正遇到用人单位时却又表现为自负,要求很高。大学生作为社会的个体,不可能脱离社会而存在,在求职择业前,首先应认清就业形势,了解应聘单位及职业对择业者的要求,同时正确地认识和评价自我,既要充分挖掘自身优势,也要理性看待自身的不足。

**(二) 适当调整择业期望值**

大学生在择业时应看得长远一些;要有从最坏处着想、向最好处努力的思想准备;要学会规划自己的职业生涯,确定自己正确的人生轨迹;要树立长远的职业发展观念,放弃那种择业就是"一次到位",要求绝对安稳的观念。当获得理想职业的时机还不成熟时,大学生应学会调整自己的目标,面对和接受现实,不怨天尤人;要积极调适自己的职业意向和抱负,使自己的心理定位与择业目标相一致,做最坏的打算,尽最大的努力,规划好自己的职业生涯。

**(三) 培育理性平和的健康心态**

大学生在择业中要树立理性平和的择业心理。这种心理包含不卑不亢、淡定不慌、不骄不躁三个方面的内容。首先,不卑不亢指的是人说话办事有恰当的分寸,既不低声下气,也不傲慢自大。大学生在择业过程中应当不卑不亢,既不能骄傲,也不要自卑,而是怀揣一份从容的心态来面对择业过程。其次是淡定不慌。不少大学生虽然面临着"就业难"问题,但在这一问题面前仍然需要冷静沉着。特别是在遇到问题与困难之后,应该头脑冷静、认真思考,总结经验教训。再次是不骄不躁。在择业过程中,某些大学生可能认为自己身怀大才却无人赏识、无人知遇,渐渐萌生冷落、挫折之感。但如果能够始终保持"是金子早晚都会发光"的不骄不躁、积极乐观的心态,积极提高自身各项能力,主动把握各项机遇,成功也便指日可期。

**(四) 培养独立自主的心理意识**

独立自主是初次离家的大学生应当注重培养的,但在现实的择业过程中不少大学生却过于依赖家庭、依赖父母。比如,在择业信息的获取上、职业的最终决策上、具体的面试准备中都要父母为之打点,甚至还有找不到工作的大学生在家"啃老"。这些都显示出大学生在择业上缺乏独立自主的心理意识,影响了大学生的顺利就业。择业是大学生自己的事情,父母的意见可以作为参考,但不能完全依赖,大学生只有独立自主,才能够找到适合于自己的职业,因而,当前大学生急需在择业过程中克服这种心理依赖,培养独立自主的意识。

**(五) 克服盲从心理,增强自信心**

自信与否在很大程度上决定一个人能否成功。在就业形势日益严峻的今天,大学生要不断增强自主择业意识,学会推销自我、展示形象,对自己充满信心,主动出击;要坚定立场,不能随波逐流,要根据自己的专业和自身的特点去选择。即使暂时失败了,也不能悲观气馁,要尽快找到失败的原因,并积极调整定位,勇敢迎接挑战。

**(六) 学会自我欣赏与接纳,提高挫折承受能力**

在择业过程中遭受挫折在所难免。大学生要正确对待挫折和失败,要对自己的实际状况抱认可、肯定的态度,敢于竞争,不怕失败。如择业失败时,可运用理性情绪法、自我暗示法宽慰自己,借用名言警句和积极案例等,能起到调节与平衡心理状态的作用,消除受挫心理,充分接纳自我。

**(七) 培养广泛的兴趣,建立良好的人际关系**

兴趣是人认识和从事活动的巨大动力,兴趣和爱好可使人开阔眼界,使生活内容变得丰富多彩。大学生可以培养广泛的兴趣和爱好,并把自己的兴趣与社会需求、职业理想联系起来。当不良情绪发生时,可采取转移情感和精力到其他活动中的办法,以求心理平衡。同时,大学生要建立良好的人际关系,通过同学、朋友之间倾诉衷肠、分忧愁、解苦闷,保持开朗的情绪,增强自身的心理健康,努力使自己顺利融入社会。

# 第三节 大学生择业技能提升

## 一、树立正确的择业观

马克思择业观对当代大学生选择职业有重要的现实启示。马克思指出,人有积极主动的生活选择能力,这是人的主体能动性;人的职业选择是现实的、独立的选择是每个人寻找达到理想和目标的手段,因此具有明显的个性化特征;人的这种选择职业的主体能动性具有正负二重效应,职业选择可能给自己的一生带来美好,也可能带来不幸,因此,一定要认真权衡自己的选择,这是即将走上社会的青年的首要责任。这就启示当代大学生在选择职业时正确发挥自己的主体能动性,要把它看作开始走上生活道路的首要责任。选择职业不应成为虚荣、名利、欲念、幻想等的傀儡,一定要考虑允许自己作出选择的社会生活条件,大学毕业生不能只从个人需要出发,还要从社会需要出发,要响应祖国和人民的召唤,努力选择国家和社会需要的就业岗位。因为我们每个人都是社会的人,都是生活在各种各样的社会关系之中的,在每一个大学生身上不仅承载着社会权利,更承载着社会责任。社会关系对大学生选择职业的制约是不以自己的意志为转移的。

## 二、提高择业能力

### (一) 合理的知识结构

合理的知识结构包括基础知识、专业知识和综合知识。

基础知识的掌握是对大学生最根本的要求。随着社会生产、行业、职业结构调整速度的加快,大学生无论是选择职业还是确定方向,或是适应工作性质的变动,都离不开宽厚扎实的基础知识的储备。这不仅关系到是否能进一步发展,是否在专业上有所建树,而且关系到走向工作岗位之后能否尽快适应、胜任工作。宽厚扎实的基础知识有助于科学思维方法和良好心理素质的培养,而这又是工作中必备的优秀品质。主要包括中文、数学、外语、计算机、人文与社会、历史与地理、经济与管理等文化基础知识和专业基础知识。通过较宽的基础教育,可以提高毕业生的综合素质,增强进入社会的适应能力,为未来有更大的发展空间提供良好的知识储备。其中,文化基础知识是高校毕业生应该具备的基本素质,专业基础知识是专业学习的一个铺垫,也为专业的拓展作好准备。要充分认识到基础知识学习的重要性,遵循宽基础、厚积累的原则,努力扩大知识面。

专业知识是指所学专业的有关知识,是知识结构当中的主要内容,是走向专业工作岗位所需知识的主要方面,也是科技人才知识结构的特色所在。专业知识的学习是社会分工和职业专门化发展的必然要求,是创造活动的基础,也是大学生选择就业的基本方向。因此,专业知识的学习是以运用为目的的。

综合知识的不断积累是大学生适应社会的必然要求。随着现代社会的发展,知识更新速度不断加快,职业转换越来越频繁。一方面,交叉科学、边缘科学的知识不断涌现;另一方面,新技术、新设备、新工艺层出不穷。所以,要认识到学习各种不同知识的重要性和迫切性,在加强基础和专业学习的同时,不断拓宽知识面,开阔视野,加深对不同学科领域知识的兼容性,提高自身修养和创新能力。

### (二) 能力结构

每个大学生在完成学习任务的前提下,还应该争取更多地培养自身的能力。从某种意义上说,能力就是传说中的"金手指",它比知识更重要,只有将合理的知识结构与相适应社会需要的能力统一起来,才能在求职择业中立于不败之地。

### 1. 创新能力

创新能力是指人们的智力、知识和能力在改造自然和改造社会的活动中的综合体现。它是在各种能力发展的基础上,创造新理论、新制度和新实践。它是人才素质的核心,包括发现问题、提出问题的能力,发现规律的能力,创造性地分析问题和解决问题的能力,发明新技术、创造新产品的能力等。它是由观察敏锐性、记忆保持性、思维灵活性、独立思考能力、创造性思维、创造性想象和创新意识等基本要素构成的。

### 2. 决策能力

决策能力就是对未来目标的决断和选择的能力。良好的决策能力可以对实现目标的手段作出最佳选择,可以少犯错误,少走弯路,可以做到事半功倍。犹豫和草率都可能让人追悔莫及。

人们决策的过程是一种活动的思维过程,其中心环节是选择,要对各种方案作出优劣判断,进行取舍。对于即将毕业的大学生来说,选择何种职业走向社会,是人生的一个转折点,是对自己决策能力的一个检验。因此,平时训练和培养自己的决策能力是十分重要的。培养决策能力要从小事做起,不要事事让别人拿主意,要养成多谋善断的习惯,不断地提高自己的决策能力。

### 3. 交往能力

以社会认可的方式妥善处理人与人之间的关系,并与他人和谐共处、共同发展的能力即为交往能力。个人不能离开社会而存在。在现代社会,良好的社交能力是一个人事业成功的重要条件。许多事业成功者都是借助于良好的人际关系促使自己事业成功。通过交往,可以使自己的设想和创造得到实践检验和认可。积极参加社会活动,是提高交际能力的基本途径。同时还要提高自己的交往技巧,以使别人能准确、完整地接受自己的想法。

### 4. 管理能力

管理能力是指成功地运用管理知识影响组织的活动,以求达到最佳的工作目标的能力,包括计划能力、组织实践能力、决断能力、指导能力和平衡能力。管理水平的高低,已经成为一项工作、一个部门、一个单位工作好坏的重要因素。尽管不是每个大学生走上社会后都从事组织管理工作,但是每个人在工作中需要不同程度地运用组织管理能力。现代社会分工的发展、大规模生产方式以及系统化的工作方式,都使得工作的相互协调和科学管理越来越重要。一些用人单位愿意招聘学生干部,就是看重了他们在校期间管理能力的锻炼。

### 5. 表达能力

表达能力指运用语言或文字阐述观点、抒发思想的能力,主要包括语言表达能力和文字表达能力。良好的表达能力在毕业生就业中起到不可低估的作用。自荐信、简历等个人材料的准备都离不开文字的表达,面试就是直接的语言表达。俗话说,"一句话让人笑,一句话让人跳",就是说明语言表达的重要性。据调查,表达能力差是大学生就业中出现的主要问题之一。要想提高表达能力,只有靠平时多练习、多参与实践活动。

6.适应能力

人与环境的正确关系是适应与改造的辩证统一。适应就是改变自身以迎合客观环境的要求;改造就是改变客观环境使之符合自身发展的要求。适应能力就是善于根据客观情况的变化,及时、随机应变地进行调节的能力。人们常说学校是个"象牙塔",要适应复杂多变的现代社会,保证自己从学校到社会的顺利过渡,大学生应该提高自己的社会适应能力。适应社会才可以更好地承担社会所赋予的职责,发挥自己的智慧和才能。消极地等待、抱怨、同流合污或者委曲求全,都不是面对社会的正确态度。只有变不利为有利,化被动为主动,积极热情地参与到社会生活当中,才能及时地融入社会,改造世界。

## 三、掌握择业技巧

### (一) 就业信息的收集与应用

1.就业信息的来源

(1) 大学毕业生就业主管部门。大学毕业生就业主管部门是当前毕业生获取就业信息的主要部门。高校是连接学生就业工作所涉及有关对象的核心。高校既与毕业生就业工作所涉及的各级主管部门之间保持着密切联系,同时也是用人单位选录毕业生所依赖的一个主要窗口。

(2) 各级毕业生就业指导中心、劳动人事部门、人才交流中心、职业介绍所。这些部门对各类人才需求情况比较了解,所获得的信息也比较准确,有一定的指导作用。

(3) 人才交流会。目前,各省、自治区、直辖市和各市、县每年都要集中举办各种形式的人才交流会,有的单位还专门组团到其他地区和学校设摊招聘,选用人才,这为毕业生提供了择业机会。人才交流会是人才供求信息的集散地。

(4) 实习、社会实践单位。毕业生在生产实习、社会实践及毕业实习的过程中,直接与用人单位接触,不仅对用人单位的生产、工作性质较为熟悉,也结识了用人单位的领导、工程技术人员等,可以方便地获取有关需求信息。

(5) 社会关系。通过家人、亲戚、同学、校友、朋友等所获取的信息面较宽、较为便捷,且比较准确可信,往往成功率较高。

(6) 网络信息。毕业生可利用网络搜集信息。通过网络获取信息,具有速度快、传播范围广的特点。随着网上信息的不断完善与普及,这一途径的作用将越来越大。

一般来说,收集信息的渠道应该多样化。单一的渠道往往会使人偏听偏信,也不利于信息的完整性。要充分利用多种信息来源,面向各行各业。掌握的信息多了,可供选择的就业范围就宽广了,不同信息之间也可以相互印证。这样才有利于自己作出正确的选择,获得比较好的就业机会。

2. 就业信息的应用

人们收集就业信息的目的是为了应用信息。就业信息的应用比较广泛,就业信息在求职择业活动中的应用主要有以下三个方面。

（1）确定目标,选择岗位。求职择业目标是求职者期望从事的职业及岗位,确定择业目标的主要依据是:第一,求职者自身的条件。如文化素质、所学专业、兴趣爱好和特长等。第二,就业信息,主要指就业政策法规、相关行业及用人单位的情况、人才需求情况等。求职者通过对收集到的就业信息进行处理、选择,结合自身实际情况,确定择业目标,选择工作单位。如目标在实施过程中出现偏差,应及时调整,使之可行。

（2）明确程序,掌握方式。要对就业信息进行细致分析,明确每一个信息的具体要求和应聘程序、时间、地点,做到心中有数。尽量避免择业过程中的冲突,有效利用信息。掌握在求职过程中面谈的技巧,避免由于方法不当而带来的择业障碍。

（3）把握市场,调整自我。就业信息不仅反映社会岗位的要求,而且也体现了市场对择业者的期待。通过就业信息,可以了解社会各种职业的特点和现代职业对从业人员素质的具体要求,并且可以预测所学的知识、技能与就业的适应程度,及时调整自己的学习目标。

**（二）个人简历制作技巧**

求职简历对个人经历的表达是否得体关系到能不能获得一份工作。如何书写简历、怎样写好简历是找工作中最重要的一部分。为了让自己的简历能够吸引招聘者的注意力,就要保证简历能使招聘者在短时间内即可判断你的价值,甚至决定是否聘用你。所以,简历的关注要点一定要突出,必须保证信息完整、重点突出、富有层次、条理清晰、目标明确、内容简练且篇幅适中。

第一,对自身未来的职位目标要有清楚的定位。只有明白这个职位是做什么,在寻求这个职位时才能突出自己的优势。第一轮简历的筛选标准基本上是比较固定的,如果你不符合一些明确的要求,给你面试的机会就会很少。

第二,简历的格式和结构非常重要。一份好的简历不仅要有主题突出的经历,而且要注意排版简洁明快,切忌标新立异。打印个人简历最好用标准的 A4 纸,字体最好采用宋体或楷体,尽量不用艺术字体和彩色字,当然,如果应聘的是排版工作则例外。另外,还要组织好个人简历的结构,不能在个人简历中出现重复的内容,应该条理清楚、结构严谨、富有创造性,这样才能使招聘者产生阅读的兴趣。

第三,简历中的个人信息一定要真实可信。从企业招聘者的角度看,他们看一份候选者简历时最关心的是他(她)的基本资料(姓名、性别、年龄)、工作经历(职业记录)和主要业绩,其次是所受教育及培训、主要技能、职业目标等几部分,其他信息在面试之前则相对次要。简历中的描述切忌长篇大论,更忌自视过高、无所不能,写好简历的前提应该是真实准确。

第四,简历上最好附近期照片。简历上不要求有很大的相片,有一张一寸相片即可。图文并茂可以让招聘者直观地了解你,但若在简历上附艺术照,就显得不合时宜。适合的个人能力和适合的个人形象最能打动人,两者缺一不可。

简历不是找工作用的,而是赢得面试用的。如果一份个人简历投出去后,不能赢得面试或约谈的机会,就是不成功的。一份出色的简历,足以为你赢得多个既与自己条件相符又富有挑战,且待遇丰厚、成长空间巨大、前景广阔的事业平台。

**(三) 面试技巧**

1. 面试前

(1) 周密计划。

准备越充分,临阵心理就越轻松,面试时必定会表现出色,镇定从容。要知道,多一分准备便少一分失误。

明确面试前的三要素:When(时间)、Where(地点)、Who(联系人)。如果招聘单位采取电话通知的方式,这时一定要仔细听时间、地点,万一没有听清,要赶紧问。对于一些大公司,最好记住联系人。不要以为只有人事部负责招聘,在大公司里有时人事部根本不参与面试、招聘,只是到最后才介入,办理录用手续。关于地点,若不熟悉,最好先去查看地形。

(2) 熟悉招聘企业的现状,积累相关行业的常识。

若肯下工夫去了解应聘单位的背景及业务内容,在面试时可迅速地进入状态,并询问一些较具深度的问题,以表现对该单位的关注与兴趣。

具体了解的问题可包括:企业所在国家的背景、企业所处整体行业情况、企业产品、企业客户群、企业竞争对手、企业热门话题以及企业的组织结构,若有可能最好再多了解些企业管理人员的情况。这些足以显示出你对该企业的兴趣和向往。还可以到企业的主页上看看,一定会有很大收获。尽管你为自己灌输了很多该企业的信息,但不能一股脑全倒给招聘者,自然而然地流露出来才能取得良好的效果。不要有卖弄之嫌,他们了解的一定比你知道的更深刻,随时会给你打分。

(3) 做好自我介绍的准备工作。

评估自己所应聘单位及工作的一切有利条件和不利因素,研究如何扬长避短,准备一份极具说服力的自我介绍。

(4) 做好面试前的角色模拟。

面试前不经过角色模拟,便无法达到最佳效果。一位负责招聘的人事主管指出,求职者应当乐意提出问题,这样公司才能知道求职者的水准及想了解的问题,如果求职者只等面试人员提出问题，便不可能给人留下好印象。面试前可以模拟询问公司一些问题，如：贵公司认为这份工作最重要的工作内容有哪些；贵公司的考核方式、标准有哪些；贵公司未来的经营计划如何等。

（5）着装要得体。

在去面试前，应聘者必须精心挑选与自己的身材、身份相符，能表现朴实、大方、明快、稳健风格的服饰。在面试时，着装还应该符合时代、季节、场合、收入等，并且要与自己应聘的职业相协调，能体现自己的个性和职业特点。无论你穿什么，都必须充分体现你的自信。一般来说，所穿的服装要保证干净，而且适合此行业。尤其是去外企，一定要穿比较职业的服装。男士应着西装，女士应穿套装。着装的好坏能影响你的自信心。只有着装与周围人相融合，才会感到融洽放松，自信心自然也会提升。是否一定要穿名牌呢？其实没必要。企业不会看重这些，真正看重的是你的内在素养。

2. 面试中的礼仪

在面试过程中，应该有礼貌地对待面试官和秘书，认真听取面试官的提问和点评，并作好相应的回答。在当前大学生就业形势十分严峻的情况下，用人单位与毕业生互相选择的洽谈形式已成为求职的最后一步。为取得成功，求职者应全面了解面试的种类和内容，懂得并掌握面试的技巧和艺术。

（1）讲究礼貌，动作得体。

进入面试房间前，绝不能忘记敲门，不敲门就进入是最不礼貌的行为。敲门通常为连续二三次，等门内有了回音再推门进去。开门的方法是先用靠近门的一只手握住门把，边打开门边进入房间，之后转过身来，换另一只手将门轻轻关上。进门时应主动打招呼说："您好，我是某某。"在对方没有请你坐下时切勿急于坐下，对方请你坐下时，应说声"谢谢"，坐下后要保持良好的坐姿，不要挠头皮、抠鼻孔、挖耳朵或跷起二郎腿乱抖。对于女同学来说，动作更应得当，任何轻浮的表情或动作都可能会让招聘人员对你感到不满。另外，各种手势语言也要得体、自然。

（2）保持安静，注意卫生。

在等候面试时，不要到处走动，更不要擅自到考场外面张望，求职者之间的交谈也应尽可能地降低音量，避免影响他人应试或思考。最好的办法就是抓紧时间熟悉可能被提问的问题，积极作好应试准备。

（3）姿势恰当，表情自然。

不同的场合有不同的身体姿势。人们通过身体的坐、卧、立、行等姿态表现出来的情感、意向、态度等各种信息的综合就是姿势语言。应试者要想树立良好的个人形象，更好地表达自己的意图，就必须注意运用适当的姿势语言。

面试中，立姿要求双脚对齐，脚尖适度分开，上身挺直，双臂自然下垂，头部摆正，嘴巴闭起，眼睛正视前方。坐姿包括就座的姿势和坐定的姿势。入座时要轻而缓,走到座位面前转身,轻稳地坐下,不应发出嘈杂的声音。坐下后,上身保持挺直,头部端正,目光平视前方或面试官。坐稳后,身体一般只占座位的2/3。两手掌心向下,叠放在两腿之上,两腿自然弯曲,小腿与地面基本垂直,两脚平落地面。两膝间的距离,男子以松开一拳或两拳为宜,女子两膝两脚并拢为好。无论哪一种坐姿,都要自然放松,面带微笑。面试过程中不可仰头靠在座位背上或低头注视地面;身体不可前倾、后仰或歪向一侧;双手不应有多余的动作;双腿不宜敞开过大,也不要把小腿搁在大腿上,更不要把两腿直伸开去或不断地抖动。这些都是缺乏教养和傲慢的表现。

另外,求职者还要注意表情语言,它是凭借眼、眉、嘴以及面部肌肉的变化等体现出来的,内容极为丰富。表情语言的规范要求包括:始终微笑,注意倾听,保持与面试官的目光接触,这样会给面试官以自然、舒服、轻松的感觉,有利于双方的进一步交流。

3.面试中的注意事项

(1)提前到达,不谈无关话题。

迟到是面试大忌之一,面试官不会喜欢没有时间观念的人。你最好提前十分钟到达现场。若未去过面试地点,应事先将交通路线中可能出现的如堵车等问题考虑在内,早一点出发,以保证万无一失。面试时要有针对性地回答面试官的提问,切不可言语离题,讲话不分场合,不看对象,百无禁忌,让面试官听得莫名其妙。尤其不可对毕业的学校或以前工作过的单位和领导评头论足,持过多否定意见。

(2)不攀高枝,靠个人能力参加面试。

面试时不可因自己家中有人与用人单位的负责人有某些特殊关系而有恃无恐,更不能拉关系、托人情,这样易引起他人的反感。即使你通过这种关系进入了用人单位,以后也难以与同事友好相处,难以打开工作局面,使自己陷于被动的境地。

求职面试最好不与亲友、父母一同前往。如果有人陪你一起去,也只能让他们在外面等,否则用人单位会认为你没有能力,缺乏独立性和自信心。用人单位录用的是能很快胜任工作、独当一面的人才,他们不会录用缺乏自信心的毕业生。另外,与同窗相约去某一单位参加面试,会产生"自相残杀"的副作用。

(3)注意小节,举止文雅。

面试时你的一举一动都会引起面试官的关注,稍不留意,就会影响面试效果。第一,面试时不要抽烟、喝酒、嚼口香糖。否则,会给人一种漫不经心、不负责任的印象,是对待面试不严肃、不认真的态度。第二,别开玩笑,别讲脏话,别说面试者难懂的方言、行话。面试时能恰当地表现幽默感当然很好,如果不善于运用或控制幽默,最好别去用它,因为面试地点不是开玩笑的场所,这样做会给人留下轻浮的印象。第三,面试时绝对不能做小动作,如挠脑袋、啃手指、挖耳朵、频频改变坐姿等。在整个面试过程中,都须注意克服自己的小毛病。

（4）慎谈待遇，避免不良印象。

有关工资待遇、职工福利等问题，不宜多提。一般情况下，用人单位会向应试者介绍这些情况。即便要问也要寻找时机，婉转提问，不要直截了当、理直气壮，避免给用人单位造成不良印象。

## 拓展阅读

### 心理测验

## 职业能力探索

下面这个职业能力自测问卷可以帮助你了解自己现有的各种能力情况，为你的求职和实现职业目标服务。研究表明：人的最基本活动最能准确地衡量出人的基本能力。下列各组问题都是从人的日常活动出发，来反映你的某一方面的能力的。请你根据自己的实际情况，对这些活动作出评价。

**测验试题：**

第一组　　　　　　　　　　　　　　　　　　　　强　　　弱

1. 善于表达自己的观点。　　　　　　　　　　（　　）（　　）
2. 阅读速度快，并能抓住中心内容。　　　　　（　　）（　　）
3. 清楚地向别人解释难懂的概念。　　　　　　（　　）（　　）
4. 对文章的字、词、段落的理解、分析和综合的能力。　（　　）（　　）
5. 掌握词汇量的程度。　　　　　　　　　　　（　　）（　　）
6. 你读书期间的语文成绩。　　　　　　　　　（　　）（　　）

　　　　　　　　　　　　　　总计次数　（　　）（　　）

第二组　　　　　　　　　　　　　　　　　　　　强　　　弱

1. 目测能力（如测量长、宽、高等）。　　　　　（　　）（　　）
2. 解应用题的速度。　　　　　　　　　　　　（　　）（　　）
3. 笔算能力。　　　　　　　　　　　　　　　（　　）（　　）
4. 心算能力。　　　　　　　　　　　　　　　（　　）（　　）
5. 使用工具（如计算器、算盘等）的计算能力。　（　　）（　　）
6. 你读书期间的数学成绩。　　　　　　　　　（　　）（　　）

　　　　　　　　　　　　　　总计次数　（　　）（　　）

第三组　　　　　　　　　　　　　　　　　　　　强　　　弱

1. 作图能力。　　　　　　　　　　　　　　　（　　）（　　）

2. 画三维度的立体图形。 （　）（　）

3. 看几何图形的立体感。 （　）（　）

4. 想象盒子展开后的平面形状。 （　）（　）

5. 想象立体物体的能力。 （　）（　）

6. 玩拼板游戏。 （　）（　）

　　　　　　　　　　　　　　　总计次数 （　）（　）

第四组 　　　强　　　弱

1. 发现相似图形中的细微差异。 （　）（　）

2. 识别物体的形状差异。 （　）（　）

3. 注意到多数人所忽视的物体的细节部分。 （　）（　）

4. 测验物体的细节。 （　）（　）

5. 观察图案是否正确。 （　）（　）

6. 善于改正计算中的错误。 （　）（　）

　　　　　　　　　　　　　　　总计次数 （　）（　）

第五组 　　　强　　　弱

1. 快而正确地抄写资料(如姓名、日期、电话号码等)。 （　）（　）

2. 发现错别字。 （　）（　）

3. 发现计算错误。 （　）（　）

4. 发现图表中的细小错误。 （　）（　）

5. 在图书馆很快地查找编码卡片。 （　）（　）

6. 持久工作的能力(如较长时间地抄写资料)。 （　）（　）

　　　　　　　　　　　　　　　总计次数 （　）（　）

第六组 　　　强　　　弱

1. 操作机器的能力。 （　）（　）

2. 玩电子游戏或瞄准打靶。 （　）（　）

3. 运动中身体的协调和灵活性。 （　）（　）

4. 打球(如篮球、排球、乒乓球、羽毛球等)的姿势与水平。 （　）（　）

5. 手指的协调性(如打字、珠算等)。 （　）（　）

6. 身体平衡的能力(如走平衡木等)。 （　）（　）

　　　　　　　　　　　　　　　总计次数 （　）（　）

第七组 　　　强　　　弱

1. 灵巧地使用手工工具(如榔头、锤子等)。 （　）（　）

2. 灵巧地使用很小的工具(如镊子、缝衣针等)。 （　）（　）

3. 弹乐器时手指的灵活度。 （　）（　）

4. 动手做一件小手工艺品。 （　）（　）

5. 很快地削水果(如苹果、梨)。 （　　）（　　）
6. 修理、装配、拆卸、编织、缝补一类活动。 （　　）（　　）
　　　　　　　　　　　　　　　　总计次数 （　　）（　　）

第八组　　　　　　　　　　　　　　　　　强　　　弱
1. 善于在陌生的场合发表自己的意见。 （　　）（　　）
2. 去新场所并结交新朋友。 （　　）（　　）
3. 你的口头表达能力。 （　　）（　　）
4. 善于与人友好交往并协同工作。 （　　）（　　）
5. 善于帮助别人。 （　　）（　　）
6. 擅长做别人的思想工作。 （　　）（　　）
　　　　　　　　　　　　　　　　总计次数 （　　）（　　）

第九组　　　　　　　　　　　　　　　　　强　　　弱
1. 善于组织集体活动。 （　　）（　　）
2. 在集体活动或学习中，经常关心他人的情况。 （　　）（　　）
3. 在日常生活中能经常动脑筋、出点子。 （　　）（　　）
4. 冷静、果断地处理突然发生的事情。 （　　）（　　）
5. 在工作中你认为自己的工作能力。 （　　）（　　）
6. 善于解决朋友与同事之间的矛盾。 （　　）（　　）
　　　　　　　　　　　　　　　　总计次数 （　　）（　　）

现在请根据每组回答的"强""弱"的总次数，填入表 8-1。

表 8-1　职业能力强弱计数表

| 组　　别 | 相应的职业能力 | 强(次数) | 弱(次数) |
|---|---|---|---|
| 第一组 | 言语能力 | | |
| 第二组 | 数理能力 | | |
| 第三组 | 空间判断能力 | | |
| 第四组 | 察觉细节能力 | | |
| 第五组 | 书写能力 | | |
| 第六组 | 运动能力 | | |
| 第七组 | 动手能力 | | |

续　表

| 组　别 | 相应的职业能力 | 强(次数) | 弱(次数) |
|---|---|---|---|
| 第八组 | 社会交往能力 | | |
| 第九组 | 组织管理能力 | | |

**结果分析：**

在强(次数)栏中找出两个数字最大的组,这两个组所表示的能力就是你的职业能力上最强的两个方面,然后你可以对照下面的分析,看到你最适宜从事的职业有哪些;你也可以在弱(次数)栏中找出两个数字最大的组,这两个组所反映的职业能力对你来说最弱,你不应该从事要求这两方面职业能力强的职业。

第一组：言语能力　你具有对词、句子、段落、篇章的理解能力,以及善于清楚而正确地表达自己的观念和向别人介绍信息的能力。你最适宜从事的职业有：外销员、商务师、推销员、导游、演员、编辑、播音员、节目主持人、教师、律师、审判员等。

第二组：数理能力　你能迅速而准确地运算,并具有在快速、准确地进行计算的同时,进行推理、解决应用问题的能力。你最适宜从事的职业有：会计、银行职员、保险公司职员、税务员、审计员、统计员、自然科学家、计算机工程师等。

第三组：空间判断能力　你具有对立体图形以及平面图形与立体图形之间关系的理解能力,能识别物体在空间运动中的联系,解决几何问题。你最适宜从事的职业有：技术员、工程师、服装设计师、艺术家、家具设计师、建筑师、摄影师、家电维修专家、自然科学家、军官、司机等。

第四组：察觉细节能力　你对物体或图形的有关细节具有正确的知觉能力,对于图形的明暗、线的宽度和长度能作出区别和比较,可以看出其细微的差别。你最适宜从事的职业有：技术员、工程师、电工、房管员、咨询员、运动员、教练员、导演、图书馆管理员、会计、银行职员、保险公司职员、审计员、统计员、编辑、播音员、自然科学家、计算机工程师等。

第五组：书写能力　你具有对词、印刷品、账目、表格等的细微部分正确知觉的能力,拥有善于发现错字和正确地校对数字的能力。你最适宜从事的职业有：教师、公务员、社会科学家、秘书、打字员、编辑、银行职员、咨询师、经理、记者、作家等。

第六组：运动协调能力　你的眼、手、脚、身体能够迅速准确和协调地作出精确的动作和运动反应,手能跟随着眼所看到的东西迅速行动,具有正确控制的能力。你最适宜从事的职业有：运动员、教练员、演员、工人、农民、服装设计师、美容师、电工、司机、服务员、导游、医生、护士、药剂师、导演、警察、战士等。

第七组：动手能力　你的手指、手腕能迅速而准确地活动和操作小的物体,在拿取、放置、调换、翻转物体时手能作出精巧运动和腕的自由运动。你最适宜从事的职业有：医生、护士、药剂师、运动员、教练员、自然科学家、工人、农民、技术员、工程师、服装设计师、家具设计师、艺术家、美容师、售货员、服务员、保育员、摄影师、演员、导演、战士等。

第八组：社会交往能力　你善于进行人与人之间的相互交往、相互联系、相互帮助、相互作用和影响，具有协同工作或建立良好的人际关系的能力。你最适宜从事的职业有：采购员、推销员、公共关系人员、外销员、商务员、编辑、调度员、经理、服务员、房管员、导游、咨询师、银行信贷员、税务员、审计员、保险公司职员、演员、导演、教师、社会科学家、公务员、秘书、警察、律师等。

第九组：组织管理能力　你擅长组织和安排各种活动，具有协调人际关系的能力。你最适宜从事的职业有：调度员、导游、教练员、导演、编辑、教师、经理、公务员、商务员、保育员、咨询师、税务员、秘书、律师、警察等。

### 案例分析 ▶▶▶

**心理咨询案例：**

## 路 在 何 方

小 A，男，23 岁，大三，学生干部，家在中西部地区，毕业想留在学校所在的一线城市发展，渴望稳定，希望找一个管理类的工作。在校园招聘会上，选中一家中小型企业，一是该企业承诺缴纳五险一金，转正后月薪 5 000 元；二是岗位是仓库管理员，以后会向人力资源管理方面发展。经过面试，小 A 获得了到该企业实习的机会，实习期为 3 个月，实习期间没有工资。

经过两个月的实习，小 A 感觉自己的工作内容非常杂乱，与管理工作相去甚远，工作内容对专业和能力的要求不高，初中水平的人也可以做。此外，这家企业经常加班，请假也很难，几乎每天都是晚上 8 点后下班。发现个人很难有时间和精力来精进业务、提升自己。在与其他参加工作的同学聊天时，愈加感觉自己找的工作可能会更适合被动养老，但肯定不适合年轻人主动成长。

从小生活艰难的小 A，面对 5 000 元的月薪还是留恋的，想着凑合一下攒两年钱，出去旅行一趟，然后重新找工作，可又担心自己那时已经不是毕业生，又没有练出什么新本事，到时还是不知道能干什么。临近毕业，企业提出正式跟小 A 签合同，小 A 不知道何去何从。

**【分析与评估】**

该生进退两难的困境与其缺少必要的职业规划和就业准备有密切关系，主要原因如下：

（1）缺少必要的职业规划。起初被薪资和岗位内容打动，入职后发现个人成长更为重要，打算离职时又觉得生活要先有保障，似乎陷入一种"顾得了理想，就顾不了肚子"的两难境地。而且，对于什么样的工作才是自己想要的和适合自己的还很模糊，而就业又迫在眉睫，这种窘境与缺少职业规划密切相关。

（2）缺少就业准备。匆忙的决定、浮躁的心情、进退两难的境地，是缺少充分的就业准备的必然结果。大学是港口，社会是大海。大学就是学生为走上社会作准备的，其中就包括就业准备。没有准备的就业，就像事先没有做好补给就莽撞出海的航行。

**【调节对策】**

（1）职业规划必不可少。选择一个适合自己的工作，需要个体了解自我、职业和有效决策三个方面的信息和知识。关于自我，需要了解自己的择业价值观、兴趣偏好、能力倾向、性格等方面的信息，可以通过相关的测试获得帮助。关于职业，需要了解专业的应用领域，相关行业的发展前景，各类行业中相似岗位的工作内容、工作要求、工作环境、工作地点、人员素质要求、薪资福利、培训晋升等信息。关于有效决策，是指从"人-职匹配"的角度找到契合点，选对职业。职业选择是一个综合考虑、调查分析、整合信息、理性决策的过程，不能仅凭某一点或几点动心就匆忙作出决策。

（2）就业前至少作好三点准备。首先是心态上的准备。一是要端正就业动机，既要为个人发展负责，也要为用人单位负责。二是在大一时就有计划、有步骤地进行职业规划，通过后续的专业学习、相关兼职、与学长学姐交流等渠道不断调整方案。三是利用假期实习，面试实习生，深度了解行业、企业和岗位工作，锻炼心理素质和工作技能。

再者是信息准备。一是越早有明确的职业目标，就能越快地锁定方向，定向收集信息；二是家人、亲戚、朋友、师长、兼职伙伴等都可以在你有就业方向的前提下为你提供招聘信息，或成为你的推荐人；三是可以根据期望岗位的要求，提前准备相关的知识和能力，提高竞争力。

最后是资金准备。一是为毕业前可能会需要但又不包括在学历教育中的技能培训作准备，比如考驾照；二是为面试阶段的简历制作、服装、交通、住宿等花销作准备；三是为工作变换"空窗期"时的生活开销作好资金储备。

**思政案例：**

<h2 style="text-align:center">难 以 抉 择</h2>

小琳，女，大学三年级，性格偏外向，担任学生会干部，学习成绩处于中游偏上。在进入大学三年级后感觉到紧张，起初因考研还是找工作拿不定主意经常焦虑。

在跟父母商量后决定考研,但是又因考什么学校、考哪个专业而焦虑,考个一般高校的研究生有点心不甘,担心将来不好找工作,考名校又害怕自己考不上,看着周围的同学有的已经开始考研复习,自己越来越紧张,上课听不进去,吃饭没有食欲,晚上躺床上翻来覆去难以入睡,自己主动找老师咨询。

【分析与评估】

在进入大学三年级后,多数学生开始真正地思考毕业去向,有的学生没有明确的职业生涯规划目标,在作职业选择时过分看重个人得失,从而出现犹豫不决、焦虑的心理状态。小琳就是只考虑个人的发展,没有将自身的优势与国家、社会的发展相融合,在作决策时出现焦虑的心理状态。

【调节对策】

(1) 树立正确的择业价值观。对小琳进行择业价值观的澄清,青年学生的学习目标应该承载着社会责任感,应该将个人的特点、优势和兴趣与国家和社会的需求相匹配,因为没有国家的繁荣昌盛,个人的价值就无法得以实现。将来无论从事哪个行业,在哪个岗位,都应是用自己所学的知识和技能为国家和社会发展作贡献,这才是个人价值的体现。

(2) 客观全面地认识自我。帮助小琳认识自我的人格特点、优势和兴趣。对于小琳来说,应该对自己进行全面、客观评价后选择适合自己的高校作为考研目标,尽自己的最大努力好好学习。将来研究生毕业后到国家和社会需要的地方去,一定能实现个人的价值!

# 第九章　情绪与心理健康

在生活中,我们每天都在体验、经历各种各样的情绪,有欣喜,有快乐,有悲伤,有恐惧。在某个时刻或情境下,我们每个人都经历过强烈的情绪体验,或异常快乐,或极度消沉。也许我们曾沉醉于恋爱的甜蜜中,曾为获奖而兴奋,曾为亲人的去世而悲伤,为不经意间伤害了朋友而懊悔。情绪是我们心理状态的晴雨表,它反映每个人内在的心理状态。人需要积极的、快乐的情绪,它是获得幸福与快乐的源泉,会激发人们工作的热情和潜力,使人充满生机与活力;人也会体验到消极的情绪,它会使人消沉,甚至心灰意冷,消极情绪若不适时疏导,轻则损伤情致,重则使人走向崩溃。大学生正处于青年期,情绪波动较大,情感体验丰富且复杂,经常会面临各种情绪的困扰,对大学生情绪进行正确的疏导,对其生活、学习都将产生积极的影响。

## 第一节　情绪与情商

### 一、情绪概述

#### (一) 情绪的含义

情绪是人对客观事物的主观态度和体验,是人的需要是否满足的一种反映。通常以愤怒、悲伤、恐惧、快乐、爱、惊讶、厌恶、羞耻等反应来表现情绪。我国古代有"六情说",将情绪情感分为喜、怒、哀、乐、爱、悲六种;也有"七情说",将情绪情感分为喜、怒、哀、乐、惧、爱、恶七种。

国人常说的喜、怒、哀、惧、爱、恶、欲七情,也被称作情绪。

谈到情绪,有人就会想到情感。情绪、情感总称为感情,是人的心理活动的十分重要而又复杂的方面。情绪和情感都是人对客观事物是否符合自己的需要而产生的主观态度的体验,它们是两种难以分割而又存在区别的主观体验。情绪是情感的外部表现,情感是情绪的本质内容。情感在情绪的基础上发展起来,又通过情绪表现出来。情绪的强度反映情感的深度,蕴含着情感的内容。在现实生活中,情绪与情感是紧密联系在一起的,但二者存在着一定的差异。

首先是需求差异。情绪更多的是与人的物质或生理需要相联系的态度体验。如当人们的饥饿需要得到满足时会感到高兴,当人们的生命安全受到威胁时会感到恐惧,这些都是人们的情绪反应。情感更多的是与人的社会需求或精神相联系,如人际交往使我们的友谊感得到了满足,获得荣誉使我们的成功感得到了满足,成功感和友谊感就是情感。其次是发生的时间差异。从发生的时间看,情绪发生得早,情感发生得晚。人在婴幼儿时期会有情绪反应,但没有情感体验。情感是随着年龄的增长而发展起来的,是人类特有的心理活动,具有鲜明的社会性。因此,随着社会的发展,情感也会不断发生变化。如人刚生下来时,并没有成就感、美感、道德感,这些是随着人的社会化过程而逐渐生成的。再次是反应的特点差异。情绪与情感的反应特点不同。情绪具有情境性、暂时性、激动性、外显性与表浅性。比如当我们看一部惊悚的电影时,我们会极度恐惧,当离开影院后,恐惧就会消失。情感具有稳定性、内隐性、深刻性、持久性,如多数中国人无论生活在哪个国家,中华民族的自尊心和自豪感是不会改变的,父母对孩子的期望,深沉的爱等都体现了情感的内隐性与深刻性。一般说来,情感可分为道德感、理智感和美感三类。道德感是人们根据一定的社会道德标准,来评价别人或自己的言论、举止、思想、意图而产生的情感。因此,道德感具有约束人们行为,以适应社会道德规范的作用。理智感是在智力活动中,认识和追求真理的需要是否获得满足而产生的情感体验。理智感是在认识客观事物的过程中产生和发展的,它又反过来推动认识过程的深入。因此,理智感是认识和改造世界的动力。美感是对人或事的美所产生的情感体验。美感虽是人类共有的情感,但因时代、社会制度、地区和民族的不同,其审美观念差异明显。

**(二) 情绪的要素**

1. 情绪的生理变化

在不同的情绪状态下,人生理上的心律、血压、呼吸乃至内分泌、消化系统等,都会发生相应的变化。例如,人在焦虑状态下,会感到呼吸急促、心跳加快;人在恐惧状态下,则会出现身体颤栗、瞳孔放大;人在愤怒状态下,会出现汗腺的分泌增加、面红耳赤等生理特征。这些变化都是受人的自主神经支配的,是不由人的意识所控制的。因此,情绪状态下的这些变化,具有极大的不随意性和不可控制性。例如,当我们遇到考试失利、情感挫折、学习上的压力时,不可避免地会出现一些情绪上的反应,即使你再不愿意,甚至去控制,情绪也会出现。

2. 情绪的内心体验

不同情绪的生理状态必然会反映在人的知觉上,反映到人的意识中来,从而形成人不同的内心感受和体验。心理学家伊扎德(Izard)于 1977 年提出的情绪四维理论认为,人对情绪状态的自我感受,是在愉快度、紧张度、激动度和确信度四个维度上产生的心理感受。

愉快度表示主观体验的享乐色调;紧张度表示情绪的心理激活水平,包括肌肉紧张和动作抑制等成分的激活水平;激动度表示个体对情绪、情境出现的突然性,即个体缺乏预料和缺乏准备的程度;确信度表示个体胜任、承受感情的程度。

内省的情绪体验是人脑对客观环境和客观现实的重要反映形式之一,这种反映形式不同于认知活动,它不是对客观事物本身的反映,而是带有主观色彩的反映。如人在受到伤害时,会感到痛苦;在朋友聚会时,会感到由衷的快乐;面临极度危险时,会让人产生毛骨悚然的恐惧感;当自己的某些需要得到充分满足时,会感到幸福愉快;在被欺辱时,会感到愤怒;在失去亲人时,会感到悲伤。

3. 情绪的外在表现

情绪不仅体现为生理上的反应和内心的体验,而且还以面部表情、声音表情和动作表情等外在形式表现出来。

面部表情最直接地反映着人的情绪状态,人们可通过一个人的面部表情变化,了解一个人的情绪状态。例如,当自己所希望的球队获胜时,人们会不由自主地喜笑颜开;当遇到困难和挫折时,人们会愁容满面。

声态表情则是指人们在与人交流时的声调、音色和声音节奏的快慢等方面的变化。如,一个人悲伤时,语调低沉、言语缓慢、语言断断续续;而当人兴奋时则会语调高昂、语速加快,声音抑扬顿挫,清晰有力。

体态表情同样反映着一个人的情绪状态,例如,在期末考试过后,可通过考生们的坐立不安、手舞足蹈和垂头丧气看得出他们此时此刻的情绪状态和面临的境地。

（三）情绪的类型

人们的情绪是复杂的,各种各样的,其分类难以有一个统一的划分方法。情绪的类型大致可概括为以下四种。

1. 七情之分

喜怒哀乐是人们最为普遍的情绪反应。在我国,自古以来人们通常将情绪按其表现分为喜、怒、哀、惧、爱、恶、欲,称之为七情。喜,即喜悦,是人在需求达到充分满足时而产生的一种满意、愉快和欢乐的情绪体验。喜悦会使人感到轻松、舒畅和满足。怒,是指愤怒,往往是因为当事者的愿望、需求不能得到满足或是为此而进行的活动受到阻碍时而产生的一种不满、恼怒的情绪体验。愤怒的情绪会使人感到紧张、压迫甚至狂躁。哀,即悲哀,常起因于当事者的愿望不能得到实现和满足,或是遭遇重大的丧失而引起的一种悲凉、哀叹的内心感受。悲哀的情绪会使人感到一种失落、无奈、痛苦的心理感受。惧,指惧怕、恐惧,是当一个人面对危险境地或是巨大灾难时,而产生的一种极度的恐慌、畏惧感。恐惧的情绪会使人感到呼吸急促、紧张、心悸、全身战栗,甚至使人本能地想逃离。

除此之外,情绪还有爱(喜爱)、恶(憎恶)、欲(渴望)、害羞等表现。而且一个人的情绪状态很多时候会表现为复合情绪反应,例如,一个人做了错事后,会有一种内疚感,它包含了对自己的自责、悔恨、自罪等方面的内心体验;当一个人经过了多年的努力,终于取得了学位,会处于百感交集的情绪状态,它包含着各种酸甜苦辣的心情。

2. 基本情绪和社会情绪

从情绪形成与发展的角度,可将情绪分为基本情绪和社会情绪。基本情绪主要是指与人的生理需要相联系的内心体验。例如,人的恐惧、焦虑、满足、悲哀等。基本情绪在人的幼年时期就已经形成了,带有先天遗传的因素。社会情绪是指与人的社会性需要相联系的情绪反应,表现为一种较为复杂而又稳定的态度体验。例如,人的善恶感、责任感、羞耻感、内疚感、荣誉感、美感、幸福感等,是后天随着人的成长而逐步发展和形成的。社会情绪是在基础情绪上形成和发展起来的,同时又通过基础情绪表现出来。在大学阶段,大学生更多的是形成和丰富自己的社会情绪的感受和体验。

3. 正性情绪与负性情绪

从情绪的功效角度,将愉快、欢乐、舒畅、喜欢等视为正性情绪(positive affect);而将痛苦、烦恼、气愤、悲伤等视为负性情绪(negative affect)。也有人将情绪划分为积极情绪、消极情绪等。所谓负性情绪,通常是指那些不愉快甚至是引发人痛苦、愤怒的情绪体验。不少人认为愤怒、恐惧、焦虑、痛苦等负性情绪是不好的,不该出现。其实很多情绪,包括一些负性情绪,在我们生活中也是必要的,有其不可替代的作用。每一种情绪都是有其功能的,比如当人处于危险的境地,恐惧的情绪反应能促使人更快地脱离险境;当人在工作或学习中承担的负荷超出了自身的承受能力时,疲惫的情绪状态会使人不得不放弃一些工作而获得休息;在面对被人伤害时,愤怒的情绪会促使人奋起反抗,自我保护。而正性情绪则有助于增加生活的乐趣,提高工作学习的效率,促进潜能开发,并有助于人的自信心的建立。培养积极健康的情绪,是心理健康的重要内容。

4. 心境、激情和应激

心理学中根据情绪发生的强度、速度和持续时间,将其分为三类:心境、激情和应激。心境是一种使人的一切其他体验和活动都感染上某种色彩的、比较持久的情绪状态。心境不是关于某一事物的特定的体验,它具有弥散性的特点。当一个人处于某种心境中,他往往以同样的情绪状态看待一切事物。心境可以由对人具有比较重要意义的各种不同情况所引起。激情即一种具有爆发性的、短暂而猛烈的情绪状态。激情通常是由一个人生活中具有重要意义的事件所引起。激情有很明显的外部表现,它笼罩着整个人。处于激情状态下,人的认识活动的范围往往会缩小。人被引起激情体验的认识对象所局限,理智分析能力受到抑制,控制自己的能力减弱,往往不能约束自己的行为,不能正确地评价自己的行动的意义及后果。应激是出乎意料的紧张情况所引起的情绪状态。在突如其来的或十分危险的条件下,必须迅速地、几乎没有选择余地地采取决定的时刻,以及在遇到巨大的自然灾害的时刻,容易出现应激状态。

## 二、情绪的功能

试想,如果没有情绪体验——没有彻底的绝望,没有抑郁,没有悔恨,没有幸福、快乐和爱——生活会是什么样子。显然,如果缺乏感知和表达情绪的能力,生活将令人相当不满意,甚至是沉闷乏味的。除了令生活有意思之外,情绪在日常生活中还有一些重要的功能。

### 1. 激发当前的行为

情绪充当环境中的事件与人的反应之间的连接。例如,看到一只发怒的狗冲过来时,与交感神经系统的生理唤醒相关联的情绪反应(害怕),将激活“战斗或者逃跑选择”的反应。交感神经系统的作用是帮助人们在紧急情况下采取应对措施,使人迅速地避开狗的攻击。

### 2. 塑造以后的行为

情绪促使人学会在以后作出适当的反应。例如,当经历一些不愉快的事情时——如遇到一只具有威胁性的狗,情绪反应教会人们以后应避免同样的情况。同样,愉快的情绪对先前的行为起着积极的强化作用,因此可能会引导个体以后去寻求同样的情境。

### 3. 促进更加有效地与他人互动

心理学家在研究了英语使用者的交往现象后发现,在日常生活中,55%的信息靠非言语表情传递,38%的信息靠言语表情传递,只有7%的信息靠言语传递。情绪作为人们社会交往的一种心理表现形式,和语言一样,具有服务于人际交流的功能。情绪通过独特的无声通信手段,即由面部肌肉运动模式、声调和身体姿态变化所构成的表情,来实现信息的传递与人际间的沟通。表情比语言更具生动性、表现力、神秘性和敏感性。人通过言语的和非言语的行为传达体验到的情绪,使自己的情绪为他人所知。这些行为对观察者来说是一个信号,使他们更好地理解对方的情绪体验,并预测以后的行为,从而促进更有效的、具有适应性的社会互动。

### 4. 直接影响人的身体健康

《内经》中有这样的记载:“怒伤肝、喜伤心、思伤脾、忧伤肺、恐伤肾。”现代医学研究也发现,许多心因性疾病也与人的情绪失调有关,紧张、悲哀、抑郁等不良情绪,会激活体内有害物质,击溃机体保护机制,破坏人体免疫功能,最终致病。人类疾病中,由心理因素、身心失调引起的心因性疾病占50%—80%。如溃疡、偏头痛、高血压、哮喘、月经失调等。另外,如果人的情绪长期不稳定,则会干扰大脑对皮肤的调节功能,从而引起皮肤阵发性剧痒,导致神经性皮炎,如荨麻疹等。

5. 影响人的心理发展

情绪是探查一个人心理健康的窗口,情绪健康者对现实持有积极的态度,热爱生活,乐观开朗,学习和工作效率高;而消极不良的情绪持续作用则会使心理活动失去平衡,出现意识狭窄,判断力降低,失去理智和自制力,甚至出现心理问题。

## 三、情商概述

### (一)情商

情商由美国心理学家约翰·梅耶(John Mayer)和彼得·萨洛维(Peter Salovery)于 1990 年首先提出,但当时并没有引起全球范围内的关注,直至 1995 年,由时任《纽约时报》的科学记者丹尼尔·戈尔曼(Daniel Goleman)出版了《情商:为什么情商比智商更重要》一书,才引起全球性的情商研究与讨论。因此,丹尼尔·戈尔曼被誉为"情商之父"。《情商:为什么情商比智商更重要》一书于 1997 年被引入中国大陆,从而引发大讨论,情商自此成为耳熟能详的一个名词。

简单地讲,情商就是自我管理情绪的能力,英文缩写为 EQ。情商是一个抽象的概念,是一种产生情感、促进思维的能力。具体包括以下五种能力。

1. 认识自己的情绪

认识情绪的本质是情感智商的基石,当人们出现了某种情绪时,应该承认并认识这些情绪,而不是躲避或推脱。只有对自己的情绪有更大的把握性才能成为生活的主宰,合理地引导自己和它们,并能准确地决策某些重要的事情;不了解自身真实情绪的人,必然会沦为情绪的奴隶。

2. 妥善管理情绪

情绪管理是指能够自我安慰,能够调控与安抚自己的情绪,使之适时、适地、适度。这种能力具体表现在通过自我安慰和运动放松等途径,有效地摆脱焦虑、沮丧、激怒、烦恼等因失败而产生的消极情绪的侵袭,不使自己陷于情绪低潮中。这方面能力较匮乏的人,常需与低落的情绪交战;这方面能力高的人能够控制刺激情绪的根源,可以从人生挫折和失败中迅速跳出,重整旗鼓,迎头赶上。

3. 自我激励

自我激励能够整顿情绪,让自己朝一定的目标努力,增加注意力与创造力。任何方面的成功都必须有情绪的自我控制——延迟满足、控制冲动、统揽全局。拥有这种能力的人能够集中注意力、自我把握、发挥创造力、积极热情地投入工作,并能取得杰出的成就;缺乏这种能力的人,则易半途而废。

4. 认知他人的情绪

认知他人的情绪(即移情)的能力,是在自我认知的基础上发展起来的最基本的人际技巧。具有这种能力的人,既能通过细微的社会信号,敏锐感受到他人的需要与欲望,分享他人的情感,对他人处境感同身受,又能客观理解、分析他人情感。此种能力强者,特别适合从事监督、教学、销售与管理工作。了解别人的真实感受,察觉别人的真正需要,也就是具有同理心。

5. 人际关系的管理

人际关系管理是指能够理解并影响别人的情绪,维持良好的关系,这也是建立领导力的基础。大体而言,人际关系的管理就是调控与他人的情绪反应的技巧。这种能力包括展示情感、富于表现力与情绪感染力以及社交能力(组织能力、谈判能力、冲突能力等)。人际关系管理可以强化一个人的受欢迎程度、领导权威、人际互动的效能等。能充分掌握这项能力的人,常是社交上的佼佼者;反之,则易于攻击别人,不易与人协调合作。因此,一个人的人缘、领导能力及人际和谐程度都与这项能力有关。

丹尼尔·戈尔曼所提及的这五种能力,虽然扩大了情感智力的内涵与外延,但却强调了情感智力在人生成长道路上的重要性。上述五种能力是一种由内而外的自我要求和省察能力,先洞悉自己的情绪,知其产生的原因,以掌控自我生活,然后摆脱焦虑、悲观、愤怒、嫉妒等负面心情,安抚自己,做情绪的主人而不受其控制。进一步激励自己,发挥潜能,心存光明正面的思想,并了解他人的感受和需要,开发利他精神的同理心,由此,融恰的人际关系自然水到渠成。拥有以上的情绪特质,不但有助于解决我们生活中面临的各种顺逆的情况,对个人的心境、健康和感情生活更有莫大助益。

**(二) 培养情商的作用**

1. 有利于培养大学生乐观向上的心理,促其健康成长

当前,在市场经济迅猛发展背景下,价值观呈现多元化发展趋势,大学生思想与心理也随之呈现多样化、多边化、多变化发展趋势。在遭遇挫折、身陷逆境时,多数大学生都倾向于选择消极的态度与行为进行应对,比如悲愤,抑或沮丧甚至一蹶不振等。而开展大学生情商教育,可以使其正确认识自身、准确自我定位,拥有健康心理认识并应对挑战与挫折,更加积极地成长。

2. 有利于丰富大学生思想政治教育内涵品质

传统高校思想政治教育工作的开展更加偏重在德智体美等方面对大学生进行引导,却鲜有关注大学生情绪智力(也即情商)的成长与发展。在当前形势下,高校审时度势,紧抓高等教育本质,将大学生情商培育放到了一个全新的高度上,开始尝试以中国特色社会主义共同理想、社会主义核心价值观等作为精神食粮来帮助大学生确立集体主义信念与个体自信,引导大学生为实现个人崇高理想与人生目标而坚持不懈、努力奋斗。

3. 有利于增强大学生的社会核心竞争力,构建和谐社会

高等教育在国家整体教育体系中占据极其重要的地位,在为社会输送符合新

时代国家发展需要的全面型人才方面发挥着举足轻重的作用。大学生未来将进入社会、迈上工作岗位，凭借自身所学知识、自身所有本领，面向市场，提供服务，因此，有必要具备较高的情绪智力，以便与他人进行良好、有效的沟通，并在遭遇挫折时能够沉着应对，进而增强自身的社会核心竞争力，并推动社会和谐发展。

**（三）情绪与情商的关系**

情商高的人，管理自身情感的能力就比较强，与人相处起来就比较融洽。情商低的人会经常情绪化，容易大喜大悲，社会适应能力差，人际关系就会比较紧张。

情绪情感是一种普遍的心理现象，任何人都有情绪情感。情商就是个人对情绪情感的认知、管理、利用的能力，每个人都可以培养这种能力，情绪情感是情商的基础，任何人都可以有情商。但是，每个人对自身和他人情绪情感的认知、管理和利用的能力是各不相同的，因而每个人的情商水平也是千差万别的。

# 第二节　大学生的情绪与健康

## 一、大学生情绪的特点

### （一）情绪的丰富性与压抑性并存

大学阶段是大学生情感最丰富、最强烈的时期，他们的重要心理变化使自我意识不断得到发展，各种高层次需求不断出现且强度逐渐加强，这一发展表现为情绪活动的对象、内容增多，出现较多的自我体验，自我尊重需要强烈，自卑、自负情绪活动明显。大学阶段较突出的感情活动之一是恋爱，恋爱活动及其伴随的深刻情绪体验是许多大学生在校期间印象最深的。道德观、利他主义、罪过感、集体主义、爱国主义、理智感和美感等高级情感活动在大学时期开始对其生活、情绪反应产生明显的影响。如某些大学生形成了道德、正义观念，当出现与之不符的观念与行为时，通常会感到自己犯了错误，进而出现严厉的自我谴责，引起极端痛苦的情绪体验。

同时，大学阶段也是一个充满压力和冲突的时期，而这往往会导致大学生情绪的压抑性。导致大学生情绪压抑性的原因，一是大学生正处在人格发展的自我同一性阶段上，且大学生自身的矛盾冲突处于剧烈阶段；二是由于在实际生活环境中，大学生遇到了许多问题，他们的需求没能得到满足。

### （二）情绪的冲动性与理智性并存

大学生情绪体验比较强烈，富有激情，且大多"喜怒形于色"。由于他们对新事物比较敏感，加上精力旺盛，表现出热情奔放的冲动性特点；又由于大学生自我意识的发展与成熟，他们的理智性也逐渐加强，具有一定的情绪控制能力，能对强烈的情绪反应进行适当的调适。需要注意的是,虽然大学生具有一定的理智和自我控制能力,但冲动产生的情绪一旦失控,往往容易造成可怕的后果,如集体斗殴、离校出走等大多与情绪的冲动性有关。

**(三) 情绪的独立性与依赖性并存**

随着大学生离开家庭以及自我意识的增强,他们的成人感迅速增加并获得了一种独立于父母的自主感,自信心和自尊心也有了很大的提高。一方面,他们在情绪上有着强烈的独立反应,渴望独立生活,希望社会承认并相信他们的独立生活能力;另一方面,由于受社会经验和认识习惯的局限,他们还无法完全依靠自己的力量来处理学习和生活中遇到的一系列复杂问题,对家庭、学校和社会还有明显的情绪依赖性,这种依赖性与迅速发展的独立性并存的特点,常使大学生产生强烈的情绪冲突。

**(四) 情绪活动呈现出两极化和心境化特点**

大学生情绪活动的两极化表现在其情绪容易从一个极端跳到另一个极端,情绪表现出起伏与波动。在大学生身上强烈的情绪活动容易时过境迁,激情不能始终一贯地保持下去,情绪活动往往会随其认知标准的改变而改变。

情绪活动的心境化表现是,大学生的情绪活动一旦被刺激引发,即使刺激消失,紧张的情绪状态会有所缓和,但其持续影响时间也会较长,会转化为心境,对其后的活动产生持续的影响。大学生的许多不良情绪,如焦虑、抑郁、自卑等都具有这种心境化的特点。此外,这种心境化特点还与大学生想象力丰富的思维特点有关。大学生善于想象,由刺激引发的情绪反应易受当事人想象的影响,想象对情绪反应的强度、持续时间都起着催化剂的作用,这使得他们常会陷入某种想象性的情绪状态中,而难以被另一种情绪所取代。

## 二、大学生常见的情绪困扰

**(一) 焦虑**

焦虑是个体主观上预料将会有某种不良后果产生或模糊的威胁出现时的一种不安情绪,并伴有忧虑、烦恼、害怕、紧张等情绪体验。

焦虑会明显地影响一个人的精神状态、认知、行为和身体状况,被焦虑所困扰的大学生常表现出烦躁不安、思维受阻、行为不灵活、动作不敏捷、身体不舒服、失眠、食欲不振等状况。严重的焦虑能使人失去一切情趣和希望,甚至导致心理疾病,在心理上摧垮一个人。

**(二) 抑郁**

抑郁是大学生中常见的情绪困扰,是一种感到无力应付外界压力而产生的消极情绪,常常伴有厌恶、痛苦、羞愧、自卑等情绪体验。

情绪抑郁的大学生的主要表现是:情绪低落,思维迟缓,郁郁寡欢,闷闷不乐,兴趣丧失,缺乏活力,反应迟钝,干什么都打不起精神,不愿参加社交,故意回避熟人,对生活缺乏信心,体验不到生活的快乐,并伴有食欲减退、失眠等。长期的抑郁会使人的身心受到严重损害,使人无法有效地学习、工作和生活。

**(三) 冷漠**

冷漠是一种对人对事冷淡、漠不关心的消极情绪体验,是一种个体对挫折环境的自我逃避式的退缩性心理反应,它带有一定的自我保护或自我防御的性质。

**(四) 易怒**

发怒是当客观事物与人的主观愿望相悖时产生的强烈情绪反应。大学生正处在热情高涨、激情澎湃的青年时期,有时候激情似乎难以控制。容易发怒是大学生中常见的一种消极激情。有的大学生因一句刺耳的话或一件不顺心的事就激动得暴跳如雷,或出口伤人,或拔拳相向。盛怒过后,铸成大错,却莫不后悔不迭。

**(五) 嫉妒**

嫉妒是大学生中有一定普遍性的不良情绪。容易引起大学生嫉妒的因素主要有:外表、成绩、能力、物质条件、恋人、运气等。那些自尊心过强、虚荣心过盛、自信心不足、以自我为中心、认知有偏差、自控能力弱的大学生,更易产生嫉妒,而且程度也较一般人更重。嫉妒心会影响大学生的人际关系,造成同学间的隔阂甚至对立,同时使自己处于烦躁、痛苦的情绪中。

**(六) 压抑**

情绪的压抑也是大学生中常见的情绪问题。相当多的大学生常常感到自己的情感不能得到尽情倾诉。大学中流行的"郁闷"情绪便是压抑的表现。

### 三、大学生情绪困扰的原因

导致大学生不良情绪产生的原因错综复杂,其中既有外部原因,如社会、学校、家庭诸方面因素的影响,也有内部原因,如生物遗传及生理心理特点的影响。

**(一) 个体原因**

个体原因包括个体的生理因素和心理因素。生理因素中,除了神经类型等因素外,人体内部的生物节奏也会影响情绪。

1. 生理方面

有研究认为,人的体力、情绪和智力呈现一种周期性的盛衰节律,它们的周期分别为23天、28天和33天。当三者均处在高峰期时,人就处于心身最佳状态,精力充沛、生机勃勃、愉快豁达、头脑清醒、思维敏捷;当三者均处于低谷期时,人的各种机能效率都降低,情绪不佳,体力和智力的不佳也会加强已有的低情绪状态;当三者处于临界状态时,则是一个极不稳定的过渡期,机体协调性差,易出差错,情绪易波动。同时,躯体疾病会引起不良情绪,而心理疾病常伴有不良情绪。

## 2. 心理方面

影响情绪的心理因素很复杂,知识经验、认知方式、情感成熟水平、意志品质和个性特点等都可能导致情绪不良。

(1) 情绪特征:不稳定、好冲动、易暴易怒,或者消沉、冷漠、郁郁寡欢。

(2) 意志特征:固执、刻板、任性、胆怯、优柔寡断、缺乏自制力、遇到困难过分紧张不安、经受不住挫折、不易摆脱内心矛盾。

(3) 自我意识特征:过分自尊或缺乏自信、自贱、自卑。

(4) 社交特征:孤僻、退缩、自我封闭、敏感、多疑、心胸狭窄、好嫉妒等。

有以上心理特征的人较易陷入情绪困扰。

### (二) 环境因素

环境因素包括家庭、学校和社会三方面。家庭内的影响有家庭结构、家庭气氛、父母关系、父母情绪特征以及教养方式等。学校环境包括教育方法、学习压力、人际关系、教师身心健康状况等因素。社会环境包括社会文化背景,社会风气,社会的经济、政治、文化条件等。大学生的情绪常会受到社会环境的影响。

## 四、情绪的健康标准

健康的情绪,即良好的情绪状态。良好的情绪状态,首先是情绪上的成熟,指一个人的情绪发展、反应水平和自我控制的能力与其年龄和社会对此的要求相适应,并为社会所接受。美国心理学家马斯洛在阐述关于"自我实现者"的情绪特点时,曾经提出了健康情绪的六个特征,即:① 平和、稳定、愉悦和接纳自己;② 有清醒的理智;③ 有适度的欲望;④ 对人类有深刻、诚挚的感情;⑤ 富有哲理、善意的幽默感;⑥ 有丰富、深刻的自我情感体验。我国台湾地区学者黄坚厚认为,正常的情绪包括:① 由适当的原因引起,情出有因;② 情绪反应的强度与引起它的情景相称;③ 情绪作用的时间以客观情况为转移,不会漫无止境地持续。

我们认为情绪健康的表现如下:

### (一) 保持积极乐观的心态

其中包括保持好奇心,善于关注和发现生活、学习中积极的事物,并能够充分地享受快乐,主动创造能使自己感到快乐的生活和事业。快乐不是等待和被赐予,而是一种发现和创造。

### (二) 接纳自己的情绪变化

喜怒哀乐,人皆有之,不能也不必过分压抑。要能接受自己的情绪,使情绪获得适当的表现,不苛求自己,不过于追求完美,以平常心来面对自己情绪上的波动,尤其是当负面情绪出现时。

### (三) 善于及时调整自己的不良心态

其中包括能够保持正确、客观的理性认知,善于采用多种方式及时宣泄自己的情绪,在遇到挫折时能够积极地自我暗示,并使自己的情感升华。

**(四)宽容别人,增加愉快体验**

保持良好的人际沟通,并能够理解和宽容别人,尤其在对方有过失时,不去怨恨别人,更不拿别人的错误来惩罚自己。"良言一句三冬暖,恶语伤人六月寒",怨恨是一把双刃剑,既会伤人,更会伤己。宽容别人首先是为了让自己释然。

**(五)掌握有效的情绪调节方法**

其中包括保持幽默的方法、自我认知的方法、行为调节的方法、自我积极暗示的方法、转移升华的方法和自我宣泄的方法等。

# 第三节 大学生的情绪管理与调适

## 一、大学生的情绪管理

心理学上不鼓励人们不加限制地任由情绪发展,也不认为"压抑"是控制情绪的最好办法,但却赞成对情绪进行适当的控制。控制并不是完全的抑制,而是要对情绪进行适当的表现。当人们心情不快时,能用适当的方式表达出来,会使人感觉非常的愉快和轻松。生活中,人们不可能没有烦恼,如何能把不愉快的情绪进行转化而不伤害自己,对人的躯体和精神健康都是非常重要的。有效的情绪管理分为三步:认知自己的情绪;了解情绪产生的原因;了解如何有效地管理情绪。

**(一)认知自己的情绪**

大学生学会认知情绪,帮助自己迅速化解不好的感觉,是有效地进行情绪管理的第一步。同时,随着大学生观察能力的增加,更能了解和我们互动的人的情绪。学会认知情绪,可以从以下五个方面入手。

(1)愿意观察自己的情绪。不要抗拒做这样的行动,以为那是浪费时间的事,要相信,了解自己的情绪,是重要的领导能力之一。

(2)愿意诚实地面对自己的情绪。每个人都可以有情绪,接受这样的事实,才能了解内心真正的感觉,更适当地去处理正在发生的状况。

(3)问自己四个问题:我现在是什么情绪状态? 假如是不良的情绪,原因是什么? 这种情绪有什么消极后果? 应该如何控制?

(4)给自己和他人应有的情绪空间。容许自己和旁人都有停下来观察自己情绪的时间和空间,才不至于在冲动下作出不适当的决定。

(5)替自己找一个安静定心的法门。每个人都有不一样的途径使自己静心,都需要找一个最合适自己的安心方式。

认识自我情绪的方法有以下四种。

（1）情绪记录法。做一个自我情绪管理的有心人。你不妨抽出一至两天或一个星期时间，有意识地记录自己的情绪变化过程。可以以情绪类型、时间、地点、环境、人物、过程、原因、影响等项目为自己列一个情绪记录表，连续记录自己的情绪状况。回过头来看看记录，你会有新的感受。

（2）情绪反思法。你可以利用你的情绪记录表反思自己的情绪；也可以在一段情绪过程之后反思自己的情绪是否得当？为什么会有这样的情绪？这种情绪的原因是什么？有什么消极负面的影响？今后应该如何消除类似情绪的发生？如何控制类似不良情绪的蔓延？

（3）情绪恳谈法。通过与你的家人、同学、老师、朋友等恳谈，征求他们对你情绪管理的看法和意见，借助他人的眼光认识自己的情绪状况。

（4）情绪测试法。借助专业情绪测试软件工具或咨询专业人士，获取有关自我情绪认知与管理的方法建议。

**（二）了解情绪产生的原因**

要对情绪进行有效的管理，必须正确地对不良情绪进行归因。即从主观和客观两个方面进行归因。

在遇到不顺心的事情或遇到困难和挫折时，既要从自身出发找原因，又要从周边环境的客观世界中找原因。从主观方面找原因，想想是否由于自己缺少经验、缺少社会交往阅历等，如自己以前是不是总是在父母、家人或他人的保护包办之下去面对困难，而导致现在独自面对困难时手足无措，情绪低落。从客观方面找原因，考虑出现不好的结果和情绪是不是周边的环境条件，如天气、气候、自然地形、社会文化等因素导致的，这些客观因素是我们每个人无法控制的，是不以我们的主观愿望而改变的。面对这个客观存在的困难，我们没有必要去为它而忧伤、烦恼，要正视现实，充分地利用客观现实积极的一面，这样才能够妥善、合理地处理好现实的困难和挫折。

**（三）有效地管理情绪**

1. 不要让坏情绪蔓延

不要让坏情绪蔓延，就是要避免心理学上所说的"踢猫效应"，如果将不满情绪扩散，这种情绪会形成一种连锁反应，一般会沿着等级和强弱组成的社会关系链条依次传递，最终的受害者就是在这个传递链条中最薄弱的一个。

2. 建立积极的自我防御机制

防御机制有积极和消极之分。要培养良好的情绪，就应该建立积极的自我防御机制。

（1）合理宣泄。

对正常的情绪我们不能过多压抑，而要加以宣泄。心中有了不平之事，可以向亲友或其他人倾诉，并接受他人的安慰帮助，通过自己感情的充分表露与从外界得到的反馈,增加自我认识并改变不适当的行为。与人闹了矛盾,要开诚布公地与对方交换意见,解开疙瘩,消除误会,千万不要让怒气积压在胸中。万不得已,在至亲好友面前大哭一场,诉说心中的委屈和痛苦,得到安慰和同情,心里也会好过一些。痛哭作为纯真感情的爆发,是人的一种保护性反应,是释放积聚能量、排出体内毒素、调整机体平衡的一种方式。好比洪水暴涨,水库即将决堤时,打开泄洪道,便可避免一场灭顶之灾。此外,体育锻炼和文化娱乐活动也是消除心中郁结、宣泄情绪的好方法。

情绪应该宣泄,但宣泄必须合理。有的人不分时间、地点、场合,必然引起不良后果。还有的人将不良情绪胡发乱泄,迁怒于人,找"替罪羊"。这些泄愤方法不但于事无补,反而会影响团结,妨碍工作,因而是不可取的。

(2)适当控制。

对正常情绪应当宣泄,对不良情绪则要控制。要控制情绪,首先必须承认某种情绪的存在;其次,要弄清产生这种情绪的原因;最后,对于使人不愉快的挫折情境要寻求适当的途径去克服它或躲开它。

在挫折面前,人应当以对事物的理性认识来控制个人的情绪。当忍不住要动怒时,要冷静地审查情势,检讨反省,以思考发怒是否合理、发怒的后果如何以及有无其他较为适当的解决办法,经过如此"三思",便能消除或减轻心理紧张,使情绪渐趋平复。

(3)转移。

心理学研究表明,在情绪反应时,大脑皮层会出现一个强烈的兴奋中心。这时,如果另找一些新颖的刺激,引起新的兴奋中心,便可以抵消或冲淡原来的兴奋中心。因此,当情绪激动时,为了使它不立即爆发,可以有意识地转移问题或做点别的事情,来分散和转移自己的不良情绪。采取行动,也是转移注意力、驱散烦恼的一种有效的精神疗法。一旦出现烦恼情绪的征兆,便激励自己多做有意思的事,把时间表尽可能排得满一些、紧凑些,或者为别人做事,这样不仅可以使自己忘却烦恼,而且可以体验到自己存在的价值,更可获得珍贵的友谊。在余怒未消时,可以用看电影、听音乐、下棋、打球、散步等正当而有意义的活动,使紧张情绪松弛下来。有的人生起气来拼命干活,这既是一种转移,也是一种宣泄,不失为一种行之有效的制怒方法。但此时需注意安全,因为在被激怒的情况下,动作往往不够准确协调,从而影响做事效果。

(4)幽默。

高尚的幽默是精神的消毒剂。当一个人发现一种不协调的或对自己不利的现象时,为了不使自己陷入激动状态和被动局面,最好的办法是以超然洒脱的态度去应付。此时,一个得体的幽默往往可以使一个本来紧张的情况变得比较轻松,使一个窘迫的场面在笑语中消逝,使愤怒、不安的情绪得以缓解。善于使用幽默的人,不开庸俗的玩笑,更不随便拿别人开心,而是以机智的头脑、渊博的学识,巧妙诙谐地揭露事物的不合理成分,既一语中的又使人容易接受。在一些非原则问题上,宁可自我解嘲,也不去刺激对方、激化矛盾。

（5）升华。

将不为社会所认可的动机或欲望导向比较崇高的方向,使其具有创造性、建设性,称为升华。这是对情绪的一种较高水平的宣泄,是将情绪激起的能量引导到对己、对人、对社会都有利的方面去。遇到不公平的事情,一味地生气、憋气或颓唐绝望,都是无济于事的,做出违反法制的报复行为更是下策,是在用别人的错误惩罚自己。正确的态度应该是有志气、争口气,将挫折变成动力,做生活中的强者。

（6）放松。

通过训练,人们还可以用自我放松法控制情绪。即按一套特定的程序,以机体的一些随意反应去改善机体的另一些非随意反应,用心理过程来影响生理过程,从而达到放松心情的效果,使紧张和焦虑的情绪得以消除。我国的气功、印度的瑜伽等均属此类活动。

（7）自我安慰。

当一个人追求某项事物而无法得到时,为了减少内心的失望,常为"失败"找一个冠冕堂皇的理由,用以安慰自己,就像吃不到葡萄说葡萄酸的狐狸一样,所以称作"酸葡萄心理"。与此相反的是"甜柠檬心理",即用各种理由强调自己所持有的东西都是好的,以此冲淡内心的不安与痛苦。这种自欺欺人的方法,偶尔用一下,作为缓解情绪的权宜之计,对于帮助人们在极大的挫折面前接受现实、接受自己,避免精神崩溃,不无益处。但若用得过多,成为个人的主要防卫手段,则是一种病态,会妨碍自己去追求真正需要的东西。

（8）自我激励。

自我激励是人的精神生活的动力源泉之一,主要指用生活中的哲理、榜样的事迹或明智的思想观念来激励自己,同各种不良情绪进行斗争。古人云:"知足者常乐。"大学生不要总为没有得到的东西而烦恼,相反,要经常想到自己是幸福而知足的,相信凭借自己的意志、能力和奋斗精神,总有一天会得到自己想要的东西。这样便能增强自信心,驱除自卑感,保持心情舒畅,从而也增加了获得成功的可能性。

（9）换位思考。

从积极的角度重新认识引发不良情绪的事件,从而得出新的结论,使自己的情绪得到平衡。例如,当你在生活中遇到麻烦时,可以换一个角度考虑,告诉自己"否极泰来""破财免灾""就当是交学费""差运气很快就会过去"等,这样心情就会放松,情绪也会稳定下来。

（10）行为补偿。

行为补偿即把某些情绪化为行动的力量,使它具有修复和补偿功能。比如,遭遇挫折后,便把精力集中到学习和科研上,从事业的成就中求得补偿,保持心理平衡。有的同学在情绪压抑时,喜欢到外面走走,或踏青,或赏景,这也不失为一个简便有效的调节方法。大自然的风光,能够使人胸怀旷达,身心欢愉,对于调节人的情绪有很好的效果。

（11）心理咨询。

心理学家认为,人的情绪处在压抑状态时,应该允许有节制的发泄,即使是畅快地哭一场,也是有利于调节机体平衡的。进行心理咨询,把闷在心里的苦恼倾吐出来,获得疏导和指点,往往更容易使矛盾迎刃而解。咨询的对象可以是父母、老师、好友等,如果是心理方面的问题,有专门的心理医生咨询当然更好。

## 二、大学生的情绪调适

### （一）良好情绪的保持

#### 1. 养成快乐的习惯

快乐是一种心理习惯和心理态度。快乐不是在解决某种外在问题后产生的,因为一个问题解决了,另一个问题又会出现,生活本身就是由一系列问题组成的;快乐也不只是在达到某种目的、获得某种满足后才会到来的,因为快乐更存在于生活实践的本身。

#### 2. 学会宽容悦纳

宽容不仅是一种美德,也是交往成功的重要保证和情绪健康的前提条件。宽容既表现为对他人的宽厚容忍、不斤斤计较,也表现为对自己的悦纳包容、不过分苛求。一个不肯宽容别人的人,既容易被别人怨恨,在人际关系中不受欢迎,也往往会使自己的身心受到伤害;一个不肯宽容自己的人,则常常会处于自责、悔恨之中。

#### 3. 适当的自我定位

从中学到大学是一个巨大的转折,环境的变化和竞争的加剧,会使不少同学感到心理不适,失落感明显,因此,在大学生活中给自己一个适当的自我定位十分重要。

大学生血气方刚、积极进取、竞争意识强,这是积极的一面。然而,由于自身的不成熟以及某些错误的认知方式,容易造成一些同学争强好胜、相互攀比、盲目竞争的现象,这很不利于心理健康。大学校园里人才济济,每个人都具有各自的优势,假如盲目地事事、处处都要与他人竞争和攀比,就有可能因为自己在某些方面处于劣势而产生自我挫败感,有的甚至会自我否定,陷入深深的自卑之中。同时,事事与人竞争和攀比还会给自己造成过度紧张,心理上承受过大的压力,从而对身心健康产生不良影响。

#### 4. 善于与人交往

人是社会的人,交往是人生发展的内在需要。当一个人的交往需要没有得到满足时,就会情绪低落,甚至会产生孤独、空虚、抑郁、自卑和恐惧等不良心理,严重的会在行动上表现出自我封闭、逃避现实、自暴自弃,或与外界冲突、对抗,甚至丧失生活的信心和勇气。善于交往的人,常常更容易成为健康、快乐和成功的人。

#### 5. 学会自我释然

遇事要想得开,要心胸开阔。须承认,生活中不会只有快乐,还会有痛苦;不单有成功,也会有失败;不尽是圆满,也会有缺陷。只有这样,才会在顺境时格外觉得幸运,在逆境时也承认这是理所当然,从而使自己拥有一种良好的心境,创造出更多的收获。

### (二)掌握情绪调适的方法

常见的情绪调适方法有放松训练、冥想训练、音乐疗法、合理情绪疗法、宣泄法等。

#### 1. 放松训练

在充满压力和挑战的现代生活中,人们的生活像上紧发条的闹钟一样。人们的内心从未平静过,每个人都会有紧张、焦虑、害怕、愤怒等情绪,这些情绪会扰乱正常的理性思维,令人作出不适当的反应。

放松训练:

以舒服的姿势坐下来。闭上眼睛,尽量放松。仔细听你所能听到的所有声音,在心里把这些声音列出一个单子。你会感到惊讶,原来,你周围有这么多种不同的声音。确保所有的声音都列入了你的清单。握紧右手,其他部位仍旧放松。把右手握得越来越紧,注意体会右手的紧张。握紧右手,体验右手和前臂的紧张。把右手手指松开,注意体验放松的感觉。全身放松。深深地吸气,深深地呼气。

左拳重复上述过程。左拳握紧,身体其他部位放松。把左拳握得越来越紧,体验左拳的紧张和不适……放松。体会手和前臂放松时紧张逐渐消失的感觉。随着紧张的消除,觉得手臂变得越来越沉重、越来越舒服。放松全身,深深地吸气,深深地呼气。

握紧双拳,曲肘,绷紧二头肌……继续,让双臂绷紧,越来越紧张……双拳紧张,前臂也紧张,体会这种感觉……现在,放松。手、胳膊沉重、放松。体会紧张的消失,注意体会。让这种放松、沉重的感觉弥漫全身,越来越放松。深深地吸气,深深地呼气。

皱紧前额,皱紧……现在放松。放松前额,头皮越来越平和。紧紧地皱眉,让额头也皱起来,体会紧张的感觉……放松。消除紧张,让前额更加松弛。随着紧张的消失,前额越来越放松,越来越平和。收紧下颚,咬紧牙关,让下颚和喉部紧张……让下颚松弛、放松,体会紧张从面部消逝;前额很松弛,头皮很放松,下颚和喉部也放松。让放松的感觉扩展开来。

拉紧腹肌,使腹肌紧张。保持紧张,注意体会……放松。让腹部完全松弛,紧张逐渐离开躯体,松弛的感觉扩展到胸部……肩部……前臂。全身非常放松,紧张逐渐消失,继续放松,体会更深的放松。

绷紧臀部和大腿。用力压紧脚跟,绷紧大腿。注意体会大腿和臀部的紧张和不适。放松,继续放松,温暖、沉重、舒适的感觉进入身体,这种放松的状态逐渐扩散,逐渐加重。注意体会放松的感觉,体验紧张和放松之间的区别。

自然、平静地呼吸,继续放松身体的各部分,手臂……肩部……胸部……腹部……大腿……小腿。让全身的肌肉都放松。继续放松,放松,越来越放松。深深吸气……慢慢地把气呼出来……放松。眼睛仍然闭着,身体的所有肌肉变得放松和沉重。在这种深度放松的状态中,觉得一点儿都不想动,不想移动任何一块肌肉。现在,设想自己要举起右臂,当你这么想的时候,看是否感觉到肩部和手臂隐隐地有些紧张。现在,你决定不抬手臂了,你要继续放松,体验全身松弛的感觉……肩臂的紧张逐渐消失……你可以让自己完全放松,这是很容易的,你觉得很舒服,浑身越来越沉重……越来越放松。安静地躺在那儿,自然地呼吸,惬意、温暖、舒适的感觉从全身散发出来。保持这种状态,继续放松……

你想起来的时候,你可以起来。从4倒数到1,你会感到清醒、镇静、精神振奋。

2. 冥想训练

冥想是缓解压力的一种有效方法,冥想具有训练注意力、控制思维过程、提高处理情绪的能力和放松身体的作用。只要坚持练习、运用得当,冥想是应对压力、忧郁、烦恼以及其他不良心理和情绪问题的最有帮助的方法之一。

冥想训练:

开始使大脑思维缓慢下来,想象自己的大脑是一个大的透明的玻璃罐,你可以看到头脑中发生的任何事情。现在想象你所有的每一个思想都是一块儿彩色的大理石,它们在玻璃罐子里滚动,里面有许多种颜色,令你眼花缭乱。

慢慢地使这些大理石完全停止下来,它们一个个缓慢停下来,最后全部停在罐子的底部。罐子中盛满了各种颜色的大理石:红的、橙色的、黄的、绿的、蓝的、紫色的、白的、黑的,还有其他的颜色。然后从罐子里把大理石一个一个拿出来,把它放在罐子旁边的篮子里。从最上面的开始,拿出来一个,又拿出来一个,罐子里的石头越来越少,最后一个也被拿出来了,罐子空了,看看旁边的篮子。

篮子里的大理石慢慢开始融合在一起……它们形成了一道非常美丽的彩虹,上面有各种各样的彩条,你把这些颜色混合在一起,然后想象罐子旁边有一条小溪,你把这些颜料倒在这条小溪里,包围着彩虹的颜料消失了。

再看看这个罐子:罐子是空的,非常安宁,非常平静……

3. 音乐疗法

研究表明,音乐对人的情绪有着极大的调节作用,不同的曲调和不同的节奏都能使人产生不同的情绪体验。古希腊人认为,不同的曲调代表不同的情绪:A调高扬,B调哀怨,C调和蔼,D调热情奔放,E调安静优雅,F调淫荡,G调浮躁。有人对近代音乐的乐调进行了研究,发现乐调与情绪有如下关系:A调中的A阳调——自信、希望、和悦,最能表现真挚的情感,充满对生活的憧憬;A阴调——女子的柔情似水,恰似北欧民族的伤感和虔敬之心;A降低阳调——好似梦境中体验到的情感。B阳调——嘹亮,表现出勇敢、豪爽和骄傲的性格;B阴调——悲哀,表现出静静的期待。C阴调——纯洁、果断、坚毅、沉稳,有宗教的情调。D调——热情。E调——安定。F阳调——和悦,略带忏悔、哀悼之情;F阴调——悲伤、忧愁,曲调哀婉;F提高阳调——嘹亮、柔和、感情丰富;F提高阴调——热情、神秘,曲调幽深、阴沉。G阴调——有时忧愁,有时喜悦;G阳调——真挚的信仰,平静的爱情,有田园风趣,给人以自然、温馨的感觉。

不同的个体因不同的个性特点、心情、时间和场合而对乐曲有所选择。如:节奏感强的乐曲适合忧郁、好静、少动的人;旋律优美的乐曲适合兴奋、多动、焦虑不安的人。因此,在国外,音乐调节已应用到外科手术及精神病、抑郁症、焦虑症等病症的治疗中。如忧郁烦恼时可以听《蓝色多瑙河》《卡门》《渔舟唱晚》等意境广阔、充满活力、轻松愉快的音乐;失眠时可以听《摇篮曲》《仲夏夜之梦》等乐曲;情绪浮躁时可以听《小夜曲》等适合的音乐来调节自己的情绪状况。

4. 宣泄法

情绪得不到适当的宣泄,就会日积月累,造成身心紧张状态,直至患病。平时可以采用自我宣泄和他助宣泄的方法来疏导过量的激情和调节情绪。

自我宣泄的方法有眼泪缓解法、运动缓解法、转移注意法和"合理化"等方法。

在悲痛欲绝时大哭一场,可使情绪平静。美国专家威费雷认为,眼泪能把有机体在应激反应过程中产生的某种毒素排出去。从这个角度讲,遇到该哭的事情忍住不哭就意味着慢性中毒。很多人欣赏"男儿有泪不轻弹",把眼泪当作软弱的表现,从心理健康角度来考虑,就会发现这种观念是不可取的。很多人都体会到该哭的时候能哭出来,哭过以后心情就好多了。

在盛怒愤慨时,猛干一阵活或进行剧烈的体育运动,有助于释放激动情绪带来的能量。许多大学生有过在运动场上拼命奔跑以缓解心中郁闷情绪的经验。

情绪不佳时,转移自己的注意力是一种控制情绪的好办法。如同转换一下频道,做些自己感兴趣的事——外出散步,看看电影,读读书,打打牌,找朋友玩,换换环境,等等。

"合理化"是一种援引合理的理由和事实来解释所遭受的挫折,以减轻或消除心理困扰的方式。它的表现形式可概括为"找借口""酸葡萄效应""甜柠檬效应"等。情绪不佳时,适度地采取"合理化"的方法自我安慰,也是一种情绪自我调控的方法。

他助宣泄的方式则有"倾诉"和"模拟宣泄"等。倾诉既可向师长、同事、同学、亲人诉说心中的烦恼和忧虑，也可用写日记、写信(含 E-mail)的方式倾诉不快，以宣泄自己的烦恼，调节自己的情绪。模拟宣泄是目前新兴的一种调节情绪的方法。一些日本公司的充气工头像就是用来让员工发泄对上司的不满的。员工通过打骂模拟敌人来发泄烦恼，宁心息怒。

宣泄的方式有多种多样，若方式选择不当，不但不能促进心理健康，反而会带来新的情绪困扰。因此，要注意正确选择宣泄的方式，应以不妨碍他人和社会利益为原则。同时，宣泄时也要注意不损害自己。

5. 合理情绪疗法

合理情绪疗法是艾利斯在美国创立的。艾利斯(A. Ellis)提出了 ABC 理论，用来解释人的情绪困扰和不适应行为的产生。其中 A(activating event)指诱发性事件；B(belief)指个人在遇到诱发性事件后产生的相应的信念，也就是他对这个事件的看法、解释与评价；C(consequence)指在特定情境下，个人的情绪体验及行为结果。艾利斯指出，情绪(C)不是由某一个诱发事件本身(A)所引起的，而是由经历了这一事件的个人对这一事件的解释和评价(B)所引起的。因此，A 只是 C 产生的间接原因，B 才是 C 产生的直接原因，是 B 决定了 C 的性质。

在此基础上，艾利斯提出了通过改变信念从而改变情绪与行为的方法，即合理情绪疗法，也称为 ABCDE 模式。其基本程序是这样的：① 找出使自己产生异常紧张情绪的诱发事件(A)。② 分析自己在遇到诱发事件时对它的解释、评价和看法，即由它引起的信念(B)。从理性的角度去审视这些信念，并且探讨这些信念与所产生的紧张情绪(C)之间的关系，从而认识到异常的紧张情绪之所以发生，是由于自己存在不合理的信念，自己应当为自己失之偏颇的思维方式负责。③ 扩展自己的思维角度，与自己的不合理信念进行辩论(dispute)，动摇并最终放弃不合理的信念，学会用合理的思维方式代替不合理的思维方式。还可以通过与他人讨论或实际验证的方法来辅助自己转变思维方式。④ 随着不合理信念的消除，异常的紧张情绪开始减少，并产生出更为合理、积极的行为方式。行为所带来的积极效果，又促进合理信念的巩固与情绪的轻松愉快。⑤ 个人通过情绪与行为的成功转变，从根本上树立起合理的思维方式，从此不再受异常的紧张情绪的困扰，即达到了治疗的效果(effects)。

概括起来就是：

诱发事件(A)→有关的信念(B)→不良情绪和不适当的行为(C)→与不合理信念进行对抗(D)→在情绪和行为上产生积极的效果(E)。

## 三、创造好心情

情绪健康的重要标志是情绪稳定与心情愉快。情绪稳定表明一个人的中枢神经系统处于相对平衡的状态,意味着情绪功能的协调;喜怒无常是情绪不健康的表现。情绪健康的另一个重要标志是心情愉快。可以通过以下四个途径给自己创造良好的心情。

**(一) 积极做事,喜欢学习**

林肯说过:"悲伤的时候,工作是良药。"在心情不好的时候,可以投入工作,参加一些社会活动,你会因为找寻到自身的价值而快乐起来。

**(二) 悦纳自己,热爱生活**

一个人既不可能十全十美,也不可能一无是处。不要总是关注自己的缺点和弱项,应该将注意力转移到自己最感兴趣、最擅长的事情上,从中获得的乐趣与成就将强化你的自信,驱散你的阴影,使你的心情逐步变好。

**(三) 学会宽容,助人为乐**

宽容是消除隔阂、沟通感情的法宝。理解他人、宽容他人、豁达大度,就能够保持心理上的平衡,在人际交往中获得满足和快乐。否则,紧张的人际关系必将给自己带来精神和生理上的病变。因此,生活和学习中最明智的选择就是宽容他人、帮助他人。

**(四) 学会倾诉,合理宣泄**

心情不快却闷着不说会影响身心健康。所以,在遇到烦恼的时候,可以找一个信赖的人,向他倾诉一下,这样可以使郁闷的心情得到宣泄,这就为自己的不良情绪找到了合适的出路,使自己的内心能够平静下来。除了倾诉之外,还可以做一些剧烈的运动,使负性情绪发泄出去,这样就可以避免坏心情给自己带来不良影响。

## 拓展阅读

### 心理测验

### 国际标准情商(EQ)测试题

心理学家认为,在人获得成功的诸多主观因素里面,智商(IQ)因素大约占20%,而情商(EQ)则占80%左右。情商包括以下几个方面的内容:一是认识自身的情绪。因为只有认识自己,才能成为自己生活的主宰;二是能妥善管理自己的情绪,即能调控自己;三是自我激励,它能够使人走出生命中的低潮,重新出发;四是认知他人的情绪,这是与他人正常交往、实现顺利沟通的基础;五是人际关系的管理,即领导和管理能力。

通过以下测试,你就能对自己的 EQ 有所了解。但切记这不是一个求职询问表,用不着有意识地尽量展示你的优点和掩饰你的缺点。如果你真心想对自己有一个判断,那你就不应施加任何粉饰。否则,你应重测一次。

本测试共 33 题,测试时间为 25 分钟,最大 EQ 为 174 分。如果你已经准备就绪,请开始计时。

**第 1—9 题:请从下面的问题中,选择一个和自己最切合的答案。**

1. 我有能力克服各种困难:_____

A. 是的      B. 不一定      C. 不是的

2. 如果我能到一个新的环境,我要把生活安排得:_____

A. 和从前相仿      B. 不一定      C. 和从前不一样

3. 一生中,我觉得自己能达到我所预想的目标:_____

A. 是的      B. 不一定      C. 不是的

4. 不知为什么,有些人总是回避或冷淡我:_____

A. 不是的      B. 不一定      C. 是的

5. 在大街上,我常常避开我不愿打招呼的人:_____

A. 从未如此      B. 偶尔如此      C. 有时如此

6. 当我集中精力工作时,假使有人在旁边高谈阔论:_____

A. 我仍能专心工作      B. 介于 A、C 之间      C. 我不能专心且感到愤怒

7. 我不论到什么地方,都能清楚地辨别方向:_____

A. 是的      B. 不一定      C. 不是的

8. 我热爱所学的专业和所从事的工作:_____

A. 是的      B. 不一定      C. 不是的

9. 气候的变化不会影响我的情绪:_____

A. 是的      B. 介于 A、C 之间      C. 不是的

**第 10—16 题:请如实回答下列问题,将答案填入右边横线处。**

10. 我从不因流言蜚语而生气:_____

A. 是的      B. 介于 A、C 之间      C. 不是的

11. 我善于控制自己的面部表情:_____

A. 是的      B. 不太确定      C. 不是的

12. 在就寝时,我常常:_____

A. 极易入睡      B. 介于 A、C 之间      C. 不易入睡

13. 有人侵扰我时,我:_____

A. 不露声色      B. 介于 A、C 之间      C. 大声抗议,以泄己愤

14. 在和人争辩或工作出现失误后,我常常感到震颤,精疲力竭,而不能继续安心工作:_____

A. 不是的     B. 介于 A、C 之间  C. 是的

15. 我常常被一些无谓的小事困扰：_____

A. 不是的     B. 介于 A、C 之间  C. 是的

16. 我宁愿住在僻静的郊区,也不愿住在嘈杂的市区：_____

A. 不是的     B. 不太确定    C. 是的

**第 17—25 题：在下面问题中,每题选择一个和自己最切合的答案。**

17. 我被朋友、同事起过绰号、挖苦过：_____

A. 从来没有    B. 偶尔有过    C. 这是常有的事

18. 有一种食物使我吃后呕吐：_____

A. 没有      B. 记不清     C. 有

19. 除去看见的世界外,我的心中没有另外的世界：_____

A. 没有      B. 记不清     C. 有

20. 我会想到若干年后有什么使自己极为不安的事：_____

A. 从来没有想过  B. 偶尔想到过   C. 经常想到

21. 我常常觉得自己的家庭对自己不好,但是我又确切地知道他们的确对我好：_____

A. 否       B. 说不清楚    C. 是

22. 每天我一回家就立刻把门关上：_____

A. 否       B. 不清楚     C. 是

23. 我坐在小房间里把门关上,但我仍觉得心里不安：_____

A. 否       B. 偶尔是     C. 是

24. 当一件事需要我作决定时,我常觉得很难：_____

A. 否       B. 偶尔是     C. 是

25. 我常常用抛硬币、翻纸、抽签之类的游戏来预测凶吉：_____

A. 否       B. 偶尔是     C. 是

**第 26—29 题：下面各题,请按实际情况如实回答,仅须回答"是"或"否"即可,在你选择的答案下打"√"。**

26. 为了工作我早出晚归,早晨起床我常常感到疲惫不堪：

是_____  否_____

27. 在某种心境下,我会因为困惑陷入空想,将工作搁置下来：

是_____  否_____

28. 我的神经脆弱,稍有刺激就会使我战栗：

是_____  否_____

29. 睡梦中,我常常被噩梦惊醒：

是_____  否_____

**第 30—33 题：本组测试共 4 题，每题有 5 种答案，请选择与自己最切合的答案，在你选择的答案下打"√"。**

答案标准如下：

| 1 | 2 | 3 | 4 | 5 |
|---|---|---|---|---|
| 从不 | 几乎不 | 一半时间 | 大多数时间 | 总是 |

30. 工作中我愿意挑战艰巨的任务。　　　　　　1 2 3 4 5

31. 我常发现别人好的意愿。　　　　　　　　　1 2 3 4 5

32. 我能听取不同的意见，包括对自己的批评。　　1 2 3 4 5

33. 我时常勉励自己，对未来充满希望。　　　　　1 2 3 4 5

**计分办法及结果解释：**

计分时请按照计分标准，先算出各部分得分，最后将几部分得分相加，得到的那一分值即为你的最终得分。

第 1—9 题，每回答一个 A 得 6 分，回答一个 B 得 3 分，回答一个 C 得 0 分。计_____分。

第 10—16 题，每回答一个 A 得 5 分，回答一个 B 得 2 分，回答一个 C 得 0 分。计_____分。

第 17—25 题，每回答一个 A 得 5 分，回答一个 B 得 2 分，回答一个 C 得 0 分。计_____分。

第 26—29 题，每回答一个"是"得 0 分，回答一个"否"得 5 分。计_____分。

第 30—33 题，从左至右分数分别为 1 分、2 分、3 分、4 分、5 分。计_____分。

总计为_____分。

得分在 90 分以下：你的 EQ 较低，你常常不能控制自己，你极易被自己的情绪所影响。很多时候，你容易被激怒、动火、发脾气，这是非常危险的信号——你的事业可能会毁于你的急躁。对于此，最好的解决办法是能够给不好的东西一个好的解释，保持头脑冷静，使自己心情开朗。正如富兰克林所说："任何人生气都是有理的，但很少有令人信服的理由。"

90—129 分：你的 EQ 一般，对于一件事，你不同时候的表现可能不一，这与你的意识有关，你比前者更具有 EQ 意识，但这种意识不是常常都有，因此需要你多加注意、时时提醒。

130—149 分：你的 EQ 较高，你是一个快乐的人，不易恐惧担忧，对于工作你热情投入、敢于负责，你为人正义正直、同情关怀，这是你的优点，应该努力保持。

150 分以上：你是个 EQ 高手，你的情绪智慧不但不是你事业的阻碍，更是你事业有成的一个重要前提条件。

📖 **案例分析** ⟫⟫⟫

心理咨询案例：

## 案例1：手机焦虑症

小敏，女，大学一年级，整天手机不离身，手机没响也总会有听到手机铃声的感觉。经常性地要把手机掏出来看一看，是否有漏掉的电话或短信，即使是晚上睡觉也要开着手机，并且要放到自己触手可及的地方。朋友笑她手机成了手雷。但她就是控制不住自己，本来她只觉得自己有点神经质，后来这种焦虑症状愈加严重，一旦手边离了手机，就立刻觉得心里没着落，时不时地就想要掏出来看一下。如果某天出门手机忘带或是突然没电、没信号时，她就会感到强烈的无力感，甚至开始有手脚发麻、心慌、头晕、冒汗等症状出现。

【分析与评估】

小敏很可能患上了手机焦虑症或者存在手机焦虑倾向。主要是由于她在日常生活中，性格孤僻、自卑，缺乏自信，缺少与他人面对面的沟通，目前这种心理状态在很多人群中开始出现。

【调节对策】

一方面要认识到手机焦虑并不是什么严重的心理问题；另一方面，要知道克服这些症状最有效的办法就是通过与他人进行积极的交谈、外出散步或者读书、读报等形式转移注意力，克服依赖心理。

建议在近一段时间内少用手机，尽量保持好的心情，工作、学习不要贪多，要保留一定的热情，多一些与朋友或家人面对面沟通的机会。接下来要慢慢延长手机不在身边的时间，坚持一段时间后，就可以摆脱手机焦虑了。如果没有明显效果，应尽快联系心理医生协助解决。

## 案例2：抑郁情绪

小刚，男，大学一年级。第一学期期末，本来踌躇满志地准备获取奖学金的他未能如愿，情绪从此一落千丈，变得郁郁寡欢，无心学习，也无法处理好与同学的人际关系，还整夜失眠。最后不得不去医院精神科检查，结果诊断为抑郁症。

【分析与评估】

日前一项对大学生抑郁症的抽样调查显示，大学生抑郁障碍疾患率为 23.66%。在大学生中有抑郁现象的比较多，究其主要原因，是自我价值没有得到恰当的体现，对自己进行了否定。一般而言，这样的学生情绪低落，情绪波动大，不愿主动与人交往，做事情没有兴致，时间长了，容易造成负性情绪积聚，对学习、生活肯定会造成影响,严重的则会患上抑郁症。如果没有找到正确的宣泄渠道,可能会沉迷于暂时逃避的途径,如网络。

**【调节对策】**

这就需要周围的人群关注他们,给他们温暖。生活中有这种情绪的大学生也要多和身边的朋友谈心、交流,释放出自己的压力,以缓解这些症状,从而恢复到正常状态。

**思政案例:**

## 我的情绪为什么总是失控

小张,大一女生,19岁。最近,小张发现自己比较容易情绪化,经常因为一些小事引发烦躁愤怒的情绪,反应强烈时身体发抖,喘不上气,头脑一片空白。

高中时期,小张每天都被学习填满,节奏紧张,除了每天学习之外,无暇顾及其他,导致缺乏一些生活技能和人际交往能力。到了大学,小张缺乏生活自理能力,遇到问题和困难容易情绪化,心情不好时很容易迁怒他人,渐渐地与宿舍同学关系疏远,这令她情绪焦虑、崩溃,甚至晚上睡不着觉。在参与学生社团工作中,集体的利益和纪律与小张我行我素的风格产生冲突,让她产生纠结、委屈、愤怒的情绪。通过了解发现,小张父亲是一个爱发脾气的人,常常把自己工作中的情绪带到家庭里,小时候,父亲经常无缘无故发火,有时父亲回到家,她就很害怕。

现在,小张希望自己能尽快调整好情绪,处理好人际关系,像以前一样开心地生活。

**【分析与评估】**

(1)家庭影响是小张情绪失控的原因之一。小张脾气暴躁、易怒,部分原因是家庭的影响。小张父亲爱发脾气,在长期的耳濡目染中,小张逐渐习得不健康的情绪管理方式。

(2)不了解自己情绪变化的真正原因。在和宿舍同学交往中,小张常因自己遇到困难而迁怒他人,其实,小张真正产生影响消极情绪的原因是生活中遇到的难题让她出现了焦虑情绪。

(3)缺乏应对压力的能力导致小张情绪失控。没有充分认识因自己生活技能的缺乏,导致无法顺利在集体生活是一个正常的结果,面对生活带来的压力,小张不能心平气和地看待这一暂时的困难,急躁崩溃。

(4)小张不会控制和调节自己的情绪。小张脾气暴躁、易怒、缺乏耐心,在这些情绪发生前或者发生后,缺乏有效的调节策略,导致无法控制自己的情绪。

(5)小张不能合理处理个人需要和集体要求的矛盾冲突,导致她产生烦躁情绪。

**【调节对策】**

（1）学习认识情绪，掌握调节情绪的方法。通过身体放松等技术和方法，让小张愤怒的情绪得以释放。对小张进行心理教育，帮助其认识情绪的特点和发展规律，学习运用科学方法调节自身负性情绪，学会觉察表达情绪，敢于表达，善于表达。

（2）提高自己应对压力的能力。正确看待自己面临的压力是由于能力不足造成的，降低对压力事件的期待。建议小张能积极学习生活技能，尽快适应集体生活，提升对新环境的适应能力。

（3）澄清小张在人际互动中出现的误会，增进小张对自己的认识和反省。利用小张人际关系中的良性互动体验来引导其对人际交往的正性认知，帮助其恢复对人际交往的信心和信任感。

（4）正确看待个人需要和集体需要之间的矛盾，在个人需要和集体需要之间找到平衡。

小张后来在和老师、同学们交往的过程中，感受到她们的奉献和应对压力的努力，深受启发，自己面对压力也变得平和很多。

# 第十章　树立健康的恋爱心理

　　爱情、婚姻、家庭问题是人类的永恒话题,也是人类社会活动中最复杂的问题之一。人类以男女性别平衡为其协调,以协调一致为其美。从人类社会诞生以来,两性的社会存在从原始的两性结合发展到文明的婚姻形式,继而将情感、性、家庭和社会责任融合起来构成人类社会的重要组成部分。伴随着人类文明的进步发展,婚姻家庭作为两性发展的组织形式成为社会和个人共同的需要。因此,千百年来,人类一直在寻求一条协调男女两性之间、家庭成员之间、社会各种成员之间关系的有效途径和方法。

　　恋爱和婚姻是每个年轻人在生命的历程中必然要经历的。可以说,每个人的内心中都有对爱的向往和追求,都在渴望真正的、纯洁的爱情,追求爱的真谛和幸福人生。因此,爱情必然成为大学校园中最为关注的话题之一。爱情是什么? 如何正确处理爱情与学业之间的关系? 如何与异性交往? 这些都是大学生迫切想了解并需要作出正确选择的问题。

## 第一节　爱 情 概 述

### 一、爱情的概念

　　什么是爱情? 有的人说,爱情就是性爱,就是男女双方追求对异性的生理需求。也有人说,爱情的模式是"异性＋友谊",因此只要看见男女双方比较要好,就视为谈恋爱。这些都是对爱情的片面、模糊的认识。千百年来,爱情是一个古老而常新的课题,人们一直试图揭示爱情的真谛,可是没能得出一致的看法。历史上曾存在两种针锋相对的观点:一种是自然主义的,它把爱情的全部内容看成是性欲的满足过程,这种观点被解释为"食欲付诸实践叫吃饭,性欲付诸实践叫爱情",18 世纪的英国哲学家休谟持有这种观点;一种是超理性主义的,认为爱情是纯粹的高尚精神活动,视性欲为罪恶,柏拉图、黑格尔持有这种观点。我们认为,这两种观点都是片面的,自然主义将爱情庸俗化,超理性主义脱离了具体的人,将爱情变得空洞。

马克思曾提出一个著名的论断:"人和人之间直接的、自然的、必然的关系就是男女之间的关系,从这种关系可以判断人的整个教养程度。"恩格斯对爱情也曾经这样描述:"爱情就是人们彼此之间以相互倾慕为基础的关系。"因此,这种关系有以下三个特征:第一,爱情以相爱双方的互爱为前提,男女双方处于平等地位;第二,爱情是热烈、持久的,如果双方不能结合在一起,就是一种不幸,为了能长相厮守,双方不惜以生命为代价孤注一掷;第三,爱情也是评价两性关系的道德标准,即基于爱情而发生的性关系才是道德的。

由此,人们对爱情有了一种科学的认识,即,所谓爱情,是指一对男女基于一定的社会基础和共同的生活理想,在各自内心形成的相互倾慕,并渴望对方成为自己终身伴侣的一种强烈的、纯真的、专一的感情。

## 二、爱情的特征

正如一千个读者就有一千个哈姆雷特一般,人们从不同的视角尝试理解爱情,并由此发现了爱情的不同侧面,这些侧面都反映了爱情的共性:它是人类的一种情感体验。因此,我们可以看到,爱情是个体身心发展到相对成熟阶段产生的一种高尚的情感体验,既有生物属性,也有社会属性。爱情具有以下特点:

(1)社会性。人类是社会性动物,爱情作为人类的一种情感体验,不能脱离现实社会条件而存在,因此说,爱情是人们在社会生活中产生和发展起来的一种感情,它的内涵以及人们追求和表达爱情的方式都是具有社会性的。处在特定社会关系中的男女建立的爱情关系包含了丰富的社会内容。

(2)发展性。爱情是一个历史范畴,它随着人类文明的发展而发展,并与一定社会的生产、生活有紧密的联系。在特定的社会形态中,爱情的内容和形式必然要反映这个社会的道德观、人生观和价值观,反映这个社会的特定的社会关系。

(3)选择性。每个人心中都有对于异性偶像的不同评价标准。恋爱对象的选择标准可以是直觉的或理性的、生物的或社会的,这是对一个人的感情、意志、审美情趣和价值体系的考验。当一方的品质可以补充、中和另一方的品质时,即使双方志趣不同、相异甚至截然相反,也可能产生爱情,这也是爱情选择的一种形式。

(4)对等性。恩格斯曾经指出,真正的爱情"是以所爱者的互爱为前提"。所谓互爱,是指男女双方既是爱情的主体,又是爱情的客体,即双方既为爱者又为被爱者,二者地位平等,不存在依附和占有关系。爱情不是私欲占有,也不是怜悯和同情。牵强的和欺骗的感情付出都不会为男女双方带来真正的爱情,只有男女双方在互相倾慕、平等对待的前提下,爱情才会健康地发展。

(5)排他性和专一性。这是爱情最大的特点。爱情不是亲情或友情,一旦相爱之后,他人便没有权利分享这两人之间由于爱情所带来的意义。但这种排他性并不代表对他人的冷漠和漠不关心,这是在两性结合的意义上排除对他人的爱。爱情也要求双方在感情上和性关系上都能忠贞专一,不与任何第三者分享。爱情所赋予的权利和义务只能存在于恋爱着的两人之间。

(6)持久性和阶段性。恋爱双方的相互爱慕的感情以及由此所应承担的义务和责任应该是长期性的,不仅仅存在于恋爱过程中,而且要延续到婚后夫妻生活和家庭生活中。爱情的持久性表现在爱情的不断深化、充实和提高上,是建立和保持婚姻关系的基础。真正的爱情不会随着年岁的增长而减弱,但人生的不同年龄阶段,爱情的表现会有所不同,具有阶段性。

### 三、爱情的类型

#### (一)古希腊对爱情的理解

爱情这一概念是由古希腊人提出来的。古希腊人对爱的理解与现代意义上的爱情不同,他们认为爱情可以分为:依恋、博爱、友爱、性爱。

依恋是没有性倾向的感情,这种感情将朋友、父母和子女联系在一起。爱情的这种依恋形式与婴儿必须依恋母亲而产生的爱相似。

博爱是指乐善好施,它与慷慨与慈善相似,其典型做法是向慈善机构匿名捐款。在人与人的关系上通过无私地给予来体现。根据学者研究,博爱通常不会在有契约关系的成年人身上发生。

友爱是基于喜欢和尊重,并期望与他人分享美好的事物,但不包括性欲。这可以表现为和他人一起做事情并彼此分享愿望,或当某人感到孤独或烦躁时愿意去看望他(她)。

性爱与激情的意义最相近。性爱包含突然产生的激情欲望:"一见钟情"和"彻底爱上"。年轻的大学生更容易相信一见钟情的发生以及"爱可以超越一切"的观念。激情是让人着迷的,以至于处于激情状态的男女相信爱情可以影响并改变人生。事实上,性唤起和性欲可能是激情或爱情最强有力的因素。爱情开始于强烈的身体吸引力或者激情,同时和强烈的生理唤醒有关。

#### (二)斯腾伯格的爱情三角理论

罗伯特·斯滕伯格(Robert Sternberg)认为,各种不同的爱情由三个构成成分组合而成(见图10-1)。爱情的第一个成分是亲密(intimacy),包括热情、理解、沟通、支持和分享等爱情关系中常见的特征。第二个成分是激情(passion),其主要特征为性的唤醒和欲望。激情常以性渴望的形式出现,但任何能使伴侣感到满足的强烈情感需要都可以归入此类。爱情的第三个成分是承诺(commitment),指投身于爱情和维护爱情的决心。恋爱关系的火热来自激情,温情来自亲密;相比之下,承诺反映的则是完全与情感或性情无关的决策。

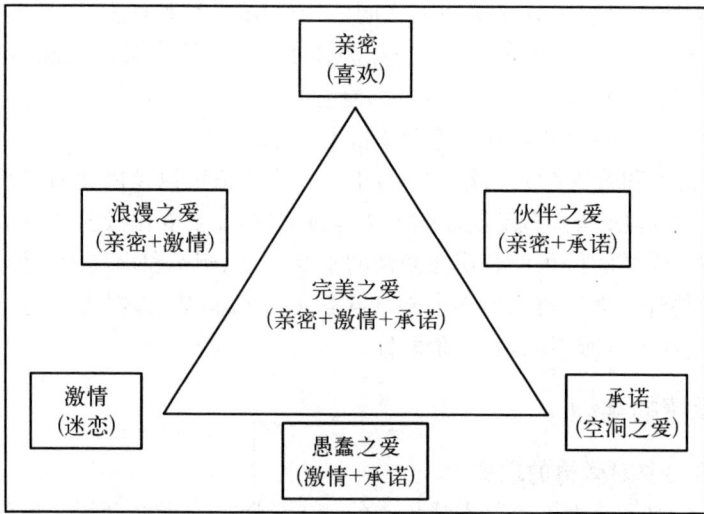

图 10-1　罗伯特·斯腾伯格的爱情三角理论

爱情三角理论认为,这三个成分就是爱情三角形的三条边。每种成分的强度不同会形成不同的排列组合。通过这样的模型将不同形式的爱概念化了。

根据斯腾伯格的爱情三角形模型,爱情有以下八种类型。

(1) 浪漫的爱(romantic love)。彼此的关系很亲密,人们在激情高涨时所体验到的就是浪漫之爱。浪漫的爱情是喜欢和迷恋的组合。人们常常会对自己的浪漫的爱情作出承诺,但是斯滕伯格认为承诺不是浪漫爱情的典型特征。

(2) 伙伴之爱(companionate love)。亲密和承诺两种成分结合在一起就形成对亲密伴侣的爱,这是一种伙伴式的爱。彼此在一起的关系亲近,可以分享和交流双方的感受和思想,双方还可以保持较深的和长期的友谊。这种爱会集中体现在长久而幸福的婚姻中,虽然年轻时火热的激情已经消失,但是双方的感情已经升华,成为相知相依的一对。

(3) 愚昧之爱(fatuous love)。缺失亲密的激情和忠诚会产生愚蠢的爱情体验即愚昧之爱。这种爱情会发生在旋风般的求爱中,在压倒一切的激情基础上双方会闪电般地快速结婚,但是彼此并不十分了解或喜欢对方。在某种意义上,这样的爱人在迷恋对方时投入太多,很可能得不偿失。

(4) 完美之爱(consummate love)。当亲密、激情和承诺同时存在时,人们的体验是"完美的、理想的"爱情。这是许多人梦寐以求的感情,斯腾伯格认为,这好像现代人减肥一样,短时期做到是容易的,但很难持久。

(5) 无爱(no love)。如果亲密、激情和承诺都缺失,爱就不存在。两个人的关系也许仅仅是熟人而不是朋友,彼此的关系是随便的、肤浅的、没有承诺的。

（6）喜欢（liking）。当亲密程度高但是激情和承诺非常低的时候，会产生喜爱。喜爱发生在有着真正的亲近和温暖的友情之中，但它不会激发起激情，也不会期望与对方共度余生。

（7）迷恋（infatuation）。迷恋中有强烈的激情，但是没有亲密和承诺，当人们被不太熟悉的人激起欲望时有这种体验。比如斯腾伯格承认他曾经痛苦地一心一意地想着生物课堂上遇见的一个女生。他因为思念而衣带渐宽，但没有勇气向她表示。他承认对这位女生仅仅是一种迷恋。许多人的初恋或单相思都属于这种感情。

（8）空洞之爱（empty love）。没有亲情或激情的承诺就是空洞之爱。这种情形常见于激情燃尽的爱情关系中，既没有温暖也没有激情，仅仅是一起过日子。

根据爱情三角理论，我们可以看到，"我爱你"这样一句简单的表达包含了多重情感体验。根据斯腾伯格的观点，爱情三个成分——亲密、激情、承诺会随着时间的变化而变化，因此，对一对情侣来说，在不同的时间段会体验到不同类型的爱情。这三者中，激情是最容易产生变化的因素，也是最难控制的。我们有时会体会到激情的突然产生、短期内急剧飙升，又迅速消退的过程，个体很难特意地去掌握这些变化。

相比之下，空洞之爱中除了承诺，没有其他两种成分。拥有空洞之爱的伴侣是因为对彼此的责任感才忍耐并维持这种关系存续的。这种爱常常依靠个人原则和社会规则来维持。个人原则主要是来自人在两性关系中应该持有的态度。社会规则是基于当事人的亲友对两性关系中应该坚持的正确观念所形成的文化约束。

在完美之爱中，三个成分的组合达到完美，这对大多数人来说都是一种理想的关系。了解爱情的成分及其变化，对正在恋爱关系中的情侣免于今后陷入关系困境有很大的帮助。我们逐渐认识到，激情在关系开始之初起到强大的推动作用，但不要轻易地受到激情的影响，而应推动这种关系可以发展到法律上的长期承诺关系。激情会很快退却，这是正常的现象。我们要清楚地认识到，激情退却之时并不是爱的关系结束之时，事实上，这正是可能推动这种关系向更深、更亲密、拥有承诺的爱发展的关键时刻。

**（三）李约翰的爱情类型理论**

加拿大社会学家李约翰（John Lee）认为爱情的三原色是"激情""游戏"和"友谊"。这三种颜色的再组合构成爱情的次级形式：占有型爱情包括激情和游戏的成分；利他型爱情包含激情和友谊的成分；实用型爱情包含游戏和友谊的成分。以下是他总结出的爱情的六种形式。

（1）激情之爱。这种爱情风格是指一个人所追求的爱人在外表上酷似自己心目中已存在的偶像。激情的爱情，建立在理想化的外在美基础上。它的特点是一见钟情式，以貌取人、缺少心灵沟通、热情而专一，靠激情维持，对对方的判断往往不客观。

（2）游戏之爱。这种爱是逢场作戏、玩世不恭的花花公子式的爱情，认为爱情就是与不同的人做游戏，包括欺骗伴侣、较少自我暴露。游戏型的人将爱情视为一场让异性青睐的游戏，这一类型的人并不会投入真实的情感，忠实的是过程而非结果，常更换对象，不承担爱的责任，寻求刺激与新鲜感。

（3）友谊之爱。这种爱是一种缓慢地发展起来的情感与伴侣关系。以友谊为基础，也称"发展来的爱情"。友谊之爱是一种细水长流型、稳定的爱。这种爱情以友谊为基础，在长久了解的基础上滋长着，能够协调一致地解决分歧，是宁静、融洽、温馨和共同成长的爱情。

（4）占有之爱。这种爱是那种以占有、妒忌、强烈情绪化为特征的爱情。个体对于情感的需求非常大；依附、占有、嫉妒、猜疑、狂热，在恋爱中情绪不稳定。这种爱控制对方情感的欲望强烈，将两人牢牢地困在爱情这条绳索上。

（5）利他之爱。这种爱是指带着牺牲、奉献的态度，追求爱情且不求对方回报。在这种爱情中，爱被视为他（她）的义务，并且是不图回报的；以牺牲为特征，置爱人的"幸福"于自己之上。这是一种典型的基督教爱情观念，带有忍耐性和仁爱色彩，这种爱情在现实生活中常常难以做到。

（6）实用之爱。这种爱情理性高于情感，是受市场调节的现实主义态度。爱恋者寻找个性、兴趣、背景等条件方面相配的爱恋对象，希望一旦找到合适的爱恋对象，双方的感情能进一步发展。现实之爱者注重对方的现实条件，希望付出成本少、获得报酬高。

这种理论的爱情类型区分以两性关系为视角，基本以恋爱双方的互动来命名这些类型，解释了爱情对于当事人的意义。李约翰关注的焦点是爱情的意义，其核心是个体。此分类的优点是以直观的方式呈现了爱情的类型，易于理解。

**（四）爱情和友情的区别**

爱情之于一个人的意义是重大的，美好的爱情可以满足双方的感情需要，一个人要想成为完整的人，必须拥有完美的爱情。友情之于一个人的意义同样重要，它可以帮助人们促进感情的发展，有利于双方的合作和发展。大学时代是人的一生中的重要阶段，在大学里我们除了学习科学知识、学会为人处世外，还要使自己的情感经历由青涩变得成熟。在这个时候，友情在滋长，爱情也开始萌芽。

爱情和友情都是人世间最美好的感情，它们都可以带给人们温暖和愉悦，然而，它们也有着本质的不同，无论在沟通方式上还是情感内涵中，它们都有很大的差异。我们如何去分辨这对姐妹花呢？这还需要我们有一双慧眼，也需要我们用心去体会和感悟。爱情和友情的区别有以下四个方面。

（1）不同的前提。爱情的前提是"感情"，友谊的前提则是"理解"。爱情首先会美化对方，看不到对方的缺点，并将对方视作自己的理想对象后产生了恋爱，贯穿其全过程的是感情；友情最重要的支柱是彼此的相互了解，不仅是对对方的长处和优点赞赏有加，对其短处缺点也要充分认清。

（2）不同的地位。爱情需要"一体化"的地位，友情需要的却是"平等"。爱情需要双方琴瑟和之，两者不是互相碰撞，而是相互融合。朋友之间要地位平等，在大是大非问题上立场相同，有人格的共鸣。

（3）不同的规则。爱情是封闭的，两个人谈恋爱时若有第三者加入，便会生出嫉妒心理和排除异己的行为；友情是开放的，若有人生观和志趣相投的第三者、第四者加入时，双方都会欢迎。

（4）不同的期望值。爱情充满"欠缺感"，友情则充满"充足感"。两个人一旦成为恋人，很快就会产生不满足感，总是希望对方能给予自己更强烈的爱情保证，经常被莫名的欠缺感烦恼着，有着某种着急的感觉。而当两个人是亲密的好友时，彼此都有满足的心境。

如果你是准备恋爱的大学生，请好好反省一下自己内心的情感动向，依据上述指标，仔细观察并进行综合分析，才能对爱情和友情作出正确的判断。爱情和友情都是人类不可或缺的感情因素。对于踏入大学校园的你来说，友情是你再熟悉不过的，爱情是你正在探索和渴望的。爱情和友情既是相互独立的，又是相互关联的。

# 第二节　大学生的恋爱心理

## 一、恋爱的内涵

恋爱是指异性之间在生理、心理和环境因素交互作用下互相倾慕和培植爱情的过程。恋爱虽然是追求爱情的行为，但并不是与生俱来的。一个人对爱情的追求，只有当他的生理和心理发展到一定阶段时才会产生。所谓大学生的恋爱，也是大学生生理发育和心理发展的结果。

## 二、恋爱的心理、行为特征

### （一）恋爱的直觉性

男女之间相互吸引、相互美化，都感到对方舒服和顺眼，这就是所谓的"色不迷人人自迷，情人眼里出西施"。男女双方都容易出现"期望效应"，即把自己所希望对方出现的特征赋予对方。另外，也容易把自然景物和周围环境都打上爱情的印记，一夕之间觉得世界是如此美好。但同时，在学习和工作时会心猿意马、注意力不集中，甚至神情恍惚，容易出现差错。

**（二）恋爱的隐蔽性**

恋爱过程中，男女双方都会用含蓄而富有诗意的语言、隐蔽而富有德行的行为来接触对方，其言谈举止、目光、表情、动作等都会充满爱意。

**（三）恋爱的排他性**

这种排他性的心理特点会表现为执着专一、忠贞不渝地对待自己的心上人。热恋中的男女均会本能地排斥第三者介入他们的亲密关系，均会本能地抗拒其他异性接近自己的恋爱对象。排他性发展到一定程度，必然会引起青年人对恋人的猜疑，造成严重的心理负担。大学生较同龄人具有更高的敏感性，能更好地捕捉人的心理活动轨迹，这也加强了发生猜疑的可能性。过度的猜疑并干涉恋人的自由不仅会给自己带来烦恼，也有可能导致恋情的破裂。猜疑和嫉妒控制在一定范围内是正常的，不能要求人不去猜疑和嫉妒与自己的恋人关系密切的异性。但是过分的猜疑和嫉妒会影响爱情的发展，影响自己的心理健康。当一个人觉得自己已无法控制猜疑和嫉妒的心理时，最好寻求心理咨询工作者的帮助。

**（四）恋爱的冲动性**

热恋时的男女双方会缩小认识活动范围，其理性分析能力会受到抑制，习惯性的行为会改变。同时，由于控制自己的能力被削弱，往往会"脑子一热"就做出一些不能约束自己的行为，也不能正确判断自己行为的意义与后果，因而可能发生婚前性行为，导致未婚先孕，甚至做出违法乱纪的事情。

### 三、恋爱的心理过程

**（一）恋爱的第一阶段：初恋**

在这一阶段，人们首先会选择自己的恋爱对象。人们在共同的生活、学习和工作中通过相识、相知，逐渐产生一种希望进一步接近的心理。这种选择实际上是一种潜意识的，你会把潜在的恋爱对象和你想象中的配偶进行对比，从外貌、气质、学识等方面来看他（她）是否能够接近你的标准，如果哪个人更接近你的标准，你就会去关注他（她），就会对他（她）有好感。虽然好感并非是爱情，但却是产生爱情的必要前提条件。异性之间的好感会增强相互的吸引，形成一种内在动力，促进双方的接近和情感交流。正如作家罗曼·罗兰所说："初期的爱情只需要极少的养料，只消能彼此见到，走过的时候轻轻碰一下，心中就会涌出一股幻想的力量，创造出它的爱情。"

**（二）恋爱的第二阶段：迷恋**

在这一阶段，如果对方没有对你表示好感，你会试着展示自己，让对方发现自己；如果对方同样关注你，有好感的双方就会在爱好、志趣、性格、为人等方面更多地了解，从而产生更深刻的情感体验。这种感情会促使双方萌发希望与对方结合的强烈情感倾向，并在理智的支配下，发展为对对方的爱慕之情。

### （三）恋爱的第三阶段：热恋

男女双方相互爱慕，情感日趋一致，爱情就建立了。这是爱情中幸福的阶段，热恋阶段中恋爱的双方看到的是对方的优点，对所有与恋爱有关的事物都有美好的向往。当然，双方的互爱有时可能不同步，甚至会经受一些挫折与磨难，但只要双方心心相印，最终都能赢得对方的回应，开出绚丽多彩的爱情之花。

含蓄和直露既反映了人们不同的性格和心理素质，也常常代表一对恋人爱情发展的过程。马克思曾经说过："真正的爱情，恋人对他的偶像采取含蓄、谦恭甚至羞涩的态度，而不能表现在随意流露热情和过早的亲昵。"爱情的风格应该是含蓄的，初恋、热恋也应该保持含蓄。因为含蓄，使双方情感的潜流才有更大的回旋余地，可使恋人的温情经久不灭；因为含蓄，才有助于理性地调节爱情在人生中的位置，有助于爱情经历时间和空间的考验。

我们提倡的含蓄的爱并非是朦胧的爱，不即不离，若隐若离，使对方如陷入云雾之中惴惴不安，受到痛苦的感情折磨；更不能以含蓄为借口搞三角或多角恋爱，把它作为筛选理想配偶的手段，这种做法无疑是一种有悖恋爱道德的行为。

### （四）恋爱的第四阶段：依恋

依恋常常是异常亲密的、难舍难分的，双方都会希望对方能常在自己身边并能够时常响应自己，这样会使得对方感到安全；都会有亲密的、私人性质的身体接触；都愿与对方分享自己的心情，无论是快乐还是悲伤；都会情不自禁地抚弄对方的面部，并显示出相互间的迷恋和专注等。恋爱关系或伴侣中的依恋行为在很大程度上反映出他（她）在早年儿童时期的依恋体验。

## 四、大学生恋爱心理的特点

大学生是一个特殊的群体，有着较开放的思想，易于接受新观念，独立意识较强。较之其他同龄人，当代大学生在恋爱的态度、行为和方式上具有以下五个心理特点。

### （一）注重恋爱过程，轻视恋爱结果

许多调查显示，大学生在恋爱过程中，普遍存在一种"不求天长地久，只求曾经拥有"的恋爱心理。大学生的恋爱多是激情碰撞下的产物，他们对精神层面看得很重，强调恋爱时的感觉，注重情感的交流和体验，看重恋爱的过程，却不太关注恋爱的最后结果。恋爱向来被看作了寻求生活伴侣的过程，是婚姻的前奏。但是很多大学生在回答"在大学期间谈恋爱到底是为了什么"这个问题的时候，"体验爱情的幸福""充实业余生活"占多数。他们不在意如何培养和呵护爱情，轻易恋爱，轻易分手。这是一种漠视爱的责任的行为，仅仅是对内心欲望的本能，把恋爱看成填补心灵空虚的妙方。持这种恋爱观的人仅仅会从恋爱中索取，而很少为对方奉献，也从未想过爱除了享受还有责任。很少有大学生会考虑到婚姻，这也导致很多大

学生在毕业前夕或毕业后选择分手。

### (二) 恋爱观念开放

进入 21 世纪以来,手机、网络等通信工具日益先进,文化氛围越来越开放,我国大学生的恋爱观念也越来越开放。他们完全抛弃了遮遮掩掩、羞羞答答的面纱,恋爱方式日渐开放。他们激情洋溢、热情奔放,大胆追求爱情,不再担心因谈恋爱而受到别人的嘲讽和老师的批评,甚至还有自豪和荣耀的心理。许多热恋中的男女,一扫传统的含蓄之美,旁若无人地以各种形式表达自己的情感。大学生的恋爱行为也趋于公开化,出双入对,牵手漫步在校园中,上课、吃饭、自习都形影不离,甚至在自习室、校园中、食堂中都会有一些亲密的举动。

### (三) 恋爱自主性强

在大学里,男女大学生的平等权利与平等的价值观特别突出,反映在恋爱问题上,一般都是自己作主。已经走上工作岗位的青年人往往会征求家人和朋友的意见才会明确恋人关系,但大学生则不同,看到自己倾慕的对象会大胆追求,甚至确定了恋爱关系连家长都不知道。

### (四) 主观学业第一,客观爱情至上

在对待学业与爱情的关系上,大多数学生能够摆正学业与爱情的关系,都没有忘记学业,总想把学业放在首要位置上。但是,这些只是大学生的主观愿望而已。经过调查研究发现,真正在客观上、行为上能够正确处理好学业和爱情关系的大学生为数不多,更多的学生一旦坠入情网便不能自拔,强烈的感情冲击着他们的头脑,学习会受到严重影响。这种"儿女情长,英雄气短"的情结使得很多大学生渐渐失去了追求事业成功的热情,爱情成为生活的唯一追求。

### (五) 自控力和耐受力较差,承受失恋的能力较弱

大学生是一个还未真正走入社会的群体,特别是现在几乎都是独生子女,他们在恋爱过程中往往缺少理性的思考、缺乏理智的驾驭能力,不善于控制自己的情感,耐挫折能力较弱。处于热恋中的大学生,往往不能控制好自己的情感,对恋爱对象过于依赖。现在很多男同学在感情挫折到来时会出现情绪和行为失控的现象,出现较长时间的心理阴暗期,对自己失去信心,沉浸在痛苦的情绪中难以自拔,甚至会出现沉迷于网络游戏、用酒精来麻痹自己等现象,有的还会出现极端的报复对方或自杀行为。

## 五、恋爱对大学生的意义

### (一) 恋爱是学习建立亲密关系的过程

恋爱的过程是一个人和另一个人共同建立起亲密关系的过程。这种关系能否稳固、健康地发展并走向成熟,是大学生自我成长的重要标志,也是良好心理素质的体现。建立这种亲密关系的体验其实是在学习如何去爱一个人,如何在长期的

相处中学会包容、体贴、关心、尊重对方，接纳对方的缺点、痛苦和不满；学习如何保持恰当的距离，不会因为怕失去爱而过度地依恋对方，体会安全感、亲密感；学习体会在亲密关系中满足自身和对方的心理、情感需要。

### （二）恋爱是培养和发展爱情的过程

恋爱会给人带来多种情感体验。被爱和爱别人都是一种幸福，爱情要巩固和发展，需要精心维护和培养。不能否认在爱情中有激情的成分，但是激情转瞬即逝，恋爱的双方不能总保持在一个高度兴奋的状态，恋爱终究要归于平淡。很多人以为归于平淡的爱情是已经变了味的，或者认为爱情已经不存在了，其实是爱情的成分中激情渐渐退却，但是亲密和承诺却越来越重了。爱情的发展需要双方不断地为其提供养分。也就是说，在爱情中要保持新鲜感。看看自己的生命中有没有发展更新的东西可以让对方感觉到，充实到爱情生活中来。比如，一对恋人，今天他去听一个讲座，她参加了一个志愿者活动，两人都不同程度地获得了许多新的思想和感受，都愿意和对方分享，在两个人的生命中，都有新鲜的东西带给对方，这自然给爱情增添了新的活力。同时，爱情的培养也是建立在不断地相互了解、接纳、欣赏的基础上的。

### （三）恋爱是心理成熟和健全的过程

恋爱使青年人日益强烈的性冲动得到缓解和释放，而性意识的发展必须经过恋爱阶段才能完善，性统一性也要通过恋爱才能建立。

在恋爱过程中，两个人的人格得到了深层次的接触。大学生的自我概念因受到对方的影响而发展，使得他们能够懂得如何在保持独立性的前提下弥补自身的缺陷，去适应对方。也可以说，恋爱是青春晚期和成年早期最重要的事件，只有经过了恋爱，人才会真正成熟起来。由此可见，大学生的恋爱并非是一件坏事，只要处理得当，它对青年人的心理成熟有很大帮助。

## 第三节　恋爱中的心理挫折与调适

### 一、恋爱中的心理挫折与情感危机

曾有学者指出，如果说一个人进入青年期后，在人格、生活态度、人生观等方面发生了巨大变化，导致这种变化的最大因素莫过于恋爱的影响。恋爱带来的并不都是美好和幸福，我们也会从中体会烦恼和苦涩。在人格尚未成熟的时候就谈恋爱，对人生有可能带来不利影响。因此，在恋爱中遇到心理挫折和情感危机也就不足为奇。

### （一）单相思与爱情错觉

有的同学在生活中被自己所喜欢的异性打动，却一直没有机会表达，或是因为怕被拒绝而没有勇气去向对方袒露心声，以致苦苦地忍受着相思的煎熬，但对方却一无所知；也有的同学虽然对对方表达了爱慕之心，却遭受到了对方的婉言谢绝，但是自己又不能接受和认同这个现实，导致一直生活在痛苦和压抑之中。

单相思是指在异性关系中的一方倾心于另一方，但是却得不到对方回报的单方面的"爱情"。可以说，单恋是在不断地失恋。在大学校园中，这种情况并不少见。心理学家认为，很多成年人都饱尝过单相思的苦涩和尴尬。尽管单相思可能发生在所有年龄，但14—22岁是多发年龄段，这是因为在这个年龄段的青少年正处于青春期，特别爱沉湎于幻想，但又不善于自我控制与调节，再加上对性意识和性愿望的向往与需求不能够获得合理的疏解渠道，因而在生活中发现符合自己审美标准的异性时，便容易产生单相思。单相思的主要特点是热烈、冲动、执着，但在被单相思的一方或外人看来，却是不可能、不现实的，有时甚至是滑稽可笑的。

爱情错觉是指在男女双方的正常交往中，一方错误地把另一方正常的言谈举止理解为对自己有好感，从而认为爱情已经到来的一种错误的感觉。爱情错觉有可能就是单相思的另一种形式。由于对单相思对象的幻想和过分敏感，致使错误地领会了对方正常的行为；但也有可能是由于发出信息的一方在行为方式上存在一些过于含糊的信息，有的甚至是一些自己都没有察觉到的带有暗示性的行为，从而给接受的一方造成了误解。

如果发现自己陷入单相思或爱情错觉中，要设法积极地改善自己，可能对方不喜欢你的性格、风格。这时应等待更好的机会，除他/她之外，相信一定还有许多异性吸引你。爱不成就生恨，一定不是真情。

**(二) 恋爱中的感情纠葛**

感情纠葛是指在恋爱过程中因某些主客观原因引起的欲爱不能、欲罢不忍的一种强烈的内心矛盾和感情冲突。常见情况有：一是相爱双方之间持久的分分合合的纠葛冲突——两人之间存在一定的感情基础，但又在一些重要问题上不能取得共识，导致分手舍不得、在一起却总有矛盾的一种尴尬局面；二是某些同学在寻求爱情的过程中进入三角的漩涡，可能是同时喜欢上了两个人，也可能是同时被两个人追求，还可能是正在与另一个竞争对手进行持久战。在恋爱过程中，无论是哪种感情纠葛，都会导致当事人情绪受到严重的冲击和干扰，进而影响正常的学习和生活。

**(三) 失恋**

失恋在大学校园里是一种比较常见的挫折形式，对有的同学来说，失恋是一种"永远的痛"。失恋是一种爱情丧失的综合表现形式，失恋后的人一般容易有这样一些消极心理与行为特征：一是抑郁。表现为焦虑、沮丧、痛苦、颓废、冷漠等。二是报复。这是一种比较常见的发泄手段，是极度的占有欲受到挫折后而唤起的过激的心理与行为。三是自杀。由于失恋导致的强烈的自卑、悲观、空虚、羞辱悲愤和挫败感等极端的负性情绪,使失恋者会用自杀的方式寻求解脱。

失恋后的反应会因失恋者的人格特征、对爱情投入的多少、对挫折的承受能力大小、相应的社会支持系统是否完备等方面的因素不同而有不同的表现。

**(四)网恋**

现代社会变化中的一个显著标志是网络渗透到生活的每个角落,网络确实为一些在现实生活中交往面狭窄的大学生提供了人际交往的机会,锻炼了部分大学生的表达与交往能力,也确有远隔重洋的男女通过网络相识、相知、相恋,在键盘上敲出爱情的节奏。

网恋通常有两种形式:一是在网上认识,在网上恋爱,甚至在网上结婚组成网上家庭,但是现实生活中双方完全不接触,这更多的像一种柏拉图式的精神恋爱;二是在网上认识,双方都有进一步交流、了解的愿望后,从网上走下来开始传统的恋爱过程。

在大学生中有一些是因为通过上网交流学习心得、人生看法而逐渐情投意合并发生网恋的,但绝大多数的网恋则是经不起外界的诱惑而参与的。例如,有的同学看见同宿舍的同学都在网上谈恋爱谈得火热,觉得自己孤零零的,于是也就加入网恋队伍,甚至有一些同学同网友仅仅聊过一两次、发过几次 E-mail 后,便觉得有一种一见钟情、相见恨晚的感觉。有些学生第一次"接触"后,便敢说出"我要娶你""我要爱你到永远"这样的话,并迅速在网络上确立恋爱关系。

有研究表明,由于人类天生的依赖性与青春时代的特点,网恋是很容易上瘾的,大学生们一旦上瘾就会沉湎于网络而不能自拔,把网上谈恋爱作为生活中唯一追求的目标。

一些大学生的业余时间被长时间地消磨在网上,上课时反而无精打采,有的大学生因为上网谈恋爱而整天魂不守舍甚至旷课。网恋不仅对学习造成严重的影响,也很容易使他们回避与老师、同学之间的交流,不主动甚至不愿意参加集体活动,性格变得越来越孤僻,甚至产生人格障碍。有的大学生因为囊中羞涩而想出靠偷窃支付上网费用的伎俩,耽误终身;还有些大学生因为网恋失败,经受不了打击,而不得不到精神科求治,问题严重的还有可能出现精神崩溃。同时,网恋的欺骗性对大学生来说也是一个沉重的打击。

## 二、恋爱中伤害感情的六种常见心理

(1)以自我为中心的心理。有这种心态的人,只要求恋人围着自己转,听自己的话,为自己服务,迎合自己的性格需要,而不顾对方的需求、兴趣、爱好和价值,因而也就很难得到异性的爱。有这种心态的人,只有改变只顾自己的价值观念,同时学会关心、尊重别人,才能说具备了恋爱成功的基本条件。

（2）求全心理。有人把恋爱过于理想化，把标准定得太高，超过了实际可能性。这样极大地缩小了择偶范围，减少了恋爱的成功率。特别是当自己年龄偏大时，求全心理更为突出，结果一误再误。有这种心态的人要从理想化回到现实中来，及时调整择偶条件。

（3）自卑心理。有自卑心理的人未必条件一定差。也有的是由于生理缺陷或职业原因或有过某种过失而产生。自卑心理易使人孤立、离群，不愿在公开场合露面，不愿与异性交往。遇到理想异性时因担心对方看不起自己，不敢大胆追求而失去时机。有这种心态的人要振作精神，树立自信、自强的心理。

（4）从众心理。有这种心态的人的表现是对恋人的看法缺乏主见。别人说好则自觉得意，别人说不好则会觉得不理想，往往因随波逐流而断送了自己的爱情。有这种心态的人，广听众议是好的，但要认真地分析判断，拿定自己的主意。

（5）男权心理。有这种心态的人不仅男性认为要比女性强，而且女性也认为男性应该比女性强，女方要求男方的地位、文化水平要比自己高些，当男方地位、文化水平低于女方时，则没有勇气去追求女方，这是封建社会夫权统治思想的残余，有的青年男女还自觉地受到这种观念的束缚。克服这种心理的关键在于青年男女要真正领悟爱情的真谛，树立男女平等的思想。

（6）迷信心理。由于封建迷信思想的影响，有人为了自己的婚姻求神拜佛、算命看相，因而阻碍了青年男女恋爱关系的建立和发展，甚至酿成不幸。有这种心态的人应该树立科学观念，清除愚昧邪说的影响。

### 三、培养爱的能力，理智面对爱情挫折

爱的能力是指和他人建立亲密关系的能力，它对人一生的发展有着重要的意义。一个人只有具备了爱的能力才能真正地去爱他人，也真正地爱自己，才能真正地体验给他人带来的幸福和快乐。大学生们要在恋爱的过程中培养这种爱的能力。

**（一）表达爱的能力**

当你爱上一个人时，是否用恰当的方式和语言向对方表达出来呢？表达爱需要勇气和信心。表达爱是在表明爱一个人也是幸福，即使得不到回报，你让对方知道被一个人爱着，也是一种很崇高的境界。

**（二）接受爱的能力**

当期待的爱来到身边时，能否勇敢地接受也是爱的能力的表现。有的大学生在别人向自己示爱后，内心挺高兴，但又不敢接受别人的爱，或者对爱缺乏心理准备，或者觉得自己不配、不值得被爱，因此失去发展爱的机会。

**（三）拒绝爱的能力**

有爱的能力的人不是对爱来者不拒，或者将认为不是自己想要的爱简单地拒

之千里之外。当然,也有不少大学生当别人向自己示爱时有些优柔寡断,既怕伤害对方,又怕对方误会。拒绝爱的能力,首先表现为对他人的尊重,要感谢对方对自己的欣赏和感情。其次要态度明确,表达清楚,要明确和对方只能是什么样的关系,是同学关系还是一般朋友关系,或者什么都不是。最后是行动与语言上要一致。可能有些同学怕对方受伤害,虽然语言上拒绝了对方,但是行动上还与对方有较亲密的接触,如单独和对方看电影、吃饭等,使对方容易误解,认为还有机会。

### (四) 鉴别爱的能力

鉴别爱是指能较好地分清什么是好感、什么是喜欢、什么是爱情。有鉴别爱的能力的人是自信的人,也是尊重别人的人。有鉴别爱的能力的人会自然地与别人交往,主动扩展交往的范围,珍惜友谊,会尽量多地体验他人的感受。过于自我独立,过于站在自我的角度考虑问题,往往会对他人和自我感受的认识发生偏差。

### (五) 解决爱的冲突的能力

爱的冲突既可能来自日常生活中的不一致或不协调,也可能来自性格的差异。相爱的人不是寻求两人的一致,而是看两人如何协调、合作。爱需要包容、理解、体谅,需要用建设性的方式去解决冲突。沟通是非常有效的方式,恋人间需要进行有效的沟通,表达清楚自己的思想、感受,伤害性的争吵或者冷战都不利于问题的解决。

### (六) 承受失恋的能力

失恋是人生中一个很大的挫折,它考验一个人的耐受挫折的能力。失恋使人产生痛苦的感觉是很自然的事,每个人都会有,只是程度不同而已。失去爱会使人感到一种重要关系的丧失和一种身份的丧失,需要一定的时间去面对、适应和调整。

如何培养承受失去爱的能力? 首先,要学会怎样看待失恋。有些大学生可能把失恋看作人生的一个重大失败,自尊心受到强烈伤害,有一种强烈的负性情绪体验。其实,失恋只是一种选择的结果,自己不被某一个人选择,不等于自我就全面地失败,一无是处。每个人在爱的关系中心理需要不同,看重的关键点不同。每个人都有可爱的一面,只是每个人欣赏的角度不同。其次,在失恋中学习,把失恋作为一种人生的财富。也许失恋给人带来的强烈的内心冲击是其他事件所不能代替的,这个过程中所体会到的情感挣扎与痛苦实为一笔人生财富,使人有了更多的人生体验,人会在失恋中变得更加成熟。最后,失恋给人再恋爱的机会。一次失恋不等于整个爱情生命的结束,人还会再恋爱,还会再体验美好的爱情,只要用心去体验、去建设、去学习和感受,就能找到真正的爱。

### (七) 发展、创造爱的能力

保持爱情、发展爱情需要具备综合的爱的能力。爱是在关系中呈现的,要学会对他人有兴趣,并发现自己的感受和反应。在爱的关系中接纳自己和对方的需求,但不以这种需求感去控制对方。爱能增加力量,这种力量来自自己的内在,是自我察觉与自我负责的选择和行为,双方保持自己的独立性,可以彼此拥抱但不相互依赖。在爱的关系中重视学习和启发,以关爱、诚实而非控制对方的方式进行彼此间的回馈。爱的关系中的双方被视为独立、自主、完整的人,双方能在独立中共同成长。在爱的关系中能够袒露自己,在彼此了解的基础上使双方越来越亲近和谐。在爱的关系里双方分享一起投入生活时的觉察和领悟,使爱的过程成为共同创造的过程。

**拓展阅读**

**心理测验** >>>>

## 1. 爱情态度自评量表

东卡罗莱纳大学的诺克斯将浪漫的爱和现实的爱进行对比,现实的爱是多年来都存在的事实。拥有现实的爱的双方把眼罩摘了下来,他们毫不掩饰地相互接纳和珍惜。这张《爱情态度自评量表》用来评价我们对浪漫的爱和现实的爱的态度。在你的内心深处你是一个浪漫主义者还是现实主义者?想知道的话,请填写下面这个量表,然后按照附录中的标准进行评分。

指导语:请在你认为最能体现你的想法的项目上画圈。最后将所有的分数相加。

注意,每道题都要回答。

1=完全同意,2=有点同意,3=不确定,4=有点不同意,5=完全不同意。

1. 爱是没有意义的。仅此而已。(　　)

2. 当爱情来临时,你自己能意识到。(　　)

3. 只要彼此真心相爱,现实的利益并不重要,你们会彼此适应的。(　　)

4. 哪怕只是很短时间的接触,只要你认为真的爱上了对方,结婚也是可以的。
(　　)

5. 只要两个人相爱,学历上的差异没什么关系。(　　)

6. "一见钟情"通常是最深刻、最持久的爱。(　　)

7. 当你恋爱时,伴侣做什么职业并不重要,因为无论如何,你都会爱他(她)。
(　　)

8. 只要你真正爱上了一个人,你就可以解决你和他(她)遇到的问题。(　　)

9. 爱上一个你愿意与之结婚的人很有必要。(　　)

10. 爱不仅仅是一种感情,而且是一种关系。(　　)

11. 彼此如果不相爱,就不应该结婚。(　　)

12. 大多数人的真爱在一生中只有一次。(　　)

13. 嫉妒或猜疑会直接随着爱而发生,也就是说,你爱得越多,你就会越嫉妒或猜疑。(　　)

14. 当你陷入爱河,你就会被感觉而不是理性所指挥。(　　)

15. 对爱的最好描述是令人兴奋而不是平静。(　　)

16. 大部分的离婚可能是因为不再相爱而不是彼此不能适应。(　　)

17. 当选择一个结婚伴侣时,与爱相比,社会地位和宗教信仰的差异并不重要。(　　)

18. 无论其他人怎么说,爱情都是不可理解的。(　　)

请将总分写在这里____。

**计分方法及解释:**

得分低,说明你更倾向于是一个浪漫主义者;得分高,说明你更倾向于是一个现实主义者。你所得总分越低(18 分是最低分),你的爱情观越浪漫;得分越高(最高分为 90 分),你对待爱情的态度越现实。如果得分在 54 分左右,那么你在浪漫—现实的爱情观中处于一个中等的位置。也许,你会希望自己的伴侣比自己更浪漫或更现实。

## 2. 你的恋爱心理成熟吗?

1. 恋爱作为人生中极其重要的一个环节,你认为其最终应实现的目标是:

a. 有一个情投意合的爱侣——4 分

b. 成家过日子,抚育儿女——3 分

c. 满足性的需求——2 分

d. 只是觉得新鲜有趣,没有明确的想法——1 分

2. 你对未来妻子最主要的要求是(男性选择):

a. 善于打理家务,聪明能干——3 分

b. 面容姣好,气质优雅——2 分

c. 人品好,够体贴,能帮助自己——4 分

d. 要爱我,其他都无所谓——1 分

3. 你对未来丈夫最主要的要求是(女性选择):

a. 潇洒大方,有风度——2 分

b. 有钱有势,社交能力强——3 分

c. 为人诚实正直,有进取心,待人和蔼可亲——4 分

d. 只要他爱我,其他都可以不考虑——1 分

4. 你觉得和对方建立恋爱关系时的依据是:

a. 彼此各有优势,但大体相当——4分

b. 我比对方优越——3分

c. 对方比我优越——2分

d. 没想过——1分

5. 你觉得最佳的恋爱是:

a. 自己已经成熟,懂得人生的意义和爱情的内涵,确定了事业的方向——4分

b. 不着急,"月老"不会忘记任何人的——3分

c. 先下手为强,越早越好——2分

d. 还没想过——1分

6. 你希望自己是怎样结识恋人的:

a. 青梅竹马,情深意长——3分

b. 一见钟情,难分难舍——2分

c. 在工作和学习中逐渐产生恋情——4分

d. 经熟人介绍——1分

7. 你希望恋爱持续的时间是:

a. 越短越好,最好是"闪电式"——2分

b. 依进展而定——4分

c. 时间要长些——3分

d. 自己无主张,全听对方的——1分

8. 谁都希望全面地了解对方,你觉得了解他(她)的最佳途径是:

a. 精心布置特殊场合,对恋人进行逐步考验——2分

b. 坦诚交谈,细心观察——4分

c. 通过朋友打听——3分

d. 没想过——1分

9. 随着时间的推移,你深爱的恋人暴露出一些缺点和不足,这时候你会:

a. 采取婉转的方式告知对方并帮助对方改进——4分

b. 因出乎意料而大伤脑筋——3分

c. 嫌弃对方,犹豫动摇——2分

d. 不知道如何是好——1分

10. 恋爱进程很少会一帆风顺,而你对恋爱中出现的矛盾、波折怎样看?

a. 有挫折也有好处,正好趁此机会了解和考验对方——4分

b. 感到伤心难过,认为这是不幸——3分

c. 疑虑顿生,就此提出分手——2分

d. 没对策——1分

11. 由于性情不合或其他原因,你们的恋爱出现问题,对方提出分手。这时候你:

a. 千方百计缠住对方——2 分

b. 到处诋毁对方——1 分

c. 说声再见,各奔前程——4 分

d. 难过纠结,但会重新生活——3 分

12. 你的爱途坎坷,多次恋爱均以失败告终,现已进入"老大难"的行列,你:

a. 一如从前,宁缺毋滥——3 分

b. 随便凑合一个——2 个

c. 重新审视自己的择偶标准——4 分

d. 叹息命运不佳,从此绝望——1 分

**结果解释:**

1. 分数为 34 分以上。

你是一个成熟的青年,懂得应该爱什么样的人和为什么爱,这样的良好认知是你进入情场的最佳入场券。不要害怕挫折和失败,它们只是纸老虎,终将在你的理智和热忱面前逃遁。放心大胆地走向你的梦中情人吧,你的婚姻注定是美满幸福的。

2. 分数为 25—34 分。

你向往真挚而美好的爱情却屡屡失败,总是难以如愿。你不妨多向婚姻美满的长辈和朋友学习,将恋爱作为海上航行的目的地,不断校正爱情之舟的航线,这样你与幸福就相隔不远了。

3. 分数为 15—24 分。

与那些情场上的佼佼者相比,你的恋爱观存在不少问题,甚至有不健康之处。如果你已经进入恋爱,则更要及时修正自己的观念,避免影响恋情。

4. 分数 15 分以下。

对爱情一无所知的你要防备圈套和陷阱。建议读几本婚恋指导书籍,向有经验的人讨教,好好学习相关课程,等稍许成熟一些后再涉爱河也不迟。

(测试出自卢森:《不一样的恋爱心理学》,中国青年出版社 2010 年版)

## 3. 鲁宾的爱情量表

请针对自己的实际情况对下列陈述作出判断,符合记 1 分,不符合记 0 分。

1. 他(她)情绪低落的时候,我觉得很重要的职责就是使他(她)快乐起来。

2. 在所有的事件上我都可以信赖他(她)。

3. 我觉得要忽略他(她)的过失是一件很容易的事。

4. 我愿意为他(她)做所有的事情。

5. 对他(她)有一点占有欲。

6. 若不能跟他(她)在一起,我觉得非常不幸。

7. 假使我很孤寂,首先想到的就是要去找他(她)。

8. 他(她)幸福与否是我很关心的事。

9. 他(她)不管做什么,我都愿意宽恕他(她)。

10. 我觉得他(她)得到幸福是我的责任。

11. 当和他(她)在一起时,我发现我什么事都不做,只是用眼睛看着他(她)。

12. 若我也能让他(她)百分之百地信赖,我觉得十分快乐。

13. 没有他(她),我觉得难以生活下去。

14. 当和他(她)在一起时,我发觉好像二人都有相同的心情。

15. 我认为他(她)非常好。

16. 我愿意推荐他(她)去做为人尊敬的事。

17. 以我看来,他(她)特别成熟。

18. 我对他(她)有高度的信心。

19. 我觉得无论什么人和他(她)相处,大部分都会有很好的印象。

20. 我觉得他(她)跟我很相似。

21. 我愿意在班上或团体中做什么事都投他(她)一票。

22. 我觉得他(她)是许多人中容易让别人尊敬的一个。

23. 我认为他(她)是十二万分聪明的。

24. 我觉得他(她)在我所有认识的人中是非常讨人喜欢的。

25. 他(她)是我很想学的那种人。

26. 我觉得他(她)非常容易赢得别人的好感。

**结果解释:**

比较前13项与后13项的分数,衡量对某人是爱情还是喜欢。

心理学家鲁宾所做的"爱情量表"和"喜欢量表"的分析,将爱与喜欢分为两种不同的性质和情绪状态,这样可能有助于大家作出正确的判断,获得更完美的结果。

前13项属于爱情量表,后13项属于喜欢量表,两个表有许多共通处,爱情有依附感、关怀感和亲密感三个要素;而喜欢只是正面的感受,如好、喜欢、崇拜,没有太多涉及你愿为他做什么和有希望独占的感觉。

**📖 案例分析** ▶▶▶

**心理咨询案例:**

凋零的玫瑰

小静(化名),女,21岁,大学四年级学生。出生在北京,家庭条件优越,父母都有很好的职业,对小静也有很高的期望。天资聪颖的小静成绩一直很优秀,进入大学后,学习轻松而出色,但在生活方面不太如意,特别是同宿舍的同学关系冷淡,各忙各的事情,很少有时间聚在一起,缺乏共同语言。离开父母宠爱的小静,找不到陪伴自己的知心伙伴,备感孤独。直到交了男朋友,才找回了安全感。

和自己交往了多年的男朋友即将出国留学,前不久向自己提出了分手,小静感觉非常痛苦,不能忍受和他的分离。恋爱期间自己付出了很多,以为可以和他长相厮守,甚至为了回北京和已经毕业的他团聚,毫不犹豫地放弃了在本校保送读研的机会,转而报考难度较大的一所北京高校,而他却无视自己的付出,抛下自己。曾经尝试各种办法阻止他出国,但对方态度很坚决;想和他一起出国,却遭到家人反对。自从分手后,心情极度郁闷,无法专心学习,考研在即,压力越来越大。父母对自己要求很高,不允许自己考研失败,很后悔当初轻率地放弃保研的机会,如果不能如愿以偿地考取北京的高校,担心会成为周围人的笑柄。小静不明白男友为什么这么绝情,不给自己挽回感情的机会。现在白天昏昏沉沉,夜里经常做噩梦,惊醒数次。不愿出门,不愿和人说话。

**【分析与评估】**

从表面看,小静面临的问题只是普通的恋爱挫折,但结合她的经历和目前的过度反应就会发现,失恋的背后有其在人际互动模式和人格方面的深层原因。

小静的家庭条件十分优越,从小就很受父母的宠爱,对他人的依赖感较强。同宿舍同学个性却较为独立,喜欢独来独往,生活习惯与她截然不同,很难满足小静陪伴和依赖的需要。从被父母娇宠的公主到被人忽视的异乡女孩,她产生了较大的心理落差。男友的出现刚好弥补了这个落差,温暖的陪伴和体贴的照顾满足了小静被呵护和关爱的需要。但是过分的依赖从来都不利于恋爱关系的发展。当两人因志向不同而分离时,小静发现自己无法摆脱对他的依赖,很难再适应一个人的生活。

考研带来的压力也是影响小静情绪的间接原因之一。考前焦虑加上失恋的刺激,让小静痛苦不堪。

**【调节对策】**

(1) 将考研作为目标,调整生活行为。咨询师通过共情的方法让小静的情绪得到宣泄,同时,协助她进行行为调整,敦促其完成每日的活动计划,在保证生活规律的基础上,丰富生活内容,改变生活节奏,扩大活动范围,使其逐步增强活动能力。

(2) 调节不良情绪。咨询师指导她记录自己每天的情绪变化过程,寻找其中的积极部分,并努力重现当时的情境,增加内心的积极体验。针对小静夜间惊醒时出现的焦虑和恐惧感,帮助其进行放松训练,提高自我放松的能力。

(3) 改变恋爱观念中的不合理认知。在行为改变的基础上,指导其发现自己恋爱观念中的不合理之处,例如,认为自己付出了很多,对方就应该有相应的回报,以及失去这段感情就永远不会再有爱情了等;使其发现造成自己情绪困扰的原因不是失恋本身,而是这些不合理的信念,并帮助其建立新的观念,尝试用更积极的态度和更理性的方式来处理这段感情的尾声。

(4) 巩固新的观念。引导其发现自身的改变,意识到自己已经逐步适应了失去依赖感的生活。鼓励她进一步扩大交往范围,建立健康的友谊,培养积极的恋爱观念,对未来重拾希望,规划新的生活。

(案例资料来源:天津市委教育工委思想政治教育处和天津市教育委员会德育处编.天津市高校大学生心理咨询案例选编[M].天津人民出版社,2012.)

**思政案例:**

## 如何将恋爱坚持下去

小孙,女,大学一年级,外向洒脱,大大咧咧,喜欢追星,梦想职业是明星经纪人,热衷于追求时尚元素,日常衣着打扮比较前卫。学习态度一般,能够保证课堂出勤,但是心不在焉,爱玩网络游戏。家庭条件较好,父母对其要求比较高,初三开始出现厌学情绪,高中更是需要母亲每天看着才完成了学业。自述上大学就是为了完成父母的心愿,自己的目标是在大学校园找个男朋友,享受校园生活。

小孙入学报到第一天就表现出对学校的各种不满意,处处显示出"娇小姐"的姿态,同学们都不太喜欢她。上课时小孙不认真听讲,但是会在老师提问题的时候打岔捣乱,女同学评价她说话不走脑子,男生经常拿她的糗事起哄。小孙面对同学的议论,不但不生气还很高兴,认为自己与众不同,大家这是嫉妒自己。近期,小孙出现了频繁逃课的现象,且情绪低落,辅导员在与宿舍同学了解情况时,舍友提到她入学半年多时间已经谈3个男朋友了,每次交到一个男朋友,都全身心投入,并且在朋友圈各种秀,说自己多么喜欢,但是一般2—3个月就会分手,都是她主动提出的,说是找错人了,不是她的"真命天子"。之前几次分手都没见她难过,可是这次分手后很反常,现在失魂落魄的,课也不上了,就在宿舍躺着。

**【分析与评估】**

小孙在恋爱方面不成熟且任性,自小被家人宠爱,抗压能力比较差。在与恋爱对象相处过程中找不到感觉的时候就选择分手,觉得自己遇不到能一直喜欢的人,每次恋爱都激情四射的,可是很快自己就觉得没意思,不喜欢了,次数多了,就觉得是自己出问题了,很烦恼。

**【调节对策】**

(1) 树立正确的恋爱观。爱情是每个人都向往和追求的,大学生崇尚自由和感觉,恋爱中更注重对方的外表和特长,但是人格魅力、能力本领、性格特征等因素也很重要,所以,在开始一段恋情时要充分考虑,甄别自己对他是一时冲动还是发自内心地倾慕,要知道自己喜欢什么样的人。

（2）提高自身综合素养。想要清楚地知道自己喜欢什么样的人,就需要好好学习,修身养性,提高自己的综合素养,让自己慢慢成熟起来,自然就能清晰地认识到自己终究要寻找什么样的人了。自己不能清楚辨认的时候要冷静,不要急着去谈恋爱,先提高自身的综合素养。

# 第十一章　常见的心理障碍和心身疾病

在我们的日常生活中，当一个人的心理和行为异常达到一定程度时便会形成心理障碍。了解和认识常见的心理障碍，如精神分裂症、抑郁症、躁狂症等，可以帮助我们正确识别自己和他人的心理状况，及时求助心理医生，使生活进入正常状态。另外，了解一些与心理社会因素有关的常见心身疾病，如高血压、支气管哮喘、糖尿病、癌症等，在预防和治疗时，采取心理治疗和躯体治疗相结合的方法，可取得满意的疗效。

## 第一节　心理障碍概述

### 一、心理障碍的概念

心理障碍又称为精神障碍，是对各种达到一定程度的心理和行为异常的统称；表现为一个人没有能力按照社会认可的适宜方式行动，以致其行为的后果对本人和社会都是不适应的。

### 二、正常心理与异常心理的概念

世界上任何事物都有正、反两个方面，人的心理活动也是如此。

心理的正面，即正常的心理活动，具有三大功能：

第一，能保障人作为生物体顺利地适应环境，健康地生存发展。

第二，能保障人作为社会实体正常地进行人际交往，在家庭、社会团体、机构中正常地肩负责任，使人类赖以生存的社会组织正常运行。

第三，能保障人正常地、正确地反映、认识客观世界的本质及其规律性，以便创造性地改造世界，创造出更适合人类生存的环境条件。

心理的反面，即异常的心理活动，是指丧失了正常功能的心理活动。由于丧失了正常心理活动的上述三大功能，所以无法保障人的正常生活，而其异常的心理特点,随时会破坏人的身心健康。

### 三、区分心理正常与异常的依据

根据心理学对心理活动的定义,即"心理是脑对客观事物的主观反映",我们提出以下三条原则,作为确定心理正常与异常的依据。

**(一)主观世界与客观世界的统一性原则**

因为心理是客观现实的反映,所以任何正常心理活动和行为,在形式和内容上必须与客观环境保持一致。

不管是谁,也不管是在怎样的社会历史条件和文化背景中,如果一个人说他看到或听到了什么,而客观世界中当时并不存在引起他这种感觉的刺激物,那么,我们可以推测,这个人的精神活动不正常了,可能产生了幻觉。

如果一个人的思维内容脱离现实,或思维逻辑背离客观事物的规定性,我们便说他产生了妄想。

如果一个人的心理冲突与实际处境不符,并且长期持续,无法自拔,我们就可以认定,他的精神活动不正常了,他产生了神经症性问题。

这些都是我们观察和评价人的精神与行为的关键,我们称它为统一性(或同一性)标准。人的精神或行为只要与外界环境失去同一性,必然不能被人理解。

在精神科临床上,常把有无自知力作为是否有精神病的指标,其实这一指标已涵盖在上述标准之中。所谓无自知力或自知力不完整,是一种患者对自身状态的反应错误,或者说是自我认知与自我现实的统一性的丧失。

同时,还把有无"现实检验能力"作为鉴别心理正常与异常的指标,其实,这一点也包含在上述标准之中。因为若要以客观现实来检验自己的感知和观念,必须以认知与客观现实一致性为前提。

**(二)心理活动的内在协调性原则**

人类的精神活动虽然可以被分为认知、情绪情感、意志行为等部分,但它自身是一个完整的统一体,各种心理过程之间具有协调一致的关系,这种协调一致性保证人在反映客观世界过程中的高度准确和有效。

当一个人遇到一件令人愉快的事情时,会产生愉快的情绪,手舞足蹈,欢快地向别人述说自己内心的体验。这样,我们就可以说他有正常的精神与行为。如果相反,用低沉的语调向别人述说令人愉快的事,或者对痛苦的事作出快乐的反应,我们就可以说他的心理过程失去了协调一致性,称为异常状态。

**(三)人格的相对稳定性原则**

每个人在长期的生活道路上都会形成自己独特的人格心理特征。这种人格特征形成之后具有相对的稳定性,在没有重大外界变革的情况下,一般是不易改变的。

如果在没有明显外部原因的情况下,这种个性的相对稳定性出现问题,我们也要怀疑一个人的心理活动是否出现异常。这就是说,我们可以把人格的相对稳定性作为区分心理活动正常与异常的标准之一。比如,一个用钱很仔细的人突然挥金如土,或者一个待人接物很热情的人突然变得很冷淡,如果我们在他的生活环境中找不到足以促使他发生如此改变的原因,就可以说他的精神活动已经偏离了正常轨道。

# 第二节　常见的心理障碍

本节将对常见的几种心理障碍进行详细的讲解。每种心理障碍的诊断标准主要参照 CCMD-3。

## 一、精神分裂症及其他精神病性障碍

### (一)精神分裂症

精神分裂症是一组病因尚未完全明了的精神疾病,多起病于青壮年,常缓慢起病,具有感知、思维、情感、意志和行为等多方面的障碍,以精神活动的不协调和脱离现实为特征。通常能维持清晰的意识和基本智力,部分患者可出现认知功能损害,病程迁延,呈反复加重或恶化,但部分患者可保持痊愈或基本痊愈状态。

1. 疾病早期症状

大多数患者在起病初期常常表现出一些非特异症状,如责任心下降、学习和工作效率降低、兴趣减少、不明原因地回避社交、对家人不知关心照顾、生活懒散、敏感多疑、性格改变等。有的表现为情绪障碍,情绪不稳,易激惹,与周围人的关系不融洽,部分病人可有失眠、头痛、头晕、无力等不适感及神经症症状,或有一些稀奇古怪的想法。这段时期被称作"前驱期",如能在此期得到治疗,多数可以得到有效控制。部分病例可急剧起病,临床上多表现为突然兴奋、冲动,言语凌乱,行为紊乱,片断幻觉和妄想。

2. 主要临床表现

本病的临床表现多样,下面简要介绍精神分裂症的若干特征性症状。

(1)感知觉障碍。

感知觉障碍是很重要的精神病性症状。无对象性的知觉,感知到的形象不是由客观事物引起。根据感受器官不同,幻觉分为幻听、幻视、幻嗅、幻味、幻触、内脏性幻觉。临床上最为常见的是幻听,幻视次之。

(2)思维及思维联想障碍。

① 思维松弛或思维散漫。患者的思维活动表现为联想松弛、内容散漫。即思

维的目的性、连贯性和逻辑性的障碍。交谈中患者对问题的叙述不够中肯,也不很切题,给人感觉患者的回答是"答非所问",与其交谈有一种十分困难的感觉。严重时表现为破裂性思维。

② 思维贫乏。思想内容空虚,概念和词汇贫乏,对一般性的询问往往无明确的应答性反应或回答得非常简单。患者平时沉默寡言,很少主动讲话,被询问时则回答:"没有什么要想,也没有什么可说的。"

③ 逻辑倒错性思维。以思维联想过程中逻辑性的明显障碍为主要特征。患者的推理过程十分荒谬,既无前提,又缺乏逻辑根据,患者却坚持己见,不可说服。如一拒食患者,医生询问时,患者答:"我是大学生物系毕业的。生物进化是从单细胞到多细胞,从植物到动物。植物和动物是我们的祖先。父母从小就教育我要尊敬祖先。我吃饭、吃菜就是对祖先的不孝了。"又如一患者说:"因为电脑感染了病毒,所以我要死了。"

④ 破裂性思维。患者在意识清楚的情况下,思维联想过程破裂,谈话内容缺乏内在意义上的连贯性和应有的逻辑性。患者在言谈或书信中,其单独语句在语法结构上是正确的,但主题之间、语句之间却缺乏内在意义上的连贯性和应有的逻辑性,因此,旁人无法理解其意义。

⑤ 思维中断。患者无意识障碍,又无明显的外界干扰等原因,思维过程在短暂时间内突然中断,常表现为言语在明显不应该停顿的地方突然停顿。这种思维中断并不受患者意愿的支配。

⑥ 思维插入和思维被夺。患者在思考的过程中,突然出现一些与主题无关的意外联想,患者对这部分意外联想有明显的不自主感,认为这种思想不是属于自己的,而是别人强加给他的,不受其意志的支配,称思维插入。若患者在思考的过程中突然认为自己的一些思想(灵感或思想火花)被外界的力量夺走了,称思维被夺。

⑦ 病理性象征性思维。患者能主动地以一些普通的概念、词句或动作来表示某些特殊的、不经患者解释别人无法理解的含义。

⑧ 语词新作。患者会创造一些文字、图形或符号,并赋予其特殊的含义。有时,把几个无关的概念联系起来以代表某种新的概念,或把几个不完全的词拼凑成新的词,以代表某种新的含义。

⑨ 妄想。是一种脱离现实的病理性思维。按照妄想的内容来分,精神分裂症患者常见的有:

关系妄想:把现实中与他无关的事情认为与他有关。

被害妄想:坚信周围某人或某些团伙对他进行跟踪监视、打击、陷害。

物理影响妄想:认为自己的思维、情绪、意志、行为受到某种先进仪器所发出的激光、X线、红外线等外力的支配、控制和操纵,患者不能自主。

夸大妄想：常常夸大自己的财富、地位、能力、权力等。

自罪妄想：毫无根据地认为自己犯了严重的错误和罪行，甚至觉得自己罪大恶极，应受惩罚。

疑病妄想：毫无根据地坚信自己患了某种严重躯体疾病或不治之症，到处求医，即使通过一系列详细检查和多次反复的医学证明，也不能纠正其歪曲的信念。

嫉妒妄想：坚信配偶对其不忠，另有外遇。

钟情妄想：坚信某异性对自己产生了爱情，即使遭到对方的严词拒绝，也会认为对方是在考验自己对爱情的忠诚。

内心被揭露感或被洞悉感：认为其内心的想法或患者本人及其与家人之间的隐私，未经患者语言文字的表达，别人就知道了。

如果按照妄想的起源来说，精神分裂症病人常表现为原发性妄想，即突然发生的，内容不可理解，与既往经历和当前处境无关。

（3）情绪障碍。

① 情绪淡漠。患者对一些能引起正常人情感波动的事情以及与自己切身利益有密切关系的事情，缺乏相应的情感反应。患者对周围的事情漠不关心，表情呆板，缺乏内心体验。

② 情绪倒错。患者的情绪反应与现实刺激的性质不相称。例如，遇到悲伤的事情却表现欢乐，遇到高兴的事情反而痛哭。

（4）意志与行为障碍。

① 意志缺乏。表现为患者缺乏应有的主动性和积极性，行为被动，生活极端懒散，个人及居室卫生极差。严重时患者甚至连自卫、摄食及性的本能都丧失。

② 意志减退。患者忽视自己的仪表，不知料理个人卫生。例如，一位青年男性患者连续 3 年没有换过衣服。

3. 精神分裂症的诊断标准

【症状标准】至少有下列 2 项，并非继发于意识障碍、智力障碍、情绪高涨或低落：

（1）反复出现的言语性幻听。

（2）明显的思维松弛、思维破裂、言语不连贯，或思维贫乏或思维内容贫乏。

（3）思想被插入、被撤走、被播散、思维中断，或强制性思维。

（4）被动、被控制，或被洞悉体验。

（5）原发性妄想（包括妄想知觉，妄想心境）或其他荒谬的妄想。

（6）思维逻辑倒错、病理性象征性思维，或语词新作。

（7）情绪倒错，或明显的情绪淡漠。

（8）紧张综合征、怪异行为，或愚蠢行为。

（9）明显的意志减退或缺乏。

【严重标准】自知力障碍，并有社会功能严重受损或无法进行有效交谈。

**【病程标准】**

(1) 符合症状标准和严重标准至少已持续 1 个月。

(2) 若同时符合分裂症和情感性心理障碍的症状标准,当情感症状减轻到不能满足情感性心理障碍症状标准时,分裂症状需继续满足分裂症的症状标准至少 2 周以上,方可诊断为分裂症。

**【排除标准】**排除器质性心理障碍及精神活性物质和非成瘾物质所致心理障碍。尚未缓解的分裂症患者,若又罹患本项中前述两类疾病,应并列诊断。

4. 精神分裂症的治疗

原则上以抗精神病药物治疗为主,结合支持性心理治疗及社会心理康复治疗等。针对疾病发展的不同阶段,治疗的侧重点有所不同。在急性期以药物治疗为主,在症状得到基本控制后,进行心理治疗,以恢复患者的自知力,促进其社会功能的恢复。

**(二) 偏执性精神障碍**

偏执性精神障碍是指一组以系统妄想为主要临床特征的精神障碍,很少出现幻觉,若有幻觉则历时短暂且不突出。在不涉及妄想的情况下,无明显的其他心理方面异常。病程进展缓慢,但人格保持相对完整,且较少出现精神衰退。精神衰退是指曾经发育正常的精神智力能力由于各种非急性脑损害原因导致 IQ 值下降。常见于慢性精神分裂症或单纯型精神分裂症。它是以情感淡漠、意志缺乏,社交能力以及创造性劳动能力丧失为特征,是晚期精神分裂症的主要症状。

1. 偏执性精神障碍的病因

偏执性精神障碍起病年龄一般在 30 岁以后,女性未婚者居多,至今病因未明。患者病前大多具有特殊的个性缺陷,表现为主观、敏感、多疑、好嫉妒、自尊心强、自我中心和不安全感等。在此基础上,患者遭受刺激时,不能正确地面对现实,不能妥善地处理人际关系和对待生活中的挫折,歪曲地理解事实并逐步形成被害妄想。在妄想的影响下,患者与周围环境的冲突加剧,反过来又强化妄想。

2. 偏执性精神障碍的诊断标准

**【症状标准】**以系统妄想为主要症状,内容较固定,并有一定的现实性,不经了解,难辨真伪。主要表现为被害、嫉妒、夸大、疑病或钟情等内容。

**【严重标准】**社会功能严重受损和自知力障碍。

**【病程标准】**符合症状标准和严重标准至少已持续 3 个月。

**【排除标准】**排除器质性精神障碍、精神活性物质和非成瘾物质所致精神障碍、分裂症,或情绪性精神障碍。

3. 偏执性精神障碍的治疗与预后

目前尚无针对偏执性精神障碍有特殊疗效的药物。抗精神病药物可以稳定患者情绪,改善睡眠,但患者往往拒绝合作,治疗常难以顺利进行。加之患者很难信任与合作,使心理治疗很难奏效。

### (三)感应性精神障碍

感应性精神障碍是一种以系统妄想为突出表现的疾病,往往发生于同一环境或家庭中长期密切接触的亲属或挚友中,如母女、姐妹、夫妻或师生等。先发病的患者成为原发者,受原发者的影响而出现与原发者极为相似症状的患者称为感应者。

1. 感应性精神障碍的病因

原发者与感应者之间的密切关系是发病的关键因素。另外,该病还与文化、环境、病前性格、遗传素质等因素有关,文化程度偏低和性格内向者易成为感应者。

2. 感应性精神障碍的诊断标准

【症状标准】

(1)起病前已有一位长期相处、关系密切的亲人患有妄想症状的精神病,继而患者出现精神病,且妄想内容相似。

(2)患者生活在相对封闭的家庭中,外界交往少。被感应患者与原发患者有思想情感上的共鸣,感应者处于权威地位,被感应者具有驯服、依赖等人格特点。

(3)以妄想为主要临床相。

【严重标准】社会功能严重受损。

【病程标准】病程有迁延趋势,但被感应者与原发病者隔离后,被感应者可缓解。

【排除标准】排除偶然同时或先后发病,但彼此没有明显影响的病例。

【说明】偶尔一位存在妄想症状的精神患者,可导致多个与之长期相处、关系密切的亲人发生类似病症。

3. 感应性精神障碍的治疗

要将患者与原发者隔离开来治疗,避免原发者的影响,部分患者可自行缓解;如不能自行缓解,可予以小剂量抗精神病药物;配合心理治疗,让患者了解相关的疾病知识,自觉与原发者隔离或避免受其影响。

## 二、心境障碍

心境障碍又称情绪性心理障碍,是以明显而持久的心境高涨或低落为主的一组心理障碍,并有相应的思维和行为改变。可伴有精神病性症状,如幻觉、妄想。大多数患者有反复发作的倾向,每次发作多可缓解,部分可有残留症状或转为慢性。

### (一)抑郁症

又称为抑郁障碍或抑郁发作,是以显著而持久的心境低落为主要特征的一种疾病。

1. 抑郁症的临床表现

(1)抑郁心境。几乎所有的抑郁症患者都报告有不同程度的不愉快,从轻度的抑郁到彻底的绝望。轻至中度的抑郁症患者常常流泪,严重的患者常常欲哭无泪。

(2)兴趣丧失。除抑郁心境外,抑郁症最常见的症状就是兴趣丧失或愉快不起来。患者对以前喜欢做的事现在不再感兴趣,严重时可以体验到完全的意志缺乏,甚至连早上起床都感到困难。

(3) 精力下降。抑郁症患者运动减少,常伴有明显的精力下降;尽管什么事都没干,但患者时常感到非常疲劳。

(4) 自我评价低。抑郁症患者常消极地看待自己及生活,通常低估一切能体现自己价值的东西(如智力、相貌、健康状况及受欢迎程度等),经常抱怨丧失爱、物质、金钱和名望等,有强烈的失落感。患者也有无价值感和负罪感,认为一切都是自己的错。

(5) 精神运动迟滞或僵硬。有些患者表现出姿势僵硬,运动迟缓,手势明显减少;思维明显变慢,语调降低、语速变慢,回答问题前常有较长时间的停顿。有些患者甚至发展为亚木僵和木僵状态。

(6) 自杀观念和行为。抑郁症患者反复出现想死的想法或自杀念头。患者通常认为自己死了别人会过得更好,导致一些患者自杀身亡。

(7) 昼夜节律性变化。抑郁症患者的心境常有晨重晚轻的变化,这在双向障碍中较多见。

(8) 躯体症状。大多数抑郁症患者食欲不振、体重下降,少数患者则食量大增、体重增加。失眠是抑郁症最常见的症状之一,常见的形式有早醒和醒后难以入睡,有些患者则表现为睡得过多,甚至一天睡 15 个小时以上。

以上是抑郁症的常见症状,有些症状严重程度不一,因人而异。根据症状轻重,在临床工作中可以分为轻性抑郁和重性抑郁,前者具有上述部分或全部症状,但相对较轻;后者具有上述全部症状,而且程度比较严重。伴有幻觉和妄想的重性抑郁,则称为精神病性抑郁;伴有精神运动严重抑制,达到亚木僵或木僵状态,则称为木僵性抑郁。重性抑郁大都需要住院治疗,以防意外。

2. 抑郁症的诊断标准

【症状标准】以心境低落为主,并至少有下列 4 项:

(1) 兴趣丧失、无愉快感。

(2) 精力减退或疲乏感。

(3) 精神运动性迟滞或激越。

(4) 自我评价过低、自责,或有内疚感。

(5) 联想困难或自觉思考能力下降。

(6) 反复出现想死的念头或有自杀、自伤行为。

(7) 睡眠障碍,如失眠、早醒,或睡眠过多。

(8) 食欲降低或体重明显减轻。

(9) 性欲减退。

【严重标准】社会功能受损,给本人造成痛苦或不良后果。

**【病程标准】**

（1）符合症状标准和严重标准至少已持续2周。

（2）可存在某些分裂性症状，但不符合分裂症的诊断。若同时符合分裂症的症状标准，在分裂症状缓解后，满足抑郁发作标准至少2周。

**【排除标准】** 排除器质性心理障碍，或精神活性物质和非成瘾物质所致抑郁。

**【说明】** 本抑郁发作标准仅适用于单次发作的诊断。

**（二）躁狂症**

躁狂症，又称躁狂发作。躁狂发作以心境高涨为主，与其处境不相称，可以从高兴愉快到欣喜若狂，某些病例仅以易激惹为主。病情轻者社会功能无损害或仅有轻度损害，严重者可出现幻觉、妄想等精神病性症状。

1. 躁狂症的临床表现

（1）心境高涨或易激惹。躁狂症的主要症状是心境高涨，自我感觉极好，就像在天堂之中。患者通常将自己看作是非常有魅力、非常重要的人，自己可以在各行各业取得巨大成功，实际上他对这些行业可能一点兴趣都没有。心境高涨常伴有易激惹，当行动受到干扰时，他们常对干扰自己的人充满敌意而愤怒、大发雷霆，有时可能出现攻击或破坏行为。有些患者，以易激惹为其主要症状而心境高涨表现不明显。

（2）思维奔逸。躁狂症患者思维联想过程明显加快，他们说话很快，难以打断，注意力不集中，常从一个主题变换到另一个主题。

（3）精神运动性兴奋。心境高涨常伴有动作增多，整天忙忙碌碌，但往往虎头蛇尾，一事无成。心境高涨和自我感觉良好常使患者行事冲动，缺乏深思熟虑，如兴之所至狂购乱买、行车横冲直撞、随意投资、性乱交等。他们通常不在意别人的看法，不考虑别人的需要，比如在旅馆里大声喊叫而无所顾忌、午夜给朋友打电话等。

临床工作中，根据症状轻重、起病缓急分为轻躁狂和重躁狂，急性躁狂和慢性躁狂。

2. 躁狂症的诊断标准

**【症状标准】** 以情绪高涨或易激惹为主，并至少有下列3项：

（1）注意力不集中或随境转移。

（2）语量增多。

（3）思维奔逸（语速增快、言语迫促等）、联想加快或意念飘忽的体验。

（4）自我评价过高或夸大。

（5）精力充沛、不感疲乏、活动增多、难以安静，或不断改变计划和活动。

（6）鲁莽行为（如挥霍、不负责任或不计后果的行为等）。

（7）睡眠需要减少。

（8）性欲亢进。

【严重标准】严重损害社会功能,或给别人造成危险或不良后果。

【病程标准】

(1) 符合症状标准和严重标准至少已持续1周。

(2) 可存在某些分裂性症状,但不符合分裂症的诊断标准。若同时符合分裂症的症状标准,在分裂症状缓解后,满足躁狂发作标准至少1周。

【排除标准】排除器质性心理障碍,或精神活性物质和非成瘾物质所致躁狂。

【说明】本躁狂发作标准仅适用于单次发作的诊断。

### (三)双向情感障碍

双向情感障碍主要表现为情绪高涨与情绪低落交错发作。

双向情感障碍的诊断标准:

(1) 目前发作以躁狂和抑郁症状混合或迅速交替(在数小时内)为特征,至少持续2周,躁狂和抑郁症状均很突出。

(2) 以前至少有1次发作符合某一型抑郁标准或躁狂标准。

### (四)持续性心境障碍

分为环性心境障碍、恶劣心境障碍和其他待分类的持续性心境障碍。

1. 环性心境障碍

指心境高涨与低落反复交替出现,但程度较轻,不符合躁狂或抑郁发作的诊断。本症的主要特征是持续性心境不稳定,心境波动与生活应激无明显关系,但与所谓"环性人格"有密切关系。

2. 恶劣心境障碍

指一种以持久的心境低落状态为主的轻度抑郁,从不出现躁狂。常伴有焦虑、躯体不适感和睡眠障碍。由于此症与生活事件和性格有较大的关系,也被称为"神经症性抑郁"。

## 三、神经症

神经症是一组主要表现为焦虑、抑郁、恐惧、强迫、疑病症状或神经衰弱症状的心理障碍的总称。在大学生中,比较常见的有焦虑症、恐惧症、强迫症及神经衰弱。神经症的这些症状没有可以证实的器质性病变作基础,同患者的现实处境不相称;患者自知力完整,但对存在的症状仍感到痛苦和无能为力。神经症的发生有一定的人格基础,起病常受心理社会因素的影响,病程多迁延。各种神经症性症状或其组合也可见于感染、中毒、内脏、内分泌或代谢和脑器质性疾病,称神经症样综合征。

【症状标准】至少有下列1项:

(1) 恐惧。

(2) 强迫症状。

(3) 惊恐发作。

(4) 焦虑。

(5) 躯体形式症状。

(6) 躯体化症状。

(7) 疑病症状。

(8) 神经衰弱症状。

【严重标准】社会功能受损或无法摆脱的精神痛苦,促使其主动求医。

【病程标准】符合症状标准至少已 3 个月,惊恐障碍另有规定。

【排除标准】排除器质性心理障碍、精神活性物质与非成瘾物质所致心理障碍、各种精神病性障碍,如精神分裂症、偏执性精神病及心境障碍等。

由于分类规则的不同,《心理障碍国际分类标准》(第十版)(ICD-10)、《美国精神疾病分类与诊断标准》(第四版)(DSM-Ⅳ)、《中国心理障碍分类与诊断标准》(第三版)(CCMD-3)对这一组疾病有不同的命名。ICD-10 和 CCMD-3 依然沿用"神经症"这一术语;ICD-10 虽然予以保留,但尽量避免使用;CCMD-3 将癔症从神经症中分出来单列;DSM-Ⅳ取消了"神经症",以"焦虑障碍"代之。

### (一) 恐惧症

正常情况下,我们对某些事物或场合会有恐惧心理,如蛇、鼠、黑暗而寂静的环境、社交场合。但这些恐惧的发生有一定的合理性,程度相对较轻,发生的频率较少,不会伴有持续的回避行为,对日常生活不会造成影响。

恐惧症则是一种以过分和不合理地惧怕外界客体或处境为主的神经症。患者明知这种恐惧反应是过分的或不合理的,仍难以控制而反复出现。恐惧发作时往往伴有显著的焦虑和自主神经症状,如心慌、手抖、出汗、腹泻等。患者极力回避所害怕的客体或处境,或是带着畏惧去忍受,影响正常的社会活动。恐惧的对象可能是单一的或多种的,如动物、广场、封闭空间、登高或社交活动等。常出现反复的或持续的回避行为。

恐惧症的形成除遗传特质造成的个体易感性和人格特征外,还与早期的创伤性经历和后期的社会学习有关。

恐惧症的诊断标准:

(1) 符合神经症的诊断标准。

(2) 以恐惧为主,需符合以下 4 项:

① 对某些客体或处境有强烈恐惧,恐惧的程度与实际危险不相称。

② 发作时有焦虑和自主神经症状。

③ 有反复或持续的回避行为。

④ 知道恐惧过分、不合理或不必要,但无法控制。

(3) 对恐惧情景和事物的回避必须是或曾经是突出症状。

(4) 排除焦虑症、分裂症、疑病症。

恐惧症的表现形式多种多样,按照患者所恐惧的对象分为以下三种。

1. 场所恐惧症

场所恐惧症患者所恐惧的对象主要是一些特定的公共环境和场所,如广场、闭室、黑暗的场所、拥挤的场所、某些交通工具(如船舱、车厢)等,其共同特点是担心在公共场所中昏倒而无人救助,或失控后无法离开。患者开始时只是回避那些不容易迅速离开的场所,如公共车辆或拥挤的商店等,即使到公共场所去,也总是坐在靠近门的地方。病情的严重程度各不相同,有人初期只要有熟人陪同就可以外出。随着病情的加重,恐惧的场所泛化,他们会避开任何可能产生"包围感"的场所,严重者终日不敢跨出家门。

2. 社交恐惧症

社交恐惧症,又称社交焦虑障碍,患者恐惧的对象是社交场合和人际接触。其核心症状是对人际交往感到紧张和害怕,从而避免和人交往。恐惧的对象可以是某个人或某些人,也可以相当泛化地包括除了某些特别熟悉的亲友之外所有的人。因此,他们拒绝参加各类聚会;也会回避所有可能与人交往的公众场合,如餐厅、厕所和剧院等;严重者甚至不能给陌生的人打电话。本症与场所恐惧症不同,患者的目的是避开与他人的接触和交谈,而不是害怕无法离开。

多数患者起病于青年期,无明显原因突然起病,在交往前或交往中产生严重的焦虑症状。相当比例的患者自觉脸部潮热、全身颤抖、恶心呕吐等。自觉脸红者称为"赤面恐怖",患者深信周围人察觉并正在注意他,感到局促不安、浑身不自在。

日常生活中,大多数人对于在公众面前讲话或认识陌生人都会感到有些紧张,这是人类的正常反应,这种正常的紧张往往是短暂的,随着交往的加深和演讲结束,大多数人会逐渐放松;即便紧张,我们仍能很好地控制自己的行为。而对于社交恐惧症的人来说,这种紧张不安和恐惧是持续存在的,可以出现在每个社交场合,甚至与他人进行谈话时。社交恐惧症患者的紧张程度远远超出正常水平,有时会有失控感和濒死感,不能通过任何方式得到缓解。这种恐惧很难控制,足以令患者逃离或不再进入社交场合。

3. 特定恐惧症

患者所恐惧的对象为特定的物体,如动物、鲜血、尖锐锋利的物体等。这类恐惧症状在儿童中较为常见,一部分患者是儿童恐惧症状的持续,另一部分患者则是在青壮年期起病,但回顾既往史常可发现他们在童年期有过类似症状,随着年龄的增加恐惧消退,发病时又重新显现。在青春期前患病率无性别差异,青春期及以后以女性多见。此外,患者所恐惧的对象也可以是场所恐惧症未包含在内的某些处境,如高空、雷电和黑暗等。

**(二) 焦虑症**

以焦虑为主要临床表现的神经症,发作性或持续性地出现焦虑、紧张、恐惧,伴有头晕、心悸、胸闷、呼吸急促、出汗、口干等自主神经系统症状,以及肌肉紧张和运动性不安。其焦虑情绪并非由具体的或实际的威胁引起,而是一种没有明确客观对象和具体观念内容的恐惧不安的心境。焦虑症者往往体验到一种莫名的恐惧和焦躁不安,对未来有不祥预感,同时伴有一些躯体不适感。

人们在遇到压力、挑战、困难或危险时,都会出现焦虑的情绪反应。适度的焦虑能让人保持一定的紧张水平,调动能量并作出相应努力,提高学习和工作效率。只有当引起焦虑的原因不存在或不明显,焦虑程度与环境因素不相称,焦虑的持续时间超过一定的范围,以至于影响正常的生活、学习、工作时,才可以认为是患了焦虑症。

焦虑性神经症的焦虑是原发的,凡继发于恐惧症、强迫症、疑病症、抑郁症和妄想症等的焦虑均不应该诊断为焦虑性神经症。

焦虑症包括惊恐障碍和广泛性焦虑两种主要形式。

1. 惊恐障碍

惊恐障碍,又称急性焦虑,是以反复地惊恐发作为主要原发症状的神经症。发作不局限于任何特定的情境,具有不可预测性。

其典型表现为发作常突然发生,患者处于一种无原因的极度恐惧状态:呼吸困难、心悸、喉部梗塞、震颤、头晕、无力、恶心、胸闷、四肢发麻、有"大祸临头"或濒死感。此时,患者面色苍白或潮红、呼吸急促、多汗、运动性不安,甚至会做出一些不可理解的冲动性行为。持续时间为数分钟至数十分钟,很少超过一小时,然后自行缓解。

惊恐障碍的诊断标准:

【症状标准】符合神经症的诊断标准;惊恐发作需符合以下 4 项:

(1)发作无明显诱因、无相关的特定情境,发作不可预测。

(2)在发作间歇期,除害怕再发作外,无明显症状。

(3)发作时表现强烈的恐惧、焦虑及明显的自主神经症状,并常有人格解体、现实解体、濒死恐惧,或失控感等痛苦体验。

(4)发作突然开始,迅速达到高峰,发作时意识清晰,事后能回忆。

【严重标准】患者因难以忍受又无法解脱而感到痛苦。

【病程标准】在 1 个月内至少有 3 次惊恐发作,或在首次发作后继发害怕再发作的焦虑持续 1 个月。

【排除标准】排除其他心理障碍,如恐惧症、抑郁症或躯体形式障碍等继发的惊恐发作;排除躯体疾病如癫痫、心脏病发作、嗜铬细胞瘤、甲亢或自发性低血糖等继发的惊恐发作。

2. 广泛性焦虑

广泛性焦虑,又称慢性焦虑,是焦虑症最常见的表现形式,是一种以缺乏明确对象和具体内容的提心吊胆及紧张不安为主的焦虑症,并有显著的植物神经症状、肌肉紧张及运动性不安。患者难以忍受又无法解脱,因而感到痛苦。

典型表现为表情紧张,双眉紧锁,姿势僵硬而不自然,常伴有震颤,搓手顿脚、肌肉酸痛、头痛、心慌气短、腹泻、尿频、皮肤潮红或苍白、多汗。同时有程度不等的运动性不安,包括无效小动作增多、不能静坐等。

诊断标准:

【症状标准】符合神经症的诊断标准;以持续的原发性焦虑症状为主,并符合下列 2 项:

(1)经常或持续的无明确对象和固定内容的恐惧或提心吊胆。

(2)伴有自主神经症状或运动性不安。

【严重标准】社会功能受损,患者因难以忍受又无法解脱而感到痛苦。

【病程标准】符合症状标准至少已 6 个月。

【排除标准】排除甲状腺功能亢进、高血压、冠心病等躯体疾病的继发性焦虑;排除兴奋药物过量、催眠镇静药物或抗焦虑药的戒断反应,强迫症、恐惧症、疑病症、神经衰弱、躁狂症、抑郁症,或精神分裂症等伴发的焦虑。

**(三)强迫症**

强迫症又称强迫性障碍,是一种以强迫症状为主的神经症,其特点是有意识的自我强迫和反强迫并存,二者强烈冲突使患者感到焦虑和痛苦;患者体验到观念或冲动系来源于自我,意识到强迫症状是异常的,但无法摆脱。强迫症可发生于一定的社会因素之后,以典型的强迫观念和动作为主要症状,可伴有明显的焦虑不安和抑郁情绪。病程迁延者可以仪式动作为主而精神痛苦减轻,但社会功能严重受损。

强迫症的诊断标准:

(1)符合神经症的诊断标准,并以强迫症状为主,至少有下列 1 项:

① 以强迫思想为主,包括强迫观念、回忆或表象,强迫性对立观念、穷思竭虑、害怕丧失自控能力等。

② 以强迫行为(动作)为主,包括反复洗涤、核对、检查,或询问等。

③ 上述的混合形式。

(2)患者称强迫症状起源于自己内心,不是被别人或外界影响强加的。

(3)强迫症状反复出现,患者认为没有意义,并感到不快甚至痛苦,因此试图抵抗,但不能奏效。

强迫症状主要有两种表现方式。

1. 强迫观念

强迫观念或强迫思维是本症的核心症状,最为常见。主要表现是患者反复而持久地思考某些并无实际意义的问题,既可以是持久的观念、思想和印象,也可以是冲动念头。患者力图摆脱,但却摆脱不了并因此十分紧张苦恼、心烦意乱、焦躁不安,还可出现一些躯体症状。

2. 强迫行为

强迫症的强迫行为一般是继发的,大致可分为两类:

(1) 屈从性强迫行为。这类行为是为满足强迫观念的需要。例如,因怀疑被污染而一天数十次洗手或反复地洗涤,因怀疑门未锁好而往返多次进行检查等。

(2) 对抗性或控制性强迫行为。这类行为是为对抗强迫思维、冲动或强迫表象的,继发于强迫观念或某个欲望。它可能是意在消灭灾祸,或防患于未然。

**(四) 躯体形式障碍**

躯体形式障碍是一类神经症亚型的总称,专指患者反复陈述的躯体症状,反复进行医学检查,并无视其阴性结果及医生的解释。其症状出现与生活事件或心理应激有关。即使有时存在某种躯体障碍,也不能解释所诉症状的性质、程度,或其痛苦与优势观念。经常伴有焦虑或抑郁情绪。尽管症状的发生和持续与不愉快的生活事件、困难或冲突密切相关,但患者常否认心理因素的存在。本障碍男女均有,为慢性波动性病程。

躯体形式障碍包括躯体化障碍、未分化躯体形式障碍、疑病症、躯体形式自主神经紊乱、持续性躯体形式疼痛障碍、其他或待分类躯体形式障碍。此处重点介绍躯体化障碍和疑病症。

1. 躯体化障碍

躯体化障碍是一种以多种多样、经常变化的躯体症状为主的神经症。症状可涉及身体的任何系统或器官,最常见的是胃肠道不适(如疼痛、打嗝、返酸、呕吐、恶心等),异常的皮肤感觉(如瘙痒、烧灼感、刺痛、麻木感、酸痛等),皮肤斑点,性及月经方面的主诉也很常见,常存在明显的抑郁和焦虑。常为慢性波动性病程,常伴有社会、人际及家庭行为方面长期存在的严重障碍。女性远多于男性,多在成年早期发病。

2. 疑病症

疑病症是一种以担心或相信患严重躯体疾病的持久性优势观念为主的神经症,患者因为这种症状反复就医,各种医学检查阴性和医生的解释,均不能打消其疑虑。即使患者有时存在某种躯体障碍,也不能解释所诉症状的性质、程度,或患者的痛苦与优势观念,常伴有焦虑或抑郁。对身体畸形(虽然根据不足)的疑虑或优势观念也属本症。本障碍男女均有,无明显家庭特点(与躯体化障碍不同),常为慢性波动性病程。

**(五) 神经衰弱**

神经衰弱是一种以脑和躯体功能衰弱为主的神经症,是由长期的紧张和压力所造成的精神易兴奋和脑力易疲劳的现象,表现为紧张、烦恼、易激惹等情感症状,及肌肉紧张性疼痛和睡眠障碍等生理功能紊乱症状。这些症状不是继发于躯体或脑的疾病,也不是其他任何心理障碍的一部分。一般有导致长期精神紧张、疲劳的应激因素,偶有突然失眠或头痛起病,却无明显原因。病程持续或时轻时重。

具体表现有:对外界的声、光刺激过于敏感,使人分心的联想或回忆令人不快地闯入脑海,注意力集中困难,易受无关刺激的干扰。经常感到精力不足、萎靡不振或脑力迟钝,肢体无力,困倦思睡。做事丢三落四,说话常常说错,记不起刚经历过的事。容易烦扰,特别是与现实困难有关,常感到困难重重,无法解决。遇事容易激动,或烦躁易怒,易发脾气,事后又感到后悔,或易于伤感落泪。多伴有紧张性头痛和睡眠障碍。另外,还可伴有头昏、耳鸣、心慌、气短、腹泻等。

近几十年来,神经衰弱的概念经历了一系列变迁,随着医生对神经衰弱认识的变化和各种特殊综合征和亚型的分出,在美国和西欧已不作此诊断,在我国神经衰弱的诊断也明显减少。

# 第三节　常见的心身疾病

随着医学科学的发展,医学模式已由单纯的生物医学模式转变为生物、心理、社会医学模式。研究发现,许多疾病的发生、发展、转归及防治都与心理社会因素有关。由于社会、生活、学习等各种因素的变化,各种竞争日趋剧烈,无不影响着人们的心理行为,产生一定的生理反应,持久的、过重的生理反应可导致心身疾病。

## 一、心身疾病概述

心身疾病,又称心理生理疾病,在 CCMD-3 中称之为心理因素相关生理障碍,是一组由心理社会因素为主引起的躯体疾患,介于神经症与躯体疾病之间。随着社会的进步与发展,人民生活节奏的日益加快和竞争意识的不断增强,心身疾病的发病率逐年升高。相关调查研究发现,在医院各科室的病患中有三分之一左右的患者患有心身疾病,心身疾病已成为当今威胁人类身心健康的主要疾患之一。

学生同样面临学习、生活、就业的压力,加之睡眠不足,三餐不规律,膳食营养不均衡以及情感、社会人际关系等问题,导致心身疾病的发生率呈上升趋势。有调查指出,在大学生常见疾病中,近八成表现为亚健康症状及心身疾病。大学生群体常见的有失眠、记忆力减退、易疲劳、嗜睡、便秘、神经性厌食、胃痉挛等疾病。

### (一)心身疾病的病因

心身疾病的病因尚不甚清楚,目前普遍认为,心身疾病的发生是在生物、心理、社会行为等多因素的作用下,通过中枢神经系统、内分泌系统和免疫系统三种中介作用,影响或(和)改变生理活动,引起相应的器官发生器质性病变。其中,心理因素既可以是主要病因,又可以是重要诱因,对每一种心身疾病来说,存在个体差异。

### 1. 生物因素

研究表明,原生理始基、器官易罹患性、遗传、自主神经和内分泌功能紊乱是引起心身疾病的五大生物因素。此外,还包括微生物感染、理化因素、营养失衡、性别、年龄、血型等。原生理始基是指机体具有发生疾病的某种病变基础,如冠状动脉粥样硬化是冠心病的原生理始基;器官易罹患性则是在有病理改变的基础上,该器官发生疾病的难易程度。

### 2. 心理因素

心理因素包括心理特征、心理应激源、情绪反应及行为因素等。人们在特定的社会环境中形成个体的心理特征,从而影响个体的认知、评价,激起一定的心理应激,在此基础上产生不同的情绪反应,如焦急、愤怒、忧伤、性格内向、沉默寡言、失望等;或者表现出各种不良的行为模式、生活习惯、道德品行等,如A型行为模式(急躁好胜、事业心强、有强烈的竞争意识、易怒等)易导致冠心病;吸烟易导致肺癌等。

### 3. 社会因素

社会政治、经济制度的变革,生活、学习、工作及环境的改变,以及宗教信仰、社会地位、人际关系等,都可以影响到个体的认知、评价,对个体形成世界观、价值观、人生观等产生作用,进而产生特定的心理应激,导致心身疾病的发生。

总之,心身疾病的病因是多方面的,某一方面的因素可导致不同的心身疾病,某一种心身疾病又是由多种因素相互作用的结果。

### (二)心身疾病的特点

第一,心身疾病的发生、发展及转归与心理社会因素有明确的关系。

第二,具有遗传或性格缺陷等易感素质,常有相同或类似疾病的家族史。

第三,具有明确的器质性躯体疾患,常伴有情绪障碍。

第四,心身疾病的防治主张采取心理治疗和躯体治疗相结合的综合措施,可望取得满意的疗效。

## 二、常见的心身疾病类型

心身疾病种类繁多,各个系统和器官均可发生。常见的心身疾病包括原发性高血压、冠心病、雷诺病、溃疡病、支气管哮喘、糖尿病、甲状腺功能亢进症、偏头痛、肥胖症、神经性皮炎、癌症等。此处重点介绍原发性高血压、冠心病及癌症的致病因素、临床表现及心理治疗。

### (一)原发性高血压

原发性高血压旧称高血压病,是指病因不明,以体循环动脉血压持续升高为主要临床表现,以全身细小动脉硬化为病变基础的全身性疾病,常累及心、脑、肾等重要脏器,是一种公认的心身疾病,是我国最常见的血管疾病。工业化国家的发病率高于发展中国家,城市高于农村,男性高于女性,脑力劳动者高于体力劳动者。其主要病理变化是全身细小动脉在初期发生痉挛而在后期发生硬化。临床表现是血压升高，神经功能失调，后期并发急性脑血管病、高血压性心脑病和肾功能不全。

1. 致病因素

原发性高血压的病因尚未完全清楚，现代医学认为，与心理、社会、生物等多因素有关。

（1）心理因素。原发性高血压患者常常表现为长期不良的心理状态和不良情绪反应（如焦虑、抑郁、悲伤等）；容易紧张、激动，具有内向的人格特征；不良的生活方式和生活习惯（如吸烟、高盐饮食等）。这些因素均不同程度地影响个体的认知评价，产生相应的生理变化，进而导致心身疾病。

（2）社会因素。政治、经济、文化、工作环境、人际关系、民族、职业、宗教等社会因素，通过影响人们的心理活动而产生疾病。

（3）遗传因素。原发性高血压患者具有明显的遗传倾向，在同一家族中发病率较高。研究表明，原发性高血压存在多基因遗传缺陷，如原发性高血压患者血管紧张素（AGT）编码基因有多种缺陷，且其子代可获得此缺陷基因的拷贝能力。另外，在原发性高血压患者及有高血压家族史但血压正常者的血清中发现一种能抑制 $Na^+-K^+-ATP$ 酶活性的激素样物质，与血压升高有一定关系。

（4）其他。年龄、低钙饮食、肥胖、糖尿病、肾内分泌失调等在原发性高血压的发病过程中可能有一定的关系。

2. 临床心理表现

高血压病发生后，患者常会出现心情烦躁、易怒、记忆力差、精神不集中，伴有头痛、头晕、耳鸣、眼花、心悸、倦怠，少数患者可有兴奋、躁动、忧郁、被害妄想、幻觉等较严重的心理症状，这些症状又常与血压升降成平行关系，心理症状最明显时，血压也最高。当血压超过 26.6/16.0 KPa（200/120 mmHg）时，患者可有高血压脑病发生，表现出剧烈头痛、恶心、呕吐、头晕或眩晕、癫痫样抽搐、视力模糊、失眠、失语、昏迷等症状。

3. 心理疗法

（1）松弛疗法。松弛疗法是目前治疗高血压比较常用的一种行为治疗办法，尽管各种松弛训练的含义和模式各不相同，但以下几种共同的训练特点，包括排除杂念、全身放松、深慢呼吸、反复训练等，都直接针对高血压的发病原因。其疗效已被近年来的临床和实验结果所证实。

（2）生物反馈疗法。生物反馈治疗高血压在国外常选用收缩压、舒张压或者脉搏速度等作为反馈信息。患者一般接受住院治疗，但也有在家进行的活动。国内常用肌电或皮肤温度等间接信息反馈做降压治疗。

（3）运动疗法。多数研究指出，耐力性运动训练或有氧运动训练均有中度降压作用。轻度高血压特别是缺乏运动的患者,可通过耐力性运动训练,如快走、跑步、骑自行车、游泳、滑雪等,达到既降压又可减肥和减少心脏并发症的作用。有人还指出,运动可提高高密度脂蛋白胆固醇,防止粥样斑块形成。但患有中、重度高血压者应避免竞争性体育项目。

(4)饮食疗法。合理膳食,减少摄入的热量,增加消耗。伴有肥胖的高血压患者,只要减轻体重的 5%,可使三分之一的患者不用药物而使血压降至正常。成人可采取少量多餐的方法,每周有一天只吃水果和蔬菜。同时将每日的食盐摄入量控制在 6 克以下。

**(二)冠心病**

冠心病是冠状动脉粥样硬化性心脏病的简称,指由于冠状动脉粥样硬化,管腔狭窄,导致心肌缺血、缺氧的心脏病。它是威胁人类健康最严重和确认最早的一种心身疾病。发病率呈逐年上升趋势,多见于中、老年人。

1. 致病因素

(1)生物学因素。

一是遗传因素。据统计,双亲中有一人患冠心病的家庭,其子女冠心病的发病 2 倍于无冠心病家庭人员;双亲均早期患冠心病,其子女冠心病发病率 5 倍于无冠心病家庭人员。

二是性别因素。本病发病男性多于女性,男女比例为 2∶1 到 5∶1。女性在 20—50 岁时,动脉粥样硬化病变较轻,冠心病发病率较少,是与雌性激素降低血脂有关。

三是其他因素。① 高脂血。血胆固醇大于 260 mg/dl 者,冠心病的发病率约小于 200 mg/dl 者的 5 倍。② 高血压。据统计,高血压患者的冠状动脉粥样硬化的发病率比同年龄同性别高 4 倍,病变发生要早且重。而发生部位主要位于血管分叉、弯曲等血流动力学易变的地方。③ 高血糖。糖尿病患者,尤其是 40 岁以上的患者,50%有冠心病。糖尿病患者的冠心病发病率较无糖尿病者高 2 倍。④ 肥胖。冠心病中肥胖患者的发病率为瘦小型的 5 倍。⑤ 高年龄。冠心病多在 40 岁以上发生,在 50 岁以后尤常见。

(2)心理社会因素。

一是情绪因素。情绪波动易诱发心绞痛和心肌梗塞。发病期 6 个月内紧张的生活事件发生频度过高,如政治上受到冲击,工作劳累、紧张,以及生气、争吵等,其中,工作劳累占第一位,其次是人际关系紧张、家庭矛盾,以上两者占心肌梗塞发病诱因的 68%。能诱发冠心病的心理社会因素,对患者具有重要且持久的特殊意义。

二是个性特征。一项研究的结果显示,A 型行为模式与冠心病有关。A 型行为模式的人具有不可抑制的进取心和争强好胜的动力,对人有敌意,醉心于工作,有时间紧迫感等。这些行为在体内引起正性反馈作用,使血压升高、心率加快、心肌耗氧量增加、血黏度增加、血小板凝集性与黏附力增加，并使血栓素动态平衡失调，加速血栓形成或引起冠状动脉痉挛。此外，冠心病患者还有与常人不同的心理特点，如唤醒水平高，习惯性倾向差，焦虑抑郁水平较高，对健康异常关心，情绪较深沉，并可能存在偏执等个性特征。

2. 临床心理表现

有学者对 200 例冠心病患者进行观察，发现 42％的患者有焦虑症状，20％的患者有抑郁症状，近 50％的患者有不同的心理变化，既有对疾病本身及治疗所发生的心理反应，也有对监护病房环境的陌生及单调产生的强烈刺激，以及隔离病房缺少与亲人接触、交流的反应等。进入监护室的冠心病患者心理表现可分为四期：

（1）焦虑期。出现于住院后的 1—2 天。因对死亡的恐惧而焦虑不安，严重者可达到惊恐的程度，常出现烦躁、出汗、失眠和心率、呼吸方面的变化。病情稳定及对环境、治疗熟悉之后，焦虑逐渐减轻。

（2）心理否认期。住院第二天，特别是第三天，约有一半患者出现。这时急性症状已略有控制，医护人员强制命令或言语刺激容易使患者产生敌对情绪，因此必须平心静气地与之谈话，告知病情事实以及可治疗性，这样常可使患者回心转意。这种反应可持续 3—4 天，也可重复出现数次。

（3）抑郁期。住院的第 5 天约有 30％的患者出现。自感因疾病失去了工作、生活自理、社交等能力，也失去了经济收入与发展前景，因此抑郁、苦闷，失去治疗信心。

（4）出监护室时的焦虑期。患者对离开监护室缺乏足够的心理准备，对监护室产生依赖心理。约有 10％—40％的患者此时可出现淡漠或欣喜、多动或少动、兴奋、不安等较明显的心理症状。

3. 常用的心理疗法

（1）解释性心理治疗。医护人员的解释，包括冠心病与情绪和个性的关系、冠心病的治疗方法等，特别是权威医生的解释可以使冠心病患者消除紧张情绪，变被动治疗为主动参与，调动患者的主观能动性，改善常规治疗的被动状态。

（2）转变 A 型行为。A 型行为是冠心病患者的一个非常不利的因素。转变 A 型行为，减少机体对外界刺激的过度反应，降低交感神经张力，降低血黏度，能使冠心病好转。转变 A 型行为需要较长时间的治疗过程，需要通过讲解 A 型行为模式并结合患者的不同情况进行心理咨询。通过心理咨询，对 A 型行为起到转变的作用，降低心肌梗塞的并发症的发生率与死亡率。

（3）生活指导疗法。有规律的运动、合理膳食、充足的睡眠、适当的娱乐活动，可以转变 A 型行为，降低血黏度，也可使高密度脂蛋白胆固醇明显增加。

（4）其他心理疗法。冠心病患者可以采用其他有效的心理疗法进行治疗。例如，松弛疗法、音乐疗法、书法绘画疗法、生物反馈疗法以及气功、太极拳等适度的自我调节治疗、适度的运动治疗,往往对冠心病的防治有很大作用。

**(三) 癌症**

癌症是由于机体内某种体细胞失去正常的调节控制,不断增殖,同时有不同程度的分化障碍,并常侵犯邻近组织或转移到远离部位的情况。癌症的发病机理尚未完全揭晓,化学、物理和病毒感染等因素都与癌症的发生有关。心理因素在癌症中起重要作用。

1. 致病因素

(1) 生物学因素。

化学、物理和病毒感染等诸多因素均与癌症的发病有关。

(2) 心理社会因素。

一是行为和习惯。如吸烟、酗酒、过冷过热饮食、食用变质食物等可诱发某些部位癌变。

二是情绪因素。长期置于高度紧张的生活环境,特别是丧失(如失去亲人)和分离(如离婚)常常是诱发癌症的重要因素。与癌症有关的情绪因素包括长期的忧虑、被压抑的愤怒、绝望、忧伤和悲哀等。

三是个性特点。C 型行为或人格同癌症有关,主要特征是过分耐心、回避冲突、过分合作、屈从让步或委曲求全、追求完美、压抑愤怒,多失望和忧虑。癌症患者对待挫折往往以消极防御为主,而积极防御较差。有研究发现,不同器官的癌症患者个性特征也不同,女性乳腺癌和男性肺癌患者多数较倔强,性格内向及情绪波动不如其他癌症患者明显。反之,男性肠癌患者更具内向及更为顺从,食道癌患者性格多为急躁和火爆。

2. 临床心理表现

癌症患者发病后有明显的心理障碍,人际关系敏感和抑郁是突出问题。患者常对治疗方法和治疗效果产生怀疑。一般是先体验症状,怀疑或否认诊断;接着对疾病恐惧、幻想;最后是绝望无助、听天由命。因此,患者接受医生因人而异的心理治疗是十分必要的。

3. 常用的心理疗法

心理疗法是癌症综合性治疗中的重要组成部分,对某些癌症患者应用传统的抗癌治疗效果不佳,常与忽视心理治疗有关。心理治疗不仅可以减少患者的痛苦,增强患者对长期治疗计划的遵从性,而且可以借助良好的生理心理学渠道积极地影响癌症的病程与预防。心理治疗的重点应放在分析患者对癌症的错误认识,减轻或消除悲观、恐惧等消极情绪上。经常采用的疗法有支持疗法、心理宣泄法、认知疗法、行为疗法、气功和想象疗法等。癌症患者的心理治疗中,充分发挥亲属的作用十分重要,因为亲属对患者的情绪有重要的影响。此外,合理的膳食营养、不吸烟、安定的社会环境、和睦的家庭生活、社会福利的保障等都有助于改善患者的心理状态。

**拓展阅读**

**心理测验** >>>>

# 1. 焦虑自评量表(SAS)

焦虑是一种比较普遍的精神体验,长期存在焦虑反应的人易发展为焦虑症。本量表包含20个项目,分为4级评分,请您仔细阅读以下内容,根据最近一星期的情况如实回答。

填表说明:所有题目均共用答案,请在 A、B、C、D 下画"√",每题限选一个答案。

**自评题目:**

答案:A. 没有或很少时间;B. 小部分时间;C. 相当多时间;D. 绝大部分或全部时间。

| | | | |
|---|---|---|---|
| 1. 我觉得比平时容易紧张或着急。 | A B C D |
| 2. 我无缘无故感到害怕。 | A B C D |
| 3. 我容易心里烦乱或感到惊恐。 | A B C D |
| 4. 我觉得我可能将要发疯。 | A B C D |
| *5. 我觉得一切都很好。 | A B C D |
| 6. 我手脚发抖打颤。 | A B C D |
| 7. 我因为头疼、颈痛和背痛而苦恼。 | A B C D |
| 8. 我觉得容易衰弱和疲乏。 | A B C D |
| *9. 我觉得心平气和,并且容易安静地坐着。 | A B C D |
| 10. 我觉得心跳得很快。 | A B C D |
| 11. 我因为一阵阵头晕而苦恼。 | A B C D |
| 12. 我有晕倒发作,或觉得要晕倒似的。 | A B C D |
| *13. 我吸气呼气都感到很容易。 | A B C D |
| 14. 我的手脚麻木和刺痛。 | A B C D |
| 15. 我因为胃痛和消化不良而苦恼。 | A B C D |
| 16. 我常常要小便。 | A B C D |
| *17. 我的手脚常常是干燥温暖的。 | A B C D |
| 18. 我脸红发热。 | A B C D |
| *19. 我容易入睡并且一夜睡得很好。 | A B C D |
| 20. 我做噩梦。 | A B C D |

**评分标准:**

正向计分题 A、B、C、D 按 1、2、3、4 分计;反向计分题(标注 * 的题目题号:5、9、13、17、19)按 4、3、2、1 计分。总分乘以 1.25 取整数,即得标准分。低于 50 分者为正常;50—60 分者为轻度焦虑;61—70 分者为中度焦虑;70 分以上者为重度焦虑。

## 2. 抑郁自评量表(SDS)

本量表包含 20 个项目,分为 4 级评分,为保证调查结果的准确性,务请您仔细阅读以下内容,根据最近一星期的情况如实回答。所有题目均共用答案,请在 A、B、C、D 下画"√",每题限选一个答案。

**自评题目:**

答案:A. 没有或很少时间;B. 小部分时间;C. 相当多时间;D. 绝大部分或全部时间。

| | | | | |
|---|---|---|---|---|
| 1. 我觉得闷闷不乐,情绪低沉。 | A | B | C | D |
| *2. 我觉得一天之中早晨最好。 | A | B | C | D |
| 3. 我一阵阵哭出来或想哭。 | A | B | C | D |
| 4. 我晚上睡眠不好。 | A | B | C | D |
| *5. 我吃得跟平常一样多。 | A | B | C | D |
| *6. 我与异性密切接触时和以往一样感到愉快。 | A | B | C | D |
| 7. 我发觉我的体重在下降。 | A | B | C | D |
| 8. 我有便秘的苦恼。 | A | B | C | D |
| 9. 我心跳比平时快。 | A | B | C | D |
| 10. 我无缘无故地感到疲乏。 | A | B | C | D |
| *11. 我的头脑跟平常一样清楚。 | A | B | C | D |
| *12. 我觉得经常做的事情并没困难。 | A | B | C | D |
| 13. 我觉得不安而平静不下来。 | A | B | C | D |
| *14. 我对将来抱有希望。 | A | B | C | D |
| 15. 我比平常容易生气激动。 | A | B | C | D |
| *16. 我觉得作出决定是容易的。 | A | B | C | D |
| *17. 我觉得自己是个有用的人,有人需要我。 | A | B | C | D |
| *18. 我的生活过得很有意思。 | A | B | C | D |
| 19. 我认为如果我死了别人会生活得更好些。 | A | B | C | D |
| *20. 平常感兴趣的事我仍然感兴趣。 | A | B | C | D |

**评分标准:**

正向计分题 A、B、C、D 按 1、2、3、4 分计;反向计分题(标注 * 的题目,题号:2、

5、6、11、12、14、16、17、18、20)按4、3、2、1计分。总分乘以1.25取整数,即得标准分。低于50分者为正常;50—60分者为轻度焦虑;61—70分者为中度焦虑;70分以上者为重度焦虑。

**案例分析** >>>

**心理咨询案例:**

# 迷 乱 的 心

小A,男,19岁,大一,独生子,父母工作稳定,家庭经济状况良好。小A经过三次高考,考到目前的学校。新生入学不久,周围的同学、老师和宿管阿姨均发现小A行为异常。小A在宿舍里没事就自己跟自己笑,笑声很怪异;在晚上其他人都就寝的时间嗑瓜子,有时会向对面女生楼大放污秽之词;在宿舍墙上乱写乱画,并用打碎的啤酒瓶威胁同学。军训期间,小A擅自离校出走,一周后独自返校。称学校有两套监控系统、遍布针孔摄像头,学校的商业街是武警用来做军事训练的等。之所以返校,是因为身上没钱了,并表示不能控制自己的出走行为。

小A认为自己是一个崇尚道文化的人,说网上有一半的新闻都是与他有关的。小A认为2008年的金融危机与自己有关,自己是多米诺骨牌上的第一块牌;说某年春晚上的小品《还钱》影射的就是他。但是无法说出这些事情如何与他有关。小A给辅导员打电话,情绪非常激动,说是被十几个大三的学生打了,自己已经报了警,要求立刻给他调换一间没有人住的宿舍。辅导员向宿舍管理员和周围同学了解情况,并调取监控录像后发现并没有小A所说的情况。

**【分析与评估】**

该生的心理状况已经超出了心理咨询的范畴,需要到专业的医疗机构进行诊断和治疗。

(1)有过精神障碍类的病史。第三次高考前,小A出现了"读句子读不下来,理解不了句子含义"的情况,到多地的精神科就诊过,但对医生给出的诊断不能认同,并自行停药。

(2)心理测评结果显著高出常模。在小A同意的情况下,进行了SCL-90的心理测试。总分181分,超过常模(160分)水平。其中,偏执、躯体化、精神病性和人际关系敏感显著高于常模水平。

(3)连续的严重挫折和慢性躯体疾病。四年里经历了三次高考,第一次高考考上了一个名牌大学的三本,但因为皮肤病不能沾水,长期不能洗澡,与宿舍同学发生冲突,最终退学。皮肤病一直伴随至今。

**【调节对策】**

(1) 及时诊断与就医。联系家长到校,同时学校做好监护工作,保证该生的安全。家长到校后应及时带孩子回家就医,帮助孩子尽快得到治疗,以便早日恢复自我功能、社会功能等,早日回到日常的学习和生活中来。

(2) 恢复和发展日常生活行动系统。个体要保持健康的身心状况,需要有平衡的日常生活行动系统。包括能量管理系统、探究系统、依恋系统、友谊系统、繁殖系统、玩耍和嬉戏系统、社交和社会等级系统。学习属于探究系统,该生在过去的四年里经历了三次高考,生活中似乎只有学习一件事情,其他系统几乎处于停滞状态,这种状况是其难以适应大学生活、难以融入人际关系的主要原因之一。精神状态恢复后,需要发展其他行动系统的功能,平衡身心。

(3) 父母的理解和关爱。每个人终其一生都在追寻父母的认同。尤其在孩子遇到挫折的时候,父母更应该关爱孩子,不要责备,更不得逼迫。父母对孩子的理解和接纳是孩子人生征途上的补给站,可以帮助孩子休养生息,整装待发。

**思政案例:**

## 正确对待自我,完成大学蜕变

小丽,女,从小与母亲相依为命,特别懂事、乖巧。大一第一学期出现3门课程不及格,辅导员与她谈话时发现其逻辑思维和理解能力出现异常,同时处理不好与妈妈之间的关系;经学校心理健康中心老师评估后认为有轻度幻听,并出现一定程度的厌食和厌睡,跟咨询老师谈话后自己不能确认是否谈话及谈话内容是什么;经专业医疗机构诊断后确诊为精神分裂症。休学治疗半年后复学,能正常学习生活,但是对自我认知不正确,过于追求完美,对未来发展规划迷茫,复学后因降级不能较好地融入集体,再加上自身理科基础差,导致在之后三年的学习中出现多门专业课程不及格,在大三时提出想退学。

**【分析与评估】**

此案例反映的是因学业问题产生的精神问题、心理问题以及职业规划问题等,解决问题的关键点首先是治疗精神疾病,其次是找到产生学业问题的根源,即从自我认知、家庭关系、学习基础三方面着手帮助学生。

从性格上来说,由于小丽自幼与母亲相依为命,母亲好强,将自己的希望完全寄托在她身上,承受的压力太大,导致她从小就特别懂事、乖巧,对自己要求完美。从家庭关系来说,小丽既因为自己表现不好,觉得对不起母亲,对自己十分自责,内心又特别希望逃离母亲的掌控,出现了矛盾心理。从学习情况来说,小丽擅长写作,理科基础差,平时学习很努力,但是效果不好,专业课教师反馈她的试卷往往答非所问。

**【调节对策】**

（1）树立自己的人生观、世界观和价值观。在疏导家庭关系方面，鼓励小丽思考自己的人生观、世界观和价值观。小丽已经成年，不仅在生活上独立，思想上也必须独立，要不断地去思考自己的人生理想是什么，以及如何在社会发展中实现自我价值。

（2）正确认知自我。在自我认知方面，指导小丽发现自己的优点，接受自身的缺点并逐渐去完善自我。没有人是十全十美的，有所成就的人也不是完美无缺的人，他们是能够将自己的优势与社会发展需求相结合实现自我最大价值的人。

（3）树立正确的感恩之心。自己身心健康是实现自我价值和成才的前提和基础。指导小丽正确认知自我，健康、自信地生活，将自己的优势运用于社会实践，实现自我价值。自己生活幸福，有能力赡养母亲，母亲就会感到欣慰和快乐，这就是对母亲的感恩，也有助于实现小丽与母亲的愿望。

# 第十二章 生命教育与心理健康

人最宝贵的是生命,生命只有一次,如何在有限的生命里创造出无限的价值是我们一生值得思考和追求的,即追寻和体验生命的意义,活出自己生命的精彩。当然,每个人的一生都不是一帆风顺的,大学生忽视生命的现象也时有发生。当下,开展生命教育,重新审视自己的生命,正确认识心理危机,掌握心理危机的预防和干预求助方法势在必行。

## 第一节 生命及生命教育

### 一、生命的含义

#### (一) 什么是生命

生命是众多学科的研究对象,不同学科从不同角度探索生命,因此,对于生命就有许多不同的界说。从生物学的角度看,生命是由核酸和蛋白质等物质所组成的多分子体系,它具有不断自我更新、繁殖后代以及对外界环境产生反应的能力。恩格斯在生物学研究成果的基础上曾指出,"生命是蛋白体的存在方式,这种存在方式本质上就在于这些蛋白体的化学组成部分的不断地自我更新"。从医学的角度看,生命是活着的状态,由新陈代谢、生长、繁衍以及对环境的适应所表现出来的特征,动植物器官能完成其所有或部分功能的状态,完整的生命起于胎儿,终结于死亡。从社会学的角度看,生命是指自我意识的有无。从文学的角度看,生命就是性命、活命,有性命的人的心是活的,能表现出人类特有的本性,可以自由地思考、想象、感受、哭泣或者微笑。从生理学的角度看,生命必须具备心脏跳动、会呼吸、大脑仍然有活动等条件。生命哲学则认为,生命是世界的绝对的、无限的本源,它跟物质和意识不同,是积极地、多样地、永恒地运动着的。生命不能借助于感觉和逻辑思维来认识,只能靠直觉或体验来把握。

因此,关于生命的定义,可以从广义和狭义两方面理解。广义上的生命,即一切有机体的存在,包括动植物、人、微生物等。狭义上的生命有三个特点:一是并非独立存在,而是与其他生命体存在着密切的联系;二是具有一个内在的完整结构,而且这个结构是一个有系统的整体;三是有自我意识。前两个特点是一切生命体普遍具有的,第三个特点是人类特有的特点。同时符合这三个特征的生物是人。

**(二) 生命的属性**

人的生命是一个复杂的系统,是由相互联系的要素组成的一种生物体的特殊存在形式。人的生命具有三重属性,即自然生命、精神生命和社会生命。

1. 自然生命

人的生命首先是一个自然的物质存在,即自然的生理性的肉体生命,自然生命是人的生命存在的物质载体和本能性的存在方式,是最基本的生命尺度。人的生长和发展必须要服从生物界的法则和规律,衣食住行、吃喝拉撒、生老病死是每一个人都必须具有的,也是每一个人无法逃避的。人的自然生命是人的一切高级生命存在的物质基础,没有自然生命,人的精神生命、社会生命都无从谈起。从这个意义上来说,人应该首先关注和保全的是自然生命。但是,由于人的自然生命具有动物性、本能性、功利性和有限性,它往往被人们所忽视甚至压抑。

2. 精神生命

人与动物的根本区别在于人是一种有意识的、有思想的动物,人在满足自己的自然生命的基础上还要追求超越于自然生命的精神生命。人不满足于生命支配的本能生活,人的生活是经过理解的生活,人要规划自己的人生、创造自己的价值,要去追求高于生命、具有永恒意义的东西。人的精神生命包含着激情、直觉、意志、信念,是知、情、意的统一,是理性与非理性的统一。精神生命对人的自然生命具有指导和提升的作用,使人的自然生命摆脱了动物性,不再受人的自然生命的本能和外在环境的制约,使人获得了自由。

3. 社会生命

人总是处于一定的社会关系之中,承担一定的社会角色,社会为生命活动提供历史的积淀、现实的境遇和未来的指向,它构成了生命活动的实际内容。人在与他人的沟通、交往和互动中保存自己的生命,追求自己生命的意义,实现自己生命的价值。正是这种社会性存在使人面对千差万别、千变万化的社会生活,能够使自己有一种生命的智慧和坚定的信念;使人面对有生有死、有爱有恨、有聚有散、有得有失的有限人生和无奈命运时,拥有一种豁达的胸怀和安然的态度。人的社会生命既是自然生命的延续,又构成精神生命的表达内容。社会生命对人的自然生命和精神生命具有某种决定作用。忽视人的社会生命对自然生命的作用,就不能正确认识自然生命的本能冲动和释放;忽视人的社会生命对精神生命的作用,只强调个体精神生命的自由,就会破坏人与人之间的社会关系,使每个人都走向不自由。

可见,人的自然生命、精神生命、社会生命相互关联、相互影响、相互融通,共同构成人完整的生命。

### (三) 生命的特征

#### 1. 生命的有限性

人的生命,特别是人的自然生命存在的有限性是任何人都无法摆脱的宿命。对于个体生命而言,生命存在的时间是非常有限的,谁也无法摆脱死亡的结局。时间的不可逆性导致人的生命历程的不可逆,不仅生命只有一次,而且生命的流程也不可以推倒重来,过去的永远过去,人面对的只有现实。生命的有限性还表现在生命有许多不可超越的限制,既包括人作为生物体的自然限制,也包括人作为社会人的社会限制。限制束缚着人,但是却使个体成为社会中的自由、文明的人,使人远离了动物的本能。

#### 2. 生命的超越性

生命的超越性源于生命的有限性,生命是有限的,但人的生命追求是无限的,人从不满足于有限,而是在不断地追求无限。很多哲学家都把超越性看作人的生命本质,德国哲学家马克斯·舍勒曾经给人下了一个定义:人是超越的意向和姿态,人是生命超越本身的祈祷,人是一个不断开放、不断生成的X。人是有意识的生命体,自我意识使人不断地意识到自身的有限性,人对自身生命存在状况进行的有意识的反思形成了人对自身的一次次超越。正是这种超越性决定了人生活在现实世界之中,然而又不满足于停留于此,他的目标永远在前方,追求一种终极完满的存在方式。

#### 3. 生命的独特性

每个人的生命都具有其个体的独特性,就像世界上没有两片完全相同的树叶一样,世界上也绝不存在两个完全相同的生命个体。生命的独特性不仅取决于个体遗传素质所决定的外表等生理性因素的差异,还表现在人后天形成的个性上,表现在人思维、精神的独特性上。人比动物优越的地方在于人的意识和行为具有自为性,人在面对不同的境况时会有不同的选择,人会根据自身的特点选择不同的行为方式和生活方式,使自己的生命呈现出自己的特色。

#### 4. 生命的整体性

人的生命是一个复杂、矛盾的有机体。它是自然生命、精神生命、社会生命的统一体,也是认知、情感、意志、行为的统一体。生命的各个部分并不是独立存在的,而是共同存在于一个生命体内,相互影响,共同发展。德国哲学家雅斯贝尔斯在《什么是教育》中指出:"毋庸置疑,生命是完整的,它随着年龄、自我实现、成熟和生命可能性等形式,作为生命的自我存在也向往着成为完整的,只有通过对生命来说是合适的内在联系,生命才是完整的。"可见,生命是完整的,是矛盾的统一体。我们对生命的把握绝不能只关注生命的某一部分,而要从整体着眼,开展生命教育也要从个体生命的整体出发。

**（四）生命的价值**

生命价值就是在人的社会实践活动中,生命的存在和属性以满足人的全面发展和社会的全面进步为尺度建立起来的一种意义关系。具体作如下理解:

在人的价值中,生命价值是基础价值,是创造其他一切价值的基础,因为任何人类历史的第一个前提无疑是有生命的个人的存在。有了生命,才能创造出更多更高的价值,所以,人应该而且必须珍惜自己的生命。从这个意义上讲,生命是价值的本源,是价值的基础,也是价值的本质。

生命的价值存在于人的实践活动之中,人的实践活动过程就是形成、创造生命价值的过程。尊重、追求和实现生命价值,关键在于积极地进取和自觉地创造。生命的价值既不是生命的存在和属性本身,也不是作为生命价值主体的人的需要和能力,而是两者在实践活动中的产物和表现,离开了实践,生命价值既无法产生,也不能得到发展。

总之,生命的存在是生命价值产生的先决条件和基础,生命的属性好比是原料,是产生植物的土壤,没有生命的存在及其属性,要想产生价值就是"无米之炊"。但是原料不等于成品,土壤不是植物,单纯具有生命及其属性的存在还不会形成价值。要形成生命价值,要看生命的存在及其属性是否满足了人的全面发展和社会全面进步的需要。生命的存在和属性对人的需要的满足是在人的实践活动中实现的,离开了实践,生命的属性就无法找到满足人的需要的实现路径。

## 二、生命的意义

在心理学领域,很多心理学家都对生命的意义进行过探讨,最著名也是最重要的生命意义理论由弗兰克尔(V. E. Frankl)提出的。他确信人类需要生命的意义,并且具有追寻意义的动机,会不断去发现其生命的意义与目的。如果人们不能感受到值得为之而活的意义,就会陷入存在空虚。这种存在空虚可能会产生三类问题:第一类问题是心灵性神经官能症,包括抑郁、攻击和成瘾;第二类问题是对权力、金钱和享乐的追求代替了对生命意义的追求;第三类问题是自杀,这也是存在空虚最严重的问题。

**（一）生命意义的功能**

生命的意义对人类的重要功能有四种:一是为我们提供生活的目标;二是提供评断我们行为的价值和标准;三是提供一种对生活事件的控制感;四是提供自我价值感。

生命的意义在美好生活中的地位是毋庸置疑的。大量的研究都证明,生命的意义不仅对个人的生存至关重要,也是健康和幸福不可或缺的元素。缺乏生命的意义是产生心理问题和选择自杀的重要原因,很多心理问题都源自生活的空虚感和价值观的矛盾。有自杀念头的人往往找不到存在的理由和生命的意义,缺乏对生命价值的理解。生命意义较低的个体面对压力时倾向于选择放弃努力,有更多的抑郁、焦虑和物质滥用,对心理治疗的需求更大,而且会产生无助感,甚至有更多的自杀意念。生命意义对应激条件下的心理健康具有调节作用,可以调节应激条件下的忧郁情绪和一般健康问题,它在个人遭遇危机和重大挫折时发挥的作用是独一无二、无可替代的。生命的意义为个体提供了幸福的生长条件。

此外,生命的意义对个体的创伤后恢复也有重要作用。斯蒂格(Steger)和弗雷泽(Frazie)等人对美国"9·11"恐怖袭击和西班牙马德里火车爆炸之后两国群众的心理状态进行了调查,结果表明在受到恐怖袭击这种集体性创伤后,无论是美国还是西班牙,生命意义越高的人,创伤后应激障碍(PTSD)症状越少,感知到的生活积极改变越多。

**(二)为何追求生命的意义**

爱因斯坦曾说:"一个人活着就应该扪心自问,我们到底应该怎样度过一生,这是个合情合理的问题,也是一个非常重要的问题。"

1. 生命的精神层面需要追寻意义

人的生命是有限的、短暂的,由于人的生命的有限,人才追求精神、信仰的无限,用对生命意义的追求来弥补自然生命的有限。正因为如此,人的生命是有限与无限的统一,也是肉体与精神的统一。人不仅是一种"饮食男女"的自然存在,更是一个精神的追求者,表现为人对理想、感情、道德、信仰、价值的追求。在有限的自然生命里,人会不断地追问"为什么而活着"。心理学家弗兰克尔告诉我们,人是能够为着他的理想和价值而生,也甚至能够为着他的理想和价值而死的。为此,他还做了大规模的调查研究,结论是,追寻生命的意义对大多数人来说是一个"事实",而非一个"信条"。

2. 生命的短暂需要意义来超越

无常让人的生命显得脆弱而又短暂,似乎一切如白驹过隙,转眼云烟。对此,弗兰克尔总会不厌其烦地说:"生命中真正短暂的是潜力,一旦潜力得到了实现,那么在实现的那一刻它就成为现实。它们被保存下来,成为历史,在那里它们得到了救赎,免除了短暂性。"人们通常只注意到"短暂性"所余下的残株败梗(如容颜的衰老、生命的终结等),却忽略了过往所带来的丰盈谷仓(其间,收藏了那曾经属于他且永远属于他的言行、喜乐及痛苦)。那一切都不会被否定,也不会被忘却,存在过了就是一种最确实的存在。只要我们牢记人类存在的短暂性,不断地抉择,积极解决问题,追寻生命中不朽的意义,那么凡存在过的便会永恒地存在,因此,它们就从短暂性中被解救及保存下来。

3. 生命的痛苦需要意义来承载

尼采说过,懂得为何而活的人,几乎"任何"痛苦都可以忍受。看不出个人生命有何意义、有何目标,因而觉得活不下去、没什么意思的人,最是悲惨了。他很快就会迷失。我们必须认清一个事实——真正重要的不是我们对人生有何指望,而是人生对我们有何指望。我们应该认清自己无时无刻不在接受生命的追问。面对这个追问,我们不能以说话和沉思来答复,应该以正确的行动和作为来答复。到头来,我们将发现生命的终极意义——在于探索人生问题的正确答案,完成生命不断安排给每个人的使命。人一旦发觉受苦即是他的命运,就会把受苦当作自己的使命——独特而孤单的使命。弄明白了忍受生命之痛的意义,我们就能有勇气面对所有的痛苦,把软弱的时刻和暗淡的泪水减到最低量。

**(三)追寻生命意义的途径**

**1. 在省察自我中发现生命的意义**

个体对自我生命意义的追问,正是建立在个体自我认识的基础上。人们只能在省察自我、理解自我、超越自我的过程中获得生命的意义。人的生命及其意义,是靠自己寻找和发现的。自我意识的强弱,在某种程度上决定着主体对自身发展的自知、自控和自主的程度,从而决定着其主体性的发展水平。大学生要积极、主动地创造自我,超越世俗的拘束而达到精神自由的高度;升华自我,守住生命的热情;沉思自我,伸展情志的深度和广度,从而形成整体的人文自我,凸显人文情怀,让生命走向丰富、充盈、绚丽、深刻。

**2. 在创造性劳动实践中开创生命的意义**

离开劳动过程,人无法表现自己的主体性;离开劳动产品,人无法确证自己的本质力量;离开劳动,人无法肯定自己的主体地位。人要通过自己创造性的劳动实践去满足社会和他人的需要,实现自己的社会责任。生命的意义正是体现在承担责任、勇于奉献与不断创造中。弗兰克尔认为,一个人不能去寻找抽象的人生意义,每个人都有他自己的特殊天职或使命,而此使命是需要具体地去实现的,一个人一旦了解他的地位无可替代,自然容易尽最大心力为自己的存在负起最大责任。所以,大学生们应该走出个人主义的小圈子,深入社会,参与工农业生产、科学实验和技术创新等创造性的社会实践活动,自觉以社会劳动者的姿态反观自己的生命,努力地生活和创造,从而克服因人生短暂和社会变化无常而滋生的虚无之感。

**3. 在挑战苦难中实现生命的意义**

个体的生命不仅有愉悦、幸福的人生体验,还有生活中的重要丧失、挫折、苦难甚至死亡的威胁等体验。这些负性体验并不都是有害的。弗兰克尔认为:"如果生活中确实存在着意义,那么,这一意义也必然存在于痛苦之中。痛苦是生活中不可或缺的组成部分,甚至就像生和死一样。没有痛苦和死亡,人的生命就是不完整的。"人是在面对苦难和死亡以及体验生活的失意中体会到生命的脆弱和不可逆转,进而敬畏生命;人是在追求真理和理想的艰难跋涉过程中用顽强的意志战胜苦难,进而实现生命的意义。坚强的意志和对理想矢志不渝的追求,会使人在身处痛苦与灾难时仍然能够自觉地选择某种道德及利他的行为,这样他便无形中把痛苦与灾难转换成了某种人生的成就;因其有此成就,而使他在痛苦与灾难之中获得了意义;因其有了意义,而使他有了活下去的愿望;因其有了这样的愿望,他就有可能在最为艰难的处境下、在最痛苦的状态里生存下去,从而使自我的生命保有了尊严。

### 三、马克思主义生命观

生命观的问题,本质上属于个人与社会及个人与自然的关系问题,属于生产关系与生产力的关系问题。马克思主义生命观既是世界观,也是方法论。其主要观点包括:

生死具有客观必然性与辩证统一性。马克思主义认为,生与死是自然的规律,物质决定意识,意识对物质有能动作用。从生理机能上说,人是一种高等动物,遵循新陈代谢规律,生老病死是不可避免的,这是客观规律,是不以人的意志为转移的。所以,人不应惧怕死亡,应把死亡看作生命的一部分。

生命是有限与无限的辩证统一。马克思主义认为,生命是有限的,通过实践、劳动和奉献,有限的生命能实现无限的意义。生命的存在具有条件性、相对性、受限制性,但要看到,有限性只是生命一个方面的特征。因为我们认识到生命的有限,才要强调好好珍惜生命,在有限的生命中创造出无限的意义,人生的意义和人生的价值都是通过实践有限的生命而实现的。

生命价值是个人价值和社会价值的辩证统一。人的本质属性在于它的社会性,个体生命价值的实现离不开社会,生命的价值在于为社会、为人民多作贡献,从而赋予生死以积极永恒的意义。美好的社会使人们能够通过自己的努力找到生命的价值和意义。马克思主义以人民的根本利益和愿望作为自己言论与行动的最高准则,把人民群众的利益作为自己确立价值理想、进行价值判断、付诸价值实践的出发点。通过社会为人民创造出物质财富和精神财富,实现个人价值和社会价值的统一,就能使有限的生命焕发出无限的生机。所以,人生的价值在于奉献,而不是索取。人活着不是为个人的幸福而活,也不仅仅是为家人而活,而是为所有人的幸福而活。毛泽东同志的生命观是马克思主义思想的继承和发展。他指出:共产党人的一切言论和行动必须以合乎最广大人民群众的根本利益,为最广大人民群众所拥护为最高标准,把共产主义事业看作实现人民根本利益的最高事业,同时又把现实的民族、国家的出路看作人民利益的现实所在。毛泽东同志在 1944 年 9 月追悼张思德所作的讲话中说:"人总是要死的,但死的意义有不同。中国古时候有个文学家叫做司马迁的说过:'人固有一死,或重于泰山,或轻于鸿毛。'为人民利益而死就比泰山还重;替法西斯卖力,替剥削人民和压迫人民的人去死,就比鸿毛还轻。"

生命的价值与创造性实践是辩证统一的。生命的价值要通过创造性实践来超越,通过劳动和实践,才能实现个人价值与社会价值的统一。生命过程是不断超越生命本身的过程,在实践中人逐步完善自我,超越自我。人在实践中领悟、体验、实现生命的意义和价值,才可将有限的生命融入无限的生命意义之中。

　　积极乐观的生命态度与珍惜生命的实践行为是辩证统一的。乐观自信、积极向上的人生态度是马克思主义倡导的生命态度。马克思主义认为,要珍惜生命、热爱生命,对实现生命的价值要有稳定的心态、积极乐观的态度和永攀高峰的精神。具有了这种态度才能实现人生理想。马克思说:"只有在那崎岖的小路上不畏艰难、奋勇攀登的人,才有希望达到光辉的顶点。"

## 四、生命教育概述

### (一) 生命教育的含义

　　生命教育的内涵主要是教人认识生命、保护生命、珍爱生命、欣赏生命,探索生命的意义,实现生命价值的活动,或者说在个体从出生到死亡的整个过程中,通过有目的、有计划、有组织地进行生命意识熏陶、生存能力培养和生命价值升华,最终使其生命价值充分展现的活动过程,其核心是珍惜生命、注重生命质量、凸显生命价值。

　　生命教育就是要依据生命的特征,遵循生命发展的原则,以学生自身潜在的生命基质为基础,通过选择优良的教育方式,唤醒生命意识,启迪精神世界,开发生命潜能,提升生命质量,关注生命的整体发展,使学生成为充满生命活力、具有健全人格和鲜明个性、掌握创造智慧的人。

### (二) 生命教育的目标

　　生命教育的根本目标是促进生命体的健康成长与发展。大学生生命教育的总体目标应该是发掘、培养、提升大学生的生命智慧,即开发大学生的生命潜能,优化大学生的身心素质,达成大学生的自我实现。

　　有研究者提出生命教育的具体目标如下:① 探索生命的本质,培养尊重、爱惜及超越生命的情怀;② 探讨生死的议题,培养生死智慧,以面对人生的挑战和挫折;③ 探寻人生的价值,建立正确的人生观,充分活出生命的光芒;④ 追寻生涯的发展,开发个人生命潜能,开展兼顾工作、生活、休闲与学习的全方位人生;⑤ 培养生活的智慧,关怀自我、人际及社会,提高自我保护的意识和能力,以健全的人格和丰富的生命内涵活出舒坦、丰盈的人生。

### (三) 大学生生命教育的内容

#### 1. 生命意义教育

　　大学生正处于生命的黄金阶段,要在短暂的生命历程中,不断探索生命的意义,创造生命的价值,在不断追求生命意义和创造价值的过程中实现自我,并推动社会的发展和人类的进步。生命教育就是要引导大学生在短暂的生命中追求长久的意义,在不可重复的生命中活出自己特有的足迹,在脆弱的生命中活出坚强的信念,在不可替代的生命历程中凸显自己独特的光彩,在最基础的生命中建构起无限的价值,在无价的生命中活出人生的高尚。

### 2. 生命情感教育

生命情感是个体对自我生命的确认、接纳和喜爱,是对生命意义的肯定、欣赏与沉浸,以及对他人生命乃至整个生命世界的同情、关怀与珍惜。生命情感关涉生命的内在体验、生命对客观世界的态度以及生命行为的指向。积极的生命情感引人振奋、昂扬向上、富于爱心,成为人生的动力和光明之源。幸福的人生离不开美满丰盈的生命情感。消极淡漠的生命情感则会对人生起着相反的作用,会让人对感情感到麻木,逐渐丧失生活的希望、乐观的态度,对自己和他人冰冷而漠不关心。生命教育关注个体生命,就要关注个体内隐的生命情感。

### 3. 生命责任感教育

责任既是人的意志自由,也是人的一种规定、任务和使命。当人有强烈的责任感时,就会有生活的热情、积极性和主动性,就能够关心别人、群体、社会和自然,就能对自己的命运、前途负责,对自己的家庭负责,对自己生存的社会负责,体验到人生的乐趣、价值;反之,人如果缺乏责任感,就会觉得人生淡而无味,没有乐趣、价值,从而丧失生活的热情、信心和进取精神,成为精神空虚的人。因此,教育大学生珍爱生命,就要培养大学生的责任感,教会他们学会善良,学会关爱,学会宽容,学会共同生活,肯定自我又成全他人,修己善群,和谐共荣。

### 4. 生存能力教育

生存能力是一个人在社会上正常生活的最基本的能力。联合国教科文组织提出:"学会生存是教育的根本目的。"锻炼生存能力是生命教育的重要课题。大学生作为社会的栋梁,其生存能力不仅关系到个体生命的发展,还关系到一个民族未来的生存境况。生存能力教育包括创建生存环境教育、抗挫折能力教育和生存技能教育。个体生命生存的最基本的要求就是要处理好与周围环境的关系,为自我的生存与发展创建和谐的生存环境。因此,正确处理个体生命与自我、他人、社会及自然的关系是一个人生存能力的根本体现。对大学生进行生存技能训练主要是指导其如何保持身心健康,掌握自救和他救办法,规避危险和伤害,以及在野外和艰苦环境下如何生存等。

### 5. 生命价值观教育

生命价值观就是人们关于什么是生命价值、怎样评判生命价值、如何创造生命价值等问题的根本看法和根本观点。生命价值观包括生命的自然价值观和生命的社会价值观。其中,生命的自然价值观就是对生命存在的唯一性、不可替代性、不可逆性和基础性的觉醒,把保持生命的存在作为人类活动的第一原则。生命的社会价值观是在对生命的自然价值认识的基础上,进一步对生命存在目的和意义的本质思考。它一方面表现为帮助人们确立生命主体的价值取向、价值追求,凝结为一定的生命价值目标;另一方面表现为评价生命价值的尺度和准则,成为人们判断生命主体有无价值及价值大小、是崇高还是卑劣的评价标准。正确的生命价值观对实现人生价值具有巨大且积极的导向和促进作用,如焦裕禄、孔繁森等人的生命价值观。错误的或者不正确的生命价值观对人生的价值和意义会产生消极作用,如漠视生命、伤害生命甚至否定生命等。因此说,生命价值观的有无以及生命价值观的积极与否是一个人能否发现和创造有价值、有意义人生的关键。教育和引导大学生树立正确的生命价值观,用以指导大学生人生道路的选择,推动人生实践的进程,实现人生的价值和意义,显得尤为重要。

# 第二节　大学生生命教育及其意义

## 一、大学生生命意识的缺失现象

研究结果显示,大学生生命意识总体状况良好,但是也存在一些不容忽视的问题。

### (一) 生命认知粗浅,不能理性面对冲突和危机

一直以来,由于没有系统的、专门的生命教育课程,一些大学生对于生命的认知普遍缺少客观的认识和深入的探究,对于生命的存在、生命的价值、生命的意义、生命的潜能、生命的终结等问题仍处于粗浅的认知阶段,也不能深刻理解生命的独特性、有限性、宝贵性、唯一性、创造性等特性。在面对诸如生死问题、亲情爱情冲突、理想责任矛盾、激情现实差异时,他们往往感情用事,不能理性地面对和处理;在遇到危机和挫折时,容易消极对待,采取逃避甚至更加极端的手段,一些同学因而沉迷网络游戏、虚拟世界,肆意挥霍宝贵的光阴。

### (二) 生命意义的迷失

随着物质资料的日益丰富,一些大学生往往缺乏对"为何而生"等生命本身内涵的实质性问题的正确认识和深刻思考。进入大学后,以往身上耀眼光环的消失让其一时无法适应,加上大学生活理想与现实之间巨大的落差等问题的出现,严重地干扰了其心理适应能力的调适。在残酷的现实面前,有的人企图逃避现实,呈现出消沉、颓废、苦闷、忧郁等状态,甚至滋生出自杀念头等严重心理问题。有的人在大学找不到明确的目标,面对学习、生活中的压力选择"躺平",早早失去斗志,消极应对。他们往往不懂得生命的宝贵,更不懂得珍惜生命、呵护生命的意义。

### (三) 个体生命的焦虑

当代的大学生被很多人认为是最没有理由抱怨或谈及"不幸福"的一代人,因为他们是伴随着国家的改革开放成长起来的跨世纪的一代大学生。可事实却是,

由于学业压力、就业压力、交往困惑、青春萌动等因素的影响,他们经常会陷入焦虑烦躁之中。面对学业、就业竞争,有些学生不断被身边人"内卷",拼时间、拼成绩,焦虑被无限放大,失落、迷茫、悲观、抑郁等情绪时常环绕在一些人周围,有的人为了摆脱负面情绪的困扰,得到生命的超脱,往往会选择走向生命的不归路。

**(四) 情感世界的荒芜**

情感是个体生命的重要内涵,一个没有感情的人肯定是一个不健全的人。情感生活是人类精神生活的重要组成部分,是人们生命力量的重要体现。当今社会,各种各样的信息铺天盖地,学习、工作等方面的竞争压力不断增大,变化日益加剧,这就造成了部分大学生情感的不稳定性和无助性;各种通信工具、网络、新闻媒体的迅速发展,使得人与机器的关系在一定程度上替代了人与人间的关系,部分学生沉迷于虚拟的空间之中不能自拔,以此来寻找情感上的慰藉。由此可见,时代呼唤着教育对大学生情感世界的关注。

**(五) 践踏生命现象严重**

近年来,大学生践踏生命现象越来越频繁,屡屡见诸报端,这些触目惊心的悲剧不得不引起深思。这些践踏生命的现象归结起来主要表现在两个方面:一是不尊重与伤害他人或其他生命的暴力事件。二是大学生自我伤害与自杀。近年来,大学生自杀的比例一直呈上升趋势,这已成为大学生死亡的首位原因。无论是伤害他人生命还是伤害自己的生命,都是对生命的不尊重、不珍惜,都是缺乏生命意识的表现。

**(六) 生命缺乏责任感,习惯以自我为中心**

现在的大学生多半是独生子女,由于缺少与兄弟姐妹共同生活的经验,造成了他们凡事以自己为中心的个性,较少顾虑他人的感受和需求,自我意识强,自信心也极强,过分强调个人利益,社会责任意识差。习惯父母家人照顾的大学生,面对现实困难时,缺乏独立面对、解决问题的能力,遇到人生中的逆境,习惯推卸责任或逃避责任。同时,一些大学生认为生命是属于自己的,与亲人、朋友、社会、国家等没有联系,一旦遇挫,就自寻短见或者夺人性命,没有想过死亡对家长、同学、学校和社会带来的悲痛与影响。

**(七) 生命体验单一,遇到挫折时缺少弹性**

不少大学生在学业和就业的重负下,一味埋首于知识性的学习,生命体验非常单一,习惯于顺境下成长,喜欢享受生活。现在的大学生虽然从小是"众星捧月"的焦点,可由于较少有知心的、可倾诉心声的伙伴,所以缺少化解压力、解决危机的人际资源,抗压能力非常低。在严峻的就业形势下,在失恋失意的情况下,在相对贫困的经济状况下,往往不能正视困难,克服不了心理上的障碍与生活上的挫折,一旦碰壁就失去信心、自暴自弃,个别学生甚至因为一些微不足道的小事就轻易舍弃生命或残害他人。

## 二、大学生生命意识缺失的原因

### （一）大学生的精神压力

因接触对象和交往方式的改变，不同年级的大学生所面对的精神压力各不相同。例如，大一、大二学生刚步入大学校门，难免对授课方式不习惯，部分学生很难适应自主学习的方式，此类学生多为学习压力和与教师沟通难等问题；大三、大四年级的学生多为情感问题及毕业抉择所造成的与父母之间的矛盾。因此，与父母关系紧张、与同学之间矛盾、与教师难以沟通以及情感问题成为大学生精神压力的主要来源。

### （二）心理承受能力参差不齐

身为社会人，当代大学生需要承受一定的学习、生活和情感挫折。例如，近年来因高校扩招政策，每年的毕业生人数明显上升，加大了大学生的就业竞争。少数心理承受能力较差的大学生面对就业难的局面，会出现缺乏自我存在感的负面情绪和状态。如果不对此类学生加以正确引导，会使其自我评价过低，削弱其对挫折的承受意愿。当此类群体缺乏合理释放压力的渠道时，就会产生生命意识缺失现象。

### （三）大学生对"死亡"的认识明显不足

中国传统习惯认为"死亡"二字不吉利，因此讳莫如深，对子女的教育缺失死亡认知，直接导致当代大学生对生命和死亡的淡漠，造成思想空缺。正确的生死观可以帮助学生体会生命的来之不易，避免产生轻视生命的想法。"死亡"的存在并不是使"生命"变得毫无意义，而是更加凸显出"生命"的价值。

### （四）高校生命教育体系亟待完善

在我国，高校教育多数针对学生专业知识和专业技能进行培养，生命教育体系尚不完善。当部分大学生遇到心理问题且不能自我疏导时，高校未能及时进行正确的引导和教育，某种程度上成为悲剧发生的一个因素。所以，高校应反思学生生命意识缺失的现象，努力探寻积极开展生命教育的有效途径。

## 三、强化大学生生命意识的建议

### （一）加强大学生对生命意义与生命价值的认知

大学生对生命现象迷茫和困惑的突出表现，是对生命意义与生命价值的认知不确定。对生命价值与生命意义确证的前提，是加强大学生主体的存在意识。其形成轨迹是"我进行生存活动—我感受—我表达（我思考）—我存在"，每一步都昭示了生命的存在。当然，这些环节并非总是按照特定的次序出现。大学生应积极主动地投入生活实践，忠实于自己的感受，养成向亲人、朋友、自己甚至是陌生人表达的习惯，包括交谈、书写或升华为艺术形式，在表达中认识自己、延展自我。通过自我认识，能够更好地鉴别思想和行动中存在的约束条件，并加以克服。一旦完成这个过程,自我认识就可以带来新的自由。通过感受、表达、思考,确立存在意识,使人的思想变得更加深刻。

**(二)培养大学生的审美意识,增强大学生的生命体验**

大学生对生命体验的隐忧主要表现在信仰虚无和人际交往不适等方面。在这一方面,蔡元培提出的以美育代替德育、以美育代替宗教来塑造信仰,具有积极的现实意义。

一方面,审美意识的本质是直觉性、愉悦性和非功利性。这三个特性对于社会中弥漫着的功利主义及其给人们带来的负重来说是一剂解药。马斯洛早期对学生进行的一些研究证明,环境的美丑对他们是会产生影响的:丑会使人变得迟钝、愚笨。他认为,人需要美正如加入钙的饮食一样,美有助于人变得更健康。他还发现,健康的人普遍有着对美的需要。美是生命力,美滋养了生命,生命也依靠美滋养自身。

另一方面,艺术是外在形式和内在精神的统一体。它可唤醒人们的精神,以其创造的奇迹,感染人们走向对现实的改造,即艺术能够在很大程度上影响人类社会。艺术创造的本质在于感受并表达人类的生命意蕴。尤其是"音乐"这种艺术形式,具有强烈的穿透灵魂的力量。

**(三)引导大学生正确看待死亡,珍惜生命**

虽然只有极少数大学生难以接受死亡这一自然现象,但从死亡的性质上看,很有必要明晰死亡的意义。只有认识死亡,才能体会到生命的价值和意义。如果用即将赴死的态度去生存,就不会盲目乐观或悲观,而是达观;不会纠缠于细枝末节,而是为所当为,最大限度地抵达生命的宽度与深度。向死而生与生于当下是统一的,虽然知道终有一死,但同时也知道活着的过程还需担当与体会,这要求大学生对每一天都负起责任来。

如今大学生中有这样一种看法:如果说死后什么都没有,那么活着的时候争取到的名利还有什么用处呢?也就是说,他们会有这样一种幻灭感:百年之后,皆归尘土,这就意味着没有什么事情是真正重要的。虽然每个人百年之后都会死去,但这并不意味着可以作出"我们此刻的所作所为不重要"的推论。恰恰相反,正因为只有一生一世,所以才要更加珍惜生命的瞬间。即使对世间无所留恋,也不用着急离去,死亡终究到来,并且那么恒长;也不必对死亡恐惧,因为死后万物归元。碰触、思考死亡,具有正确的死亡意识,是为了更好地生活。

**(四)帮助大学生觉知生命的意义,成就人的超越性存在**

无论是大学生中出现的自杀现象,还是对生命体验的消极与被动,其都忽略了人应是超越性的存在这一重要原因。超越是人不满足于自己的当下,追求一种尚未存在的理想世界;通过超越,可以帮助大学生觉知生命存在的意义,为生命存在寻找精神家园。

第一,以自觉超越自发。自发建立在感性直观的基础上,自觉的过程则是理性的关照。如果感性直观使生命具有过多不恰当的欲望、嫉妒、暴怒和傲慢等,那么就必须理性地对他们进行引导、升华或转变。孔子在回答如何拥有幸福的生活时说,"知者不惑,仁者不忧,勇者不惧"。因此,通过引导学生具有自觉的理性,可以使他们从狭隘的视角中解放出来,不囿于他们的专业,能够批判性地与其他领域联系起来思考问题,最终达至不断自我反思和自我超越的阶段。

第二,以理想原则超越快乐原则。弗洛伊德认为,"本我"代表欲望,受意识遏抑,遵循"快乐原则";"自我"负责处理现实世界的事情,遵循"现实原则";"超我"是良知或内在的道德判断,遵循"理想原则"。然而,并不是所有的快乐都是好事,况且快乐与幸福是两回事,追求快乐有时会导致不快乐或坏的后果。所以苏格拉底才说,"未经过思索的人生不值得过";钱钟书认为,"快活"大抵是"慢死";而古希腊哲学家也把"节制"列为四种主要道德之一。这里的理想超越具有马斯洛实现了自我的超我者的高峰体验的意味。

第三,以人类超越个我。马克思以解放全人类为自己的使命,对人类具有强烈的责任意识,严厉地批判社会,这是因为他具有强烈的献身社会进步的理想。"如果我们选择了最能为人类福利而劳动的职业,那么,重担就不能把我们压倒,因为这是为大家而献身;那时我们所感到的就不是可怜的、有限的、自私的乐趣,我们的幸福将属于千百万人……"这种生命价值感使人遇到任何艰难困苦时都不会陷入虚无与消沉。

## 四、大学生生命教育的意义

### (一) 生命教育可促进大学生重视自然生命及提升价值

针对部分大学生对生命轻视和漠然的状态,生命教育可教会其用不同的视角探索自然生命的起源、发展及结束的过程,深切地认识到人类的生命是一条单行线,形成"珍惜自己、珍爱生命"的自然生命价值观。对于当代大学生来讲,他们正处于积累知识、增长见识、锻炼实践技能以及感悟生命的关键期,加强严谨而科学的生命教育,可以促使大学生珍惜生命、认识自我,从而树立正确的世界观、人生观和价值观,追求生命的完整性。

### (二) 生命教育是高校教育发展的必然要求

调查发现,部分大学生存在生命意识淡薄、缺乏对生命的敬畏之心、在面对困难的时候自我调节能力欠缺等问题,亟须高校加强大学生生命教育。高等院校通过加快相关教育改革的进程,可有效提高大学生的生存能力和生命意识,使他们对生命抱有珍惜、尊重的态度。全面的生命教育形式,将使大学生认知具有意义和价值的生命,从而完善和提升人格品质,最终达到精神上的愉悦与满足。

### (三) 大学生生命教育与思想政治教育密切相连、息息相关

大学生思想政治教育是运用党的先进理论对大学生的思想进行武装的过程,

也是培育大学生健康向上的精神状态的过程,旨在培养思想素质高、综合能力强的社会主义事业的合格建设者和可靠接班人。加强大学生生命教育,引导大学生深入认识生命的价值,培养大学生的生命责任意识、感恩意识,不仅有助于降低高校恶性事件发生的概率,更与新时代思想政治教育的核心理念相契合。生命教育中所蕴含的"生命至上""生命和谐"等理念,体现了马克思主义的人文关怀和思想政治教育理念的人本取向,也是当前思想政治教育的价值追求。引导大学生珍惜生命、尊重生命、超越生命,实现自我与他人及自然的和谐共生,促进生命共同体的健康持续发展,是大学生生命教育与思想政治教育的共同目标。

# 第三节　大学生心理危机的预防和干预

## 一、心理危机概述

### (一) 心理危机的含义

"心理危机"这一概念是美国心理学家卡普兰(G. Caplan)于 20 世纪 50 年代首次提出的。他认为,每个人都在努力保持一种内心的稳定状态,使自身与环境稳定协调。当重大问题和剧烈变化使个体感到问题难以解决,正常的生活受到干扰,内心的紧张不断积累,继而出现无所适从甚至思维和行为的紊乱,进入一种失衡状态,这就是心理危机的状态。通俗地说,危机是个体所具有的能力和资源不能有效应对挑战时的状态。

确定心理危机需要符合以下三项标准:① 存在具有重大心理影响的事件;② 对危机事件的感知导致当事人的主观痛苦;③ 惯常的应付方式失败,导致当事人的心理、情感和行为等方面的功能水平较突发事件发生前明显降低。

### (二) 心理危机的分类

心理危机大体可以分为三类:境遇性心理危机、发展性心理危机和病原性心理危机。

1. 境遇性心理危机

境遇性心理危机主要是指各种外部环境造成的危机,通常是在出现罕见或超常事件,且个人无法预测和控制时出现的。例如,亲人亡故、交通意外、失恋、被强暴、突然的疾病和死亡等。严重时可以导致以下两种心理障碍:

(1) 急性应激反应(ASR)。是指由于受到突发的重大生活事件(如父亲或母亲突然亡故、父母下岗、与同学或老师冲突上升等)而引起的情绪和行为失调。一般在接受刺激后数分钟或数小时后发作,持续数小时至 1 周,1 个月内缓解。

(2) 创伤后应激障碍(PTSD)。是指在遭受强烈的或灾难性精神创伤事件之后,数月至半年内出现的后遗症,又称"延迟性心因性反应"。有时候又称之为"创伤后压力反应",以强调这个现象是经历创伤后所产生的合理结果,而非病患心理状态原本就有问题。这些应激事件往往具有异常惊恐或灾难性质,如残酷的战争、被强暴、地震、凶杀等,常引起个体极度恐惧、害怕、无助之感。症状主要包括噩梦、性格大变、情感解离、麻木感(情感上的禁欲或疏离感)、失眠、逃避或回避,在梦中或清醒状态时常会引起创伤回忆、易怒、过度警觉、失忆和易受惊吓。

2. 发展性心理危机

发展性心理危机是指在正常成长或发展过程中,由环境或者自身生理的急剧变化导致个体面临一些重要的成长性问题而出现的内部冲突和焦虑。如在人生的重大转变时刻(升学、就业)和生理发育的高峰期(青春期),外界对个体的要求往往出现重大改变,而这与他们不够成熟、缺乏社会经验同时并存,就容易形成内心的冲突。对于大学生来说,发展性危机的表现有适应心理危机、性心理危机、就业心理危机等。所有大学生都有可能遇到各自独特的发展性危机,必须以相对应的方式进行处理。

3. 病原性心理危机

病原性心理危机指患躯体疾病和精神疾病时的心理应激反应。躯体上的急慢性病症可能引发患者焦虑、抑郁、恐惧,甚至是性格改变。而精神类疾病,如重度抑郁、精神分裂症等发作时直接构成心理危机。也有些失调的行为引发危机,如品行障碍或违法犯罪等。有关资料表明,这类危机中有三分之二左右是大学生社会或家庭危机的表现。

**(三) 心理危机的特征**

(1) 突发性。危机常常是出人意料、突如其来的,具有不可控制性。

(2) 紧急性。危机的出现如同急性疾病的爆发一样具有紧急的特征,它需要人们去紧急应对。

(3) 痛苦性。危机在事前、事后给人带来的体验都是痛苦的,而且还可能涉及人尊严的丧失。

(4) 无助性。危机的降临常常使人觉得无所适从,而且危机使得人们未来的计划受到威胁和破坏。由于心理自助能力差、社会心理支持系统不完善,危机常常使个体感到无助。

(5) 危险性。危机之中隐含着危险,这种危险可能影响到人们的正常生活与交往,严重的还可能危及自己和他人的生命。

**(四) 心理危机的发展过程**

(1) 冲击期。处于冲击期的人会出现震惊、恐慌、不知所措等情绪反应。

(2) 防御期。在这个阶段,人们想恢复心理上的平衡,会出现否认、合理化等应对方式。

（3）解决期。这个时期，经历过心理危机的人往往会尝试着接受现实，设法解决问题。

（4）成长期。心理危机过后，有的人变得更成熟，获得应对危机的技巧，但也有人消极应对而出现种种心理不健康的行为。

**（五）心理危机的极端表现——自杀**

1. 自杀的诱因

（1）疾病因素。

① 抑郁。抑郁症状及自我封闭同时出现被视为青少年自杀的前兆。调查表明，四分之三的自杀青少年有多项抑郁症状，许多患有严重抑郁症。患抑郁症的女孩通常表现为退缩、沉默、沮丧及不活动。患抑郁症的男孩有毁灭性及攻击性行为的趋势，攻击性通常导致孤独，孤独也是诱发自杀的危险因素之一。

② 焦虑。研究表明，焦虑的症状与自杀行为是有关系的。男性自杀未遂与焦虑症状明显相关，女性相关性则不明显。

③ 精神疾病。虽然青少年患严重精神疾病（如精神分裂症和狂躁抑郁症）的较少，但青少年若患有重症精神病，其自杀危险性较高。

④ 长期慢性疾病。身体出现障碍或残疾，通过医治不能有效控制或减轻痛苦。

（2）家庭因素。

① 父母有暴力倾向。很多青少年自杀者来自有暴力倾向的家庭，其父母教养子女的模式较苛刻，常用暴力的管教方法，儿女幼小时常受虐待。

② 家庭出现危机。自杀者的家庭出现危机，这种危机虽然不以自杀者为中心，却会影响全家。例如，兄弟姊妹中有人患病，令父母全神贯注于病者身上，因而减少对自杀者的责任及关怀；家庭贫困，经济负担重。

（3）性格因素。

① 外控个性。有学者对 100 个自杀及非自杀青少年进行研究，结果显示，自杀青少年除了对将来没有期望外，他们的外控个性显著高于非自杀青少年。自杀危险度高的青少年相信一切事物成败都受外在力量（如家人、师长、运气）所控制，所以他们不会设法去克服面对的困难。

② 个性冲动。绝大部分青少年自杀均属于一时鲁莽的行为。有学者认为，青少年企图自杀者的个性多属十分冲动，他们的自制力甚低，其自杀多未经缜密考虑而决定。这种个性可能受家庭内处理冲突的方法所影响。

③ 解决困难的能力较弱。很多研究显示，自杀者解决问题的能力颇弱，甚至较其他精神病人更差。这种现象在幼童、青少年及成人中均有发现。相对于正常组别，自杀危险度高的青少年在面对困难时，不但未能思考不同的方法来解决问题，而且对他人的建议有诸多挑剔及不满。自杀危险度高的青少年，在处理问题时一成不变，缺少弹性，较倾向孤立自己，或以药物及毒品麻醉逃避。其性格过于内

向、孤僻、深感自卑,有严重的环境适应不良综合征,过于敏感多疑,易于紧张焦虑,缺乏社会支持。

（4）其他因素。

① 侵犯或冲突。自杀者感到被侵犯或有一个无法解决的冲突。例如,自杀者成绩平凡,但家长坚持要老师安排转读名校;自杀者虽然极喜欢就读原校,但转校的决定无法改变。

② 学业欠佳。自杀者很多因家庭及情绪等问题而无心学习,就业情况也甚差,而且有颇多滥用药物或毒品者。值得留意的是,学业成绩欠佳或失业与自杀并无直接因果关系。学生的学业成绩或就业情况,只是反映学生的个人性格、成长状况及家庭成员的亲密和互相支持程度。若家庭内关系紧张及个人性格成长受阻,学生的学习或以后的就业自然会出现问题,最后也可能因某一次较严重危机的出现而导致自杀。

③ 自杀未遂史。无论有无上述症状,曾有一次或多次自杀未遂史都是重要的自杀危险因素。近期负性生活事件也是自杀行为的重要诱因。

2. 对自杀问题的错误看法

人们对自杀这种行为所持的态度和认识差别很大,其中有一些错误的观念,若不加以纠正,对自杀预防极为不利。

（1）自杀无规律可循。自杀事件常常带有突发性,一旦发生,周围的人常感意外诧异。其实,大部分自杀者都曾有过明显的直接或间接的求助信息,他们在决定自杀前会因为内心的痛苦和犹豫而发出种种信号。

（2）宣称自杀的人不会自杀。当有些人向他人透露自己会自杀,尤其当用语带有恐吓成分时,他人以为他不过是说说而已,真正想死的人是不会把自己的打算告诉别人的。研究表明,50％的自杀企图者在自杀前曾向他人谈论过自杀,这种人很可能会有自杀的举动,必须高度重视。

（3）一般人不会有自杀念头。很多人以为一般人不会有自杀念头,但是国内外研究结果显示,30％—50％的成年人都曾有过一次或多次自杀念头。对于性格健康、家庭关系好的人,自杀意念可能只是一闪而过,很少发展为真正的自杀行动;而性格或精神卫生状况存在问题的人在缺乏社会支持时,自杀念头有可能转变为自杀的行为。

（4）所有自杀的人都是精神异常者。有人认为只有精神病患者才自杀,但事实证明,自杀的人大多不是精神病人,只有20％的自杀者是抑郁症或精神分裂症,大多数自杀者是正常人。

（5）自杀危机改善后就不会再有问题。有自杀企图的人经过危机干预状态改善后,情绪会好转,周围的人常常会误以为自杀危险性减低了,而放松防范措施。自杀危机改善后,至少在3个月内还有再度自杀的可能,尤其是抑郁病人在症状好转时最具危险性。

(6) 对有自杀危险的人不能提及自杀。很多人担心,对那些有情绪困扰的人和有自杀意念的人,主动谈及自杀会加重他们的自杀动机;实际上,受自杀困扰的人往往愿意别人与他倾谈,听他诉说对自杀的感受,如果故意避开不谈,反而会因被困扰的情绪无从纾解而加重情绪问题。

(7) 学业问题是青少年学生自杀的主要原因。不少人认为青少年正处在求学阶段,学业问题的困扰是导致青少年学生自杀的主要原因,但学者们研究发现,50%以上的青少年自杀者的自杀原因涉及与父母的关系,其次是男女感情,然后是学校问题。

(8) 自杀是一种不合理的行为。从自杀者的角度看,几乎所有采取自杀行动的人都有充足的理由。

(9) 想要自杀的人是真的想死。很多人并不想死,他们只是想要逃离那个令人无法忍受的境遇,大部分曾经想过要自杀的人现在都很高兴他们还活着。他们说当时并不想要结束自己的生命,只是想终止自己的痛苦。

(10) 自杀发生在家族中,具有一定的遗传倾向。事实上自杀倾向没有遗传性,它是习得的或者是情境性的。

(11) 想过一次自杀后,就会总是想自杀。大部分人只是在他一生中的某个时候产生自杀企图,在这段时间里,他们要么克服这种想法,要么寻求帮助,要么死亡。如果他们能够从短时的威胁中恢复过来,学会适应与控制,就会使自己的生活丰富多彩。

(12) 自杀总是一种冲动行为。有些自杀是冲动行为,有些则是在仔细考虑之后才实行的。

## 二、大学生心理危机的预防

### (一) 正确识别大学生心理危机

从宏观方面来说,大学生因心理障碍、生理疾患、学习和就业压力、情感挫折、自我期望值过高、在学习上遇到挫折、经济压力、家庭变故以及周边生活环境等诸多因素,会导致心理危机发生。抑郁心理、孤僻性格、自卑心理、抑郁症、精神分裂等精神疾病,是引起心理危机、导致自杀等极端行为的主要原因。

从微观方面来看,识别大学生个体心理危机可以从以下五个方面来判断。

第一,良好的情绪是心理健康的重要标准之一,不良的情绪体验是心理发生问题的主要因素。异常情绪包括抑郁、焦虑、淡漠、躁狂等。大学生的情绪突然改变、明显不同于往常,出现不良情绪反应,如出现情绪低落、悲观失望、焦虑不安、无故哭泣、意识范围变窄、忧郁苦闷、烦恼或喜怒无常、自我评价丧失、自制力减弱等消极情绪时,就有发生心理危机的可能。恶劣的情绪也是判定个体发生抑郁症的重要临床表象。

第二,正常的行为活动是一个人心理健康的重要表现之一。当个体大学生出现行为异常,如出现饮食或睡眠反常、个人卫生习惯变坏、不讲究修饰、自制力丧失、不能调控自我、孤僻独行等非常态行为时,就要注意是否有心理危机问题了。行为异常也是判定个体发生抑郁症的重要条件之一。行为变化也与情绪变化密切相关,不良的情绪必然导致行为的反常变化。

第三,学习兴趣下降,如上课无故缺席,常迟到早退,成绩陡然下降,根本无法进行正常的学习和听课。心理学认为,正常、有效、良好的学习能力是个体心理健康的前提和标准。当个体在智力正常的情况下突然丧失了学习这一功能时,就说明是心理状态发生了问题。

第四,丢弃或损坏个人平时十分喜爱的物品。这也是十分典型的识别根据,如果个体大学生不能正常有序地学习和生活,把自己平时很喜欢的东西随意丢弃或毁坏等,这意味着不正常的心理行为发生了。

第五,自杀意图的流露。如谈论自己的死或与死有关的问题,或写下遗嘱之类的东西,有的甚至已经采取过某些手段试图自杀。

**(二)容易出现心理危机的时间段**

一是新生入学后。

二是期末大考(补考、其他重要考试)前。

三是成绩下达时。

四是评优选干前后、受到惩处(考试作弊被抓或犯严重错误被发现后)。

五是突发事件发生(或遭遇重大变故)后。

六是严重冲突发生后。

七是与学生密切相关的重要政策(规定)出台后。

八是求职择业期间、毕业前夕。

**(三)心理危机的自我应对**

1. 正确看待压力、挫折与危机

首先,要认识到压力、挫折和危机都是客观存在的。我们应该承认它,怨天尤人是没有任何意义的。其次,压力、挫折和危机又是辩证的,是可以转化的。适度的压力、挫折有助于人们适应环境,提高能力,使人生变得丰富而充实,逐渐变得坚强、勇敢和富有能力。最后,在面临压力、挫折和危机时,我们还要积极应对,不能采取回避、否认、攻击等消极的行为方式。唯有如此,才能在危机中得到成长。

2. 培养积极健康的心理素质

要培养积极、乐观、健康、向上的心理品质,为自己丰富的人生作准备,这是预防心理危机的最根本的方法。此外,要悦纳自我;适应环境;培养良好的个性;建立宽厚的人际关系;对未来做好定位;控制情绪;培养爱的能力;积极应对压力。

3. 争取社会支持

社会支持,是指个体与社会各方面(包括父母、亲人、朋友、同学、伙伴等人以及家庭、学校及班级等组织)通过支持性行为所构成的人际关系系统。社会支持包括物质上的捐助和情感上的支持。

4. 学会自助、求助和助人

学会自助,就是掌握心理调适的方法;学会求助,就是及时向外界或专业的心理机构求助;学会助人,就是及时给予支持和帮助。

### 三、大学生心理危机的干预

#### (一) 心理危机干预的概念

心理危机干预也称心理危机调停,是指对处于困境和挫折中的个体予以关怀和支持,使之恢复心理平衡的过程。心理危机干预的概念最初源自林德曼(Lindemann)和卡普兰的工作,他们认为心理危机干预是化解危机并告知如何应用较好的方法处理未来的应激事件,通过支持性的治疗可以帮助人们渡过危机。心理危机干预属于一种心理卫生的救助措施,主要针对心理适应陷入危机状态者,给予适时救援,助其渡过危机,然后再从长计议,视情况轻重转介至有关机构接受治疗。国内的一些医疗单位设置的"生命热线"和一些社区服务机构成立的各种"救助组织"都属于危机干预的范畴,目的是为陷入危机的个体和群体提供及时的危机调适。

虽然干预危机的方法多种多样,但大体上可以归为两大类:一类是情绪干预;一类是问题干预。当然,这只是一种概念上的简单区分,目的是便于我们理解各种应对反应。现实中,调整情绪和直接解决危机很可能同时进行,而且没有一种策略对所有问题都有效。危机干预可以从个体自己寻求帮助开始。

心理危机干预的关键在于进行"人格塑造",帮助发生危机者恢复自信,克服心理缺陷,发挥个人潜能。心理学家解释说,危机有危险和机遇两层含义。如果危机严重地威胁到一个人的生活和家庭,并使人产生自杀或精神崩溃的可能,这种危机是很危险的。如果一个人在危机阶段能得到及时有效的治疗性干预,不仅会防止危机的进一步发展,而且可以帮助其学会新的应对技巧,使心理平衡得以恢复,甚至超过危机前的水平。因此,危机是一种机遇或转折点。

#### (二) 评估心理危机程度和潜在心理危机对象

一般从两个方面评定大学生心理危机的严重程度:一是评定当事人是否存在生命危险,即自杀、他杀、自伤、冲动攻击行为等发生的可能性;二是评定当事人是否已丧失原有的社会角色功能,是否与周围环境疏远或隔绝等。对大学生心理危机严重程度评估,必须在短时间内迅速作出判断,以便及时采取干预和抢救措施。北京航空航天大学大学生心理咨询研究中心的马喜亭和李卫华根据工作实践,划分三个级别的心理危机评定标准,以此作为学生个人、宿舍、班级、院系及学校心理咨询中心的师生员工判断大学生心理危机严重程度的参考(见表 12-1)。

表 12-1　大学生心理危机严重程度与危机干预对象分类表

| 危　机　级　别 | 危　机　对　象 |
|---|---|
| 一级危机：<br>存在下列因素之一的学生，具有较大的潜在心理危机。 | （1）近两周内情绪低落抑郁者。<br>（2）有自杀史，但已经回归正常生活者。<br>（3）存在诸如失恋、学业严重受挫、躯体疾病、家庭变故、人际冲突明显或突遭重挫者。<br>（4）家庭亲友中有自杀或自杀倾向者。<br>（5）性格有明显缺陷如孤僻内向、与别人缺乏正常的情感交流者。<br>（6）有强烈的罪恶感、缺陷感或不安全感者。<br>（7）感到社会支持系统长期缺乏或丧失者，如父母离异、家庭破裂、亲子关系恶化等。<br>（8）有明显的精神障碍者。<br>（9）过度关注个人的外在条件者，如形象、成绩、地位等。 |
| 二级危机：<br>发出下列警示讯号之一的学生，已出现显著的心理危机，极易采取极端行为。 | （1）谈论过自杀并考虑过自杀方法，包括在信件、日记、网络、图画等载体中流露死亡的念头者。<br>（2）近期突然与周围的人探讨人生终极意义和解脱方式等。<br>（3）行为突然发生明显改变者。如从过去邋遢、混乱无序的生活习惯突然变得整洁、井井有条，并将个人物品打包整理；从原来消极、悲观的生活态度或行为模式突然变得非常主动、积极乐观；不明原因突然给同学、朋友或家人送礼物、请客、赔礼道歉、述说告别的话等。<br>（4）情绪突然明显异常者，如特别烦躁，高度焦虑、恐惧，感情易冲动，或情绪异常低落，或情绪突然从低落变为平静、轻松，或饮食、睡眠受到严重影响等。<br>（5）出现幻觉、妄想等异常心理，并伴随有精神障碍（抑郁症、癔症、恐惧症、强迫症、焦虑症、精神分裂症、边缘型人格等）的临床表现者。<br>（6）存在明显的攻击性或反社会行为倾向，或其他可能对自身、他人、社会造成危害者。 |
| 三级危机：<br>出现下列状况之一的学生，已经实施了极端行为，并造成了较大的影响。 | （1）自杀身亡者。<br>（2）自杀未遂者。<br>（3）出现严重的精神分裂症状，完全不能进行正常的学习和生活者。<br>（4）出现严重的攻击性或反社会行为，对他人构成严重威胁或伤害，对社会秩序已构成严重威胁或破坏者。 |

资料来源：马喜亭，李卫华.大学生心理危机的研判与干预模型构建[J].思想教育研究，2011（01）.

### （三）朋辈互助

我们都生活在同学、朋友关系之中，有向别人求助的时候，也免不了有助人解困的时候。当朋友或同学满心烦乱或痛苦不堪地向我们伸出求助之手时，大多数同学会毫不吝啬地伸出援助之手。但愿意帮助是一回事，善于帮助又是另一回事。

以下是一些朋辈互助的忠告。

1. 要学会倾听传爱心

通常情况下,我们仅凭良好的倾听便能很好地安抚求助者,让其充满烦乱、焦虑甚至恐惧的心灵归于平静。虽然我们强调以助人为目的的倾听要尽量少说多听,但毕竟人是灵动的,不可能面对一个向我们倾吐苦水的求助者毫无反应,所以,我们要有反应地倾听。为此,必须把握两点要领:其一,识别出求助者所表达的关键信息;其二,把这种了解尽可能清楚、明白、简明、贴切地传达给求助者。

2. 要学会观察报危情

(1)要留心求助者的任何自杀征兆。

① 言语上的征兆。直接向人说"我想死""我不想活了"等,或间接向人说"我所有的问题马上就要结束了""现在没有人可以帮助我""没有我,他们会过得更好""我再也受不了了""我的生活毫无意义"等;也可能谈论与自杀有关的事或开自杀方面的玩笑,甚至是谈论自杀计划,包括自杀方法、日期和地点等。计划的可行性越强,危险就越大。

② 行为上的征兆。出现突然明显的行为改变(如中断与他人的交往或出现很危险的行为);抑郁表现(对什么事都失去兴趣,学习成绩全面下降,懒散,赖床,个人卫生状况急剧下降);将自己珍贵的东西送人;频繁出现意外事故;不遵守课堂规则,多次旷课;酗酒;生活安排一塌糊涂等。

(2)及时转介情况危急者。

如果我们发现求助者当时自杀的危险性很高,不要让他们独处。要把他们送到能提供心理服务的诊所或医院。如果他们对寻求专业帮助恐惧或者担忧,应花时间倾听他们的担心,告诉他们大多数处于这种情况的人需要帮助,解释建议他们见专业人员不是因为对他们的事情不关心。对出现自杀行为的人,要立即送到最近的急诊室进行抢救。

对于那些有明显精神病性障碍的求助者,或者有较高的敌对性和攻击倾向者,特别是已有详细攻击或伤害他人计划的求助者,要及时转介到学校的心理健康教育中心,交由老师按相关程序处理。

要特别提醒注意的是,无论我们发现了哪种危险情况,都不要承诺我们会保密,应请他人(最好是老师)一起承担帮助他们的责任。

**(四)专业帮助**

心理危机专业机构接到求助后,会采用一些专业手段给予当事人帮助和治疗。了解专业人员如何帮助当事人应对心理危机,有助于我们学会配合专业人员,提高服务效能。专业人员一般会按照六个步骤进行心理援助。

1. 确定问题

首先,专职人员会认真、关注地倾听求助者的陈述,了解和理解求助者面对的困难。然后会根据求助者的言语和非言语信息,理解和确定求助者所处的状态和存在的问题。再根据对求助者的问题评估确定接下来的援助流程。

2. 保证求助者的安全

在心理危机援助过程中,保证求助者的安全是首要目标,专职人员会尽其所能地作出适当的安排,把求助者对自己和他人造成的身心危险性降低到最小。为了保证这一目标的稳妥实现,会不断地进行自杀或他伤的危险性评估。同时,会预备一些替代冲动和自我毁灭行动的解决方法。

3. 提供支持

在与求助者的交往过程中,专业人员不会去评价求助者的经历与感受是否值得称赞,或者是否为心甘情愿的,而是始终提供一些机会,让求助者相信“这里有一个人确实很关心我”。求助者也会在感受专业人员的言语和行动的过程中,认识到他们是以关心的、积极的、不偏不倚和个人的态度在对待自己的事情,是能够真正给予自己支持、接纳和肯定的人。

4. 检查替代行动和解决方法

帮助求助者探索他(她)可以利用的解决方法。促使求助者积极地搜索可以获得的环境支持、可利用的应付方式,发掘积极的思维方式。帮助求助者回忆起有哪些人曾经关心过、帮助过自己,找到可以用来战胜目前危机的行为和资源。

5. 作出计划

帮助求助者作出现实的短期计划来矫正情绪的失衡状态。计划的内容因人而异,一般会涉及:明确有哪些人、组织、团体或机构能够为自己提供支持和帮助;确定求助者现在能够理解和付诸行动的应对机制或流程。

6. 获得承诺

帮助求助者向自己承诺采取确定的、积极的行动步骤,这些行动步骤必须是求助者自己的,从实现的角度看是可以完成的或是可以接受的。在结束危机干预前,危机干预人员应该从求助者那里得到诚实、直接和适当的承诺。

---

**拓展阅读**

**心理测验**

## 心理健康自测量表

以下题目可以帮助你了解自己的心理健康程度,使你更清楚地认识自己。请你根据自己的实际情况,在选项“A. 是,B. 无法确定,C. 不是”中选出和自己最接近的选项,填到后面的括号内。

1. 心情总是闷闷不乐,情绪善变。(    )

2. 老是担心门没锁好,电源可能有问题,因而多次检查,甚至走了好远还拐回来看看。(    )

3. 虽未曾患过恶性疾病,却一直担心会不会染上什么严重的病。(    )

4. 容易脸红,害怕站在高处,害怕当众发言。(    )

5. 由于关心呼吸和心脏跳动的情况而难以入睡。(    )

6. 每天总是多次洗手,认为公用电话不洁而不敢使用。(    )

7. 总是担心"这样做是否顺利"以致无法放手去做。(    )

8. 有些奇怪的观念总是出现在脑海,明知这些念头很无聊,却又无法摆脱(    )

9. 离开家门时,如果不从某只脚开始走,心里总是不安。改变床附近的东西就无法入睡。(    )

10. 尽管四周的人在欢乐地取闹,自己却觉着没有什么意思。(    )

11. 外界的东西犹如影子一般朦胧,见到的东西无法清晰地回忆出来。(    )

12. 总觉着父母或亲友最近对自己太冷漠,或者不知为什么总是很反感或产生强烈的孤独感。(    )

13. 心中无端地产生"这个世界正趋于灭亡,新的世界即将开始"的感觉。(    )

14. 总觉着有人在注意、凝视自己或追赶自己。(    )

15. 有时会产生被人左右或身不由己的感觉。(    )

16. 常自言自语或暗自发笑。(    )

17. 虽然没人却总觉着有声音,晚上睡觉时总觉着有人进入房间。(    )

18. 遭遇失败或与同学不和谐时,会很敏感地觉着"我被人嘲笑"。(    )

19. 当自己的权利受到侵害时拼死力争。(    )

20. 当东西丢掉时,便不由自主地想到"大概是某某偷去的";当受到老师的批评时,立即会想到"一定是某某告密的"。(    )

**评分标准:** 是——2分;无法确定——1分;不是——0分。

**结果统计:**

1—11题　作为A类　你的总分是:

12—17题　作为B类　你的总分是:

18—20题　作为C类　你的总分是:

**结果分析:**

A类和B类的得分都在:

4分以下:心理非常健康,神经也非常正常。

5—7 分之间：心理健康情况一般，可以算是一个很正常的人。

8—10 分之间：表明神经有些疲倦，最好是设法减少学习的压力，进行娱乐以调节生活而放松精神。

A 类得分在 11 分以上：可能会有神经衰弱的倾向，要关心一下自己的健康。

B 类得分在 11 分以上：有预防精神分裂的必要，最好是请心理辅导老师辅导，早些预防。

C 类得分在 4 分以上：有强烈的妄想倾向，最好尽早去专业的咨询机构寻求心理辅导。

📖 案例分析 》》》

**心理咨询案例：**

## 一位有自杀意念的女生

玲玲（化名），某校大二年级女生，家境不佳，父母务农，妹妹比她小两岁，很会画画，但为了供她上大学，现在辍学打工，玲玲对此感到很内疚。父亲好赌博，母亲独自挑起家庭重担，每次看到父亲赌博而母亲很劳累时就非常恨父亲。玲玲心境一直恶劣，常有自杀意念，尤其是下雨天，她自杀的愿望更是强烈。

一名认识咨询师的同学带她去接受咨询。据同学反映，玲玲最近一段时间时常哭泣，不开心，不爱说笑，动作很夸张，感觉可能有抑郁症状。玲玲主诉自己情绪不高，觉得活着没有什么意思。晚上睡不好，常想些很没意思的事，但其实也没什么事。有时总觉得这世界都是一片灰色，特别是下雨的时候，自己喜欢穿球鞋，但下雨天水会溅湿鞋子，穿着很难受，觉得老天都跟自己过不去，这时候就会想干脆死了算了。

**【分析与评估】**

农村大部分地方有重男轻女的风气，玲玲作为长女，原本应该外出打工挣钱，她却考上大学，妹妹因此早早放弃自己的求学梦去打工，支持姐姐上学，这让玲玲心里感到沉重的压力和负疚感；父亲赌博导致家境恶化，更让她倍感愤慨。这些方面的因素综合作用，使她一度处于心境恶劣的折磨之中，甚至想过用自杀的极端手段解决自己的烦恼。

玲玲感情细腻敏感，容易受外在因素的影响，因而下雨天对其来说是很不舒服的，常有负面情绪体验。因家境不佳，时常表现出自卑、自我否定等认知偏差，且因此不太愿意与同学交流，独来独往。

因玲玲自己及同学提及自杀意念，故咨询师必须对其进行危机评估，以了解其自杀的可能性。经过面谈,咨询师感觉其容易产生自杀意念,但对如何实施自杀并无清晰的想法,在短期内没有自杀的危险。

**【调节对策】**

玲玲虽然有抑郁心境,但尚不构成抑郁性神经症,心理能量强大,可以使用箱庭疗法对其进行心理干预。历时三个月前后共 9 次的咨询过程,使她抑郁的心境得到了良好的改善,不再有想自杀的意念。对自己未来的期待、志向也在渐渐增强。

(案例资料来源:天津市委教育工委思想政治教育处和天津市教育委员会德育处编.天津市高校大学生心理咨询案例选编[M].天津人民出版社,2012.)

**思政案例:**

## 迷茫的人生

小张,男,大学三年级,性格内向,不擅长与人交流,大学期间一直沉迷于网络游戏,平常上课能够按时出勤,但每学期都会挂科,到大三第二学期时连续两次收到学业警告。家庭条件中等,父母平常工作繁忙,很少关注小张的学业,认为高中时小张就学习踏实,成绩在班级处于中上等,于是对小张的学习很放心。大学期间也很少过问,甚至在第一次收到学业警告后老师告知家长时,家长觉得跟孩子说好了,他一定会好好学习补上的,直到老师通知家长小张不能顺利毕业时,家长才感到很惊讶。在辅导员和班主任的印象里,小张也是比较乖的学生,遵规守纪,每次与小张谈话,小张的态度都很好,老师说什么都答应能做到,但是自己却未付出实际行动。眼看大学就剩最后一年,小张已经不能如期毕业,如果再挂科还有可能被劝退。小张的情况引起了辅导员的重视,决定与小张深入交谈,找到问题所在。

**【分析与评估】**

小张在高中时学习成绩良好,考上大学后放松了自我,找不到新的目标,缺乏学习动力,没有进行自我职业生涯规划,更没有去思考人生目标。再加上人际交往能力较弱,而在网络游戏中可以避免现实的人际交往,赢了游戏又能体验到快乐,并且家庭生活条件没有压力,父母也没有给予严格的要求,于是小张沉迷于网络游戏中,对生命意义认知粗浅。小张上课从不缺勤,也能遵规守纪,说明小张不是刻意地叛逆,主要是找不到人生的目标和生命的意义。小张大学三年沉迷网络,未好好学习文化知识,其实是在浪费自己的生命。

**【调节对策】**

(1) 树立正确的生命观。与小张一起探讨生命的意义、人生的价值,使小张明白人的生命不仅仅是个体生命的存在,有意义的生命要承载着社会责任感和历史使命感。青年要肩负历史使命,坚定前进的信心,立大志、明大德、成大才、担大任,努力成为担当民族复兴重任的时代新人。要实学实干,脚踏实地、埋头苦干,在攀登知识高峰中追求卓越,在肩负时代重任时行胜于言,在真刀真枪的实干中成就一番事业。

(2)学习榜样事迹。推荐小张阅读英雄的故事,让他明白英雄们的自然生命虽然短暂,但是他们为国家、为人民作出的伟大贡献永远存在于历史长河中。学习新时代青年榜样的励志事迹,他们在各行各业干出一番事业,为社会作出贡献。学习身边优秀校友的事迹,他们能够清晰地规划大学生涯及职业方向,综合素质突出。通过学习这些事迹,启发小张思考自己的人生,当前应该如何去奋斗,而不是沉迷网络游戏。

# 主要参考文献

［1］张述祖,沈德立.基础心理学[M].教育科学出版社,1987.

［2］梁宝勇.心理卫生与心理咨询百科全书[M].南开大学出版社,2002.

［3］孙东东.追求阳光心态[M].华东师范大学出版社,2004.

［4］项新求,高桥.大学生心理与心理健康[M].中国建材工业出版社,2002.

［5］夏新颜,杜智娟,赵辉.大学生健康心理学[M].南京大学出版社,2011.

［6］吴畏.大学生心理健康[M].苏州大学出版社,2009.

［7］周莉.大学生心理健康教育[M].中国人民大学出版社,2010.

［8］杨娇丽.大学生心理健康教育及个案教程[M].对外经济贸易大学出版社,2008.

［9］谢建.大学生心理健康教程[M].南方出版社,2007.

［10］陈国梁.大学生心理健康教育[M].华南理工大学出版社,2009.

［11］杜丽娟.大学生心理健康教育实用教程[M].河南大学出版社,2009.

［12］张改叶.大学生心理健康读本[M].河南人民出版社,2007.

［13］黄红.大学生心理健康指导[M].黑龙江人民出版社,2007.

［14］贾金玲.大学生心理健康教育教程[M].河南大学出版社,2007.

［15］朱建军.大学生心理健康[M].中国农业大学出版社,2004.

［16］班志刚.大学生心理健康教程[M].中央编译出版社,2006.

［17］庄建东.大学生自我意识的缺陷与自我调适探析[J].中国电力教育,2009(21).

［18］张秀梅,魏建培,刘兴顺.大学生自我意识的培养[J].山东省青年管理干部学院学报,2003(04).

［19］胥继华.大学生自我意识的消极表现及自我教育措施[J].大学(研究与评价),2009(04).

［20］程慧君,孟红.大学生自我意识的特点及其调适[J].湖南第一师范学报,2006(03).

［21］孟勇.大学生自我意识的冲突及其矫正[J].中国临床康复,2005(16).

［22］张妍萃.人格激励[J].管理科学文摘,2006(02).

［23］叶海燕.人格研究的生物学取向述评[J].南京师大学报(社会科学版),1996(06).

［24］林崇德.发展心理学[M].人民教育出版社,2008.

［25］曾凡龙,曾劲.大学生心理健康教程[M].复旦大学出版社,2007.

［26］张德江.学习与成才——献给新世纪的大学生[M].人民教育出版社,2003.

［27］雷德宽,朱俊梅.大学生心理健康教育[M].清华大学出版社,2009.

［28］宋宝萍.大学生心理健康教育[M].西安电子科技大学出版社,2007.

［29］张大均.大学生心理健康教育[M].科学出版社,2010.

［30］彭聃龄.普通心理学[M].北京师范大学出版社,2004.

[31] 郭念峰.心理咨询师(二级)[M].民族出版社,2005.

[32] 陈仲庚.人格心理学[M].辽宁人民出版社,1986.

[33] 郑雪.人格心理学[M].暨南大学出版社,2007.

[34] Jerry M. Burger.万千心理：人格心理学(第7版).陈会昌等译[M].中国轻工业出版社,2010.

[35] 叶浩生.西方心理学的历史体系[M].人民教育出版社,1998.

[36] 王登峰,崔红.中国人人格量表(QZPS)的编制过程与初步结果[J].心理学报,2003(01).

[37] 王登峰,崔红.中国人人格量表的信度与效度[J].心理学报,2004(03).

[38] 陈燕芬,张迪,寇长贵等.大学生人格障碍及影响因素分析[J].中国公共卫生,2011(09).

[39] 杨甫德,李道,吉中孚.人格障碍的分类与治疗[J].四川精神卫生,1999(01).

[40] 韩中敏.大学生人格缺陷反思及健康人格教育[D].合肥工业大学硕士学位论文,2009.

[41] 王新笋.论当代大学生健康人格的塑造[D].东北师范大学硕士学位论文,2009.

[42] 倪嘉波.大学生人际交往心理问题的成因及对策[J].教育探索,2008(02).

[43] 田守花.当代大学生人际交往：现状、问题与对策[J].滁州学院学报,2008(05).

[44] 闫华,张澜,欧阳辉.当代大学生心理健康教育认知与训练[M].吉林人民出版社,2012.

[45] 沈德立.大学生心理健康[M].高等教育出版社,2013.

[46] 周全新,李小玲,孔彬.大学生心理健康教育[M].西安交通大学出版社,2014.

[47] 高蕾.当代大学生人际交往中存在的问题及应对策略[J].教育探索,2012(01).

[48] 李斌山,杨金娥.大学生心理健康[M].科学出版社,2008.

[49] 桑志芹.爱情进行时[M].高等教育出版社,2008.

[50] 薛利锋.大学生择业心理与择业价值观教育[J].东北师大学报(哲学社会科学版),2010(01).

[51] 麦可思研究院.2015年中国本科生就业报告[M].社会科学文献出版社,2015.

[52] 麦可思研究院.2013年中国大学生就业报告[M].社会科学文献出版社,2013.

[53] 杨志坚,王润孝.高校毕业生就业心理问题及调适[J].中国高等教育,2011(09).

[54] 胡国良,周华.大学生就业心理存在的问题与对策[J].教育探索,2014(04).

[55] 刘淑艳,魏晓文.马克思择业观对当代大学生选择职业的现实启示——研读马克思《青年在选择职业时的考虑》[J].思想理论教育导刊,2017(07).

[56] 郭晓冉.当前我国大学生择业观教育研究[D].电子科技大学博士学位论文,2017.

[57] 张文芳,刘延雷,刘海.大学生职业发展与就业指导[M].电子科技大学出版社,2010.

[58] 王天哲,孙燕.职业生涯规划与就业指导[M].西北大学出版社,2011.

[59] 刘新民.变态心理学[M].人民卫生出版社,2007.

[60] 仲稳山,倪亚兰,潘林元.大学生心理健康维护[M].苏州大学出版社,2006.

[61] 樊富珉,王建中.当代大学生心理健康教程[M].武汉大学出版社,2010.

[62] 高希庚,孙颖.大学生心理健康的理论与实践[M].天津大学出版社,1999.

[63] 杜洁.两性情爱心理[M].中国社会出版社,1997.

[64] 黎文森.大学生心理健康教育导论[M].吉林人民出版社,2006.

[65] 赖芳,季辉.大学生恋爱与婚姻[M].天津大学出版社,2012.

[66] 王新塘,骆新华,李殿录,张红丽.大学生心理健康教育[M].陕西人民教育出版社,2010.

[67] 肖三蓉.爱情与人格[M].上海社会科学院出版社,2011.

[68] 罗兰·米勒,丹尼尔·珀尔曼.亲密关系(第5版).王伟平译[M].人民邮电出版社,2011.

[69] 弗洛伊德.性学与爱情心理学(第2版).罗生译[M].百花洲文艺出版社,2011.

[70] 樊富珉,费俊峰.青年心理健康十五讲[M].北京大学出版社,2006.

[71] 杨甫德.恋爱必懂的 100 个心理学效应[M].中国水利水电出版社,2011.

[72] 梁宝勇.变态心理学[M].高等教育出版社,2002.

[73] 郭念峰.心理咨询师基础知识[M].民族出版社,2005.

[74] 朱志先,梁虹.现代心身疾病治疗学[M].人民军医出版社,2002.

[75] 张曼,夏猛,张丽萍.心身疾病的发病机制及中医药防治研究[J].环球中医药,2010(03).

[76] 吕路线.重视心身疾病的研究[J].临床心身疾病杂志,2005(01).

[77] 中华医学会精神科分会编.中国精神障碍分类与诊断标准(第 3 版)CCMD-3[M].山东科学技术出版社,2001.

[78] 冯建军.生命教育的内涵与实施[J].思想理论教育,2006(21).

[79] 盖世洲,李蔚娅,王倩.当代大学生生命意识缺失现象与对策探析[J].思想理论教育导刊,2016(06).

[80] 葛明贵,王军,施玉琴.大学生心理健康教育[M].教育科学出版社,2014.

[81] 马喜亭,李卫华.大学生心理危机的研判与干预模型构建[J].思想教育研究,2011(01).

[82] 梅萍.论马克思的生命意义观对生命教育的启示[J].现代大学教育,2011(01).

[83] 梅萍.生命的意义与德育的关怀[J].高等教育研究,2005(10).

[84] 唐英.价值、生命价值、生命价值观:概念辨析[J].求索,2010(07).

[85] 王淳,金鑫,王梅.某医学院校学生常见心身疾病的调查分析[J].卫生职业教育,2012(05).

[86] 王丽焕等.大学生心理健康教育教程[M].对外经济贸易大学出版社,2012.

[87] 余林梁.开展生命教育,提高大学生的人文素质[J].中山大学学报论丛,2003(03).

[88] 余玉花.生命价值的哲学辨析[J].华东师范大学学报(哲社版),2008(06).

[89] 张姝玥,许燕,杨浩铿.生命意义的内涵、测量及功能[J].心理科学进展,2010(11).

[90] 朱翠英.大学生心理健康教育(第 2 版)[M].中国农业出版社,2012.

[91] 劳动和社会保障职业技能鉴定中心与中国心理卫生协会组织编写.心理咨询师(三级)[M].民族出版社,2009.

[92] 劳动和社会保障职业技能鉴定中心与中国心理卫生协会组织编写.心理咨询师(二级)[M].民族出版社,2009.

[93] 劳动和社会保障职业技能鉴定中心与中国心理卫生协会组织编写.心理咨询师(基础知识)[M].民族出版社,2009.

[94] 刘芷含.大学生就业压力纾解新道:基于主观幸福感功能性角色的概念框架[J].现代大学教育,2017(02).

[95] 叶秀枝,莫映桃.大学新生心理冲突的成因及对策[J].内江师范学院学报,2015(12).

[96] 陈虹.大学生宿舍和谐心理环境的特征及其建构[J].教育评论,2014(06).

[97] 天津市委教育工委思想政治教育处,天津市教育委员会德育处.天津市高校大学生心理咨询案例选编[M].天津人民出版社,2012.

[98] 曲雪松.心理健康教育渗透到思政教学中的策略研究[J].吉林省教育学院学报,2021,37(6).

[99] 宋璐,李平.大学生品德内化:基于自我意识心理机制[J].科教导刊,2021(19).

[100] 陈理.当代大学生自我意识研究综述[J].大众科技,2011(3).

[101] 彼得·圣吉.第五项修炼:学习型组织的艺术与实践.张成林译[M].中信出版社,2009.

[102] 曹伟.新时代大学生社会情商培育机制研究[J].科技风,2021(30).

[103] 段鑫星,赵玲.大学生心理健康教育[M].科学出版社,2008.

［104］张海燕.大学生心理健康教程［M］.格致出版社、上海人民出版社,2010.

［105］罗晓路,夏翠翠.大学生心理健康教育［M］.上海交通大学出版社,2012.

［106］张义明,黄存良,袁书卷.大学生心理健康教育［M］.西南交通大学出版社,2014.

［107］姬天舒,梅清海.当代大学生心理健康教育［M］.河北人民出版社,2004.

［108］刘爱香.当前大学生情商现状分析及培养路径研究［D］.华中师范大学硕士学位论文,2013.

［109］姚斯亮.网络环境下的高校心理危机干预路径分析［J］.财富时代,2021(04).

［110］郭祖仪.人格心理学统论：需要建构思想与人格心理学的整合［M］.陕西师范大学出版社, 2019.

［111］赵欣.大学生挫折教育现状及对策研究［D］.沈阳农业大学硕士学位论文,2020.

［112］俞国良.大学生心理健康［M］.北京师范大学出版社,2018.

［113］向继友,甄飞扬.大学生生命教育路径创新略探［J］.学校党建与思想教育,2021(13).

［114］任泽.大学生生命意识状况及其培育［J］.教育理论与实践,2020(30).

［115］李芳.大学生生命观教育研究［M］.光明日报出版社,2013.

［116］郭欣.青年亚文化对大学生道德教育的影响及对策研究［D］.曲阜师范大学硕士学位论文,2020.

［117］尹彩艳.大众传媒对当代大学生思想政治素质培育的影响研究［D］.大理大学硕士学位论文,2018.

［118］金秀平,宗春燕.疫情防控常态化背景下大学生择业心理状态与策略［J］.就业与保障,2021(14).

**图书在版编目(CIP)数据**

大学生心理健康教育/杨秀红,林琳,杜召辉主编;周立群,李颖,姜琨副主编.
—上海:复旦大学出版社,2022.8(2025.6重印)
(复旦卓越. 普通高等教育公共课系列)
ISBN 978-7-309-16199-1

Ⅰ.①大… Ⅱ.①杨…②林…③杜…④周…⑤李…⑥姜… Ⅲ.①大学生-心理健康-健康教育-高等学校-教材 Ⅳ.①G444

中国版本图书馆 CIP 数据核字(2022)第 091256 号

**大学生心理健康教育**
杨秀红 林 琳 杜召辉 主 编
周立群 李 颖 姜 琨 副主编
责任编辑/宋启立

复旦大学出版社有限公司出版发行
上海市国权路 579 号 邮编:200433
网址:fupnet@ fudanpress.com http://www.fudanpress.com
门市零售:86-21-65102580 团体订购:86-21-65104505
出版部电话:86-21-65642845
杭州日报报业集团盛元印务有限公司

开本 787 毫米×1092 毫米 1/16 印张 20 字数 392 千字
2025 年 6 月第 1 版第 5 次印刷

ISBN 978-7-309-16199-1/G · 2363
定价:58.00 元